TNT

Le tout nouveau
TESTAMENT

Thierry Dufloo

Mon Dieu,
donnez-moi la sérénité
d'accepter les choses que je ne puis
changer,
le courage de changer les choses
que je peux,
et la sagesse
d'en connaître la différence.

Prière de la sérénité

I
L'argentin

4.28 am Sunday July 27th Miami Beach.

Stressés de ne pas réussir à se fermer, deux yeux grands ouverts observent l'obscurité, devenue pénombre par accoutumance.

Le golf qui borde l'habitation par l'Est attend ses joueurs en silence. La "road" qui passe à l'Ouest s'est endormie. Par sa respiration sereine et régulière ma blonde couvre de douceur le souffle de l'air conditionné.

La richesse du passé encombre et bouscule le présent. Insomnie ordinaire, je me relève.

L'Argentine ferait 12.000 Kms de long. Serait grande comme dix fois la France, et sa superficie la placerait troisième plus grand pays du monde. Son voisin, le Brésil, abriterait 340 millions d'habitants. Ces sottises ordinaires, je les avais entendues ce soir même de la bouche d'un Argentin. Une espèce de grand bonhomme rencontré à la plage et qui n'avait de l'eau que jusqu'à la ceinture quand chacun autour de lui en avait jusqu'à la poitrine voire au menton pour les plus petits. C'est là, dans cette eau qui semble plus salée en été, qu'il avait proposé de nous recevoir chez lui pour un drink. Cette proposition pour le soir même, fut aussitôt acceptée par son aquatique auditoire. Ces déclarations assenées en «spanglish» comme l'ensemble des conversations qui ont nourri la soirée n'ont rien à voir avec les insomnies du jour. Elles sont juste la passerelle vers d'autres pensées plus nauséabondes, des souvenirs à brûler tout en conservant en tête qu'ils ont bel et bien existé. Ne jamais ignorer ou rejeter son expérience.

L'insomnie du jour n'est ni d'origine latinos, ni US, mais française et de surcroît flamande. Elle s'appelle «Funeste». Prédestiné comme nom ! Un mec bâti d'un seul bloc, la taille valant bien les épaules, le

7

tour de cou une cuisse, la tête une pastèque. Poliment on appelle ça un homme fort, objectivement c'est un gros. Tous les gros ne sont pas cons, tous les cons ne sont pas gros mais pour ce «Funeste» là, l'amalgame est de rigueur. Comme beaucoup de ses congénères, gros ou pas, il possédait l'aptitude à se délester non pas de kilos, mais de sa lourde particularité de con «es qualité» dès que quelques impropres intérêts le justifiaient.

En ce matin encore aux couleurs de soir perdu, le but est d'oublier. Oublier ce Funeste-là. Déterminé, Je n'envisage pas de finir la nuit avec lui...J'aime pas dormir avec les gros.

S'il y a un domaine dont je pense avoir fait le tour sur cette planète, ce sont les somnifères. Des petits, des ronds, des gélules, des gouttes, des ampoules, de l'hypnose, des tisanes, décoctions, infusions et j'en passe. Reste une seule piste non empruntée, la Weed. A fumer ou en gâteaux secs, c'est le dernier conseil que je n'ai pas encore suivi. Faute d'allumer le petit pet qui me ferait rejoindre Morphée et d'autres rêves, j'allume une pomme, celle de l'écran de mes nuits grises. Souris capturée, quelques phalanges sur le clavier, je commence les recherches et lectures qui éclairent et comblent mes nuits.

D'abord oublier, puis découvrir, tenter d'apprendre un peu, frôler l'espoir de m'endormir, se bercer du sentiment d'être un peu moins con soi-même. La méthode est simple, un sujet d'apparence saugrenue, totalement externe à ceux qui chassent le sommeil. Ce soir ce sera l'Argentine, ça tombe bien j'en connais un d'Argentin, et un grand en plus...

ARGENTINE : première demande à l'ami Google, premier «Link» qui donnera naissance aux autres, déclenchera ces multiples «clicks» informateurs. Quelques «wikies» plus loin, quelques rapides traversées de web sites très vite abandonnées pour d'autres, j'aurai l'impression d'en savoir plus sur les pays des mes Argentins, Brésiliens, Péruviens et autres latinos rencontrés ce soir. L'été, Miami Beach devient l'annexe du cône sud de l'Amérique latine. Plongés dans le froid hivernal ces sudistes latinos se transportent quelques mois sur nos plages avant de retourner dès fin août à leurs printemps nationaux.

A ces sudistes touristes résidents s'ajoutent durant le mois d'Août, les italiens principalement ceux du sud, Naples et alentour, puis une nuée de français, des Parisiens, qui s'abattent sur South Beach comme la vérole sur le bas clergé. Ce sont ces Parisiens qui débarquent tous ensemble sur la même quinzaine et qui s'étonnent de rencontrer autant de Français à Miami. Ces Européens restent peu de temps, leur trip US se partageant sur plusieurs destinations, ils ne consacrent souvent qu'un jour ou deux au sud de la Floride. Exit les latinos, français et italiens, deux mois de jachère suffiront pour que le sable de Floride fasse éclore les «snowbirds» ces «Français du Canada» comme disent les floridiens. Béate et naïve ignorance de la géographie, amical mépris des choses hors USA. Sympathique défaut. Les gens «d'ici» américains de Floride ou d'ailleurs sont dans leur majorité convaincus qu'il y a réellement deux sortes de Français, ceux de France dont l'authenticité inspire curiosité et parfois respect, ceux du Canada dont la présence, devenue habitude laisse plus indifférent. Trois années de vie, de travail, d'affaires à Miami ne m'ont pas encore accordé de rencontres sans que la question me soit posée «*Français...? De France ou du Canada ?*»

L'écran que j'utilise a conservé l'habitude de s'ouvrir sur la page d'un quotidien national français, quelques nouvelles Européennes détournent mon attention avant d'aller vérifier la véracité des sornettes du grand Argentin. L'épisode Franco/Européen sera court. Transporté immédiatement vers la Perse je découvre que quelques Iraniens valeureux et bien appris se sont amusés à fouetter cinq impurs en place publique. Non mais des fois, 2014 années après Jésus Christ, en l'an 1435 de l'hégire, en l'an 5773 du calendrier juif, à une chiée de nuitées du «tout nouveau testament» s'amuser à manger et à boire aux yeux de tous, en plein ramadan, faudrait pas déconner ! Où va le monde ? Que devient la Perse ? Il était grand temps que les autorités iraniennes y mettent un peu d'ordre. Y'a des valeurs quand même ! Où serait l'exemple pour cette belle jeunesse voilée et les fiers barbus à la kalachnikov en bandoulière ? Que de dégoût sous la burka ! Regarder boire et manger en public, et en plein ramadan ! Encore une maladie comme ça et les femmes montreront leurs orteils, les hommes en oublieront les joies de la lapidation pendant que l'imam du coin, en panne de réveil, poussera sa gueulante en retard. Chahuté par l'émoi, l'Ayatollah pensif au noir turban se susurre à lui-même « je vais leur remettre un peu d'éthique en intraveineuse, une piqûre de jurisprudence à leur faire oublier les joies du hamburger » et d'un geste fier remettant le turban bien en place déclare que tout cela impose la flagellation.

C'est vrai «(گ merde » dans le texte et la pensée) une bonne flagellation à l'ancienne, sans soin, sans eau (c'est pas ramadan pour rien) sous un cagnard de plomb avec la poussière et les poils de boucs qui viennent se coller pour mieux infecter les plaies. Parce qu'attention les mecs, une flagellation sans plaies infectées, c'est une Koukou sans viande, des Koofteh sans les herbes, un imam sans voix. Une flagellation sans infections, sans ces petits trucs qui purulent, ces petits riens comme ces croûtes qui vous collent au burnous quand c'est pas au matelas, c'est plus une flagellation. Une flagellation c'est comme tout, c'est dans le détail qu'on voit si c'est réussi.

Le journaliste ne dit pas si le public, comme les flagellés, étaient présents de leur plein grès ? Ni si les intermittents ont tenté d'interrompre le spectacle ? Si toutes les garanties ont bien été prises pour s'assurer du respect des valeurs morales et humaines. Je n'ose imaginer le désarroi qu'éprouverait un flagellé interrompu dans son plaisir, blessé au plus profond de son âme par une parole raciste ou un regard méprisant, une comparaison avec un animal, un singe ou pire encore, une guenon! Faut pas blesser les gens dans leurs âmes ou fonction de leurs origines. Faudrait quand même pas troubler une bonne flagellation, c'est vrai c'est si rare de nos jours. Heureusement « tout baigne » Les assoss y ont veillé, aucune injure raciale n'a été proférée, les flagellés sont comblés, le Cran, la Licra, SOS racisme, et même le CRIF n'ont pas porté plainte. Rien à redire, que du fouet monsieur et du beau ! Comme dans le temps, ça vous rappelle la bonne époque avec le public qui exprime sa joie, ça devient un formidable outil de motivation, ça donne envie d'avancer, d'aller plus loin. Ce n'est encore qu'une rumeur qui demande vérification mais un jeune Ayatollah au nom déjà connu dans le microcosme du spectacle iranien devant le succès de la séance aurait prononcé ces mots empruntés a Jean VILAR «ce qu'on a le mieux réussi c'est le public ».

Blagues à part, c'est bien beau les flagellations mais ça n'amuse qu'un temps, quand on sait que l'Argentine ne fait que 3700 km dans sa plus grande longueur, se limite à environ cinq fois la France en superficie, joue les «pisse petit» en n'étant que le 8ème plus grand pays du monde et que dans le même temps les Brésiliens se la coulent douce oubliant leur devoir de procréation pour trois pas de samba. Il serait d'ailleurs grand temps de leur conseiller de s'activer ailleurs qu'au «bois» à ces Brésiliens car tout bien compté ils ne sont encore que 200 millions...

Quand je vois ce que je connais maintenant sur l'argentine, j'aurais pu être journaliste...

Je n'ai pas toujours habité les états unis d'Amérique. Résident ici depuis seulement trois années, j'y suis arrivé comme tout le monde, par avion, et comme beaucoup de pères de famille, avec blonde et enfants dans les bagages. On ne vit jamais quelque part par hasard, sauf pour ceux qui naissent et meurent sous le même clocher. Ceux qui n'ont jamais poussé la curiosité au delà de la synagogue du quartier ou du minaret voisin.

II
L'artiste est témoin de son époque

L'avion, c'était un Marseille Miami. J'ai quitté la France par la citée phocéenne parce que Marignane était l'aéroport le plus proche et offrant le vol le plus pratique et le moins cher pour abandonner ma précédente et adorée citée d'adoption, Saint-Tropez.

Le président Obama déclarait dernièrement, «l'émigration est dans les gènes de l'Amérique». Etant moi-même propriétaire de ma tartine, abonné au gaz et directeur en chef de mes opérations et pensées, bien que ni noir ni président je déclare solennellement que Saint-Tropez possède immigration et émigration dans son sang. Son cœur, gros comme une citrouille varie et s'adapte aux demandes d'oxygène de chaque saison. Quatre fois par an, son rythme change. Quatre fois par an ses artères poussent un sang chargé de son oxygène si particulier, juste à la bonne mesure. Quatre fois par ans ses capillaires viennent nourrir au juste moment et à fréquence adaptée, chacun de ses organes, du plus proche du cœur, dans les quartiers les plus nobles ou les plus éloignés rien n'est oublié. En état d'hibernation tout continue à vivre, en état d'excitation extrême tout est alimenté.
Quatre fois par an le graphique des pulsations joue les montagnes russes pour que ses veines ramènent au cœur tout ce gaz carbonique souvent venu d'ailleurs. Celui des saisonniers émigrés temporaires, celui des touristes résidents qui de façon récurrente et régulière se ressourcent de l'âme et de l'air tropézien, celui des touristes de quelques nuits ou d'un jour qui souvent repartent nettoyés et guéris sans même sans s'en apercevoir mais sans oublier de critiquer le docteur. Il n'y a pas de bonnes ou mauvaises saisons à Saint-Tropez, il y a des saisons. Et si Saint-Tropez n'était qu'un «gros cœur» faisant vivre à l'envie chacun de ceux qui savent le demander poliment ?

Je n'ai jamais vu Saint-Tropez totalement asphyxiée plus que quelques heures. Comme les grands champions cette citée à quelque chose de plus. Elle sait gérer l'effort, le temps, comme il le faut. La zone rouge ne dure jamais bien longtemps. Comme les grands champions, Saint-Tropez se relève de ses accidents, de ses chutes, n'abandonne jamais et gagne toujours la partie. Comme les grands champions, Saint-Tropez aime les rencontres mais n'aime pas les perdre. Quelque soit l'effort fourni, sans jamais faillir, elle redevient vraiment et quatre fois par an elle même, Saint-Tropez. Et comme les grands champions, Saint-Tropez est unique.

Des champions, il y en a beaucoup à Saint-Tropez. En plus de les attirer, elle en a fait naître et vu grandir. Elle en a aussi vu mourir. C'est incroyable comment une ville de 4499 habitants intra muros et d'à peine 8000 en aire urbaine a pu générer, accueillir et ressourcer autant de champions toutes catégories. Sportifs, artistes en tous domaines: peinture, chanson, sculpture, cinéma, théâtre, poésie, littérature, plus les marins, les militaires, les entrepreneurs, les politiques, les financiers, les explorateurs, les découvreurs, les inventeurs etc., liste non exhaustive que chaque connaisseur et amoureux de Saint-Tropez complétera à sa guise, au grès de sa mémoire.

Des champions j'en ai rencontrés beaucoup là-bas, des sportifs, des politiques, des acteurs, des chanteurs ... Mais attention vivre ou naître à Saint-Tropez ne fait pas forcément d'un baudet un cheval de course. Magie de Saint-Tropez, j'ai aussi rencontré là-bas des champions de la connerie toutes catégories confondues comme ces champions du racisme le plus primaire, de cette ségrégation qui condamne à jamais ceux qui ne sont pas nés dans les quelques kilomètres carrés de la ville bénie. En fait, ce racisme devrait condamner chacun d'entre eux, à l'exception des rares enfants nés à la maison, presque tous ces individus à la bannière rouge et blanche, de «vrais tropéziens» sont nés en dehors des frontières. Ce sont des estrangers, ils sont nés là-bas, autre part, presque nulle part puisque que c'était si loin...de l'autre coté du panneau. Hors des frontières de la ville. Mais qui donc a posé cette clinique maternité de l'Oasis à Gassin ? On recherche encore activement les coupables qui ont trahi la patrie, faisant naître à quelques centaines de mètres, loin, bien trop loin de la terre du saint et de la ville du Cépoun, tous ces «vrais faux tropéziens».
Ces personnages qui ressemblent trait pour trait à ceux si bien décrits par George Brassens dans «les imbéciles heureux qui sont nés

quelque part»

Je n'étais pas né à Saint-Tropez, ce non titre, cette carence irrémédiable, cette tare, cette honte, ce carma m'ont valu une expérience à rendre jaloux tout ce qui porte le nom d'ethnologue. Pratiquer au quotidien, pouvoir observer et étudier de près la poignée de spécimens qui subsistaient et combattaient encore là-bas n'était pas chance donnée à tout le monde. Les élections de 1989 ayant, par avatar, porté aux manettes de leur mairie l'un de leurs plus glorieux chef, j'étais servi. Il n'y avait pas mieux au catalogue ma bonne dame, un vrai, un authentique, un pur sang, un qui réfléchit pas, un loustic capable de vous pulvériser le mur du son de la connerie sans même s'en apercevoir. Un pur, un dur, un militaire de carrière. Non pas un général, non monsieur, un de la base, un qui a toujours exécuté, un qui n'a jamais rien géré, un qui discute pas. Un planqué de l'usine des Torpilles. Vous l'avez compris, Saint-Tropez avait accouché intra muros d'un champion de plus. Un exemple d'ouverture et de démocratie...

Maire ! Lui qui avait toujours cru que les ordres étaient faits pour être reçus...Lui qui mieux qu'un autre savait qu'un ordre ne se discute pas, il n'en recevrait plus. Devenu premier magistrat et officier de police judiciaire, il était maintenant le chef suprême. Des ordres il en ferait pleuvoir sous ce ciel « bleu Saint-Tropez. »

Ce maire, il savait tout. Normal puisqu'il était maire.

Attention, il ne savait pas tout comme ça à la va-vite, superficiellement, non ce maire connaissait tout dans le détail, savait tout sur tout et partout, en tous domaines il était spécialiste et il le croyait fermement. Jamais je n'avais vu la loi de Peter s'appliquer aussi prodigieusement bien. Si je devais écrire au présent je mentirai par omission. Parce que depuis deux ans, question loi de Peter, le petit Maire, c'était un gamin. On a maintenant bien mieux en magasin. Marchandise reçue par hasard, erreur de commande arrivée rue du faubourg saint Honoré, pas encore réclamée. Le monde entier nous l'envie cette erreur, pas comme président mais comme comique. C'est vrai que vu de l'étranger ça fait marrer. De l'intérieur un peu moins. Ca foutrait même le blues quand on pense aux coûts et aux conséquences. C'est pas que ça coûte cher à l'achat, je parle pas non plus de l'entretien de la taule avec la cour d'honneur sur rue et jardinet sur l'arrière. Non, ces frais-là c'est de la gnognotte, de la guimauve, des pièces jaunes. Ce qui est à craindre ce serait plutôt les dégâts liés à l'utilisation, les pertes dues à l'usage. Parce qu'attention les loulous, vous n'avez encore rien vu. Deux, trois ans c'est court. Juste un tour de chauffe, on n'a pas encore refait les pleins et personne ne peut estimer combien ça consommera à plein régime. Les pertes sont à venir et les échéances c'est du vingt ans minimum. Ce mec c'est comme une centrale nucléaire, une fois que c'est parti, ça produit. Plus moyen de couper le jus. On ne connaît pas, car personne encore ne peut estimer avec précision, comment et combien de temps cela mettra à refroidir, à arrêter d'irradier. Le pire est encore à venir…

C'est comme dans l'affaire DSK. Souvenez vous DSK. Non pas le bordel belge de Dodo la saumure, je vous parle du vrai DSK, de l'inimitable, celui du Sofitel et du FMI, le copain de Nafissatou. Avant Nafissatou c'est avec une autre copine qu'il a écrit les pages d'un roman à scandale : «DSK, Martine et les 35 heures». Ca vous dit le titre ? Rien à voir avec le Sofitel. Même pas grave le Sofitel, c'est Anne qui a payé, tandis que la blague précédente avec Martine, la réduction/partage du temps de travail, c'est pas le même soda. Plus dure et plus longue à passer la limonade. Dans ce roman-là, beaucoup moins amusant, c'est la nation tout entière qui raque, enfin ceux qui bossent. OK pour Nafitassou avec Dominique ça n'a peut être pas été le grand pied. Un dédommagement à été négocié, elle a prit l'oseille et basta. En ce qui concerne la romanesque invention des trente cinq heures due au tandem Martine/Dominique, les séquelles sont chaque jour plus importantes, plus chères, plus destructrices et surtout incalculables

Quand j'annonce que c'est la nation toute entière qui raque j'écris au sens large, au sens de la nation pénalisée. D'une population toute entière privée de compétitivité, de travail, de ressources, de pouvoir d'achat. D'un pays qui régresse, d'une économie dont l'atrophie peut aller jusqu'à l'implosion. Dans ce sens, les gens de la base, les petits, les défavorisés le sont et le seront encore plus. Pour ce qui est de payer, avec de l'oseille, de la vraie, comme celle d'Anne Sauveresse de Dominique, il ne restera bientôt plus en France qu'une poignée d'individus. Si les payeurs sont quasiment impossibles à définir dans cette affaire tant l'économie a été détruite, les conséquences et leurs coûts sont impossibles à chiffrer pour le commun des mortels.
Reprendre l'ensemble des chiffres du chômage, des allocataires de toutes sortes, des précaires, du travail au noir engendré de facto, serait un travail de titan. Ils ont été trafiqués depuis tant d'années.

Tout remettre à plat pour sortir la population active, filtrer les non imposables, les demi imposables, les exempts d'impôts comme nombre de revenus de la fonction politique, tout cela est irréalisable. Alors, il me reste l'estimation au doigt mouillé, à la louche, le ressenti. Vite fait tu prends soixante millions de gugusses avec passeport Français. T'enlèves les jeunes jusqu'à environ vingt cinq, voir trente ans, les inactifs de nature, les improductifs par fonction d'état (pas mal celle-là pour éviter le mot fonctionnaire) les retraités à 50 ans (oui ça existe à la Sncf), les préretraités de la lune, d'ailleurs ou de n'importe où, les chomdus professionnels ou obligés, quelques centaines de milliers de gens de passage, quelques millions d'autres venus du sud, les RSA, les RMI, les planqués, finalement il te restera quelques bosseurs/ raqueurs. Peut être suffisamment pour monter une équipe de foot, avec de la chance, une équipe de rugby, en tout cas pas suffisamment pour organiser un championnat. Certainement pas le gagner. Pour ce crime-là, pour cette affaire-là, pour avoir mis un pays à genoux économiquement pour des décennies, pas de tribunal, pas d'amende, pas de sanctions. Même pas de sanctions électorales.

Sans Madame Diallo, en 2012 ce n'est pas dans un fauteuil mais bien en chaise à porteur qu'il aurait été élu président, l'animal. Le mythe du grand économiste est toujours soigneusement entretenu par une presse qui lui est acquise. La «bête» nous est toujours présentée comme l'Economiste qu'il faudrait à la France alors qu'il se trouve être une des causes principales de son déclin. Dans l'hypothèse peu probable d'une candidature en 2017, les français, peu rancuniers, sembleraient toujours prêts à frétiller du bulletin DSK. Heureusement ses «amis» nous protègent du retour du messie. Leur justice est aux ordres et c'est le doigt sur la couture du pantalon, qu'elle prendra le temps suffisant et nécessaire pour que d'autres affaires de mœurs en cours «l'empêchent» jusqu'aux prochaines élections. ENCORE MERCI NAFITASSOU.

J'arrête l'inventaire les gars. Faut que je garde la santé moi, y a encore du taf : un tout nouveau testament c'est du sérieux, surtout par les temps qui courent. J'ai des obligations morales, faut pas déconner avec les générations futures, il y a les politiques pour cela.

Retour 1989 Saint-Tropez…
Un Prodige ce maire disais-je ! Ce type était un prodige, un miracle à l'envers. *Il n'était pas bon à rien, mais il était mauvais en tout.* Et comme il savait tout, il savait aussi que sur le port de Saint-Tropez il

y avait les «bons» peintres et les «mauvais peintres» il savait qu'il existait les «faux peintres» et les «vrais peintres» Il en était sûr puisqu'il le savait et qu'il était maire. Un jour qu'il se sentait en forme, Monsieur le Maire, comme dans un conte provençal décida de mettre de l'ordre sur les quais de son village. Des « faux peintres » qui ne seraient pas nés au village ! Qui n'auraient pas comme sujet unique et définitif le clocher et le port ! N'y pensez pas, perspicace et efficace comme je suis, veuillez déjà considérer cela comme du passé.

C'est comme cela que Monsieur le Maire décida d'organiser un examen de «vrai peintre». Ah s'il avait pu organiser un examen de vrai Maire…

Fort de sa grande logique et de son savoir monsieur le Maire lança les convocations. Celles-ci ne concernaient évidemment pas tous les «acteurs» du port et épargnaient nombre d'entre eux.

1) Etaient reconnus officiellement «vrais peintres» celles et ceux nés au village
2) Etaient exempts de tout examen et de tout soupçon les natifs des villages voisins (mais de pas trop loin quand même)
3) Etaient exempts d'examen les natifs des communes du golfe de Saint-Tropez
4) Etaient soupçonnés mais graciés ceux de la Môle, du Muy, Draguignan du Var est et centre Var pour peu qu'ils aient l'accent chantant.
5) Etaient soupçonnés mais graciés ceux d'un peu n'importe où, varois, français même étrangers selon le bon vouloir du prince
6) Etaient convoqués les sept ou huit imbéciles restants dont je faisais partie.

En Fait, un peintre officiel bien évidemment natif du village avait été nommé par Monsieur le Maire pour lister QUI sur les soixante dix occupants du port devait ou non se soumettre à cette dure sélection. Pour des raisons évidentes de recours devant la justice, dans certaines anecdotes de ces pages j'ignore ou change certains noms. Pour «l'examen» je ne le ferais pas, le conte perdrait en saveur et authenticité.

Un mètre, deux mètres ou trois pour les plus chanceux, c'est la mesure des emplacements donnés en concession annuelle aux peintres pour qu'ils exercent art et commerce. Bien qu'installés sur la

—

pierre froide du quai donc propriété du port, ces emplacements étaient gérés par le service foire et marché du village. Le port et ses peintres, comme la place des Lices qui abrite les marchés bi hebdomadaires étaient des mines d'or pour qui savait les exploiter. De gros revenus pour artistes ou marchands forains, de gros revenus aussi pour la cité. Le grand ordonnateur et distributeur de concessions très temporaires était donc le placier chef Monsieur LAGORGETTE toujours suivi de son fidèle et dévoué assistant Monsieur DECANINI. Leur appellation courante suivait l'ordre alphabétique et ignorait la hiérarchie. Ce sont donc « DECANINI ET LARGORGETTE », dont les compétences artistiques et foraines étaient unanimement reconnues urbi et orbi, qui avaient été chargés de lancer les invitations, de recevoir en baie des Canoubiers, de divulguer le sujet du jour, de s'assurer du bon déroulé de l'examen, et bien entendu de ramener les copies à la Cour suprême : Monsieur le MAIRE.

Le sujet était assez novateur. Il s'agissait pour le peintre de ramener un truc, une œuvre, qu'il était censé avoir peinte, coloriée ou dessinée et vendue sur sa concession puis de la copier devant le team Decanini-Lagorgette. Seule obligation, le port devait y être représenté. Libre choix était laissé à la saison, été avec bateau, hiver sans bateau, je te l'avais dit qu'il était tolérant ce maire. Juché sur mon scooter et pour l'occasion casqué, le carton à dessins entre les jambes, un gros feutre dans la poche de chemise, je quittais mon étal. Place des Lices, la route des Salins, la villa Karajan. Sur la gauche défile la plage séparée d'un rideau de canisses. Puis virage à gauche à angle droit, traverser les canisses, petit chemin ensablé, quelques mètres encore, j'apercevais la grosse Mercedes, fierté du chef Lagorgette. J'étais arrivé. Béquille, contact, pas d'antivol en ce début de saison, carton à dessin, gros feutre, j'allais au combat. C'est dans cette merveilleuse baie des Canoubiers, sous l'œil bienveillant de convoitise de tous ceux qui possèdent milliards sonnants et trébuchants, dans ce local de l'école de voile, à quelques pas de la mythique «Madrague» que le glas allait sonner. Nul besoin de déclarer son identité, chacun se connaissait. Sortant une grande feuille Canson, j'admirais ce gros crayon feutre avec lequel j'allais signer mon arrêt de mort, si ce n'est artistique au moins économique. *«L'artiste est témoin de son époque, ce qui nous est imposé ce jour est digne d'être oublié»* signé Dufloo. Bien sûr j'avais pris grand soin pour la calligraphie, faut respecter le jury.

Mon texte s'étalait harmonieusement sur la totalité des Cinquante centimètre de haut, soixante cinq de large de cette feuille «bouton d'or». Mon «œuvre» remise aux examinateurs, le crime était commis, l'insulte était écrite, la faute devenue indélébile devait être punie. Déjà dans ces années reculées, le téléphone avait la fâcheuse habitude d'être beaucoup plus rapide que mon vieux Yamaha bélouga 80, et bien que les Canoubiers ne soient qu'à quelques minutes du vieux port en deux roues, la milice municipale, plus rapide ce jour là que la fourrière un quinze Août, était déjà fort affairée à plier mon étal au moment ou je rejoignais ma «mine», mes deux mètres linéaires de pierre froide, l'emplacement de mon gagne pain. Chaque peintre ou «faux peintre» avait plus ou moins barbouillé un port, un clocher ou un semblant de tour du Portalet. Chacun avait sauvé son beefsteak, sa saison. J'avais cherché les emmerdes, je les avais trouvés. Je crois que si monsieur le Maire avait eu la possibilité de me mettre au mitard, du soleil estival je n'aurais eu que l'ombre des barreaux. J'étais devenu un artiste sans client, un chanteur sans micro, un acteur sans les planches, pire encore une cigale privée d'été. Ce mémorable examen se déroulant en début de saison, les premières recettes tant attendues pour étancher une trésorerie fuyarde de fin d'hiver allaient me manquer comme manque l'étoupe et l'écope à un pitalugue hors d'usage. Je ne sais pas si j'étais artiste, mais j'ai toujours été précurseur. La preuve il y a 25 ans, pour faire une connerie, je prenais mon scooter. Certains m'ont imité depuis. Moi j'allais baie des Canoubiers…d'autres vont rue du cirque. Monsieur le maire de l'époque n'était peut être pas le plus malhonnête des politiques. Il était travailleur et présent. Simplement il ne pouvait endosser l'habit d'un N°1. Le préfet du Var l'avait bien compris par la suite en le destituant. Bien drivé c'est un bon chargé de mission, il est maintenant et depuis de longues années conseiller général. C'est parfait, entre deux conneries de moindre importance, il fait même parfois du bon boulot.

Finalement c'est comme pour mon collègue à scooter de la rue du cirque, il fait un excellent clown. Bien sûr il fait fuir les enfants et l'on pleure plus qu'on ne rit en le voyant, mais ca reste un bon clown triste. Pourquoi en avoir fait Monsieur Loyal et lui donner les clefs du spectacle ? Ah ! Si les préfets avaient le pouvoir de destituer un président qui ne respecte pas la charge de sa fonction…

Monsieur le maire avait une religion, Saint-Tropez

Monsieur le président a une religion, le socialisme

Et si c'était dangereux les religions…

III
Les Raymond (s)

2014, July 29th, RAYMOND... et toujours Miami Beach.
Cette nuit mon insomnie se prénomme Raymond.

Pas "MON RAYMOND", celui de la belle Carla. Pas ce Raymond
assez habilement mis en chanson et très correctement interprétée,
non : Mon Raymond à moi, un Raymond rien que pour moi. Et
pourquoi j'aurais pas le droit à un Raymond moi aussi ? Je suis loin
de rivaliser de beauté ou de talent avec la séduisante ex first lady/
mannequin /chanteuse mais nous avons un point commun, nos
nuits abritent un Raymond. C'est vérité que le "Raymond" de la belle a une autre pointure... il possède un net avantage sur le mien,
quand il en fait «une» (une bêtise, une couillonnade) il la fait plus
grosse, plus importante, mondiale quand l'occasion se présente,
interplanétaire s'il le pouvait. Pour les deux Raymonds en question,
le Raymond de la chanson et le mien, s'ils devaient concourir au
Guinness book, ce serait bien au chapitre de la plus grosse connerie. Plus le Raymond est important, plus les conséquences sont dé-
sastreuses quand ça déraille. Et question sortie de voies il en
connaissait un «rail» le Raymond national, rien ne l'a effrayé, ni la
vitesse, ni l'état du matériel, ni l'entourage qui criait au secours. Dès
qu'il voyait une belle connerie se profiler quelque part, que ce soit
derrière les arbres qui protègent les jardins de l'Elysée, sur l'horizon
méditerranéen du Rayol ou dans les nuages du sable Libyen, fallait
qu'il y grimpe, qu'il y plonge, qu'il s'y ensable. L'homme avait la niaque. Il l'a toujours. Il a été Premier. Il en a toujours l'étoffe. Tellement d'étoffe qu'il pouvait tout t'emballer et surtout n'importe quoi,
annoncer la pluie en pleine sécheresse, prévenir du gel sous les
tropiques ou annoncer la canicule aux esquimaux, chacun le
croyait. De l'électeur lambda qui l'avait porté à la fonction suprême,
des collègues, présidents élus, rois et roitelets, princes ou dictateurs
en charge des plus petites ou plus grandes nations, il emballait
n'importe quoi, il leur faisait avaler tout et n'importe quoi.

Il avait le charisme pour les emmener derrière lui. C'est vrai, merde, faire une connerie tout seul c'est quand même moins marrant qu'avec les copains. Ca fait des souvenirs, on pourra en rire au coin du feu, quand les mandats les auront quittés. Lorsque la connerie s'annonçait belle il avait des relais le Raymond, tous ces petits ou grands cadres du parti qui, trop fiers d'être les apôtres du prophète Raymond, répétaient avec porte voix si nécessaire, chaque son, chaque syllabe prononcés. S'ils n'avaient eux-mêmes rien compris de ce qu'ils répétaient, qu'importe c'était du bon puisque ça venait de Raymond.

Qu'il en avait du talent, du bagout ce Raymond-là, rien de comparable avec Mon Raymond à moi. Le mien était vraiment une triple buse, qui ne s'était retrouvé dans mes effectifs que par l'incrédulité ou la sottise du sergent recruteur qui me l'avait embauché.

Historique :
J'avais créé le groupe Point Cadres (chaîne de magasins d'encadrements à prix réduits) au départ d'un simple magasin de détail. Comme tout commerçant, je m'étais appuyé sur des fournisseurs, et des fabricants pour être achalandé. Le développement de la distribution et de la franchise sur le concept que j'avais inventé a rapidement montré les limites de l'approvisionnement traditionnel. De facto une unité de fabrication de cadres dédiée à l'enseigne s'est imposée. Je me suis donc associé avec un fabricant pour créer un joint venture, une usine qui ne produirait que pour Point Cadres. Je n'étais ni gérant ni directeur de ce joint venture, simple associé. C'était donc le responsable de DSI (Dufloo Strosser Industries) PDG d'alors, mon associé qui avait embauché Raymond. L'histoire a fait que très rapidement (et à l'inverse de mes souhaits) j'ai totalement absorbé cette entreprise et en suis devenu son PDG. Je suis donc devenu le patron de Mon Raymond par fusion/absorption. Je ne souhaite à personne de devoir absorber un Raymond. Maurice Taylor, PDG de Titan l'a bien compris, lors de sa tentative de reprise de Goodyear. L'entreprise OK, les salariés OK, les Raymonds NON. Mais pour cela il faut malheureusement licencier l'ensemble des salariés, installer un grand filtre à Raymonds, avec un tamis serré, s'assurer qu'aucun Raymond ne passe à côté. Dans ces conditions seulement, bien protégé du virus, il court le Maurice, il n'attend pas l'arrêt du jet pour enfiler les baskets, c'est le chéquier en bandoulière qu'il fera le sprint pour signer le premier. Bien sûr qu'il investirait Maurice, il est là pour ça. Construire ou ra-

21

cheter des usines. Ça lui a pris tout petit à Maurice le goût des usines. Il devait y avoir des cheminées brodées sur le ciel du berceau, des biberons parfumés à la gomme à pneus. Tout petit il avait compris l'ami Taylor, une usine c'est de la technologie et des hommes, si tant est qu'il y ait des clients. Pour Goodyear Amiens tout y était, même les clients, et les débouchés. Mais quand tu achètes une glace, un gâteau, que tu aies voté à droite ou à gauche, tu souhaites qu'on te laisse choisir le parfum. Après tout quand tu auras payé, ce ne sera plus la glace du marchand, ce sera la tienne, si tu ne digères pas la pistache ou la fraise, tu as le droit de demander du chocolat. Tu n'es pas obligé d'acheter une indigestion, de te rendre malade.

Donc mon Raymond je ne l'avais ni embauché ni épousé, je l'avais hérité... Dans le cas DSI, point de filtre possible, j'étais simplement passé d'actionnaire minoritaire à actionnaire majoritaire.

Bien que pas fort enclin à embrasser mon Raymond sur la bouche (j'aime pas les moustaches) j'aurais quand même préféré l'épouser que de l'hériter. Malheureusement, le motocycliste des grands soirs, celui des grandes représentations de la rue du cirque n'avait pas encore sévi en instaurant «le mariage à Raymonds», réforme pourtant indispensable et tant attendue pour sa forte capacité à renforcer l'unité nationale.
Je ne l'avais donc pas épousé ce Raymond. Dommage, car un époux ou une épouse on s'en sépare, on divorce, on dénoue le Pacs, on rompt le contrat, quitte à lâcher quelques indemnités, mais quand vous héritez d'un Raymond, qui en plus de s'être fait embauché a réussi à être élu délégué syndical CGT, c'en est fini, plus de divorce possible, vous l'avez à vie votre Raymond enfin jusqu'à sa préretraite, jusqu'à ce que l'âge et la loi le forcent à partir. Si les hommes politiques ne lâchent jamais la marmite tant le couscous est bon, un Raymond délégué syndical CGT ne lâche pas la tajine. La Grande différence avec le mariage «pour le meilleur et pour le pire», c'est qu'avec un CGT comme mon Raymond, le meilleur ça n'existe pas. Ou alors c'était avant de le connaître, peut être quelques furtifs instants pendant les fiançailles, la période d'essai. Période pendant laquelle ils savent se faire tout gentils les Raymonds CGT. Le pire ne commence donc qu'à la fin des fiançailles. Et en code du travail, à la fin des fiançailles, le mariage est automatique. Pas de cérémonie, c'est de la tacite reconduction. Vous avez été fiancé deux mois, et hop la bague au doigt jusqu'à ce que préretraite ou mort s'ensuivent.

Point d'orgasme avec les Raymonds CGT. C'est pas avec ce type de sangsue que vous connaîtrez les frissons de la première rencontre, du premier baiser. Un Raymond CGT vous ne l'effleurez pas comme par hasard, pour prendre contact, deviner le grain de peau, se pâmer d'un parfum léger et fleuri. Non un Raymond CGT, vous vous le prenez en pleine gueule, brut de décoffrage.

Le statut d'élu intouchable et incriticable vous impose de manier la carriole comme un carrosse doré, c'est pas parce que c'est un bourrin qu'il ne recherche pas les attentions en gants blancs. Le robin des bois des travailleurs je vous dis, celui qui baise la veuve et oubliera vite l'orphelin. Car une entreprise avec un Raymond CGT c'est une veuve sans réversion de pension, son avenir ne s'annonce pas facile, chute libre sans parachute. Quant aux orphelins, les autres, les couillons, ceux qui ont voté sans savoir ou par obligation et dont l'entreprise va souffrir et disparaître, ceux-là sont aveugles et sourds je crois pour toujours. Bien sûr ils suivront les couillons. Suivre…c'est leur habitude de suiveurs, faut pas changer un suiveur qui suit. Ils y croiront un temps, jusqu'à celui de pôle emploi. Puis, bien sûr, ils lutteront, bien sûr ils seront solidaires. Bien sûr ils seront tout ce que la cellule leur dit d'être et ce jusqu'à l'allocation chômage. De courte durée, de longue durée, en reclassement, en catégorie machin ou autre. Je ne les connais plus tous par leurs prénoms, les outils inventés pour faire oublier le mot chômeur. Pour faire oublier qu'on touche du pognon sans rien faire, pour ne pas oser vous dire que vous n'en ramez pas une. Jusqu'au moment où viendra même l'oubli des mots travail, labeur, sueur, récompense. Mais dis-moi l'ami une paye qui correspond à un boulot ? De l'argent contre quelque chose ? Même pas grand chose, ça look meilleur qu'un virement ASSEDIC, ça a une autre gueule ? Une autre odeur ? J'ai employé le terme obligation pour les élections, car lors de celles-ci il n'y avait qu'un candidat : RAYMOND. Candidat unique, élu méritant. Candidat obligatoire…oui un élu représentant du personnel était devenu obligatoire pour signer ces «fucking» trente cinq heures, c'était la loi. Même si l'entreprise se passait bien de syndicat pour la simple raison que les rapports employés /direction y étaient très corrects et que personne n'en réclamait ni même n'en voulait. *Vous n'en voulez pas ?* S'étaient écriés d'un seul porte-voix les héros «DSK et Titine», qu'importe vous l'aurez quand même… Bravo avaient répondu les quelques syndicalistes de service. Toujours prompts à tout imposer ces dictateurs à la rose, ces Kim Jong UN du dialogue social, ces Nérons de la pensée unique…Tout imposer et surtout tout ce qui pourrait leur servir

---

23

de relais pour «les prochaines», qu'elles soient municipales, législatives, européennes, présidentielles «les prochaines», là où il faudra absolument, sauver son siège ou en gagner un, se rassembler dans un grand élan national, autour des valeurs de la république, autour des passe droits, autour du pognon, autour du pouvoir.

Sauf guerres, ou graves épidémies, il ne doit pas y avoir eu dans l'histoire de ce pays France, d'événements plus néfastes que ces trente cinq heures. De plus fossoyers d'entreprises et d'avenirs. Il n'y a pas eu plus assassins du tissus économique que ces deux DSK et Martine réunis. Heureusement ils n'ont pas fait de petit, imaginez un peu ?

Quand je vous disais que le Raymond de la chanson, quand il en fait une ; il la fait bien. Bel effort, prouesse de champion, réussir à donner ses lettres de noblesse en faisant nommer DSK au FMI ! Alors là, Raymond, Bravo ! Plus fort ce sera plus dur, ou alors peut être dans une seconde vie, sur une autre planète ... Je vous avais dit qu'il avait de l'étoffe à vous vendre n'importe quoi, et à n'importe qui. A s'en souvenir et à l'écriture de ces lignes je m'aperçois que c'est bien à la façon d'un divorce que j'aurais dû gérer le truc. Un gros paquet de pognon sur la table et «TU DEGAGES». Je sais, pas très élégant comme formulation mais avec l'argent ça passe mieux, c'est un peu comme avec les roses, c'est le nombre qui fait l'élégance, pas l'intention ni le poème, de toute façon Audiard avait raison «*quand on parle pognon à partir d'un certain chiffre tout le monde écoute*». Et il m'aurait écouté mon Raymond, peut être même qu'il m'aurait embrassé sur la bouche. A revivre une telle situation, pas une minute d'hésitation, même si je devais les imprimer ou les chercher sur la lune, je lui ferais sentir l'odeur de la fraîche au Raymond. Le départ d'un Raymond comme celui là ne se chiffre pas. Cela doit être un but sacré, un graal. Une bonne négociation supra légale représentant officiellement quelques années de salaires (j'ai dit salaire pas travail), la même somme au black sous la table...il ne serait pas parti mon Raymond, il aurait décollé, même le tee-shirt Heineken oublié la veille au local syndical ne l'aurait pas retenu. C'est qu'à la vue d'un tel paquet il se serait transformé. Le bourrin serait même devenu un pur sang. Plus moyen de le retenir avec la nouvelle LAGUNA toutes options qui rugit déjà dans ses rêves. Il serait parti je vous dis. Peut être serait-il même allé jouer les riches à Palavas, là-bas dans le sud, mais attention pas de fausses notes, pas sur la côte d'azur, non, non trop snob, beaucoup

---

24

trop snob. Pas de Saint-Tropez pour lui, ça lui aurait manqué là-bas les collègues pour raconter ses exploits, tandis qu'à Palavas, Hein, Palavas… Avec un p'tit jaune devant la caravane ? Ca aurait pas été le bonheur ça ?…Même que parfois il aurait fait péter les olives. Finalement Raymond avait raison quand il faisait crier à quelques «suiveurs» manifestant devant l'école de mes tout jeunes enfants « DUFLOO SALAUD, LE PEUPLE AURA TA PEAU ». En fait c'est moi qui l'ai privé de tout ce bonheur, c'est moi qui n'ai pas compris le message de la caravane à Palavas et du petit jaune peinard sous l'auvent. Vraiment par moment, moi aussi, j'en loupe pas une de connerie. J'ai pas payé et il est pas parti en Laguna. Raymonde a dû faire la tête, c'est vrai, le syndicat, c'est bien mais la Laguna et Palavas…ya pas photo. Tout ça c'est du rêve et je ne l'ai pas fait. J'ai fait la connerie par omission, ce qui est aussi grave. Peut être la peur du contrôleur fiscal, vous savez le petit gars à lunettes qui a l'air de rien mais que ce serait le cousin à Raymond que ça m'étonnerait pas. Parce que parfois, la nuisance et la jalousie, c'est de famille. Ou ça s'attrape avec de mauvaises fréquentations, de mauvaises alliances. C'est vrai aussi que le scandale MEDEF et l'UIMM, sa filiale représentant la branche métallurgie n'avait pas encore éclaté au grand jour. On ne savait pas nous, je ne savais pas moi petit entrepreneur de province, mon expert comptable, mes commissaires aux comptes ne me l'avaient pas expliqué qu'il faut toujours une ligne comptable spécifique «favorisation de la fluidité sociale» ça s'appelle. Bon maintenant on sait, merci le MEDEF, merci l'UIMM. Merci Président Denis Gautier-Sauvagnac, on a bien écouté, on a bien suivi le cours. Maintenant on sait que ça existe et que c'est permis une petite ligne où vous balancez les millions que vous voulez, 600 millions d'euros dans la caisse secrète ! Pour« fluidifier le dialogue social ». Ca veut dire filer les biffetons, les valises aux Raymonds. Je ne dis pas que quelques enveloppes, certainement mal-adressées, mais pas refusées, non renvoyées, ne se sont pas égarées dans des poches politiques. Les syndicats d'accord ça demande lubrification, mais en politique aussi il faut savoir mettre de l'huile dans les rouages pour éviter que l'on en mette sur le feu. Certains journalistes ? Sur les millions au noir de l'UIMM ? Ca j'aurai du mal à le croire… Oui, on a compris, on sait, on n'est pas obligé de mettre 600 millions, c'est comme à la messe, chacun met ce qu'' il veut, chacun met ce qu'il peut. Comme à la messe, pas de justificatif, pas de ticket, pas de facturettes si chères à chaque employé comptable qui se respecte, vous savez le ticket justificatif d'autoroute que vous avez perdu trop occupé à chasser le client, la dépense est bien mentionnée sur le relevé de carte bancaire. Sanef quand t'as roulé dans le nord ou l'est, SAPN si t'as fait un tour en Normandie, AREA en Rhône alpes, Vinci, ou d'autres, t'as une preuve, ben pas de pot mon gars, si t'as pas le ticket, t'es refait, 12€, 3€75 (t'as pas roulé longtemps là) 14€50…ce sera demandé par ton comptable, enfin son employé. Et ils ont raison. Ils savent eux que le contrôleur fiscal les exigera les «facturettes». Les syndicats eux, il faut les excuser, ils ne le savent pas, c'est normal, ils ne sont pas comptables, ils ne sont pas contrôleurs, enfin ils ne contrôlent pas la même chose, ou pas avec les mêmes méthodes comptables. Et puis tu te vois marquer six cent millions d'euros sur une facturette ?

Question RAYMOND-CGT j'arrête avec les "SI". C'est vrai, merde je l'ai pas fait et je m'en mords l'entre jambe, parce que même requalifiés fiscalement, ça valait le jus. Même si cela avait été lourd momentanément, même s'il avait fallu bosser beaucoup pour «les vacances à Raymond et un peu d'huile» tout cela n'aurait été que "peanuts" quand je connais maintenant le vrai prix des choses. Deux attaques cardiaques, des vies non pas malmenées mais violées et volées, des enfants privés, des nuits blanches qui se comptent par années, des tribunaux, des avocats par dizaines, des juges, des procureurs malades, des jours avec plus rien à bouffer, des larmes devenues trop salées pour couler. Des ennuis à vous faire divorcer un canton tout entier, des dizaines de millions d'euros de perdus plus tous les petits qu'ils auraient pu faire. Tout cela on le sait après. Quant aux couillons qui ont perdu leur emploi, et aux quelques survivants qui vont bientôt le perdre j'ai le courage de leur dire et d'écrire « ils ne méritent rien de plus » même pas les ASSEDIC. Quand on écoute un Raymond, c'est qu'on est prêt à mordre la main nourricière, faudrait pas en plus les plaindre, les adeptes à Raymond. Il y a bien eu une majorité de gugusses pour élire «François moi-je» et se dire juste après *«oh, flûte, bein c'était une erreur là. On n'a pas fait attention, on s'est trompé»*. Et bien l'erreur elle se paye. Cela se paye toujours une erreur. Pour l'erreur «moi-je» c'est comme avec les banques : privatisation des bénéfices, mutualisation des pertes. Même si tu l'as vu arriver l'erreur, même si vous étiez nombreux à dire non, à vous affoler. C'est un travers de nos démocraties arithmétiques : 51% de Raymonds, souvent non imposables prennent le pouvoir par les urnes, conservent l'ensemble de leur acquits et quittent le restau en laissant l'addition aux autres. C'est vraiment un travers bizarre, les « Moi-je » et il y en a beaucoup parmi les élus de gauche, surtout aux municipales. Ils se font élire par les «défavorisés» qu'ils vont «défendre » et feront supporter le poids financier du fonctionnement de leur mairie aux 49% de «favorisés». De quoi se plaignent-ils, puisqu'ils sont favorisés...

Certaines religions un peu barbares ou rétrogrades dans leurs principes ont du bon pour cela, un voleur on lui coupe la main. Un destructeur d'entreprise, on devrait leur retirer le boulot... leur empêcher l'embauche, pour simplement protéger les autres.
Dans tout cela ce que j'admire le plus, celle que j'admire le plus, c'est ma blonde. Vous imaginez : même pas elle a divorcé. Oh, elle a bien du y penser mais le résultat est là. Toujours elle m'a soutenu, ma blonde, toujours, partout et en tout domaine elle a assuré.
CHAPEAU LA BLONDE.

IV
Chez les frères

2014, July 30th encore Miami Beach RAYMONDS Part 2.

Je n'aime pas trop les épisodes à répétition, mais avec les Raymonds : ne pas développer ce serait un péché. Enfin au regard de ma culture Catholique devenu non pratiquant tendance agnostique. J'ai «grow up» chez les Frères, non pas les frères musulmans à la mode qui de leurs gentilles attentions quotidiennes font la une des journaux bien ou mal pensant. J'écris «mal-pensant» la plupart des ces feuilles étant d'un gauchisme primaire, coupable de tant de désinformations qu'il faut vraiment penser à mal pour y participer. Ca me rappelle Charles, pas De gaulle, Baudelaire. *« j'ai eu l'imprudence de lire ce matin quelques feuilles publiques, soudain, une indolence, du poids de vingt atmosphères, s'est abattue sur moi, et je me suis arrêté devant l'épouvantable inutilité d'expliquer quoi que ce soit à qui que ce soit. »*.

Maintenant que vous avez eu un bol d'air, quelques lignes d'un authentique écrivain, revenons à la littérature de nuits blanches. J'ai donc «grow up» chez les frères, ceux avec une soutane et une collerette blanche. Une croix qui breloque au bout d'un chapelet qui égaie le noir de leur robe. C'est vrai chacun sa fantaisie, à quoi bon une petite robe noire sur une super nana s'il n'y a pas la ceinture dorée qui souligne la taille, met les hanches et le buste en valeur, renvoie quelques scintillements sur les dorures des escarpins. Pour la robe des frères c'était pareil, juste un peu plus sobre, le noir et la longueur de la soutane affinaient la silhouette et le V formé par le chapelet leur donnait des épaules d'athlètes. Des athlètes, il y en avait chez les frangins. Non, tu fais ta deuxième erreur, pas les Franc macs, faut pas tout mélanger. C'est déjà assez compliqué comme ça ce putain de testament. Les francs-maçons ce n'est pas chez mes frangins à moi, ceux avec une croix. Les francs-maçons c'est dans la vie de tous les jours pour ceux qui subissent dans celle des élus pour ceux qui profitent.

S'il fallait d'ailleurs que je me lance dans le récit du «je t'aime moi non plus» du Raymond national, tu sais Raymond-mélody, avec les frangins la gratouille, cela vaudrait bien un bouquin. Quant au suivant de président, le «moi-je», celui qui protège et finance les loges bouffe curé, avec la tune qu'il n'a pas, ou en tout cas pas la sienne, il semble poursuivre deux objectifs : 1) affaiblir encore les quelques rescapés de cathos que la France conserve dans sa «diversité différente». 2) Se faire protéger par ses protégés. C'est vrai que présider, gouverner sans l'appui de la maçonnerie, sans l'appui de ce que l'on pourrait considérer comme le premier parti de France (en nombre d'élus), c'est plus dur à jouer. Ou alors il faut avoir des épaules. Tout le monde ne s'appelle pas Charles, non pas Baudelaire. De Gaulle : «*Les francs maçons, n'ont pas assez d'importance pour que l'on s'en inquiète, mais suffisamment pour que l'on s'y intéresse*». Je le cite, ça fait toujours une bien une citation, mais n'en exprime pas moins un désaccord partiel. Même si certains considèrent que la maçonnerie a connu son apogée dans le tissus des élus locaux comme à l'assemblée durant la troisième république. Si son influence politique n'est plus aussi forte qu'à cette époque, il serait suicidaire pour qui veut le pouvoir aujourd'hui de ne pas s'en inquiéter.

Pour le roman d'amour de notre actuel président avec les frangins, ce serait un roman fleuve, 10 tomes minimum, sous le titre « je vous réserve des places au soleil ». Attention pas un soleil de politicard véreux, qui promet et ne chauffe pas, non le soleil le vrai, le bon, source de vie, celui qui brille tellement qu'il vous ferait cligner l'œil de la connaissance, qui donnerait envie de ranger équerre et compas pour reconstruire le monde à la plage. C'est comme cela chez les initiés, on «travaille» secrètement, à l'ombre des loges mais on profite au grand jour du soleil de chacun. On bouffe du curé, on placerait n'importe quoi comme somnifère de remplacement au peuple sauf si d'aventure, un christ, une croix, un clocher se glissaient sous la bande rouge de l'emballage. C'est volontairement que je n'ai pas cité la Vierge sous la bande rouge, les vierges c'est pour d'autres, à condition qu'elles soient nombreuses et dans un autre monde.

Chez les frères, ceux de saint Jean Baptiste de la Salle, il n'y avait pas comme le sous-entendent certains, que des obsédés devenus mi pédos, mi pédés. Il y en avait bien sûr, comment peut-il en être autrement. Leurs esprits avaient si souvent imaginé la douceur des rapports charnels. Comment leur en vouloir, sur le fond le truc n'est pas possible. Chasteté à vie dès 18 ou 20 ans. Passé 70 ans, pour un Pape, après une vie bien remplie, chacun le comprendrait mais renoncer à l'âge de l'éjaculation précoce ! Je ne pense pas que beaucoup d'entre vous souhaiteraient signer en bas la page.

Les protestants l'ont bien compris, impossible ! Ce n'est pas sain d'imposer l'impossible. Pourtant tant de religions tentent de le faire, imposer l'impossible en toutes sortes de domaines.   Leur raison d'exister peut être ? Connaître leur réel pouvoir sur leurs sujets, les croyants ? Et puis quand le croyant est bien soumis à la religion, c'est quand même plus simple.

Il y avait donc des athlètes chez les Frères, pas des tout neufs bien en forme, sortis du dernier championnat, non des athlètes du temps d'avant le séminaire.

L'athlète Lucien m'avait transmis comme à quelques autres, le goût du sport. Plus exactement celui de la natation. Il faut dire que les «volontaires» pour la piscine resquillaient une heure de cours par semaine, le mercredi après midi, pour se rendre aux "Bains Dunkerquois". Magnifique piscine de mon enfance, Construite à la fin du 19ème, le bâtiment qui l'abritait avait un aspect très orientaliste revisité par les architectes français de l'époque et du cru. De part et d'autres des deux entrées, s'alignaient fenêtres et ouvertures surmontées d'arcs outrepassés. La plus petite des entrées, qui en fait était la sortie s'accommodait d'un porche garni d'un arc polylobé mais de facture assez simple dans ses ornements. Juste à coté paradait l'entrée principale. Deux Lions couchés semblaient être les gardiens de l'escalier. Ils nous accueillaient de part et d'autres d'une grande façade en mosaïque bleue, ornée de motifs aux croissants et étoiles dorés. Passés les lions nous étions sous le porche, lui aussi outrepassé puisque se refermant sur son escalier comme une coquille saint jacques arrête sa circonférence en son pied. Lui aussi polylobé pour plus d'éclat plus de richesses. Sous le porche, les mosaïques flamboyaient d'or et de bleu. Le tout était surmonté d'une coupole qui en plus d'abriter la chaufferie n'avait rien à envier tout au moins dans la forme, à celles des mosquées Moghol pakistanaises. Tout ce décor ajoutait au plaisir. Si avec frère Lucien nous entrions sur simple coup de sonnette par l'entrée des artistes, c'est à dire la sortie, le jeudi ou samedi après midi quand nous y allions

---

entre copains c'est sous ce porche principal, protecteur des intempéries que nous nous tassions, attendant l'heure de la séance. Par jours secs, mais, plus rares, on se disputait une place assise sur l'un des lions. Places interdites bien sûr, mais tellement plus confortables quand on a dix ans.

Toutes les piscines d'enfance sont belles, magnifiques de souvenirs ou d'architecture. Celle-ci bien qu'originale était plutôt une verrue dans son ensemble urbain flamand, mais elle invitait aux rêves. Elle était tellement marquante qu'une des premières fois où j'ai rejoint un groupe de vélo a Saint-Tropez, j'y ai rencontré un type prénommé Pascal, aussi gentil qu'il avait l'air effrayant pour ceux qui ne connaissent pas les gens du midi. Le verbe haut, toujours affirmatif, d'une voie rauque poussée par ces 110 kilos de muscles m'a lancé en voyant inscrit Coudekerque sur mon maillot «*Coudekerque ! à côté de Dunkerque…j'ai des cousins là-haut j'y allais quand j'étais minot*». Ses souvenirs n'étaient pas la plage ou les dunes, c'était les Bains Dunkerquois et les deux lions ! Le truc pour conserver intacts, ses rêves d'enfance, pour ne pas gâcher le souvenir, c'est de ne pas y retourner devenu adulte. Simple pour moi, de ne rien gâcher, dix mille kilomètres m'en séparent. Quant à Pascal, même ayant parcouru des centaines de kilomètres ensemble, il ne m'en a jamais plus reparlé.

Pourquoi la natation ? C'est un sport dur, pas vraiment fun. L'entraînement, c'est des longueurs, quand c'est fini ça recommence. C'est mouillé, il n'y ni spectateur ni pompom girls pour émoustiller votre ego, pas de mixité, sauf la mixité sociale, les frères de la Salle étaient vraiment bons pour cela. Pas de filles dans le bassin ! Des vestiaires remplis de mecs, alors pourquoi cet intérêt, à première vue pour l'enfant que j'étais et qui n'en avait toujours «ramé» qu'à la limite basse du minimum pour éviter la foudre des profs et la colère de désespoir des parents, c'était fatigue inutile. Non, ce n'était pas brasses perdues, une heure de cours en moins c'était de l'or, et comme la nature m'avait fait grandir un peu prématurément même mouillé, c'était du tout cuit pour moi. Le gabarit était là : 11 ans, 1mètre 75, près de 70 kg avec un peu plus de muscles que de gras. C'est vrai que les bastons du jeudi ou du week end, ça vous fait les biscoteaux. 11 ans, c'était les benjamins, l'épreuve chronométrée se fera donc sur 25m et non sur 50, la longueur qui attend les minimes de l'année suivante. 25m quand on a la taille d'un adulte face à des enfants ! Que du bonheur. Il suffisait de réussir le plus amusant : le plongeon. Exécuter sommairement deux ou trois brasses en regardant derrière pour ne pas en faire trop quand même. L'important c'est d'être premier, pas le temps qui vous sépare du second. Le pilote de l'équipe nationale de scooter de la rue du faubourg saint-honoré vous le confirmera, l'important c'est le résultat.

Résultat, par erreur de la nature ou de casting, comme scooterman, je me suis retrouvé premier, un peu par hasard sans compétences particulières. Sans avoir le moindre mérite autre que d'avoir participé et de n'avoir rencontré aucun réel adversaire. Champion de Flandres benjamin 4 nages. D'accord c'est peanuts, d'accord le championnat se passait à Roubaix, d'accord la coupe de pacotille est restée à l'école mais à 11 ans, champion, c'est champion. La brasse c'est cool même coulée, le crawl on se prend pour Johny Westmuller, le dos c'est une nage de gonzesse car la moins fatigante et la plus confortable, le papillon, je ne savais pas vraiment le nager, les autres non plus d'ailleurs. Evidemment l'année suivante, les challengers avaient grandi, plus moi, je n'étais pas devenu un géant, ma croissance était presque achevée. Nous faisions tous environ le même poids, la même taille. Dans ma tête on ne jouait plus à armes égales, eux étaient courageux et ils s'entraînaient sérieusement, moi, devenu trop affairé avec «les filles». L'obsession du jupon avait remplacé l'entraînement. J'étais dans le vent, enfin dans l'eau, totalement largué derrière les éclaboussures des premiers. J'abandonnais donc la natation pour le rugby. J'avais trouvé le seul poste sur les quinze qui prend peu de coups. On dirige un peu et on fait courir les autres : demi d'ouverture. Le terrain de nos futurs exploits était Saint Pol sur Mer, chez les demi voyous, ça allait le faire pour un temps.
Qu'ils en avaient du courage ces frères-là. Si l'école n'était malheureusement pas au niveau, pour le reste que de temps passé avec et pour les enfants. Que d'implications en tous domaines. Saint Jean Baptiste de la salle avait eu du nez pour cela. La «succursale» de Dunkerque en était un exemple tout au moins pour un temps. Ils étaient très peu nombreux, de l'élémentaire au secondaire cela représentait huit niveaux, les tout petits étaient prix en charge par une maîtresse extérieure, une civile, croyante certes, assez âgée, mais non ordonnée. En classe de neuvième intervenait frère Florian, puis André, enfin venait Etienne qui assurait la septième. Les classes secondaires se contentaient de 3 enseignants civils : Maitre Dubar, un coco de la première heure, heureux propriétaire d'une R8 avec laquelle il avait « fait » l'URSS. Un dénommé Peter puisque prof d'anglais blond roux, portant moustache et chapeau sur une veste écossaise. Le troisième prof, une vielle fille dont les noms et pré-

noms et même les formes n'ont pas marqué ma mémoire. Chacun était polyvalent et assurait plusieurs matières. Puis venaient les Frères dont Lucien-le-nageur, (enfin l'entraîneur puisque je ne l'ai jamais vu sans soutane, ni même dans l'eau d'ailleurs), qui en plus d'enseigner lui aussi les mathématiques, était en charge de la procure et de la comptabilité de l'école. Total : 5 soutanes, une vieille dame, une vielle fille, un communiste en Renault 8 et Peter. Une équipe de choc qui devait vous mener de l'élémentaire au BEPC. Après, stop on arrête là les dégâts.

En fait de soutanes ils n'étaient pas 5 mais 6, il ne faudrait pas oublier le frère Directeur. Un assez jeune frère, enfin un peu moins vieux dont l'appellation «directeur» le suivait ou le précédait toujours et en tout lieu. Tous, Frères ou élèves l'appelait «Frère directeur» parce qu'un directeur ca s'appelle comme ça. Son prénom je l'ai connu, entendu, mais pas suffisamment pour m'en souvenir aujourd'hui. Ce directeur avait de nombreuses qualités. Non pas parce qu'il avait des lunettes, les frères avaient tous des lunettes. Ce pourquoi j'en déduis deux choses, ou les problèmes de vue sont récurrents dans les ordres, ou ils avaient tous passé la cinquantaine. Je vais peut être opter pour la seconde, les cinquantenaires et plus, voire beaucoup plus. Outre ses lunettes qu'il devait avoir plus belles et plus efficaces que les autres, ce frère «Directeur», voyait loin, il avait du recul mais aussi de l'avance sur les choses. Les premières classes de neige ! Que les parents puisent ou non participer aux frais, tout le monde partait, une classe à la fois. Et pour un mois. C'était pas le luxe, on n'avait pas le dernier matériel, budget oblige. Une seule remontée mécanique par jour, le reste en canard ou skis sur l'épaule. Mais personne ne quittait le primaire sans avoir appris à skier. Bravo, champion, le frère directeur. Pendant un mois, ski le matin, cours l'après midi, luge à la récrée. Le soir quand les chaussures en cuir avaient séché, on y étalait la graisse de phoque, puis dortoir avec frère Etienne ou frère André tout au fond, à côté de l'interrupteur. Une épopée chaque hiver. Train Dunkerque Paris, métro gare du nord gare de Lyon, toujours Budget oblige, trains de nuit sans couchettes. Arrivée Saint Jean de Maurienne au petit matin, soleil, ski. Qu'ils en avaient du courage ces frères, imaginez se taper tout cela en soutane ! Le métro, le train, passe encore, mais le ski ! Soutane noire sur tapis blanc, parce qu'ils étaient aussi monos les frères...

A longueur d'année, chaque vendredi, la confession c'était chez frère directeur. Le confessionnal se trouvait dans le couloir du bâtiment de front à rue. L'école comme toutes les écoles religieuses que j'ai pu visiter se composait d'un bâtiment sur rue, puis d'une cour. Un nouveau bâtiment parallèle au premier puis une deuxième cour. Cherchez pas c'était toujours construit comme cela, un bâtiment de front à rue avec ailes ou sans ailes selon l'emprise du terrain, une cour et un second bâtiment etc....On construisait de cours en cours au fur et à mesure que l'école voyait croître son nombre d'élèves. Le lycée Louis Legrand à Paris, en plus de se classer parmi les plus prestigieux, est un bel exemple de ce que savaient faire les membres d'une autre compagnie, celle de Jésus. L'école, la transmission du savoir, c'était déjà leur crédo, former des élites et s'assurer le pouvoir dans le futur, au moins, un certain pouvoir. Ils savaient le faire, les jésuites. Ils le faisaient et le faisaient bien. Finalement, l'ENA, ce serait les jésuites d'aujourd'hui, le travail de terrain, l'expérience et le courage en moins.

La chapelle se trouvait dans le bas, dans le bâtiment de front à rue. Ce bâtiment abritait aussi au rez-de-chaussée la procure, un bureau administratif, les salles de repas et de télévision des frères. A l'étage, les chambres des frères. Les classes se trouvant dans les bâtiments arrière nous n'allions dans ce bâtiment que pour la confession ou la procure, quand il nous manquait une gomme ou un cahier. Plus tard pour prendre un chocolat chaud au «club» petite pièce munis de tabourets et de deux distributeurs de boissons et chaudes que le frère directeur avait aménagé dans le demi sous sol de la procure. Le «jeu» de la confession était assez simple, deux premiers élèves quittaient la classe, quand l'un d'entre eux revenait, l'air soulagé, un autre quittait le cours et ainsi de suite. Sur une des chaises qui attendaient devant le confessionnal, attendait aussi la «liste». Une dizaine de péchés communs dactylographiés et numérotés s'étalaient sur une feuille plastifiée. Bien utile la liste pour piocher un ou deux péchés qui feraient bien sans être trop graves. La pêche était toujours soft, «j'ai menti à ma maman», « *j'ai poussé dans les rangs*», «*j'ai embêté ma sœur*» (très prisé), «*j'avais même parfois volé un carambar voire deux Malabars*». Personnellement j'allais rarement au dessus de deux, trois péchés. C'est que j'étais un bon garçon moi. Les fautes n'étant pas trop graves, je m'en sortais souvent avec deux «je vous salue Marie» et un«notre Père». Les «je vous salue Marie», c'était cool, mais «les notre Père»...je n'étais pas le seul à les redouter. Il le savait le directeur, pour écoper de 5 ou 10 «notre Père», il fallait vraiment avoir déconné.
Chaque midi, chaque soir de l'année scolaire ils assuraient les conduites. Plutôt les «reconduites» puisqu'il s'agissait d'organiser le

retour des élèves. Une conduite vers le centre ville, une autre vers la basse ville, l'école se trouvant à mi chemin. Ca devait être looké une grande soutane noire à lunettes suivie d'une bande de gamins ! Arrêt à chaque croisement, prudente traversée de rues, jusqu'à destination finale où les enfants étaient lâchés. Chaque frère avait en mémoire si tel ou tel continuait seul ou s'il devait être repris en charge par un membre de la famille. Si le preneur en charge était en retard, ils attendaient. C'est patient un frère...

Pendant les conduites, dans la toute première partie du trajet, juste à une centaine de mètres nous passions devant un bistrot. Plutôt un bar. Pas un bar montant, puisque les filles, à la nuit tombée prenaient leurs quartiers pour travailler «au bouchon» dans la pièce derrière, au rez-de-chaussée. Point d'escalier donc pour rejoindre les scintillantes travailleuses de la nuit. La patronne, la tenancière, était une black, une antillaise, une vraie avec costume et boubou sur la tête. Le bistrot était ridiculement petit, quelques tabourets de bar, deux tables, un juke-box. La porte toujours entrouverte laissait s'échapper une odeur de bière, d'anis, et de fumée. Une odeur de bistrot.

Cet endroit était prédestiné, car c'est là, dans ce bobinard, que, quelques années plus tard on retrouva l'ex frère directeur plus civilement appelé Francis, car défroqué. Mais on ne s'éloigne jamais vraiment de Dieu quand on a été ordonné. Françis avait donc simplement traversé la rue et parcouru une centaine de mètres pour faire don de son corps à une nouvelle déesse, la sainte mère maquerelle : l'antillaise à boubou. Ses indemnités de rupture avec dieu ne lui avaient pas permises de prendre le contrôle de ce nouvel ordre et la déesse à boubou en restait le maître. Oui, tu as bien lu. L'ex frère directeur tout en conservant ses lunettes et ses airs d'intellectuel servait maintenant les bières et les ti' punchs. Le soir venu, quand le rhum avait suffisamment réchauffé les cœurs et les corps la déesse apparaissait. De ses formes plus outrancières qu'avantageuses, elle faisait monter le désir dans la tête de ses clients, comme Dieu avait fait descendre le Saint Esprit sur la tête des apôtres. Les blagues, rarement bénies de bon goût, fusaient et les éclats de rires emportaient l'assistance. La lumière se drapait de rouge et le triste couple de tubes au néon qui assurait l'éclairage de l'après midi laissait place aux éclats d'une boule à facettes. «Quand je bois un verre je deviens un autre homme, et c'est cet autre homme qui commande les suivants». Le ti' punch avait l'avantage d'aller vite en besogne et il ne fallait pas attendre longtemps pour que chaque homme en devienne un autre... Ce sont bien sûr ces autres hommes qui rapidement voulaient découvrir l'arrière bistrot, les charmes d'une lumière plus triste que tamisée, celui d'un canapé aussi usé que les hôtesses. Ici on abandonnait le ti' punch pour le champagne, classe oblige.

Certes, le frère directeur n'officiait plus dans la pénombre du confessionnal, mais dans celle d'un semi bordel. Je ne sais s'il a manqué de bénédiction ou de foi, mais tout ne devait pas toujours être rose avec déesse boubou. Un soir, une nuit, Francis et sa déesse furent pris d'un vif désaccord. De quoi avaient ils abusés ? De ti' punch mal béni ? De bière qui n'avait pas vu les moines ? Dieu seul le sait, mais une chose est sûre : Dieu devait avoir envie de châtier son ex collaborateur ce soir-là. Et le punir par là où il avait péché. Déesse boubou avait reçu de dieu ou de dame nature, outre ses formes avantageuses, un sourire qui laissait apparaître une dentition blanche et puissante. Dans la bagarre ou plus exactement la mêlée dans laquelle Francis et Boubou s'opposèrent, les dents blanches allaient écrire une sombre fin à cette belle histoire d'amour. Une Couille...et Une. L'affaire avait fini au tribunal. Triste fin. Ne m'en demandez pas plus, je n'ai pas eu accès aux minutes du procès.   Pour Francis, point de Raymond pour défendre ces droits à un «licenciement testiculaire ».

Mais je m'égare... A défaut d'avoir réussi à faire renter dans ma caboche le goût, de l'effort inutile, les frères à collerettes m'avaient inculqué celui du sport. C'était un plus ces équipes sportives scolaires, elles ont bien souvent disparues. Sauf à ce que le base-ball ne prenne la relève, à observer l'engouement apparent pour ce sport, au moins pour le matériel. Les adeptes semblent nombreux. A voir les milliers de battes en circulation ne France on devine que les budgets sont arrivés, le matos distribué. Ne manque plus que le terrain et apprendre les règles...Parce que même ici, aux States, on n'en voit pas autant des battes en circulation.

A l'instar des «kalaches» qui ne sont commercialisées que pour les club de tir, j'ai toutes les raisons de penser que les battes de base-ball ne servent qu'aux joueurs possédant licence...

36

V
La bicyclette

Pour ma part, après avoir pratiqué toutes sortes de disciplines sportives, surtout les novatrices ou les casse-gueule, je me suis rabattu sur la bicyclette. Suite à l'opération d'une hernie discale, le chirurgien, malavisé sur mon caractère m'avait formellement déconseillé certains sports et principalement ceux que je n'avais jamais pratiqués. C'était suffisant pour déclencher un intérêt immédiat pour the «racing bicycle». Je n'avais encore jamais sévi en vélo de course, puisque c'était déconseillé cela en devenait amusant presque obligatoire.

Je fais donc du vélo. Cela fait vingt ans que je pédale, je sais je dois être con... Pourquoi pédaler, pourquoi souffler contre le vent, souffrir à grimper, suer pour s'entraîner, se blesser en tombant. Simplement pour un jour, une heure, ou quelques secondes être devant celui qui est devant. Ou tout simplement devant soi-même. Celui qui est devant, c'est n'importe qui, celui du moment, celui qui passe, celui qui dépasse, celui que l'on s'est fixé comme objectif, celui qui est plus fort mais accessible, ou plus amusant encore celui qui ne l'est pas. C'est justement celui-là qui est intéressant. Quand on est con comme moi c'est qu'on fait du vélo. Si on s'entraîne sans autre but que l'accessible ou soi-même, on risque un jour de le dépasser, de se dépasser, si ce jour arrive le risque d'arrêter le vélo est imminent... Imaginez un instant un con qui fait du vélo et qui arrêterait sa course simplement parce qu'un autre, ou lui même aurait été vaincu ? Ce serait-là une excuse bien à la con. Aucun vélo pratiquant ne pourrait s'en satisfaire, alors je vélo-pratique en choisissant «l'inaccessible cycliste» comme on choisit une inaccessible étoile, le meilleur guide pour votre piste. Les anecdotes de cyclistes sont foisons, de courses perdues aux courses que l'on aurait dû gagner, des arrivées manquées, des départs difficiles, des parcours inadaptés, du vent, du soleil, du froid, de la chaleur, de ceux qui sucent les roues sans faire leur boulot, tout est bon pour justifier un mauvais résultat, s'excuser de ne pas être premier, justifier que l'on soit largué. Tout est excuses. Le cyclisme comme beaucoup de sports ne pardonne rien ni personne. Par contre tout le monde et surtout n'importe qui peut le pratiquer, c'est ce qui fait qu'il y a autant de niveaux que de pratiquants, c'est cela aussi qui fait sa richesse. Combien d'hommes et de femmes civils jouent au football ? Quelques poignées, combien de cyclistes parcourent nos routes chaque week-end, des dizaines de milliers. Et pourtant, pour pratiquer le foot une bière et un fauteuil suffisent alors que pour le cyclisme, il faut un vélo, et un vélo en état ! Pour le foot, qu'il soit vieux, usé, râpé, défoncé, qu'importe le fauteuil pourvu qu'on ait la bière et l'ivresse du commentaire. Le cyclisme ne se pratique pas équipe contre équipe, c'est bien plus délicat, plus subtil. Le cyclisme est un sport individuel qui se pratique en équipe. L'équipe pouvant faire partie d'un groupe, d'un peloton. A vélo on roule pour soi et pour les autres, ce sont les autres qui font que l'on roule bien soi-même. Se servir des autres tout en mimant de bien les servir pour éviter de les servir trop. Le cycliste amateur n'est jamais bien entraîné, c'est un état obligatoire, il déclare toujours avant un départ n'avoir pas eu le temps de «rouler», cette déclaration faite, être moins fort ne le dérange plus, mais si par bonheur il roule à même vitesse que les autres, cette déclaration lui permettra alors, à performance égale de se sentir plus fort. Le cycliste regarde le cyclisme une fois l'an toujours au mois de juillet et toujours pour le tour de France. Hors cet épisode, le cycliste n'est pas spectateur, sauf quelques rares exceptions qui au printemps se souviennent qu'entre Paris et Roubaix avant le tgv il y avait des pavés. Que les quelques trois cent kilomètres qui séparent Milan de San Rémo peuvent écrire bien des histoires. Que les Flandres font la ronde et que Dunkerque est aussi connu pour ces «quatre jours» que pour son carnaval.

Quand on est cycliste point de contemplation bière à la main, je précise bien «quand» car rien n'empêche Jekyll le cycliste de venir Hyde le footeux, (mais là on touche les sommets) Jekyll donc préfère l'action, la pratique. Des dizaines de milliers, des centaines de milliers de rouleurs pour qui le sport ne pardonne rien, ce sont ces riens non pardonnés mais surmontés qui font les héros d'un jour, d'une sortie ou d'une simple ballade. Finalement le vélo c'est fait de rien, généralement on revient à son point de départ souvent en n'étant allé nulle part. On en revient fatigué ou revigoré, épuisé ou gaillard, mais souvent heureux, toujours content de revenir. Alors pourquoi partir ? Simplement pour connaître le bonheur de revenir.

———

C'est mon vélo, en tout cas l'amour que je portais à parcourir à bicyclette les routes du var qui m'a fait rencontrer une première fois le Raymond président. Notre Raymond-Mélody.

De façon presque anonyme un beau dimanche de février, un bodyguard sur une petite moto 125 cc stoppe la circulation à la sortie du cap nègre, Var. Il n'avait pas grand chose à bloquer, j'étais seul sur mon vélo il était 13h30.

Aussitôt j'ai vu arriver un homme en tee-shirt et short noir, c'était lui, the Carla's Raymond, the président. Il me fit ce petit geste «bonjour» de la main qu'affectionnent tous les politiques, emprunta la piste cyclable juste en face pour s'en servir comme piste de jogging. Le hasard a voulu que comme lui ma route aille vers l'est. Roulant doucement, presqu'aux côtés du joggeur j'échangeais quelques mots. En premier lieu des félicitations et des encouragements sportifs. Le «vélo» devenant instantanément centre du débat je lui proposais une «partie de manivelles» avec le groupe de Saint-Tropez dans les semaines à venir *«ok ça roule me dit-il, voyez avec mon secrétariat à l'Elysée»*. Agenda de crise oblige «the date» n'a pas eu lieu.

Tout cycliste possède sa montée de légende qu'il est fier d'avoir une fois ou plusieurs fois escaladé. Pour moi c'est le Ventoux et le passage devant la tombe de Tom Simpson, mort au combat. Je ne sais pourquoi, mais ce mont me fascine, je l'ai monté peu de fois, par timidité, humilité, comme pour le préserver ou m'en préserver. Je l'ai parcouru en rallye Ferrari, parti décapoté sous le soleil c'est sous la neige, toujours décapoté, que nous avons passé le dernier virage qui mène à l'observatoire. Le Ventoux est imprévisible, c'est pour cela qu'il m'impressionne autant. Le Ventoux, c'est toujours une aventure, et c'est à bicyclette qu'il est le plus beau. Pour le plus grand nombre, le Mythe à vélo c'est «la montée de l'Alpe» et ses 21 virages. Pente moyenne 7%, maximum 14% longueur 14,5 km, dénivelé 1121m, celle-là aussi je ne suis pas peu fier de l'avoir faite à plusieurs reprises jusqu'à deux fois dans la même journée.

Pour l'homme en noir il semblerait que ce soit le Canadel. Ce petit col des Maures juste à côté du cap Nègre culmine à 269m. A un tour de pédale près l'altitude représente son dénivelé puisqu'il prend racine quasiment au niveau de la mer. Pente moyenne 6%

avec un putain de passage après la petite maison en ruine qui même s'il n'affiche que 7% demande attention pour s'en sortir dignement et terminer en accélérant sur la fin, là où la pente s'adoucit avant le dernier virage qui constitue aussi le sommet.

Pour Raymond-mélody, c'est un rituel quand il séjourne au cap Nègre. Quelques semaines après la séance jogging, par hasard je le rencontrais une seconde fois, mais là-haut et à bicyclette, de nouveaux nous échangions quelques mots puis Ciao, nous n'allions pas cette fois là dans le même sens. L'année suivante se laissant manger l'agenda avec des choses sans importance comme le G7 ou le 8 ou le 20 je ne sais plus bien, l'homme-président n'avait pu s'entraîner. Sa première était bien tardive puisqu'en fin de printemps. C'est lors de cette première annuelle que ma blonde, trois amis, dont une autre blonde, l'avons accompagné dans ce parcours obligé. Point de tralala inutile, un juste minimum pour un chef d'état. Un de ses fils devant en scooter et sans casque, 3 ou 4 gardes du corps qui jouent les équipiers apportent aussi un sursaut de motivation pour nos deux blondes. Derrière, une berline et un monospace qui pourrait faire office d'ambulance en cas de pépin.

Foi de vélocipédiste, ce Raymond-là en est un vrai de cycliste. Comme beaucoup de champions en d'autres domaines qui, au début de leur carrière ont hésité entre cyclisme et autre discipline, ce Raymond-là aurait pu faire parler de lui sur deux roues. Cadence soutenue et ultra régulière, la petite maison, il s'en fout le Raymond. Le rythme ne faiblit pas, style acceptable vu son âge et le peu d'entraînement. Il roulait vraiment. A tel point que les blondes pourtant bien entraînées avec deux à trois sorties semaine demandaient régulièrement une «poussette» de ma part pour tenir le groupe. Je n'avais aucun mérite à être un peu en forme, tout était dans les starting block pour le départ aux states, provisoirement sans activité professionnelle, il n'y avait qu'à attendre la fin de la période scolaire pour s'envoler vers les USA. La bicyclette était donc devenue pour quelques mois mon activité principale.

Dernier kilomètre, deux lignes droites séparées d'une épingle à cheveux, Raymond accélère, les gardes du corps suivent sans problème, moi je me transforme en Saint Bernard de la poussette. Dernier virage le voilà qui part en danseuse. Les bodyguards, sachant l'arrivée toute proche, le laissent sortir. Les copains et moi restons calmes, dur pour un cycliste d'en laisser partir un autre si proche de l'arrivée. Normalement, c'est un exercice impossible, un cy-

---

cliste c'est là pour la gagne, pas pour faire de la figuration. Dans notre grande mansuétude nous accélérons mais juste pour ne pas se laisser creuser trop l'écart, on va quand même pas niquer le Président pour son premier week end peinard sur son vélo. Que pour rait il raconter à Carla au retour ? Que 3 imbéciles et deux gonzesses lui ont fait la nique dans le dernier virage ? On est des cyclistes, pas des sauvages, laissons ce type de bassesses aux politiques.

Que de plaisir de se retrouver là-haut, juste un photographe du Var Matin qui n'avait pas besoin d'être en planque puisque bien connu de tous, ambiance conviviale de cyclistes c'est-à-dire, un moment, président ou pas, où on se relâche de l'effort, le sport apportant son effet euphorique on se laisse aller sans même s'en apercevoir à des blagues tous azimuts pas toujours très fines. Mon épouse, toujours blonde, lui suggère d'aller plus loin quand il commence à s'effeuiller en enlevant la première couche de tee-shirt, allant même jusqu'à l'aider pour la seconde couche en lui disant «mais vous êtes trop couvert, Président, c'est pas bon ça», puis de disserter ensemble sur la perte de poids dans l'effort à vélo. Un autre, notre sponsor adoré, propose au président de lui donner un maillot Saint-Tropez, (c'est vrai que ça lui manquait) mais il faudrait qu'il passe le récupérer à sa pépinière...Là, franchement, on l'a trouvé gonflé.

Ce président de cycliste lorgnant nos vélos avec l'œil d'un enfant dans un magasin de jouets nous dit «ils sont beaux vos vélos», un de chez nous lui répond «ouais c'est vrai quand on voit sur quoi vous roulez ». «Mais c'est le vélo de Martine ? » s'étonne un des amis. Un autre encore «elle en aurait bien besoin la Martine de faire un peu de vélo». Raymond : «c'est vrai qu'elle est un peu pouf-pouf». Eclat de rire général. On s'amuse de peu, nous les cyclistes. Encore quelques blagues sur le «rouler français» puisque le vélo de « martine pouf-pouf'» (maintenant qu'on est intime et qu'on est en tre nous, je simplifierai en l'appelant plus amicalement «pouf-pouf») offert comme représentatif de savoir faire local du nord n'était rien d'autre qu'un vélo de supermarché. Et c'est là-dessus que Raymond accomplissait ses exploits... En fait de vélo, tu parles d'un made in France ! Rouler sur un sabot comme celui-là, il en faut du courage et de la niaque. Les gardes du corps maintenant détendus se joignent à la conversation l'ambiance est vraiment sympa, Magie du vélo. Il était réellement accessible Raymond-mélody, naturel, détendu ce jour-là le président. Heureux d'être là et d'avoir en ce lieu magique un petit contact direct avec la France, pas celle d'en haut, pas celle d'en bas, tout simplement celle qui était en vélo au

Canadel ce jour là. Stop.

C'est là que ma conviction est devenue définitive. J'en étais sûr à 99% auparavant, le 1% manquant m'apparaissait maintenant clairement, aussi clairement que son vélo avait les yeux bridés. Y serait pas un peu socialo quelque part le Raymond-mélody ? On ne peut pas être réellement libéral, avoir pour mission d'éradiquer tout ce qui porte atteinte aux libertés collectives et individuelles, de se méfier de tout ce qui porte écharpe rouge et rouler sur un vélo offert par pouf-pouf. Il reste des ondes, et un vélo on fait corps avec lui. Quel homme censé pourrait avoir envie de cela ? Faire corps avec Martine... C'est un coup à attraper des aigreurs, à vous couper les jambes.

Que Carla ait sur notre homme une influence gauchisante se comprend mieux. D'ailleurs, notre Raymond-mélody n'avait pas attendu Carla pour nommer des roses rouges comme ministres ou à la cour des comptes. Partout il en avait mis de la couleur... La première année de son mandat, Raymond était porté par l'envie de changement qu'il sut faire miroiter pendant la campagne suite aux deux mandats Coronas que nous avait fait le Jacquot. Car chichi en plus de baller des bières avec Debré était un socialiste d'âme et d'actions sauf de portefeuille, enfin du sien. Quand je dis action...quand il y avait action...Remarque sa meilleure action fut une inaction : le refus à l'époque d'envoyer nos troupes en Irak. Sur ce coup-là Bravo Chichi. Il est parfois plus dur de dire non, de ne pas agir face à une demande internationale. Savoir dire non clairement sans mentir, sans détour inutile, afficher une politique claire, compréhensible, c'est certainement la carence la plus flagrante de notre président à scooter. Le cycliste, lui, au moins avait suffisamment de charisme pour éviter de dire non, et de fait c'est lui qui emmenait les autres à la faute au lieu de se fourvoyer par suivisme.

Un mec libéral, un qui respecte ses idées aurait remis le biclou de Pouf-pouf aux bonnes œuvres de l'Elysée. Il l'aurait refilé en cadeau à un autre qu'il n'aimait pas, un ténor socialiste par exemple...enfin il aurait trouvé une parade. Se trouvant orphelin de bicyclette il aurait appelé son secrétaire pour lui demander «*qui a gagné le tour cette année ? Amenez-moi le même vélo que celui qu'il avait en montagne*». Point. Ca dure trois secondes et on peut monter le Canadel sans honte. La marque de vélo choisie, trop heureuse d'être l'élue de Raymond, le lui aurait offert, en geste de communication et Raymond aurait eu un vrai vélo. Cela semble chose faite aujourd'hui. Un dernier cliché de vacances de notre EX, le montre arrêté au pied du Canadel «chez Ginette» qui lui offre quelques douceurs alimentaires dont elle a le secret. Raymond a enfin changé de vélo, abandonnant celui offert par pouf-pouf pour un Look, technologie française oblige. Le même vélo que celui qu'un ami et moi avions le jour de notre rencontre présidentielle au Canadel.

Si tu avais changé avant, ton énergie aurait été mieux utilisée dans le Canadel. Tu as préféré en vélo comme ailleurs traîner un héritage inadapté à tes performances. En gouvernant tu as fait de même. Dépenser beaucoup d'énergie, pédaler dans le vide. C'est la machine qu'il fallait commencer par changer. Tu ne l'as pas fait.

Les rencontres directes avec les français peuvent parfois donner de bonnes idées, de bons résultats. Mais au fait, une rencontre avec les français, en politique cela ne s'appelle t'il pas un référendum ?

Cette rencontre cycliste présidentielle, quelques semaines avant mon départ aux states m'a fait quitté mon activité cycliste française, jusqu'alors bien anonyme, avec les honneurs de la presse. La UNE du VAR Matin avec le président, puis la semaine suivante, de nouveaux la UNE du même VAR Matin pour le départ d'une épreuve «la Gran Fondo» entouré d'équipiers réguliers ou occasionnels qui n'étaient autres que Richard Virenque, Alain Prost, Bernard Darniche. Mais là encore ce n'était pas ma présence qui avait motivé le photographe. Il ne me reste plus maintenant qu'à tapoter la balle de golf avec Barak…

2014, July 30th, suite
«Clic sur les infos Françaises» : La bande Organisée

Raymond le pathétique nous change un peu de Raymond mélody-cycliste. Dans cette interview du 2 juillet, Après une soirée d'examen se terminant tard dans la nuit avec deux dames juges d'instruction. Ce n'est pas parce qu'elles font leurs jobs appuyées contre un mur et qu'elles traitent leur robe avec une certaine légèreté que vous me ferez dire ce que je n'ai pas dit. La soirée s'est donc terminée tard avec deux dames sans que cela ne plaise à Raymond. Cela va dans le sens de l'époque, n'est-il pas dans la loi maintenant, de condamner le client et de laisser les dames faire leur job en paix ?
Dans cette interview chacun peut l'entendre se plaindre des conséquences de ses carences passées, de ces inactions impardonna-

bles. N'avait il pas promis de «tout nettoyer», n'avait il pas promis le Karcher ? De ses engagements il n'en a tenu aucun et aujourd'hui monsieur s'étonne que la place ne soit pas propre.

Il a raison de s'en plaindre monsieur Raymond-mis–en-examen car le traitement, l'acharnement, qui lui a été réservé donnent un spectacle lamentable, tout cela manque d'«élégance », de sérieux, de crédibilité ainsi que du plus élémentaire respect, pas de Raymond, mais de la charge de juge. Il y a une forme de noblesse dans le respect des choses ou de la personne, dans le cas présent celle-ci me semble la grande absente. Les protagonistes, voire les coupables de cette mise en scène judiciaire ont vraisemblablement de beaux diplômes, la formation adéquate pour leur mission, mais s'ils ont été formés, je reste circonspect sur le fait qu'ils aient été éduqués. Cela semble d'ailleurs une constante à gauche. Hormis Jack et ses allures chevaleresques, et Laurent le digne qui mériterait d'être pendu haut et court mais qui tout en étant responsable n'était pas reconnu coupable. Doux euphémisme que la langue française peut nous réserver parfois. Lionel le trotskiste qui avait un certain charisme et bien sûr «tonton-dieu-à-la-rose» qui était impérial tout en dissimulant son machiavélisme sous son chapeau... Car Dieu tonton en avait de la classe, de l'aura. Doté d'une intelligence remarquable, c'est pourtant à lui que l'on doit la génération de goujats et de rustres de la gôche actuelle. Ce sont bien les héritiers de tonton qui tiennent le pouvoir actuellement. Ce sont bien les «talents» que tonton avait recrutés qui ont poursuivi leur carrière, ce sont accaparés le pouvoir jusqu'à gravir les marches du perron de l'Elysée. Tout laisse à penser que pour éviter l'ombre de collaborateurs trop talentueux que François Mitterrand n'ait recruté que des médiocres. Parmi les autres, ceux qu'il avait mis au devant de la scène et assis dans des fauteuils trop grands pour eux je ne n'aperçois personne digne d'intérêt, tout au moins pour les plus hautes fonctions de la république. Personne qui par autorité de compétence et d'expérience impose le respect que le citoyen a besoin d'accorder à l'homme d'état.
«Moi-je» en bon élève a fait de même, mais quand un «moi-je» cherche à recruter en dessous de ses propres compétences afin de ne pas souffrir d'ombre, tout s'assèche autour de lui, la plaine nourricière devient aride, le paysage un désert. Plus rien ne pousse ni ne donne les fruits dont la république a besoin pour ce nourrir. Car même si se nourrir de la pensée socialiste n'est plus compréhensible à notre époque, il doit bien y avoir des gens de gôche intelligents et talentueux. Il doit bien y avoir des hors normes. Il y en a

j'en suis sûr, j'en ai rencontrés. Ce serait donc que le système lui même, que le parti socialiste, soit organisé de façon à les éloigner, ou pour le moins éviter des les attirer. L'UMP fonctionne de la même manière, en moins dogmatique. Pourtant doté d'un réservoir de talents certainement mieux garnis sur la droite, les résultats semblent copiés collés. Quand Chirac présentait Alain Juppé comme «*le meilleur d'entre nous*» n'était-il pas là aussi machiavélique que son prédécesseur ?...

Machiavélique le tonton, exit l'épisode de l'observatoire indigne de son talent, il savait gouverner le Mitterrand. Il savait louvoyer sans se dévoiler. Je me suis toujours demandé si quelques gouttes de «Médicis» ne coulaient pas dans ses veines. Au nombre de «Morts» au sens propre comme au figuré qu'il a laissés derrière lui, il n'avait rien à envier au plus talentueux de cette famille de grands intrigants. Sous sa tombe à Jarnac, ces affaires doivent lui faire afficher un sourire malicieux. Observer tant d'incapacité, aussi peu d'imagination, doivent le conforter dans la qualité de son choix. Il avait vraiment sélectionné avec talent, ceux qui avaient les qualités d'arrivistes pour faire le chemin qui mène au pouvoir, mais certainement pas ceux capables de lui faire de l'ombre, ne serait-ce que sur sa tombe.

Ce n'est pas de l'ombre, mais bien de la honte que projettent les politiques instigateurs de cette ahurissante affaire dans un état de droit. Un état qui pourtant s'enorgueillît de façon récurrente et démesurée de sa sempiternelle défense des droits de l'homme. Tout au moins par la parole. Une honte, pas pour Raymond-mélody, mais bien pour ceux qui participent à cette chasse à l'homme en détournant de sa fonction initiale un des organes vitaux de la république, la Justice. Moi qui vit à quelques centaines de mètres de la maison d'Al Capone tombé pour une simple affaire fiscale, je suis conscient qu'ils cherchent Raymond comme d'autres ont cherché le roi de la pègre. Quand on ne peut passer par la porte, il reste la fenêtre. Sur le plan de l'éthique, cette affaire est un cas d'école quant à l'utilisation mafieuse de la justice. Quand Jack est nommé président de l'institut du monde arabe, n'y a-t-il pas trafic d'influence en bande organisée autour d'une telle nomination ? Dans cette interview menée par un Elkabbach agressif et un adjoint dont l'arrogante bien-pensante-attitude m'a fait oublier jusqu'à son nom, Raymond s'en sort très bien. Un grand pro de la mise en scène, Roi des planches, il interprète son propre rôle avec talent. Rester serein, calme, courtois durant cette interview, supporter l'arrogance et la suffisance de ces deux individus qui font office de journalistes, il faut que ce soit un rôle, que ce soit voulu, préparé, travaillé. Il faut une concentration de pro pour rester dans son texte, ne pas quitter le personnage, n'en montrer que la face qu'il est pré vu de montrer. Je ne peux que féliciter, Bravo Raymond. Je ne peux que t'approuver, Raymond, quand tu t'étonnes d'une telle «instrumentalisation» de la justice, quand tu soulignes «*des choses sont en train d'être organisées*». Mais te souviens-tu mon petit Raymond, tu étais président, et pas président de l'association locale de macramé, tu étais président de la République Française et avais au début de ton mandat l'opinion publique derrière toi. Avec une forte majorité à l'assemblée, tu avais presque tous pouvoirs. Tu avais un blancseing des actionnaires et le conseil d'administration pour te soutenir. Il fallait que cela bouge, que cela change et le peuple comptait sur toi, sur ton énergie, sur ta supposée volonté de le faire. Tu pouvais entreprendre de grands chantiers, inscrire les fondamentaux qui construisent un avenir meilleur. Tu as préféré continuer à jouer comme en campagne électorale alors que tu étais élu. Ta politique était une politique de faits divers. Le journal du matin régnait sur ton agenda et tes déplacements. Çela a commencé avec une visite aux marins pêcheurs qui s'est passée moyennement, puis des serials visites en province aussi inutiles que fatigantes. Tout cela était lassant, surtout pour les téléspectateurs, qui, regardant le journal de 20h subissaient encore ta présence et les reportages sur tes gesticulations inutiles. Tu t'es beaucoup agité, dans tous les sens et surtout dans n'importe quel sens. A contrario tu n'as rien entrepris sur le fond. Tu n'es pas le seul, depuis De Gaulle, aucun de tes prédécesseurs n'a osé changer le fond. Pourtant tu es intelligent ! Tu sais que les mêmes causes produisent les mêmes effets. Tu le sais que d'année en année les institutions se gangrènent suivant les intérêts des hommes et des deux partis en place. Tu le sais que le pervers «dieu Mitterrand» avait mis en place une justice rouge et que, l'heure de sa toute sa puissance est arrivée. Elle lâche les chevaux, lance les chiens. Que cette justice s'est octroyée pouvoir et indépendance, non de l'Etat, mais de la loi. Une justice dans la justice, allant jusqu'à l'entrance pour faire voter les lois qui lui conviennent au lieu de faire son boulot, juger en les appliquant. Tu as préféré faire le sémaphore sur des détails. Ce n'était pas çà le job mon Raymond, le job, c'est de prévoir, construire. Cela me rappelle une remarque de mon papa adoré lorsqu'il officiait en province à la promotion de maisons individuelles. Il sous traitait avec un entrepreneur local qui était atteint de virus de la cessation de payement récurrente. Cet entrepreneur ne gagnait pas d'argent mais avait toujours du travail. Mon père le décrivait ainsi «*tant que ses gars bougent des briques, tant qu'il voit une grue lever des charges, tant que son chantier s'agite, il croit qu'il gagne de l'argent. Il est incapable de se projeter efficacement*» Voilà ce que tu as fait. Tu as bougé des briques dans tous les sens, mais tu n'as rien construit.

Tout cela ne te semblait pas encore suffisant, tu es allé te perdre dans le désert avec un BHL. Je ne sais pas ce qu'il t'a fait ce BHL ? Ce type a beau être muni d'un carnet d'adresses comme un bottin, plus personne de censé ne l'écoute. Son dernier fond de commerce semble bien être la souffrance des juifs. Ce thème est devenu le titre, le contenu, le contenant de presque tous ses éditoriaux. Je me pose d'ailleurs la question de savoir si, dépourvu de ses origines juives, l'intelligencia Parisienne continuerait à lui passer encore tant de bévues, tant de dérapages, tant de phobies ? Même Arielle avoue maintenant, allant jusqu'à s'en ouvrir aux média, que son ex compagnon charge un peu trop sur les psychotropes. Et toi Président de la République Française tu as suivi une chemise blanche illuminée pour aller guerroyer en Lybie. Tu nous as déstabilisé une région ultra sensible, ultra stratégique pour l'Europe et le monde sous les conseils de cet hurluberlu. Certes il a dû avoir des qualités par le passé. Mais sais-tu que l'histoire, si elle se répète sur la longue durée pour les nations, ne se répète que très rarement dans la vie d'un individu. Serait-ce parce que Mitterrand l'avait choisi comme conseillé que tu lui as prêté ton oreille présidentielle ? Tu voulais faire comme les grands ? Mais le temps a passé pour BHL comme pour nous tous. Pour l'homme que tu as suivi, il semblerait qu'un orgueil démesuré associé aux psychotropes mal dosés lui aient causés des dégâts irrémédiables. Souviens-toi ce que dieu-tonton disait de cet individu dans son livre L'Abeille et l'Architecte, en 1978 «*J'accepte qu'il dépense encore beaucoup d'orgueil avant de l'appeler vanité*».
L'orgueil ! Ce défaut majeur, coupable de tant de mauvais conseils. L'orgueil, ce défaut, qui par la voix des puissants est la cause des plus grands malheurs de ce monde. L'orgueil qui se trouve au centre de toutes les guerres. C'est encore lui, qui empêche souvent la paix. Cela vaut pour un couple comme pour les chefs d'états. Je ne sais si l'on peut trouver des qualificatifs négatifs au dessus de la vanité. Au delà de l'étalage de la satisfaction de soi même je prendrai ce terme plus dans son sens littéraire, c'est certainement ce qu'avait voulu souligner tonton-l'érudit. Or, chacun reconnaîtra que Tonton avait un œil et une intelligence extraordinaire pour juger et jauger ses semblables. C'était, précis, affiné et sans concession.

Connaissant bien ses semblables, Il savait bien les utiliser.

Imagine Raymond, la dose d'orgueil emmagasinée par BHL en plus de trois décennies ! Il y a de quoi faire tout exploser, bien au delà de la vanité. Et toi, tu as suivi un mec vide de sens...À moins qu'entre toi et le Colonel, après vous être tant aimé, des éléments de discorde soient apparus ? Tu aurais voulu t'assurer de son silence ? Je ne le sais pas, toi Raymond tu le sais, peut être quelques rares de très proches ou impliqués le savent-ils aussi. Si c'est le cas, assure-toi de l'omerta... Je crois qu'Il ne reste plus à ce sujet, que les regards entre toi et ton miroir. Le miroir Raymond, le miroir.

Durant tes cinq années d'agitation, tu n'as fait aucune réforme de fond dans la justice, non seulement tu n'as rien nettoyé, rien Karchérisé, mais tu n'as même pas fait un petit «cleaning». Plutôt que de d'avoir le courage d'un grand ménage tu as préféré frayer avec la gauche, comme d'autres avaient couché avec les «boches», certainement par amour...
Ne t'étonne donc pas Raymond d'avoir le retour de bâton. Evidemment tu as raison de t'en plaindre au vieux Kabbach. Evidemment les méthodes utilisées ne sont pas acceptables sur la forme. Evidemment, aux vues des trop faibles éléments du dossier, rien ne semble pouvoir étayer le fond. C'est vrai Raymond, ce qui t'a été imposé ce jour-là est digne d'être oublié car un bon fonctionnement des institutions n'aurait pas dû le permettre. Tu subis dans cette affaire la continuité de ton insuffisance. La France elle, le subit au quotidien. Pour la sécurité des ménagères, des forces de l'ordre, des sapeurs pompiers, des containers à poubelles et de la voiture du voisin, quelques bons savons au «Monsieur propre» auraient suffit à sensibiliser les quartiers. Mais c'est sur les parquets des palais que se faisait sentir urgence à dégainer le karcher. Sans ménager la pression, il fallait faire le grand cleaning du quinquennat. Chasser les termites qui travaillent dans leurs corps et qui rongent jusqu'aux veines la démocratie. La vraie Karchérade c'est là qu'elle devait avoir lieu. Comme le savon de Marseille pour les quartiers, le karcher a aussi été oublié pour les palais. Ces PALAIS, ou Thémis, assoupie, certainement fatiguée par tant d'intrigues, s'est fait piquer balance et sagesse sans pouvoir réagir. L'Equité, la Loi et la Paix, ses trois filles s'étant faites kidnappées par un garde des sceaux incontrôlable aidé de complices en tenue d'initiés. Tous les impliqués sont déjà affairés à dessiner leur nouveau symbole, édicter leur loi sans que le peuple ne soit avisé. Travail d'apprentis, de maîtres ou de politiques, mais toujours travail parti sans. Certains se

disputent déjà entre triangle et trois points.

D'autres cherchent à s'accaparer le marteau pour le joindre à l'équerre. Les derniers défendant la présence du marteau aux cotés de la faucille... Adieu veille balance.

Qu'importe les chamailleries d'emblèmes et de sceaux, même si ceux-ci représentent de réels courants de pensées. Soyez sûrs qu'Ils s'entendront toujours pour se partager les rôles, les postes et les juridictions. Que les buts fondamentaux soient atteints, imposer leurs visions, leurs jugements. Détenir le vrai pouvoir, construire la jurisprudence qui les servira pour des décennies et formatera l'avenir. Bien sûr, se protéger de toutes attaques ou sanctions, border leur carrière, protéger leur corps. Quand des groupes d'actions ou d'influence de ce type, habituellement souterrains, quittent le secret pour agir presqu'au grand jour, c'est que leur but est atteint ou que leur travail et leurs intérêts ne peuvent plus être mis en danger. Ils sont devenus sur-infiltrés à tous les niveaux et, de fait, à l'abri de toute attaque, ne serait-ce que médiatique.

Dans ton interview d'après garde à vue, le journaliste ne te laisse pas terminer la lecture du courrier du syndicat de la magistrature. Il aurait coupé le micro s'il avait fallu. Personne ne devait entendre ce que le syndicat de la magistrature avait décidé à ton encontre, mais tu as laissé sa voix couvrir la tienne, moment de faiblesse mon Raymond, faut pas lâcher au sprint. C'était si beau d'entendre de ta bouche, la preuve que tu avais laissé perdurer un système mafieux dans une institution majeure qui se doit d'être neutre. Comment, regroupés sous la bannière d'un syndicat, des juges peuvent se permettre ingérence en politique ? Que des magistrats puissent s'offrir un tel dérapage partisan, prouve au français s'il le fallait encore, qu'ils ne peuvent plus rendre la justice. Cela prouve aux français qu'ils sont immaîtrisables ou trop maîtrisés. Cela prouve aux français qu'ils ne risquent rien de leurs débordements.
Aujourd'hui rien ne sert d'être grand clerc ou grand maître, être grand couillon suffit, pour savoir, que les tribunaux, contre toutes valeurs républicaines sont tenus par le syndicat de la magistrature, ou les loges, ou bien les deux. Pour tout justiciable il devient donc impératif en France de choisir par avance, avant toutes actions, les lieux où l'on pourrait être éventuellement jugés :
-   son lieu de siège social si on est entrepreneur,
-   sa localité si on est propriétaire,
-   sa résidence si on veut fonder une famille

Si par malchance il arrivait d'être convoqué au palais, si l'on n'y a pas d'amis, mieux vaut surtout ne pas y avoir d'ennemis. Pour celui qui n'a jamais eu affaire à la justice, ces notions peuvent vous échapper. Pour ceux qui connaissent les palais, c'est une évidence.

Des ennemis ? Serions nous en guerre ? Ce à quoi aspire le quidam, c'est vivre en paix, peinards. Ce qu'il veut, c'est faire son travail de plombier, de commerçant, de coiffeur, de pédicure ou de fraiseur tourneur. Avoir une maison, aller à la pêche ou faire du vélo le dimanche matin. Peut-être rencontrer une maîtresse, un amant de temps en temps, sans vouloir faire de mal à personne. Mais des ennemis ? Pourquoi en aurait il ? Et s'il en avait, il aimerait les connaître. Eux le savent, les reconnaissent, leurs ennemis, c'est tous ceux qui ne pensent pas comme eux. C'est tous ceux qui pourraient entraver la société qu'ils ont choisie pour nous. Et qu'ils veulent nous imposer. Oui mais toi le coiffeur, ou toi le boulanger, tout cela te dépasse, tu n'as jamais pensé à mal, tu n'as jamais rien voulu imposer à personne en dehors du prix de ta coupe au rasoir. Tu n'as jamais voulu imposer un modèle de société. Tu n'as jamais voulu imposer aux autres tes idées, ton mode de vie. Toi le Fraiseur tourneur, la chose que tu souhaites imposer, c'est le respect de l'art du métier à ton apprenti. Lui apprendre comment usiner une pièce à la perfection. Pour le reste, tu estimes que chacun vit sa vie. Tu as toujours été tolérant avec autrui, tu t'en es toujours foutu que celui-ci n'ait pas la même canne à pêche que toi, que ses cheveux soient bleus ou verts et qu'il ait les pieds plats. Tu n'es pas à l'affût d'intérêts cachés, d'un poste que tu ne mérites pas. Tu es bien où tu es, comme tu es. Ton bras tu le trouves suffisamment long pour tenir le volant de ta fourgonnette, il te convient pour attraper la boîte de conserve en haut du rayon à Leclerc. Ton beau frère aussi le trouve suffisamment efficace ce bras, quand tu l'aides à tapisser la chambre du gamin. Toi tu es un mec normal dans le sens Coluche du terme, et en plus tu as des papiers en règle. Par contre mon gars ce que tu ignores et ce qui leur déplaît, c'est qu'ils ont appris que, par ton père tu serais bourguignon. Pas un bourguignon à la légère avec une maman née à Oran comme Montebourg, non ton père était bourguignon fils de bourguignon et là, cela ne va plus du tout. On sait aussi que ta mère est bretonne. Elle aussi, sans vergogne pousse la plaisanterie jusqu'à être issue de deux parents Bretons. Attention mon gars, ne joue pas les fortes têtes, tout cela sera signalé au rapport. On murmure aussi que t'aurais de la famille en Normandie et tenté de le cacher. Tu as l'outrecuidance de vivre sans t'occuper de la ligue des transgenres africains chasseurs de papillons sénégalais sur la rive sud du Sine Saloum. On sait en milieu autorisé que tu ne te soucies guère des autres, que ceux-ci soient Tchétchènes, Ouzbeks ou Martiens. Tu leur demandes juste de ne pas bousiller ta bagnole en garant leurs soucoupes volantes, de ranger leurs kalaches ailleurs que dans ton râtelier à cannes à pêche, et surtout qu'ils ne te farcissent pas la fricadelle avec les restes de Chachlik.

On te reproche bien sûr de ne pas te souvenir de cette guerre d'Algérie que tu n'as pas connue, et de te brosser de la repentance. Dernier point d'importance, tu n'es pas impliqué dans l'association de défense de ceux qu'il faut absolument défendre parce que leur père n'était pas bourguignon. Là tu fais preuve de xénophobie. On suppose que ta politesse, ton amabilité, ta courtoisie ne serait qu'hypocrisie. Car un bourguignon comme toi ne peut que cacher un raciste qui s'ignore. Comble de tout, tu as été baptisé à l'église Catholique quand tu avais 3 mois, et tu n'as pas attaqué tes parents pour cet horrible crime. Rien ne prouve que tu votes utile. Ta position d'artisan travaillant plus que trente cinq heures est suspecte. Par ton courage, ton travail et celui de ton épouse vous auriez gagné un peu d'argent. Après avoir honoré vingt ans de crédit sur ta bicoque vous vous seriez offert une cabane piscine sur la route des Saintes-Maries. Cette cabane piscine que tu as refusé de prêter six mois gratos pour héberger le type qui avait oublié sa roulotte en Roumanie. Enfin ta boutique ferait de meilleures affaires que celle d'un «frangin» installé en face. Tu n'es pas élu socialiste, ton frère n'est pas sénateur et ta belle mère n'aurait pas été chef de cabinet de la députée lesbienne. Si tu as un de ces défauts, un de ces trucs qu'il ne faut absolument pas avoir. Si en contrepartie tu n'as pas celui qu'il faut avoir, un tablier par exemple. Alors là, fais gaffe l'ami, tu es un ennemi. Et si tu as un problème quelque part, tu scras, tu es déjà celui qui sera abattu, condamné. Tu ne comprendras jamais pourquoi, comment, par qui, tu as perdu comme cela. Tu chercheras, ne dormiras plus, puis fatigué, usé, tu essayeras d'admettre. A la lecture du jugement ton avocat «contre toute attente et tout principe de droit» ne comprendra pas ce qui a pu motiver le juge alors qu'il sait parfaitement comment et pourquoi chaque attendu a été prononcé. Animé de compassion et pour t'assurer de son soutien, celui-ci t'enverra une petite bafouille pour accompagner copie de la grosse, pas pour te faire plaisir la bafouille, pas pour te refiler la grosse non plus, mais parce comme tu es devenu looser, tu vas perdre encore plus, et perdre à chaque fois. Il lui faut donc se faire payer au plus tôt. Se faire bien payer, puisqu'il ne te verra plus. L'urgence maintenant, pour ton avocat, c'est d'encaisser ses honoraires avant qu'un pervers d'huissier ne te signifie le jugement et ne te bloque tes comptes.

- Attendu que tu ne peux pas vendre ta cabane piscine des saintes parce qu'elle est occupée par le mec qui n'a pas encore retrouvé sa roulotte.

- Attendu que ta femme s'est barrée avec le «frangin» de la boulangerie concurrente pendant qu'en pensée tu la trompais toutes les nuits avec le président du tribunal qui t'a condamné.

- Attendu que tu dois à ton épouse la moitié de ta bicoque plus le rachat des parts de la boulangerie.

- Attendu que lorsque tu auras donné à ton ex le fruit de la vente de la maison et des quatre sicav qui te traînent en portefeuille, tu lui devras encore de l'argent. Tu recevras donc une note de complément d'honoraire. La note de complément d'honoraire, c'est un truc sympa pour ton conseil. Même si celui-ci ne s'en sert qu'une fois par client, quand le client est mort. Quand il sait que le client ne pourra pas se relever, quand il n'y aura plus rien à gratter. Alors là, le complément d'honoraire, c'est pas du salé, c'est du pimenté à te foutre le feu dans la bouche du bédouin. Son mode de calcul, c'est grosso modo ce qui te reste. C'est assez simple pour l'avocat de faire le calcul. Celui-ci connaît ta situation, «il ne faut rien cacher à son avocat» il sait exactement ce qui te reste dans la poche et dans la pogne. Tu fais l'addition des deux et tu connais déjà le montant avant que son imprimante dernier modèle ne te dégaine le coup de laser qui t'achèvera. Apres ce jet d'encre fatal, même la pension que ton ex a obtenue la semaine dernière pour tes deux filles qui sont à la fac pour suivre les cours sur la théorie du genre, même ça, ça te semblera du bonheur. Allez, j'arrête, ça va te faire du mal... En dehors d'un état religieux ou dictature attachée à une religion, une nation se contrôle de deux façons : par la justice et par la monnaie. Rappelle-toi «*Donnez-moi le contrôle sur la monnaie d'une nation, et je n'aurais pas à me soucier de qui fait les lois*» aurait dit en son temps un monsieur de Rothschild, assez bien démenti plus tard par une certaine garde des Sceaux. (Je fais attention à ce que je dis, en Guyane les tribunaux n'y vont pas avec le dos de la faucille ou le manche du marteau). Certains murmurent en milieux autorisés l'avoir entendu chanter sur son vélo «*donnez moi la loi, et le patron ce sera moi*». Surprenant d'ailleurs pour une personne de gauche que celle-ci s'attaque comme une forcenée à tout ce qui bouge de socialement correct sans jamais planter de banderille dans le nerf de la guerre, la finance. Peut être un pacte des diables ? Car si personne ne peut être certain de l'existence du Dieu, nous sommes tous conscients de celle du diable.

Et après tout cela mon Raymond-mélody, tu voudrais que la justice ne soit pas ce qu'elle est, simplement pour toi ! Prends bien conscience Raymond de ce qu'ils te font. Et surtout comment ils le font. Toi qui as été président de la république française. Toi qui es membre du conseil d'état, qui possèdes des réseaux d'influence comme peu de gens sur cette planète. Toi qui es bourré de pognon, on ne sait pas vraiment comment, mais bourré quand même. Toi qui peux encore se payer des Avocats de grande pointure, toi qui as tout pour te protéger. Toi qui n'as aucune charge d'entreprise, ni le poids des échéances et de deux cent employés, toi dont chacun sait que tu as la niaque et les moyens de ta niaque. Certains se permettent de t'écouter, de t'espionner, de te suivre, de te torpiller…espérant peut être te couler.

Alors Raymond, as tu pris conscience de tes atouts dans la bataille ? Non Raymond, non je veux rien entendre. Pas d'explications pas d'excuses. Je sais ce que tu vas me dire. Je sais que ton retrait total ne changerait rien, c'est plus ta mort physique qu'ils recherchent. Ton retour serait plutôt pour te couvrir, je sais tout cela. Je sais que lorsqu'ils mettent un homme à terre ils préfèrent le tuer, seule façon d'éviter qu'il ne se relève un jour. Tout petit entrepreneur à Dunkerque, sans ambition nationale autre que mon réseau de magasins, je l'ai vécu. Les écoutes téléphoniques, les ordis espionnés, l'organisation d'une grève destructrice, les contrôles fiscaux redondants et concomitants sur toutes mes activités, les menaces d'incarcération immédiate par des élus locaux qui n'étaient ni procureurs, ni juges. Tout cela je l'ai vécu, j'ai fini par en faire deux attaques cardiaques. Tu vois bien Raymond que je connais. Alors imagines, moi qui était vierge de tout réseau, de toute protection, même pas frangin, ne faisant pas de politique. Moi qui en plus avais cessé de céder au racket des politiques locaux via les clubs sportifs, moi qui ne payais plus, j'étais un vrai ennemi. Imagine mon Raymond comment ils m'ont balayé. Comment ils ont tenté de tout raser autour de moi, comment ils ont cherché à me tuer.
Dis Raymond, réponds moi droit dans les yeux, tu ne crois pas que si tu avais instauré une justice propre, une justice élue, cela ne serait pas passé ta garde a vue ? Tu le vois toi le juge rouge flamboyant du syndicat de la magistrature faire campagne devant les électeurs du village pour obtenir son poste. Tu le vois le juge francmaçon avec trois points et un compas sur sa profession de foi «*votez pour moi je vous promets d'abandonner les frangins*». Tu crois qu'ils seraient réélus les juges historiquement et systématiquement

aux ordres des banques-assurances, ou aux ordres des politiques si leur poste dépendait d'un scrutin populaire ? Crois-tu que des juges se comportant au dessus des lois seraient réélus ? Alors Raymond tu le savais, pourquoi n'as tu rien fait ? L'indépendance de la justice était un chantier prioritaire. Remettre la nomination des juges au droit souverain du peuple par la voie des élections était indispensable. Eliminer et interdire tout syndicat au sein de la magistrature était une évidence.

Carlita, elle est de gauche non ? La vraie gauche ce ne serait pas de rendre au peuple le plus important des pouvoirs ? Comment ? Ce n'est pas dans ton programme pour ta prochaine candidature ? C'est dans le programme d'aucun parti ? Pourquoi auraient-ils tous peur d'un juge élu par le peuple ? Tu n'aurais aucun soutien d'élu pour y arriver ? Impossible une campagne sans les relais ? Tu as besoin des de ces relais pour le financement ? Quoi ? D'autres trucs que tu peux pas me dire ici …

Il faudrait un mec, ou une nana qui le fasse pour la France et les français. Pas toi ! Non, bien sûr pas toi. Le referendum ou le droit des peuples à disposer d'eux mêmes ce n'est pas ta tasse de thé, on l'a vu en deux mille cinq. Les autres non plus, le referendum ce n'est pas leur tasse de thé, oui merci on savait

VI
Babbo

2014, August sunday 3rd

Trois heures du matin, le violent orage tropical qui depuis une heure tonne sur Miami Beach n'a réveillé que moi dans la maison. La pluie n'a pas encore commencé, mais quand les premières gouttes tomberont elles seront instantanément suivies de torrents d'eau. Je suis inquiet au sujet d'une fuite qui s'est déclarée il y a quelques semaines, tachant d'humidité l'un des murs du salon. J'ai tenté de colmater moi-même quelques joints de la terrasse du premier étage où l'eau semblait trouver un chemin. Je ne peux m'empêcher de penser à mon père, s'il était encore là, s'il était avec nous ici aux Etats Unis, ses lumières m'auraient été fort utiles pour déceler et réparer au mieux la source de mes ennuis. Papa n'était pas que maçon en tablier, ses connaissances en bâtiment s'exprimaient aussi, bien au delà des loges. Coopté par le père de l'un de ses gendres, papa avait été initié tardivement. Je n'exprime donc aucune animosité particulière contre les «frères» surtout quand je les considère individuellement. Si je devais leur en vouloir j'exprimerais soit de l'ingratitude soit de la rancune. Je ne suis pas un ingrat et la rancune n'apporte rien.

Mon père était maçon. Je n'ai aucune idée des travaux qu'il menait. Je n'ai jamais eu la moindre information du rôle qu'il y jouait. Son initiation était postérieure à mon mariage, ne partageant plus le même foyer, il lui était aisé d'organiser l'étanchéité entre ses mondes. Il avait juste donné l'information à sa famille très proche en se passant de tout commentaire. De toute façon certains signaux étaient clairs, même hors représentation maçonnique. Mon père n'avait pas l'habitude d'aller au café seul, comme c'est le cas, de beaucoup d'hommes dans le nord de la France. La maison de mes parents donnait directement sur le bassin du commerce à Dunkerque, c'était l'une des rares habitations sur le territoire du port. A l'entrée de ce port, un grand café dit «chez Borel» du nom de leurs

55

propriétaires, deux frères, par le sang et par la maçonnerie. Ce grand établissement était toujours bondé d'hommes costumés et cravatés, des cadres travaillant dans l'ensemble des différentes activités portuaires. Je ne sais pas si il y a une fraternelle du port autonome de Dunkerque, comme il y a la fraternelle de l'assemblée nationale ou du sénat. Si fraternelle il devait y avoir, cela aurait été «chez Borel». Ce bistrot était rempli de maçons du matin au soir. Je ne dis pas que tous les maçons vont au bistrot, mais à Dunkerque, ceux qui en sont vont principalement dans cet établissement. Dans les ports, le café est un lien social et professionnel important, surtout dans le nord ou le climat empêche de se rencontrer à l'extérieur. Aucun dunkerquois un peu au fait de sa ville n'ignorait que la quasi totalité de la clientèle était des initiés. En dehors de la «bande de la citadelle» en période de carnaval, je ne m'y rendais quasiment jamais. Les rares fois où je l'ai fait c'était pour contacter une personne que je savais trouver là. A chaque fois que j'ai pénétré ce lieu, une impression pesante d'être un réel étranger m'envahissait. L'impression de déranger, alors que par d'autres liens que la maçonnerie, je connaissais la majorité des gens présents. Mais «chez Borel» un non initié était vu comme un extraterrestre qui s'est trompé de planète. Ouin ouin, du sobriquet de l'un des deux frères me servait bien sûr à boire, mais il était visible que chacun attendait que je m'en aille. A l'entrée d'un inconnu, nombre de conversations se mettaient en mode «pause». Inutile de préciser que la maçonnerie tenait le port autonome, poumon et moteur économique de la ville. Ce port n'était pas si autonome qu'il voulait bien l'annoncer. A Dunkerque même les plus grandes industries en étaient tributaires. De part ses grèves, ses dockers, ses transitaires, ses terminaux, le port est dans la ville mais c'est le port qui tient la ville. Papa avait donc pris l'habitude, deux ou trois fois la semaine d'aller se prendre un café seul chez Borel. S'il y est vrai que «Borel» n'était éloigné que d'un pâté de maison, la proximité ne pouvait être la seule raison de cette attirance soudaine. Papa n'ayant professionnellement aucune attache avec les «portuaires» il ne pouvait qu'aller à la rencontre de ses Frères.

Si je suis ici aux, USA avec une green card pour chaque membre de ma famille c'est avant tout à moi même que le dois. Aux US, personne ne reçoit jamais rien sans l'avoir mérité, mais dés que l'on mérite quelque chose, on le reçoit. L'obtention en quelques mois seulement de nos greens card n'est que la conséquence du « visa O one » que j'avais obtenu, lui aussi très rapidement. Le «visa One» n'est attribué qu'aux personnes dotées de «qualités exception nelles ne se trouvant pas sur le territoire Américain» dont on veut faciliter l'installation sur le territoire Américain. Ce visa m'a été attribué sur présentation de dossier, à première demande. Ce visa est une des rares voies pour l'obtention quasi immédiate du Sésame qui permet à un étranger de vivre et travailler ici, la green card.

Les «Visas O-one» se divisent en trois catégories : Show-biz pour lequel son obtention est plus aisée mais souvent limitée au temps d'une tournée, d'un spectacle. Sciences, pour les prix Nobels et scientifiques reconnus, et Affaires plus difficile à obtenir car permanent. C'est en catégorie business que mon avocate avait décidé de construire et de présenter ma demande, ma carrière artistique n'apportant pas autant de succès probants que ma carrière d'entrepreneur.

Les américains aiment les self-made-men et j'en suis un spécimen de concours. Plus par l'arrêt extrêmement précoce de mes études que par le volume de mes affaires. Si j'ai quitté l'éducation nationale à peine âgé de quatorze ans, après la classe de cinquième que l'on ma glorieusement fait faire trois fois, dans la vie, mes exploits étaient meilleurs, j'ai posé mes actes, accompli mes projets.

C'est avec la ridicule somme de cinquante mille francs soit moins de huit mille euros en capital de départ que j'ai construit le groupe Point Cadres et d'autres affaires réalisant plus de vingt cinq millions d'euros de chiffre d'affaire, faisant travailler quatre cent personnes avec les emplois induits dont cent soixante au siège et à l'usine. Après l'ouverture du premier et minuscule magasin en mille neuf cent quatre vingt quatorze. Point cadres comptait en l'an 2000 cent quarante cinq magasins dont quatorze m'appartenaient directement, les autres étant franchisés. J'avais intégré tous les métiers d'amont à la distribution et nous fournissions la quasi totalité des produits vendus dans l'enseigne. C'est pour cela que j'avais bâti une usine sur plus de huit mille mètres carrés à laquelle se collait un bâtiment de mille huit cent mètres carrés regroupant: le franchiseur, une agence immobilière, une société informatique, et certaines des sociétés qui géraient mes magasins. Chaque métier était hébergé dans une société, propriété de la holding Point Cadres que j'avais inscrite avec succès à la bourse de Paris le quinze mars 2000. Il ne me manquait plus qu'une école de vente dédiée à l'image et à l'encadrement, elle existait depuis deux ans pour former les franchisés et nous étions en passe d'obtenir l'agrément «centre de formation» quand les banques et les magistrats ont décidé de ma disparition.

Quatre ans après la création du premier magasin, je reçois au Sénat sous la présidence de Christian Poncelet le prix de meilleur entrepreneur autodidacte 1998 pour la région nord de Paris. Cette récompense était le fruit d'un concours organisé conjointement par la prestigieuse université Américaine Harvard et le non moins prestigieux et aussi américain, cabinet d'audit Price Waterhouse Cooper. Parallèlement j'avais repris et redressé une entreprise spécialisée dans l'encadrement d'art, pérennisant pour un temps soixante dix emplois, La Baguette de bois, à Paris, et dans le Périgord pour ce qui était de son unité de fabrication. A cette date mon enseigne est présente en France, Belgique, Hollande, Espagne, Norvège plus les dom tom, Nouvelle Calédonie, Guadeloupe, Martinique. A cette date je suis aussi premier fabricant et distributeur français, certainement Européen peut être mondial. En effet je suis le seul au monde dans le cadre prêt à accrocher, à avoir marié production et distribution à un tel niveau Les concurrents fabricants distributeurs n'ayant jamais passé le cap de l'artisanat. A cette date, en France je vends plus de cadres que IKEA et HABITAT réunis.

Les américains aiment ça, un pur autodidacte qu'Harvard récompense pour sa carrière. En France on jalouse, ici chacun applaudit.

Ce parcours, c'était ma vie, mes compétences, mon travail et je ne le devais qu'à moi et à mon épouse Corinne. Mais avec l'émigration Américaine tout doit être prouvé. J'avais bien une tonne d'articles de presse en provenance de journaux réputés sérieux, l'expansion, la tribune, l'express, le figaro etc... Mais selon mon avocate cela ne suffisait pas. Il lui fallait d'autres preuves, il fallait des attestations, et surtout des attestations officielles émanant de personnalités politiques. Les femmes et hommes politiques Américains ne mentent pas. En cas de mensonge leur carrière s'arrête, un mensonge avéré et ils sont grillés à vie. Les services de l'émigration préservant l'esprit Américain n'imaginent pas qu'il puisse en être autrement dans d'autres pays. L'émigration demande donc des attestations émanant d'institutions politiques. Dix années après avoir été spolié de tous mes biens et de Point Cadres il me fallait donc organiser la quête improbable de ces attestations pourtant indispensables. Eloigné de Dunkerque, rien ne pouvait être pire pour cette démarche, après dix années d'absence que le téléphone. Une partie des personnalités à qui je devais adresser mes demandes avaient participé de près ou de loin aux menaces à mon encontre et avaient ouvertement demandé mon départ physique de la ville. Que croyez vous qu'il arriva ? C'est en la personne d'un ami, dunkerquois d'âme et de cœur que j'ai trouvé mon questeur. Cet ami indéfectible, initié, a entrepris de demander pour moi ces attestations, et les a partiellement obtenues. Toutes ses démarches concernaient des personnes de la même obédience que lui, certaines personnes ont accepté, d'autres pourtant de la même loge lui ont fermé la porte. Cette loge était celle où papa avait été initié. Dans sa quête, il ne pouvait faire autrement que de rencontrer des frères. Dans cette ville tout ce qui porte écharpe tricolore, toute personne qui détient un pouvoir était initié, ou l'avait été. Il ne désarma pas et les sceaux de villes ont côtoyé ceux de l'assemblée nationale sur mes attestations. D'autres étaient rédigées sur des en-têtes d'organismes économiques, parapolitiques ou industriels. De mon coté je récupérais aussi quelques lettres précieuses d'ambassadeurs, de franchisés, d'artistes que j'avais édités, de relations commerciales et surtout de mon ancien commissaire aux comptes, le cabinet Américain Ernst & Young. Les attestations que j'avais obtenues moi-même étaient présentées pour faire le nombre, ce qui a fait le poids, ce sont les maires, l'assemblée nationale et bien sûr Harvard. Les preuves ont été fournies, le visa O-one accordé, les greens card tout naturellement ont suivies.

Tiens il faut que j'aille visiter Harvard et récupérer un chapeau.

Pour les remerciements je vais le faire à l'américaine. A la cérémonie des césars en France les remerciements n'en finissent pas. Aux Awards, l'intervention c'est deux minutes et un merci général. Chacun s'y retrouve, Alors à chacun je dis MERCI.

J'ai donc connu beaucoup de francs-maçons, particulièrement à Dunkerque pendant l'épisode Point Cadres et bien sûr très souvent sans le savoir. En mille neuf cent quatre vingt dix huit, quatre ans après l'ouverture de mon premier magasin, Le glas sonnait déjà pour mon second atelier. Avec ses trois mille mètres carrés, soit deux mille de plus que le premier atelier qui nous semblait trop grand trois ans auparavant, Ds industrie trouvait la place pour stocker matières premières et fabriquer, mais l'entreprise ne pouvait organiser comme il se doit le stockage et la logistique, c'était trop petit. J'avais, au prix de mon acharnement auprès des banques réussi à financer l'acquisition du premier bâtiment, j'avais revendu ces mille mètres carrés pour en acheter trois mille juste en face, dans la même rue de la zone de la samaritaine à Saint-Pol sur mer. Avec mon équipe nous avions calculé que huit mille mètre carré seraient suffisants pour assurer une croissance allant jusqu'à quatre cent magasins. Il fallait y ajouter les bureaux du franchiseur et des différentes sociétés de ce qui allait devenir le groupe ? Après...quand on fait trop de prévisions, trop de plans, ça fait rire Dieu...8.000 mètres carrés plus les bureaux, c'était donc là mon troisième projet. J'avais déboursé un million de francs pour le premier bâtiment, revendu seulement vingt quatre mois après son acquisition, déboursé à nouveau près de deux millions de francs pour le second, je passais ma vie à expliquer aux organismes de crédit ce qu'était le marché, pourquoi nous allions réussir et comment j'allais rembourser. Je passais ma vie à entendre la même rengaine «*comment un peintre peut-il devenir chef d'entreprise* ?» Sous entendu comment un con comme toi en est-il arrivé là ? C'est le propre des banquiers ou plutôt des employés de banque, gonflés d'un pouvoir qu'ils croient avoir, de se sentir supérieur. Moi le peintre, je les avais assez bien observé et connaissait leur fonctionnement, leur mécanisme sur le bout des doigts. Cela n'enlevait en rien l'obligation de prendre de fortes respirations avant chacune de mes rencontres. Il fallait être zen. Surtout après l'inévitable aparté qui les amenait à m'avouer, avec un pitoyable sentiment d'appartenance à une confrérie, que leur femme, ou leur beau frère étaient également peintres...

Je commençais à être récupéré par la ville de Dunkerque et pour certains de ses organes de promotion je représentais l'exemple idéal de la réussite dans le dunkerquois. Tenter de redorer le blason d'une ville par les efforts des entrepreneurs qui y ont investi, fait partie du job de maire. La ville de Dunkerque se servait de moi et de mon entreprise pour organiser sa promotion externe vis a vis d'investisseurs potentiels. Il en fallait un, c'était moi. Il est vrai que j'avais joué ce jeu dés le début pour la promotion de Point Cadres. Consacrant la totalité de mon budget pub dans les relations presse. Je n'étais pas que peintre, je connaissais aussi assez bien les ressorts de la presse et des médias. C'est en appliquant cette stratégie, que j'avais à mes coté et presque en permanence quand j'étais à terre, c'est à dire au bureau, mon attachée de presse Marjorie. Marjorie avait deux assistants et mes relations presse étaient une arme publicitaire remarquable. C'est la qualité de ce service presse qui me faisait obtenir nombre d'articles sur l'enseigne, mes magasins, ma succès stories. J'avais la matière. Les journalistes réagissant comme les banquiers en se disant «comment a t'il fait pour en arriver là ?» Mon histoire de peintre sur le port de Saint-Tropez leur plaisait. La rue ça fleure bon l'artiste bohème désargenté, ça faisait un bon roman, un conte de fée. La presse aime autant les contes de fées qu'elle aime le sordide.

Marjorie était douée, elle faisait pleuvoir des articles chaque semaine. Toutes ces parutions ne nous coûtaient pas un sous en espace publicitaire. Je supportais seulement les salaires de mon service de presse. Marjorie obtenait tout, les supports nationaux, la presse spécialisée, qu'elle soit économique, professionnelle du cadres ou du commerce de détail en franchise. Marjorie m'envoyait aussi traiter de la création d'emploi à la télévision régionale. Les relations presse, cela prend du temps à lancer, mais une fois sur les rails, ça roule tout seul. D'année en année les journalistes ressortent les mêmes articles, les mêmes sujets, souvent ils se limitent à leurs contacts passés. C'est plus simple et ils gagnent la même chose. Parfois la machine est tellement bien lancée, que moi l'autodidacte, je me retrouve à la tribune d'une grande école de commerce pour une conférence sur l'entreprise.

Avant l'acquisition de mon second bâtiment j'avais convoité une zone en bordure de l'autoroute qui relie Bruxelles à l'Angleterre via le tunnel sous la manche, à la conjonction d'une autre voie d'importance, l'autoroute Dunkerque Lille. A l'époque, j'avais bien été reçu par l'organisme para municipal qui commercialisait de cette zone. J'avais bien été reçu, mais l'on m'avait gentiment éconduit. En clair, carrément envoyé péter. Cette zone ne pouvait accueillir pour le renom de la ville que des enseignes à minima nationales. Des grands noms du tertiaire. L'industrie lourde comme le commerce n'y étant pas autorisés.
Si j'avais repéré cette zone du «Pont Loby» c'est aussi parce que le peintre avait observé et déduit. Il était évident que ces emplacements allaient devenir commerciaux, au moins pour partie. Acheter des m2 au prix de l'industriel pour récupérer plus tard de la surface commerciale, les plus values ne pouvaient être qu'importantes. Mais même pour un petit terrain de 7 ou 8000 m2, cela avait été niet. Deux ans plus tard et une cinquantaine de magasins en plus, Dufloo et l'enseigne récupérés médiatiquement par la ville de Dunkerque, l'horizon s'ouvrait à Point Cadres, et obtenir sur cette zone 15 000 ou 20.000 M2 ne posait plus de problème. Ce n'était pas l'horizon qui s'éclaircissait, mais l'apparition d'autres horizons, d'autres solutions, d'autres financements. Le troisième projet allait être aidé, subventionné. Subitement la zone du Pont Loby était pour moi. On m'y proposait la plus belle parcelle, la plus visible de l'autoroute. Devant cette parcelle, un petit lac artificiel entretenu par

la ville, j'allais profiter de cet environnement pour l'image de marque de l'entreprise sans bourse déliée. Mon directeur financier était pris en main par dunkerque promotion. Finorpa, le richissime organisme parapublic et d'actionnariat mixte Public/privé en charge de la reconversion des houillères du Nord pas de calais et du développement local allait nous aider. Le fonctionnement de Finorpa était le suivant, des crédits (pas de dons) étaient accordés en fonction du nombre de créations d'emplois que comportait le projet. Ces emplois devaient être industriels, c'est pour cela que DSI, le fabricant et non l'enseigne commerciale portait le projet. Sans ces aides au financement j'aurais bien sur pris la voie d'un projet plus petit et comme je l'avais fait précédemment j'aurais capitalisé personnellement par l'intermédiaire d'une de mes SCI. Mais près de cinq millions d'euros étaient nécessaires et Point Cadres avait à peine quatre années d'existence, j'avais en ce court laps de temps ébauché un petit patrimoine mais j'étais encore d'une surface financière personnelle insuffisante pour un tel niveau d'investissement. Quand finorpa acquiesce un montage et assure de sa participation, les banques privées accourent pour financer le reste. Cherche pas pourquoi, c'est comme ça, c'est la dynamique de la réussite, en d'autres termes le feu vert des politiques locaux.

Mon directeur financier, Antoine, beau garçon d'une trentaine d'années, un peu ténébreux, style Alain Delon au même âge, plaisait assez bien à mes banquiers. En dessous de dix millions d'euros de chiffre d'affaire, comme c'était encore le cas, les interlocuteurs bancaires ne sont pas souvent des lumières. Le banquier sent quand vous avez trois coups d'avance sur lui dans la discussion, d'un côté ça le passionne parce que ça le valorise, de l'autre ça l'inquiète parce qu'il ne vous comprend pas. La mesure de prudence, c'est intrinsèque à la banque. Et quand le banquier ne comprend pas, il appelle ça de la prudence. Si j'avais pesé cent, ou cinq cent millions d'euros de chiffre d'affaire, j'aurais eu d'autres interlocuteurs. Au niveau où j'étais, laisser Antoine porter le dossier, était la meilleure stratégie. Son côté soigné gendre idéal plaisait à chacun et il n'était pas assez imaginatif pour déstabiliser son interlocuteur. Un peu recadré de temps à autres, Il avait le profil parfait pour sa mission. Celle-ci, était aussi de tout racler en terme de subventions, Europe, Etat, Région, Département, Communauté urbaine, ville. Cinq mille, dix mille, cinquante mille, cent mille euros pour la plus importante. Puis de se faire accorder les prêts aidés sous l'égide de finorpa. Enfin de boucler l'essentiel du financement privé avec la société générale et pour moindre partie le crédit mutuel du

---

nord. Les Banques Populaires du Nord étant contingentées sur les activités commerciales.

A cette époque pour clarifier la situation j'avais décidé d'un pool bancaire séparant bien le financement de chaque métier. En début d'année je réunissais mes banquiers, exposais mes projets dans chaque métier. Face à ces projets et à mon dernier bilan, chacun prenait un engagement annuel chiffré, les conventions étaient signées. C'était clair, chacun savait où il aillait et pour quel montant. Chacun savait aussi ce que finançait l'autre, connaissant de fait la totalité de mes engagements et des concours bancaires. La situation était on ne peut plus claire pour chaque partenaire. Un banquier, ça aime savoir, c'est pour cela que je jouais la transparence au maximum, et faisais jouer de fait la concurrence.

L'argent c'est abstrait, ma dernière période en tant que peintre l'était aussi. Quoi de mieux qu'un peintre abstrait pour définir comment faire cohabiter, sur la même toile, le rouge du plus gros partenaire, le bleu du second et le gris du troisième. Que tout cela s'harmonise, les couleurs se mettent en valeur mutuellement et si ça veut le faire elles se mettent à danser ensemble.

La société générale intervenait pour l'industrie, cette banque n'aime pas les petits dossiers. La banque populaire pour les métiers du franchiseur et des franchisés ainsi que pour l'agence immobilière. Le crédit mutuel du nord qui en plus de financer une partie de l'industrie allait être le banquier de Bleu-Banane édition, ma société de reproduction d'art. Ce n'était pas une caisse Credmut locale qui intervenait, mais crédit du nord SA, banque ne faisant que l'entreprise. Dans ce projet il fallait monter un dossier avec chacun, obtenir toutes les promesses verbales. C'était un travail conséquent et Antoine l'a accompli avec soin et persévérance. Comme un diesel vous amène à bon port, c'était là le but recherché et seul je ne l'aurais pas fait. Dunkerque-promotion, agence de développement économique pour les projets d'implantation ou de développement des entreprises nous a beaucoup aidé. Leurs intervenants maîtrisaient les dédales des subventions et prêts aidés. Antoine y connaissait personnellement le chargé de mission qui avait été affecté à notre cause, et nous étions parfaitement guidé dans ce labyrinthe où n'importe quel néophyte ce serait perdu, ou pour le moins perdu quelques opportunités.

Papa est décédé, quasiment dans mes bras, un lundi soir. Une embolie pulmonaire l'a emporté de façon totalement imprévue. Ce lundi-là, comme c'était souvent le cas lorsque j'étais à terre, je suis passé salué mes parent à l'heure de l'apéritif. Quand ils me savaient en ville, souvent ils retardaient, attendant ma visite, l'heure du dîner. Mon entreprise me passionnait déraisonnablement, j'ouvrais un magasin tous les dix jours en moyenne, je n'ai jamais connu de retard sur le calendrier prévu. La croissance de ma boîte était l'un de mes principaux moteurs. Je ne travaillais pas pour l'argent, j'en tirais peu de profit personnel aux vues des performances de la boîte. Tout cela est facile à dire quand on gagne suffisamment pour ne plus penser à aucun des besoins quotidien de sa famille. Mon slogan était «la joie d'entreprendre». J'ai toujours retranscrit beaucoup de mes émotions personnelles dans mes activités, la joie d'entreprendre était bien mon émotion la plus forte et mon turbo.

Spontanément Je rendais compte à mon père de ce que j'entreprenais. Il y avait du nouveau au rapport chaque semaine. Maman écoutait sans trop comprendre, elle avait juste compris que pour Corinne et moi tout allait pour le mieux, cela lui suffisait. Papa m'avait beaucoup appris, de façon simple, avec vingt ans d'expérience dans le commerce de détail de tissus et de confection. Il avait par la suite fa0it divers métiers. Son expérience s'était enrichie d'un passage de conseiller financier à la banque Rothschild, de la commercialisation de produits d'entretien industriels. De l'ouverture de laveries automatiques. Puis il avait terminé sa carrière par dix années à la direction d'une antenne dunkerquoise d'une société de promotions immobilières dont le siège et le gros des activités se trouvaient en métropole lilloise. Sans jamais avoir atteint de niveaux réellement supérieurs il avait une très riche expérience et surtout variée. Il avait passé les deux tiers de sa vie en indépendant. Il connaissait les joies mais aussi les difficultés du chef d'entreprise. C'est lui, alors que je faisais ma saison à Saint-Tropez qui avait déniché à Dunkerque mon premier emplacement commercial pour l'ouverture de Point Cadres. C'est lui aussi qui m'avait trouvé les solutions pour faire de ce tout petit local, où aucun commerce n'avait jamais fonctionné, l'un des meilleurs Point Cadres que je n'ai jamais eu. En tout état de cause celui qui fut le plus rentable. Ce magasin était tellement performant, que même lorsque je l'ai abandonné pour le confier à ma première vendeuse, Colette, il a conservé sa pole position dans le réseau en terme de rentabilité. Sur les conseils du père, bien que sans le sou, j'avais par téléphone pris l'engagement d'achat du droit au bail qui portait aussi sur la location des trois niveaux de petits appartements que comptait l'immeuble. J'avais cinquante mille francs en poche et je m'engageais sur une reprise de deux cent mille. A cela s'ajouterait les coûts des travaux pour un montant de cent quatre vingt mille francs, viendrait ensuite à financer les stocks.

Comme tout cela ne l'inquiétait pas, j'avais foncé, obtenu un crédit pour le bail. Pour le reste, je ne savais pas comment j'allais me débrouiller, mais je savais que cela allait le faire. Papa était ce qu'on appelle un homme de parole et cela était reconnu en ville. Etant le fils d'un homme réputé fiable, les entreprises chargées des travaux m'avaient reporté leur confiance me donnant trois mois de crédit pour honorer mes factures. Les fournisseurs de cadres et d'images me connaissaient de mon activité tropézienne dans le même domaine. Eux aussi m'apportaient leur crédit. C'est donc m'appuyant sur du crédit fournisseur, sur des engagements d'homme à homme, sans autre garantie qu'un regard dans le blanc des yeux, que j'ai financé cette première ouverture. Celle-ci a eu lieu un 25 novembre, dés l'ouverture nous avons connu le succès et au mois de décembre nous avons connu la folie. Folie que jamais nous n'avons réussi à revivre, à recréer ailleurs. Quand j'évoque la folie, c'est bien de folie d'achat qu'il s'agit, de fièvre acheteuse. Quand les clients le samedi sont trop nombreux qu'il faut gérer la porte et sa file d'attente, quand notre seule préoccupation est de faire physiquement face à la demande, quand la remise en place du magasin jusqu'à vingt et une heure, alors qu'en province en hiver, les rues et les magasins sont habituellement déserts bien avant dix neuf heures... Quand chaque jour je téléphonais à mon fabricant de Vallauris dans les alpes maritimes pour doubler la commande de la veille, c'est que les ventes ont été folles. Quand pour s'assurer de ne pas ouvrir un magasin vide, plusieurs fois semaine je louais une camionnette pour récupérer moi-même les palettes de cadres à six heures du matin sur les quais de la SERNAM, ne pouvant attendre la livraison dans la journée, c'est que la veille encore nous avions connu une journée de ventes folles. Cela semblait fou et pour la majorité des gens, le fruit de la chance. Ce n'était bien sûr que le fruit de mon expérience de l'observation d'un marché en carence d'offre et le fruit de mon travail. Les prix pratiqués étaient possibles pour deux raisons : le fournisseur sélectionné s'approvisionnait en circuit court chez les plus performants fabricants de baguettes en Italie. Il en avait fait de même avec la Chine pour le verre. Enfin il avait rationalisé sa production sur mes engagements de commandes en série.

Pour réaliser ces commandes en série, j'avais moi-même rationalisé les achats possibles d'images par format thèmes et formats récurrents tout en conservant une offre suffisamment variée. C'était aussi le fait, que parmi les centaines de reproductions Monet, Manet, Renoir, Dali, Picasso, Miro et autre que nous proposions avec nos cadres, il y avait des peintres comme Jacques-François, Quentin et Verner. Ces trois peintres avaient fait de fort belles reproductions de la ville de Dunkerque, de son port, de sa statue de Jean Bart. Ces reproductions étaient plus fidèles à la façon dont les dunkerquois voulaient voir leur ville qu'à la réalité de leur cité, et de leurs monuments. Il ne s'agissait pas d'être fidèle à la réalité mais d'être fidèle au désir de réalité. Ces trois peintres possédaient tous des styles différents qui répondaient aux attentes inconscientes des clients. J'étais ces trois peintres à la fois. Ces reproductions étaient tirées de mon travail sous pseudonymes. Je n'étais pas que ces trois peintres. Certaines de mes œuvres signées Dufloo étaient assez prisées localement. Le quatuor Jacques-François, Quentin, Verner, Dufloo représentait certains jours à lui seul 30% à 40 % des ventes. Une telle proportion sur les ventes est un variable qui pourrait faire passer une exploitation de florissante à moribonde, si cette offre venait à manquer. Là aussi j'avais fait entre deux le travail de quatre. Mais, vas expliquer cela à un banquier pour trouver le financement de ta boutique. Vas expliquer que tu vas gagner de quoi rembourser parce que pour quelques temps tu seras en même temps, l'artiste, le vendeur, le livreur, le manutentionnaire, le caissier, le comptable, le laveur de carreaux. Vas expliquer que pour ton mois d'ouverture en décembre et pour le temps qu'il faudra tu feras tous les jobs et que la nuit tu calculeras tes besoins de réassortiment. Vas expliquer que faire cela avec toi fera rire ta blonde aux éclats. Qu'enceinte jusqu'aux yeux elle ne prendra aucun repos et que cela la fera plus rire encore. (Arthur est né le 7 janvier qui suivait ce mois de décembre dont la fièvre acheteuse aidée des primes de noël s'est étendu en janvier). Vas expliquer cela à un banquier qui travaille cinq jours par semaine jamais plus tard que dix sept heures. Expliquer cela à ton père c'est possible, expliquer cela à tes fournisseurs, tu seras cru sans problème. Explique cela à ton Raymond perso, même pas en cauchemar il comprendra.

Papa avait suivi au quotidien cette première étape, s'était enorgueilli de la joie d'être grand père une septième fois. Papa avait aussi suivi de très près les étapes suivantes qui dans la même année m'avaient fait ouvrir à saint Omer, Calais, Douai et Toulouse tout en continuant Saint-Tropez où nous étions retournés pour notre dernière saison. Papa avait porté autant d'intérêts aux événements des

---

années suivantes. De fait il savait tout. Connaissait tout de mon fonctionnement. Il connaissait mes marges sur les images, mes marges sur les cadres, les revenus tirés des royalties des premiers magasins, les revenus générés par les droits d'entrée dans le réseau. Papa n'avait pas besoin que je lui explique mes coûts d'exploitation, il connaissait cela par cœur. Il avait par expérience tout cela dans les tripes. Papa m'avait conseillé de faire le maximum de recettes au noir les premiers dix huit premiers mois, faute de quoi disait-il, l'état par ses divers impôts et taxes mangerait à jamais l'argent nécessaire en ce début de croissance. *«Sans un maximum de noir les deux premières années, tu ne passeras jamais le cap. Après, déclare tout, paye un maximum d'impôts, seul moyen d'obtenir du financement. Un banquier, ça aime les bilans».*

J'avais suivi ses conseils à la lettre et cette dernière saison à Saint-Tropez était vraiment désastreuse, du moins officiellement. C'est cette double exploitation, qui m'a permis de réaliser le noir indispensable pour vivre, réinvestissant officiellement chaque centime engrangé à Dunkerque. Si je faisais 100 de marge, j'avais 99 d'autofinancement ! Les banquiers, par la suite, étudiant mes premiers bilans ont jugé très bien la rentabilité de Dunkerque, sans jamais rien comprendre. Papa m'avait prévenu : un banquier ca comprend pas, ca veut juste voir du résultat.

Papa, durant ces premières années m'amenait toutes les lumières. Armé de ce qu'il appelait un «cutche» cette règle à calcul triangulaire graduée sur ses trois faces, et présentant des unités de mesures différentes. De façon tout à fait informelle et souvent en parlant d'autre chose, avec son cutche et un verre de bordeaux rouge en guise d'apéritif, papa me disait tout. Les revenus de la croissance, les besoins financiers pour la croissance, les revenus de l'exploitation, les coûts liés à cette exploitation. Alors qu'il faisait sauter son dernier petits fils sur ses genoux, d'un coup, il m'indiquait *«ça passe»* ou alors, *«là, tu aurais trop de dettes, ce serait le grand soleil»* il terminait toujours par cette phrase *«fais ce que tu veux, c'est tes affaires»*. Une bise à Arthur et l'apéritif familial se terminait sur cette parole de liberté, et de tolérance. A la fin de ma troisième année d'aventure Point Cadres, l'affaire était sur les rails. J'avais déjà fait mon premier atelier de production. J'avais déjà acheté un immeuble industriel ainsi que l'immeuble abritant mon premier magasin. L'agence immobilière assurant mon développement était, elle aussi créée. Une quarantaine de boutiques tournaient déjà pour moi. Un soir de visite ordinaire, alors qu'il venait une fois de plus de me trouver une solution farfelue, mais tellement efficace pour me débarrasser d'un problème de la journée. Un soir papa m'a dit *«tes affaires, c'est devenu trop gros pour moi, à ce niveau je n'ai plus de compétences. Mes conseils ou mes avis pourraient être mauvais, je lâche».*

Corinne avait lâché aussi quelques temps auparavant Elle s'occupait principalement du juridique avec nos premiers franchisés récalcitrant et notamment d'une dame qui était rentrée dans l'enseigne sur le secteur de Paris dans le seul but de nous piller, comme certains se font parfois embaucher dans le seul but d'être bien licencié. Un tribunal de commerce assassin envers nous avait rendu un jugement digne d'être oublié pour qui veut conserver une once d'estime à la justice. Il était difficile d'employer ce mot justice dans ce tribunal de commerce de Dunkerque. Son président, alors en retraite de ses activités professionnelles avait fait des faux en écriture aux fins se présenter et pouvoir être élu juge. Il n'avait pas hésité un instant pour retranscrire une fausse déclaration sur l'honneur sur la main courante de la préfecture. Ce président ne pouvait être juge car il ne présentait plus les qualités pour se présenter à l'élection, à savoir être encore en activité. N'ayant normalement pas accès à l'élection il ne pouvait être élu juge, encore moins président. Cet homme faisait partie de la GLNF. Très opposée au GODF. A Dunkerque, la première tenait le tribunal de commerce, la seconde, le reste de la ville. Tout ce qui portait robe savait, et connaissait les faits. Magistrats et avocats se satisfaisaient de ce cette situation. Constatant des dysfonctionnements lors de mes premières condamnations, j'avais gratté un peu et découvert les faits. Je m'en étais entretenu personnellement avec le procureur, qui m'avait accueilli avec ses mimiques de grosse folle, car il était gros, et Michel Serrault dans la cage au folle aurait eu des allures de rustre à ses côtés. D'un roulement d'yeux il me faisait comprendre que cela lui semblait fou et farfelu. Mentant ouvertement il m'assura de l'intérêt qu'il avait à faire la lumière. Je portais plainte, et lui, instantanément, classait ma plainte sans suite. Evidemment par la suite j'étais attendu au bazooka. Je n'avais pas intérêt à m'approcher du palais. Si je n'avais pas de raisons d'y aller, t'inquiète, on allait m'en trouver, m'en créer de toutes pièces. C'était donc le bazooka qu'on avait employé dans ce «jugement» qui n'avait d'autre motivation de me tuer. Point cadres ne devait pas survivre aux condamnations. Financièrement, mais aussi par la jurisprudence que cela allait inscrire. On nous condamnait d'une façon qui dépassait l'entendement. La seule motivation retenue pour nous condamner était une demie heure de retard sur la livraison de cadres rue de Rennes à Paris. Mon administration des ventes avait prévenu et écrit par fax que la commande en cours allait être livrée le lendemain. Cette livraison le transporteur la prévoyait entre 9h et 9 h 30 du matin et nous l'avions notifié sur le fax. Le transporteur est passé à 10h 15 et c'est sur le seul argument que ce fameux tribunal nous condamnait en cassant à nos torts et griefs le contrat de franchise et ce pour non livraison de marchandise dans les délais.

Il a fallu :
- rembourser le droit d'entrée
- Rembourser la formation informatique que nous avions dispensée mais aussi le matériel informatique que nous avions livré. Mais le franchisé conservait le matériel remboursé.
- Il fallait rembourser le logiciel Point cadres que nous avions développé et fourni. Mais cela restait propriété du franchisé
- Rembourser la totalité des stocks qu'il nous avait acheté, mais là aussi ces stocks remboursés donc gratuits restait sa propriété alors que nos conditions générales de ventes stipulaient bien que nous conservions la propriété jusqu'à entier payement
- Nous étions bien sûr condamnés à des dommages, aux dépends et à l'article 700.

Le président était un libraire en retraite. Un de mes meilleurs amis, se trouvait par hasard à côté de lui ce jour-là. Comme beaucoup de commerçants retraités, il traînait dans son ancienne affaire transmise aux enfants. Mon ami a vu un homme arriver, brandissant des papiers à la main lui disant, *«ça y est, c'est sorti, ca y est il est mort»*. Jean-Hervé entendant cela ma appelé immédiatement *«fais gaffe voilà ce que je viens d'entendre, je pense que c'est pour toi»* en fin d'après midi j'avais le jugement. Nous étions sans force sans voix. Ce n'était pas de l'injustice, c'était des individus qui avaient pris le tribunal et qui faisaient leur justice. S'il s'était agi d'une décision de justice je ne la commenterais pas de la sorte, je la respecterais. Je maintiens que, par l'inéligibilité de l'un de ses juges officiant en temps que président, ce tribunal était illégal et n'avait pas à rendre la justice. Tous les juges étaient complices, tous devaient être déchus, le procureur aussi était complice ainsi que le greffier. Par cette fausse déclaration du président, par ce faux en écritures publiques, ce tribunal était caduc. Les élections des juges consulaires auraient dû être invalidées, le faussaire sanctionné et bien sûr interdit de postuler à nouveau.

Le soir de ce jugement, Corinne avait rassemblé ses affaires et avait quitté notre tout nouveau plateau de bureau sur ces mots *«puisque c'est comme cela, j'arrête»*. Les femmes ont cette particularité de savoir prendre, pour se protéger et protéger les leurs, des décisions courageuses et définitives que souvent les hommes n'ont pas le courage de prendre. Quand une femme dit «c'est fini», c'est souvent vraiment fini. Elle quittait donc l'opérationnel pour ne plus se consacrer qu'à l'édition. Je ne pouvais lui en vouloir, elle avait raison. Moi poussé par cette soif irrésistible de faire. Par cette drogue un peu guerrière qu'est l'entreprise, je ne pouvais m'y résoudre. Peut être aussi à cause de ce putain d'orgueil qui gâte les hommes plus que les femmes, par cette force anormale qui m'envahissait à cette période, par le besoin de montrer que j'avais raison face à une éducation nationale qui m'avait rejeté. Pour prouver aussi à ma première épouse que je n'étais pas si nul, je ne pouvais me résoudre à arrêter ma course. J'étais prisonnier de mon entreprise, drogué à la croissance, shooté à la réussite quelles que soient les embûches et les avertissements. Après le départ de Corinne, plus rien n'a jamais été pareil. Nous ne nous sommes plus jamais vraiment amusés à travailler.

Après cette phrase de papa qui m'annonçait avoir atteint son seuil. C'était encore moins pareil. Je sais j'aurais pu employer un terme différent. Mais «moins pareil» convient mieux. Heureusement, papa est vite revenu aux conseils, sur d'autres sujets, les immeubles, les travaux, une nouvelle résidence principale, et tant de domaines où son imagination lui permettait toujours de repousser ce seuil, celui où on ne sait plus, celui ou l'on croit ne plus savoir. Seule la mort a réussi à stopper le fleuve de ses conseils.

Décédé un lundi soir, les obsèques de papa allaient avoir lieu le vendredi qui suivait. Entre ces deux jours il y avait un jeudi.
C'est ce jeudi qui était noté sur le calendrier, ce jeudi où devait se tenir la réunion plénière de Dunkerque promotion ou j'allais présenter et défendre mon projet du Point Loby. Antoine avait tout préparé et m'avait donné dossier et note de synthèse. Je ne les avais pas lues, je ne lisais jamais les dossiers d'Antoine. C'était mes projets, sans calcul j'avais tout dans les tripes, je pouvais répondre a tout. Papa reposait en chambre funéraire. Jamais encore la vie ne m'avait apporté un tel choc.

Trois jours auparavant, juste après l'avoir quitté, maman m'avait rappelé sur ce gros engin noir, marqué Motorola qui me servait de téléphone portable. «*Thierry reviens, ton père n'est pas bien*». Papa était un hypocondriaque parfait. Il lui fallait trois à quatre visites chez le médecin par semaine, faute de quoi il était inquiet. J'avais parcouru au volant du petit 4X4 de Corinne à peine de quoi me trouver à la première l'intersection, celle qui d'un coté menait au port et chez Borel, de l'autre à la ville. Discutant avec maman, je faisais trois tours dans ce petit carrefour pour finir par prendre le chemin de la maison, la mienne. Papa était hypocondriaque, je le savais, j'avais rassuré maman, je rentrais. J'avais rangé la voiture de ma blonde à sa place, côté rue, les car-ports du fond du jardin étaient inutilisables. En effet sous l'œil avisé de papa nous avions entrepris les travaux de démolition d'un abri en béton, véritable blockhaus construit dans le jardin de la maison durant la dernière guerre, quand cette demeure avait été réquisitionnée pour abriter une Kommandantur. Devenue son habitation, le commandant en charge de la construction de tous les blockhaus de la région y avait construit son abri perso. Il avait fait solide. Seul je ne serais pas lancé dans cette effroyable destruction. Mais papa était encore là...A peine rentré j'avais rejoint le salon sans m'inquiéter de ces travaux. Le téléphone sonnait déjà, mais cette fois-ci sur la ligne fixe. «*Thierry, reviens ton père n'est vraiment pas bien*» A cette phrase je répondais : *appelle les pompiers, j'arrive*. Un médecin était déjà passé l'après midi et n'avait rien décelé d'anormal. Seul l'hôpital me semblait approprié pour des examens plus complets. Arrivé chez mes parents avant les secours, instantanément je me rendais dans la chambre. J'entourais papa de mes bras et pour satisfaire la demande qu'il avait murmurée, je tentais de lui relever le torse. Cela n'allait pas mieux, sa respiration devenant de plus en plus difficile. Cette position n'a duré que très peu de temps, les pompiers étaient vite arrivés. Instantanément ceux-ci entreprirent de le transférer du lit à la civière qu'ils avaient préparée. C'est à ce moment que j'ai lâché papa, c'est à ce moment qu'il a perdu connaissance et que l'un des secouristes lui a plaqué un masque sur la bouche et le nez. Quelques mètres séparaient la chambre de l'escalier, mes parents vivant au premier étage de cette grande bâtisse. Arrivée sur le quai, la civière fut enfournée dans le véhicule de secours me laissant ma sœur cadette et moi-même comme deux être inutiles. Dans le noir nous attendions tous deux que ces portes arrière d'ambulance qui venaient de se fermer sous nos yeux, s'ouvrent à nouveau. J'avais pris soin sur la route qui me ramenait chez mes parents, d'alerter ma sœur de la situation. Les secours voulaient agir vite, c'est sur place que fut commencée la tentative de réanimation. Catherine et moi regardions inquiets cette fourgonnette rouge qui se secouait au rythme des massages cardiaques. Ma sœur était très inquiète, moi j'étais ailleurs, j'avais passé ce stade. La voiture avait beau tressauter, indiquant que les massages continuaient, je savais que c'était fini. Je savais déjà que papa était mort. Je l'avais pressenti dans son dernier regard vers moi. C'est le temps du transfert du lit à la civière que nos yeux s'étaient croisés rapidement et qui portant avaient permis tant d'échanges. C'est à ce moment précis que sans pouvoir prononcer la moindre parole il m'a fait comprendre, que cette fois-ci il lâchait vraiment l'affaire. Je n'ai plus vu ses yeux dans l'escalier, me tenant à l'arrière de la civière. C'est là, à ce moment qu'il a totalement perdu connaissance. C'est sur cette civière, descendant l'escalier que papa est mort. C'est dans ce passage trop étroit pour me laisser une place à ses cotés qu'il s'est éteint. C'est là qu'il a seulement cessé de m'aider

Jeudi, grand oral.

Papa attendait ses obsèques prévues pour le lendemain. Corinne qui adorait le Babbo (le nom de grand père qu'il s'était choisi) ne se remettait pas de son départ, elle s'occupait. La tâche ne manquait pas. Ma sœur cadette s'était chargée de nombre de démarches, Corinne l'épaulait étant de fait mon ambassadeur spirituel pour que certaines choses qu'elle savait essentielles ne déforment pas les dernières images que je voulais laisser de mon père. Elle qui le connaissait bien, je savais que ce qu'elle déciderait, si elle obtenait l'aval de ma sœur pour l'appliquer, serait le reflet des dernières volontés de papa. Parti trop vite, il n'avait pas eu le temps d'exprimer ses souhaits... Les journées pour elle étaient courtes car il fallait aussi prendre soin de maman, en plus de nos deux enfants de 3 et 7 ans à l'époque. Maman était ailleurs. Il y avait longtemps qu'elle y était. Depuis dix ans après une vie de dépression elle avait pris l'option de s'enfermer intellectuellement passant ses journées entre lecture et mots croisés. Il y avait longtemps qu'elle était dépendante. Papa faisait tout, la cuisine, les courses, le rangement. Il organisait ses journées en fonction de l'état du jour de son épouse. Maman ne le lâchait pas, il devait toujours être présent. C'était fini, elle le savait et à la première seconde ne l'a pas accepté. Plus que jamais elle s'enfermait dans la bulle qu'elle avait construite, entre ma-

72

ladie, amnésie, et folie. Elle ne pouvait vivre seule et notre grande maison achetée sur les conseils de papa (encore) avait maintenant un hôte de plus. C'était épuisant, on la retrouvait n'importe où, n'importe quand, immobile, les yeux perdus, ne sachant pas ce qu'elle attendait mais l'attendant avec impatience. Du premier jour elle fit un transfert, ou plutôt plusieurs. Robert du prénom de son frère cadet disparu lui aussi, Pierre du prénom de son mari, Thierry du prénom de son fils, c'était les trois appellations que je recevais dans la même phrase, ou dans une succession de paroles sans queue ni tête. Sous ses apparences de permanente inquiète pour autrui, ses enfants quand nous étions gamins, son mari tout au long de sa vie professionnelle ou pour n'importe quel événement, maman se leurrait et nous leurrait. En fait, elle avait passé sa vie inquiète pour elle-même. Ses apparences de petite femme fluette n'étaient qu'un costume. Sous ce costume qu'elle entretenait un peu pauvret avait vécu un être fait d'égoïsme. Elle ne s'inquiétait pas des autres, mais s'inquiétait des éventuels problèmes des autres de peur d'en recevoir quelques éclaboussures. Maman était maintenant ailleurs encore plus qu'elle ne l'était avant, cherchant refuge dans ses pertes de mémoire. Quand on refuse de se souvenir que l'on a des charges de famille, quand on refuse de se souvenir tout simplement, quand on refuse la vie telle qu'elle est, on s'assure de ne pas inscrire de mauvais souvenirs. De fait, la mémoire s'amenuise encore davantage. Il est difficile d'imaginer le monde irréel ou maman emmenait sans cesse ceux qui essayaient de prendre soin d'elle, sans aucun retour affectif en contre partie.

Pour ma part, ce début de jeudi après midi je devais le consacrer à mon entreprise, enfin à ce que je voulais qu'elle devienne. C'est dans la grande salle de réunion de «Dunkerque Promotion» que j'allais passer les heures les plus épuisantes de ma vie, enfin, les plus épuisantes à cette époque-là. Je ne le savais pas encore, mais d'autres heures, d'autres journées, d'autres mois, d'autres années plus épuisantes encore m'attendraient. C'était le jour du grand oral. Antoine et Dunkerque-Promotion avaient réuni la totalité des intervenants possibles dans le financement de notre projet. Une très grande salle de réunion dotée d'une table immense faite d'un puzzle d'autres plus petites. Tout cela avait été dressé pour la circonstance. C'est autour de cet assemblage, un long rectangle, qu'allaient s'asseoir chacun des intervenants. Accueilli par Christian, directeur du lieu, Jean Claude son adjoint en charge de notre dossier, je pénétrais dans la salle. Faisant le tour de la table méthodiquement, pour être sûr de ne froisser personne par un oubli

---

73

que l'on ne m'aurait pas pardonné, je serrais la main de chacun, me permettant jusqu'à la bise pour certaines dames que j'avais rencontrées précédemment. J'avais 42 ans et la prestance de mes années, la pratique régulière du vélo me donnait une silhouette de jeune homme, mon visage en paraissait à peine trente cinq. Je suis d'un naturel charmeur, je l'ai toujours été mais dans ces circonstances précises, je prenais soin de ne pas en faire trop, d'ailleurs je n'aurais pas pu, sous mon blazer bleu marine, j'étais liquide. Je ne pratiquais pas la plongée en apnée, mais ce jour-là, j'ai dû battre des records. Sans pouvoir ni savoir prendre de respiration j'étais déjà dans l'épreuve. Chaque personne avait été dûment saluée, Christian avait invité chacun à s'asseoir. Pour moi il était temps. Antoine qui me connaissait bien, me surveillait. En collaborateur zélé et fidèle, il était prêt à intervenir, prendre la parole, faire n'importe quoi pour masquer une éventuelle défaillance, une absence, un vertige, une larme, ou trop de larmes.

A l'extrémité du grand rectangle, dos à la fenêtre allaient prendre place trois personnes, Christian, Jean-Claude de Dunkerque-Promotion et le président de finorpa. De chaque côté allaient s'aligner, deux représentants par banque sollicitée, un ou deux représentants par organismes prêteurs parapublics, les émissaires de l'Europe, la région, le département, la communauté urbaine, la ville. C'était un collège d'environ vingt cinq personnes qui allait prendre part à cette présentation. Certains se plaçaient par affinités, les banquiers, par inimitié naturelle, prenaient soin de ne pas se côtoyer. La dernière partie du rectangle, dos à la porte nous avait été réservée. Antoine avait attendu que chacun soit placé et assis avant de s'asseoir à son tour. Moi j'attendais qu'Antoine soit assis, me donnant enfin la permission de ne plus supporter la charge de mon corps. A côté de moi, sur la troisième chaise laissée vacante s'était assise une dame dont je ne me souviens ni le nom, ni le physique, ni la fonction. Elle avait compris mon état et plusieurs fois, en tirant sur le pan de ma veste, m'avait pressé de ne pas attendre que chacun soit assis pour me reposer. Cette dame devait en connaître plus sur moi que je ne le supposais. Christian, bien loin en Face de moi me regardait d'un air étrange que je ne comprenais pas. Le président de finorpa en faisait de même. Les banquiers étaient banquiers, faussement occupés à consulter leurs dossiers pour se donner une présence. Les dames plus intelligentes patientaient. Quelques autres hommes, mandataires des diverses représentations me regardaient comme s'ils mimaient Christian. Ils me scrutaient. Que pouvaient-ils bien me vouloir, me trouver de si anormal ? Je savais que je respirais mal, que les nausées faisaient perler mon front, mais je ne trouvais rien qui justifie ces regards étranges. Le reste s'est déroulé comme cela devait se dérouler. Deux heures sans respirer, deux heures sans pleurer, c'est long, trop long. Mais deux heures à tenir un discours et répondre à des questions soit techniques soit saugrenues, le tout en totale sortie de corps, sans être présent, c'est une éternité. Antoine et Agnès, ma secrétaire, avaient tout prévu. Antoine avait ciblé les questions pièges que l'on aurait pu me poser. Il en avait préparé les réponses en notes succinctes et chiffrées qu'Agnès avait pris soin de transcrire en corps très gras et très gros tant elle savait ma vue de prés parfois défaillante. Les questions ont fusé, souvent pertinentes, parfois inutiles ou débiles quand elles sortaient de la bouche d'un banquier. Je n'ai pas eu besoin d'une seule note. Comme papa dans ses domaines de prédilections j'avais tout dans les tripes. Avoir son dossier dans le ventre permet d'avoir la tête ailleurs, j'étais spécialiste de ces situations, ce jour-là cela m'a sauvé. L'intensité de la réunion n'avait pas apaisé les regards étranges, ceux-ci perduraient, je m'en habituais.

L'ensemble des participants ont alors pris devant l'assemblée leurs engagements, chacun avait annoncé la couleur, la hauteur des financements prévus. Procès verbal de réunion allait suivre pour signature. La réunion ce terminait, politesses d'usage et basta.

J'ai compris bien longtemps plus tard, dix ans plus tard, les regards étranges, quand pour remercier quelques personnes d'avoir attesté pour mon dossier d'émigration, j'ai appelé quelques uns de ces intervenants. A travers le téléphone, tant d'années après, j'entendais «c'est normal, tu sais, je voyais souvent Pierre» Tant de temps pour découvrir que ces regards étranges étaient des regards de «Frères» qui observaient le fils de l'un des leurs «passé à l'orient éternel». Le «Frère» Pierre était parti. Ce que scrutait ces regards étranges était, momentanément, la représentation physique, par le fils, de cette chaîne d'union brisée. Ce jour-là, la maçonnerie m'a certainement beaucoup aidé. Papa dans la conversation que l'on avait eu quelques heures avant sa mort, n'avait rien dit. Il ne disait jamais rien à ce sujet. Je l'avais informé de la tenue de cette réunion. Je lui avais parlé des intervenants, il n'avait rien laissé transpirer. Babbo n'a jamais vu ce splendide bâtiment qui allait attiser tant de jalousie. Babbo n'a pas non plus assisté à l'inscription de Point Cadres à la bourse de Paris. Il n'a pas assisté à mes conférences de presse, que ce soit au pavillon Gabriel (tiens un archange !) ou à la chambre de commerce. Sa disparition lui a aussi évité de voir la chute, la spoliation, la chasse à l'homme. Respecter la mémoire d'un «frère» défunt est louable. Mais je persiste à penser qu'être le fils d'un frère vivant c'est mieux.

Je sais, je dois être con, mais c'est aussi après la perte de ma boîte, bien après, que j'ai compris que les entreprises qui m'avaient accordée leur confiance sur des conditions de paiement à l'ouverture du «Premier magasin» elles aussi, appartenaient à des frangins.
Ce jeudi-là tous m'ont aidé. Fabrice, mon chauffeur, dont j'avais créé le poste sur les conseils de Babbo «*tu as soixante dix ou quatre vingt bonhommes qui ne prennent aucun risque, une partie qui ne fait rien ou pas grand chose, et toi, en plus du risque financier, tu joues ta vie jour et nuit sur la route. Embauche un chauffeur, sinon tu vas te tuer*». J'avais komdab suivi la parole du père. J'avais passé une annonce très détaillée sur le poste. A croire que peu d chauffeurs savent lire les annonces. Ce fut deux ou trois cent réponses en retour. 10, 20, 35, en semi remorque ou non. Dans la tonne, j'avais le choix. Deux ou trois cent CV inutiles sauf UN celui de Fabrice. Le Cv mentionnait, école hôtelière, école de major d'homme, école de valet de chambre, école de chauffeur de maître. Tenue du room service de nuit dans les hôtels du groupe Barrière, ancien chauffeur d'une princesse, et bien d'autres références aussi prestigieuses. Je n'en demandais pas tant. Fabrice voulait quitter son emploi à Paris pour s'installer dans le nord, plus précisément aux pieds du «Mont des Cats» à quelques tours de roues de la dernière résidence de Marguerite Yourcenar, petit coin paradisiaque qui contraste tant avec la rude plaine flamande qui l'entoure. Fabrice me conduisait donc sur les routes de France depuis plus de six mois, c'était un proche, un très proche. Agnès et Fabrice auraient pu former le couple idéal au service du chef d'entreprise, mais Agnès avait le cœur ailleurs, Fabrice aussi et de plus imprenable pour une fille, il était gay. Un gay de chez gay, incapable d'avoir l'œil attiré par une courbe féminine et dissimulant difficilement son intérêt au passage d'un beau garçon. Fabrice était super, parfait dans son rôle, organisant tout dans les déplacements. Aucun des dossiers préparés par Agnès ne manquait, le programme était établi, les réservations d'hôtel à la campagne dans des lieux d'exceptions étaient toujours surprenantes. Il avait autorité d'expérience pour les dénicher et les négocier au tarif d'un hôtel lambda. Parfait, c'était parfait. Ma sœur aînée, vivait en Martinique, après son divorce sa situation financière n'était pas florissante. Il ne lui restait plus rien dans «Planète bleu» le club de plongée qu'elle

---

avait créé à la Pointe du Bout, aux Trois Ilets, avec son ex-mari. Elle était proche du dénuement total, Je le savais. Je l'avais appelée pour lui annoncer la triste nouvelle et humblement lui avait fait mettre à disposition un billet d'avion AR pour qu'elle puisse assister aux funérailles de son papa. Un peu occupé à ma réunion Dunkerque-Promotion, j'avais dépêché Fabrice à Roissy pour l'accueillir et la ramener à la maison. Pascale allait donc être parmi nous pour les obsèques. Les enfants allaient se retrouver pour un temps.

Babbo allait partir sur un air d'Armstrong, lui qui ne faisait pas qu'aimer le jazz, mais en avait tellement joué. Que ce soit sur le quart de queue du salon, ou sur le vieux piano bastringue qui trônait dans ma chambre. Aucune de nos soirées d'enfant n'échappait au quart d'heure défouloir. Quittant le boulot et rentrant chez eux certains hommes s'allument une pipe ou prennent un whisky. Babbo, lui, fermait la boutique, montait deux étages et la première gorgée de son shoot était un Glenn Miller *in the mood* ou des interprétations particulièrement musclées des refrains de Charles Trenet. Le piano bastringue, lui, était réservé au blues. J'adorais cela, en plus ça se passait dans ma chambre et c'était toujours précédé du déshabillage de l'instrument. C'était magie que de voir s'agiter les uns après les autres petits marteaux sur les cordes tendues. Trois pour chaque notes dans les aiguës, deux pour les medium, une unique et grosse pour chaque basse. Babbo n'avait jamais appris la musique, ne savait pas lire une partition. Il avait pourtant animé tellement de soirées dans les cafés dancing de sa jeunesse. C'était juste l'après guerre, le jazz et les zazous faisaient leur apparition en France. Babbo en avait été un digne représentant et son répertoire en était définitivement emprunt. Babbo avait été réfugié pendant son enfance. Mis en pension à la ferme pour éviter que les bombes qui tombaient sur la ville ne lui tombent aussi sur la tête. Hazebrouck ville sans trop d'intérêt était un nœud ferroviaire que les explosifs, projectiles allemands ou alliés, affectionnaient tout particulièrement selon les époques et les positions de chacun. Ses parents, mon grand-père et ma grand-mère, n'avaient pas voulu quitter leur hazebrouckoise affaire tant grand papa était occupé chaque semaine à monter à Roubaix au volant d'une camionnette équipée gaz et remplie de bon beurre des fermes voisines. C'est ce trésor gras tant recherché dans la capitale des filatures qu'il allait échanger contre de chaudes étoffes de laine. Les jours suivants, la camionnette dégueulerait de marchandise sur les marchés alentours

---

où les mêmes fermiers allaient racheter à prix d'or leur beurre transformé en tissus. Les fermiers n'étaient pas dupes, mais pour aller à Roubaix, il fallait un laissez-passer. Comment grand papa avait il obtenu le Sésame ? On ne parle pas de ces choses-là avec les enfants. Grand papa achetait tout simplement son laissez-passer avec une partie du beurre. Je te file du beurre, tu me files un papier avec un tampon et le numéro de ma camionnette, tiens j'y pense, je suis un peu court en gaz, combien de beurre pour doubler ma ration de gaz ?

Depuis toujours, ce sont les chefs qui déclarent les guerres et qui envoient les peuples la faire. Ce sont les chefs qui veulent renforcer leur emprise, agrandir leur empire. Souvent les peuples ne demandent rien et n'en veulent pas plus au voisin de droite qu'à celui de gauche. Le monothéisme a été une invention fabuleuse pour fédérer les peuples et les entraîner dans les querelles avec tous ceux qui avaient le tort de croire autrement. Quoi de plus pratique que le nom de dieu ? Si l'autre n'a pas le même dieu, guerre doit lui être faite. Comment tu n'es pas d'accord ? Tu ne veux pas faire la guerre ? Le mec d'à côté t'indiffère tout autant que son dieu ? Tu oses désobéir à la parole de dieu ! Et hop crucifié, décapité, exécuté par balle, chacun son style, sa griffe, chacun son époque. Cela fait deux millénaires que cela dure et la recette ne fait que s'améliorer. Les peuplades, les civilisations et pays polythéistes se cantonnent à des luttes d'intérêts, de richesses, de possession. Or, eau, terre, pétrole qu'importe mais en l'absence de dieu unique, les raisons ou plutôt les excuses sont moins nombreuses. C'est moins facile pour les chefs d'entraîner leurs sujets hors de leurs paisibles occupations.

Papa, gamin, avait perdu une main, la gauche, happée par une moissonneuse alors qu'il jouait dans les blés. Heureusement il l'avait ramassée. Elle était coupée net au poignet, et grâce à la prouesse d'un chirurgien de province elle avait été sauvée. Evidemment cette main «recollée» était paralysée. Chacun des doigts suivait par sa première phalange la courbe naturelle du dos de la main. Puis les deux dernières phalanges étaient repliées en crochet, le pouce un peu écarté faisait de même mais avec une seule phalange pliée. La main était paralysée mais existante et bien utile. Et quand papa était au piano, cette main crochet imposait le rythme. Cette main paralysée que l'avant bras faisait aller et venir sur le clavier était fascinante. Quand Babbo était au piano, Il ne cessait de jouer qu'à partir de la troisième réclamation de son épouse, qui bien évidemment se «souciait du voisinage». Lui qui savait si bien chaque soir s'inventer de quelques notes un monde merveilleux allait partir sur «what a wonderful world !». C'était et c'est toujours pour moi la démonstration que la volonté ou le talent passent au dessus des moyens, ou peuvent s'en priver partiellement. C'est également pour moi la preuve que ce n'est pas pôle emploi qui résoudra le chômage, mais uniquement l'envie de travailler et le droit d'embaucher. Si l'envie n'est pas présente, si les barrières à l'embauche ne sautent pas totalement, le chômage ne reculera jamais et pôle emploi ne résoudra rien. Et comment l'envie pourrait être présente dans un système qui parfois favorise l'état de «demandeur» à celui de « travailleur » comment l'envie d'embaucher pourrait-elle s'éveiller chez les milliers de petits employeurs qui depuis des générations sont considérés coupables et voyous par les autorités de régulation du travail. Dans un tel environnement les seuls jobs que pole emploi fournira sont ceux qui existent au sein même de cette agence pour l'emploi. Pour le reste, c'est du rêve d'énarque. Au fait ça rêve quoi un énarque ?

VII
Le Matin du Nord

2014, Wednesday August 6th
1980/1981 souvenirs

Lille, boulevard de la liberté, un bistrot proche de la préfecture, banquette en simili et comme il se doit à cette époque, table en formica. Un flipper abandonné, deux mains qui s'agitent à essuyer des verres à bière au bout desquelles des épaules soutiennent comme elles le peuvent, la tête d'un patron usé, désabusé, par cette affaire qui fut tellement florissante et qui maintenant tombe dans l'oubli. Un vrai vieux garçon serveur, l'épaule de travers et le dos voûté par l'habitude de baisser la tête en trifouillant les poches à monnaie de son gilet. Une odeur de tabac brun couvre celle un peu rance de la pils. Sur la table 2 bières, deux jambons beurre, en face de mon costume cravate de circonstance, une veste un peu difforme soutenue par un pull over qui en a vu. Visiblement l'homme à lunettes et aux petits yeux vifs n'est pas sujet à soigner le look, à moins qu'il ne le soigne tout particulièrement, ce look de «gauchiste révolutionnaire». Souvent les juifs d'Europe de l'est aiment à paraître pauvres, tout au moins à éviter les signes ostentatoires de non pauvreté.

J'ai vingt quatre ans, lui a la quarantaine et du vécu. J'avais dix ans quand il fondait les jeunesses communistes révolutionnaires. Douze ans lors de sa première candidature à l'élection présidentielle sous les couleurs de la ligue communiste, à peine dix huit lors de sa seconde et désastreuse tentative présidentielle où il se plaça loin derrière la copine Arlette. Même s'il semble nettement s'emmerder avec moi en attendant les journalistes qui doivent le rejoindre, l'homme me fait la conversation. Je suis un «suppôt du capitalisme» un «non socialiste», un mec qui s'occupe de la gamelle et il le sait. C'est ce que lui ont glissé à l'oreille les mecs à pantalons de velours grosses côtes, les journaleux de gauche, quand ceux-ci, ne pouvant l'accompagner avant d'avoir bâclé leurs feuillets, m'ont vu partir avec leur invité. Dans un journal de gauche, un «suppôt du capitalisme» doit être tenu le plus éloigné possible des neurones de la rédaction. Dans le cas de l'édition locale de ce titre, c'eut été plus simple de tenir éloignés les neurones, tant elles avaient du mal à s'agiter. Les locaux du journal étant d'un seul tenant et sans séparation, les neurones assoupies sur les machines à écrire et moi-même étions réunis dans le même espace. Une longue entrée suivie sur l'arrière d'une grande pièce carrée. Je vivais donc dans l'entrée, voire en vitrine sur rue, les bureaux se trouvant en rez-de-chaussée. Il avait attendu dans l'entrée du journal, autant dire dans mon bureau. Lui, trotskiste, moi jeune cadre censé être dynamique, n'avions aucun atome commun auquel nous raccrocher, nous n'en étions pas moins polis. Après quelques échanges d'usage et l'aval de la rédaction, nous avions donc décidé, lui de quitter l'entrée, moi mon bureau et d'attendre devant un jambon beurre. La bière n'étant que conséquence, accompagnatrice logique et indiscutable d'un tel mets. L'homme me fait donc la conversation, sans cacher son engagement connu de tous, mais bien sûr sans dévoiler la raison de sa présence ici et de sa visite au journal. Bien que volontairement bridé par la méfiance, son discours est intelligent. L'homme est lettré, éduqué voire érudit. Comment une telle intelligence, comment un tel esprit a bien pu déraper de la sorte, être devenu obtus voire pire, trotskiste (putain d'orthographe ce nom pour un dyslexique comme moi. il pouvait pas s'appeler Marchais ou Mélenchon comme tout le monde ce vieux Trotski ?). Qu'importe ce qui a pu dévier chez lui, ce qui a «tilté», je prends cet instant comme une expérience, et puis j'avais faim et soif, lui aussi.

Impressionnant, à vingt quatre ans, sans aucune habitude des milieux politiques, de discuter seul avec le gars que l'on a vu à la télé quand on était minot. Et puis l'élection présidentielle, c'est Pas Guy Lux, ou Nagui, quand on est petit, on croit que c'est sérieux. On imagine que ce sont les plus forts, les meilleurs de la nation qui se disputent la place. Dans l'absolu, chacun ayant sa chance, je me trouvais en face d'un ex-probable président de la république française. Nous discutions donc le bout de gras, celui du jambon. Nous ne pouvions discuter du beurre ou alors seulement de sa cruelle absence. Mais qu'est ce que je pouvais bien foutre à Lille «la capitale» ? Quatre vingt kilomètres au sud de la cité de Jean Bart ou j'habitais encore. Oui, qu'est ce que je foutais là, à terminer mon jambon sans beurre avec Alain Krivine ?...

Je ne partage pas les idées de mon ex camarade de sandwich, loin de là, mais si l'on observe les hommes politiques des ces dernières décennies, il est l'un des très rares qui ait «fait le job» pour ses idées et non pour sa carrière personnelle, avec une petite faille sur la fin, son élection bien au chaud au parlement Européen, mis à part cette bavure, erreur de vieillesse, respect Alain.

Le Journal c'était «le Matin du Nord», émanation de feu le «Matin de Paris». Claude Perdriel avait créé cette édition régionale dans un but uniquement politique. Le soutien inconditionnel à Pierre Mauroy et Michel Rocard. De fait il avait créé un outil pour l'élection de François Mitterrand. Je n'étais pas là par plaisir, ni par hasard. En cette année 1980 je m'étais retrouvé sur le sable, pas celui de la plage de Dunkerque, celui des demandeurs d'emploi. Je savais que le Matin de Paris allait créer une édition locale, cela m'amusait plus d'y participer que les hypothétiques autres postes auxquels je pouvais prétendre. J'avais décroché le poste convoité de «Chef de pub». Il fallait que je bosse, je n'avais pas vraiment le choix, j'avais tout juste vingt quatre ans, ma brunette aux yeux bleus de première épouse, le même âge. A deux nous, nous totalisions surtout les traites de notre premier appartement plus deux enfants. Deux petits âgés de trois et deux ans, Pierre et Valentine. J'étais donc obligé. J'avais obtenu le job de façon surprenante. Un peintre c'est observateur, ça écoute, ça regarde, puis ça déduit et enfin ça agit. Je le savais, tous ceux qui bossaient de près ou de loin dans la presse ou la pub le savaient aussi, le «Matin de Paris» très en vogue à l'époque, animé par son bouillonnant propriétaire Claude Perdriel allait créer une édition régionale du quotidien parisien, «Le Matin de Paris». Le Matin, c'était déjà toute la Gôche bobo, le Matin, c'était l'enfant quotidien du Nouvel Observateur. Le matin de Paris c'était, en moins emmerdant à lire, un peu du sérieux du Monde pour certains articles, et beaucoup, beaucoup de pages culturelles. Ces pages très bien faites et très orientées avaient rapidement séduit la gauche parisienne autoproclamée intellectuelle. Une très grande partie de leur contenu faisaient la part belle au cinéma. En effet Monsieur Jérôme Seydoux aussi propriétaire du label Gaumont faisait partie des actionnaires principaux. Quand une partie conséquente du capital d'un canard est tenue par un producteur et propriétaire de salles de cinéma. Quand ce canard possède des pages art et culture, bizarrement ce journal parle cinéma. Et si tu vois ce que je veux dire, on en parle gentiment.

Le lundi 29 septembre 1980 devait sortir le numéro 1 du Matin de Paris. Comme j'avais un peu observé et un peu déduit, ce jour-là j'étais prêt pour le combat. Levé a 5 h du matin, quittant dunkerque à 6h, Il était environ 7h 30 quand je décidais d'abreuver ma vielle Citroën Cx blanche au relais de l'Artois, sur l'autoroute A1, niveau d'Arras. Un café, le journal, pas n'importe quel journal, le «Matin du Nord» bien sûr. Gagné ! J'avais observé déduit et gagné. J'avais bien sûr pensé que par sa notoriété et ses réseaux, le Matin de Paris n'allait pas manquer de journalistes pour son édition nord. Mais j'avais aussi déduit que cette édition serait orpheline de commerciaux, il n'y aurait personne pour faire bouillir la marmite locale, c'est-à-dire commercialiser l'espace publicitaire. Gagné, j'avais gagné ! Sur un quart de pages dans la rubrique «emploi» entouré de quelques fausses annonces et encarts repris de l'édition parisienne, s'étalait un merveilleux : «*Le Matin du Nord recrute son chef de pub*». Envoyer cv à Axel Brucker, Matin de Paris. J'avais surtout gagné du temps, et à neuf heures du matin j'étais à Paris. A 9.30 j'étais dans les locaux du journal. A 10 h dans celui d'Axel Brucker. Axel avait autant était séduit par ma motivation à me déplacer, comme cela, à l'aveugle, que par mon extraordinaire intuition. A 10h10 minutes j'étais embauché quand les autres prétendants au poste, s'il y en a eu, n'avaient pas encore signé ou affranchi leur courrier. 10H15/11h tour des bureaux de la pub et présentation aux collaborateurs du service. Puis visite de la rédaction. 11h le bureau du grand patron, enfin de ce qui lui servait de bureau, totalement à l'inverse de ce que l'on peut imaginer du bureau d'un boss, d'un entrepreneur du poids de Perdriel. Présentation à Claude, présentation à Bernard, Bernard Villeneuve l'indispensable administrateur, le bras droit de Claude. Cela n'a pas duré longtemps, quelques minutes. Ca te fait l'effet comme quand tu mets tes deux doigts dans la prise électrique. Tu reçois un truc, c'est puissant, ca secoue, tu ne maîtrises rien. Quand tu te débranches, ca s'arrête. Mais pendant un long moment tu sais que quelque chose vient de se passer. Rencontrer Claude Perdriel et Bernard Villeneuve c'est comme ça : Tu dis bonjour, ils te répondent bonjour, et tu es déjà moins con. Tu sers la main, tu regardes les yeux, deuxième dose, tu es encore un peu moins con. Ca va vite tu le vois, et tu sais que tu ne vas pas tout suivre, qu'importe, même ramasser les miettes te fascine. Tu t'accroches et le temps des présentations, t'en chope encore un peu. A ce moment là, carrément, t'es déjà plus con du tout. Si ça dure et si tu restes concentré tu peux même devenir intelligent en deux fois rien de temps. Tu sens le moteur des mecs, ils n'ont pas trois coups d'avance, mais dix coups. Ils jouent plusieurs parties à la fois, tu n'as pas fini de parler, ils t'ont compris et sont ailleurs depuis longtemps. Je n'ai plus rencontré souvent Claude Perdriel par la suite. Claude ne venait presque jamais en province, ou en tout cas pas pour me voir. Moi je n'allais presque jamais à Paris, ce n'était pas ma mission. Mais à chaque fois j'ai eu la même sensation. Même informé, expérimenté, tu te prends le coup de jus. Sans rien faire d'autre qu'être lui même, il te réveille les neurones, peut être même qu'il t'en rajoute. J'ai bien sûr croisé d'autres personnes supérieurement intelligentes durant les 35 ans qui ont suivies, mais j'étais jeune, en dehors de mon milieu, les circonstances ont faites que ces deux personnages là m'ont particulièrement marqués. J'avais rencontré Claude et en compagnie d'Axel je quittais la rédaction pour remonter à la Pub. Axel me donnait les maigres documents existants et m'expliquait succinctement ce qu'il attendrait de moi. En clair de la vente d'espace, du pognon. En Fait il était trop heureux que cette corvée de recrutement «province» soit finie, terminée, bouclée dans la matinée. Le tout sans avoir à se déplacer hors de Paris, sans avoir à se taper la lecture de CV dont il se foutait éperdument. D'ailleurs, hormis Claude et Bernard qui vibraient pour leur projet, Roger Colombani qui était dans la roue, cette aventure extra muros ne faisait pas bander grand monde au sein du journal.   Les parisiens se fichent de la Province, la province ça les gonfle sérieux. Alors, imagine ! Le directeur de la pub d'un journal de gauche comme Le Matin, un canard proche des sommets de la gauche, au nirvana du PS, un canard avec des collaborateurs comme Roger Colombani, François Henri De Virieu, Maurice Clavel, Max Gallo, Jean François Khan, Christine Bravo, Didier Porte et tant d'autres...et même un mec qui allait devenir Moi-je... Le directeur de la pub d'un tel journal ne pouvait aller se fourvoyer en province. C'est qu'en plus de ces noms glorieux ou pour le moins connus, c'était surtout un canard à la mode. Bosser au Matin était on ne peut plus branché, on ne peut plus snob. Un directeur de pub qui, par ses accointances à la Gaumont, organisait des premières ou le tout Paris se bousculait, un personnage qui savait être invité partout, de quoi se prendre après BHL pour un roitelet de la rive gauche. Ce directeur de pub aurait maintenant en charge une activité en province. Pas à Marseille ou à Lyon ce qui aurait pu être acceptable, non, à Lille ! Monter à Lille pour quelques honneurs ou belles rencontres pouvait encore se concevoir, mais se taper la ligne nord, ou l'autoroute du même nom pour recruter un banal chef de pub local ! Le goulag...J'étais donc providentiel. Quels que soient mes défauts ou qualités, je devenais l'homme de la situation, puisque j'étais là, puisque j'existais. Je répondais à un besoin, je solution-

84

nais un problème j'étais donc parfait. L'individu devient parfois parfait, non pour ses qualités, mais par la façon dont il soulage autrui de ses problèmes. Tu vois que c'est possible espèce de mauvaise langue ! J'ai entendu ce que tu as dit avant, *«les feujs n'embauchent que des feujs»*. Tu vois que c'est faux ! Je n'étais pas Feuj, j'avais l'immense défaut de ne pas être carté PS et j'avais été embauché en moins d'une demie heure.

Au Matin, je n'étais pas à ma place, ce n'était pas mon monde. Cela n'était pas dû à mon état de non juif, ce non statut a toujours eu moins d'importance en province qu'à Paris. La communauté juive ne prenant toute sa puissance en France que dans la Capitale. Non, je n'étais pas à ma place tout simplement parce que je n'étais pas socialo. Le PS ne coulait pas dans mes veines. La seconde raison, je n'étais pas parisien, et nombre de journalistes l'étaient. Je n'ai jamais été parisien j'ai toujours adoré cette ville, son architecture, son passé, son histoire, j'ai parfois aimé m'y balader. Mais j'ai toujours détesté, non pas ses habitants, mais le parisianisme. J'ai toujours reçu dans cette ville, plus d'ondes négatives pour mon fonctionnement, que de positives. Paris m'a toujours déséquilibre. Idem vingt ans plus tard, quand je me suis retrouvé propriétaire et PDG de «la baguette de bois» encadreur historique de la rue Lepic. Cette compagnie était l'encadreur restaurateur officiel du Louvre et du château de Versailles, et fournissait en cadres les établissements prestigieux comme Drouot. Elles étaient aussi très recherchées par de grands antiquaires pour nos « vrais faux » cadres d'époque. Eh bien, là non plus, je n'étais pas à ma place, pas dans ma ville, pas bien dans mes Westons.

Hormis quelques papiers écrits localement et qui n'étaient souvent que des reprises d'autres quotidiens locaux et notamment de la voix du Nord, exceptée l'impression qui était sous traitée à Roubaix faisant tourner les rotatives du sieur Hersant (Nord matin, Nord Eclair) tout était Parisien au Matin du Nord : les directives éditoriales, la méthode de travail, la photocomposition, et surtout l'esprit. L'édition Nord n'en avait que le nom cela ne me convenait pas. De surcroît ce Matin du Nord aurait plutôt été le Matin de Lille, et à Lille non plus je ne me sentais pas vraiment bien. En fait, à cette époque je ne me suis jamais senti très bien dès que je m'éloignais de l'influence de l'air marin. A Paris coule la Seine, à Lille le canal de la Deûle, tout cela n'était pas fait pour m'apporter l'air iodé dont j'avais besoin. Peut être parce que j'avais grandi à Dunkerque et qu'une partie de mon adolescence s'était déroulée à Calais ? Qu'importe, j'étais amoureux de la mer, j'étais sous son emprise, sous l'emprise de son vent, l'emprise de ses parfums. J'ai toujours étouffé dans les terres, sauf à la montagne en hiver, encore que je n'y sois jamais resté longtemps. L'air marin n'était pas le seul à me manquer, me manquait aussi l'air de liberté des ports, leurs ouvertures, leurs rêves. Les villes qui ne sont pas des ports, n'ont pas le même esprit, le même charme, les mêmes histoires. Souvent, dans ces villes continentales règnent de vieilles familles de vielles bourgeoisies. L'influence de ses bourgeoisies anciennes, dans tous les mauvais sens du terme agit comme une chape, un carcan, pour moi un étau. Les ports sont historiquement ouverts, les gens y vont, s'en éloignent y reviennent après avoir découvert d'autres horizons, d'autres lieux. Ils y reviennent souvent avec tellement d'aventures, de souvenirs et de richesses à partager ! Tout cela reste inscrit dans l'âme des ports. Des aventuriers y arrivent, les fortunes souvent se font et se défont plus vite qu'ailleurs. Bien sûr les «familles» y sont présentes, mais les flux les bousculent, les forcent à l'ouverture. Dans les ports, j'ai toujours respiré l'impression du possible du rêve à venir ou qui pourrait s'accomplir. Dans les terres j'ai plutôt ressenti l'absence de rêve ou plutôt des rêves éteints, parfois des cauchemars assoupis. Dans les ports, même le passé semble avoir un avenir. Plus tard, mon enseigne Point Cadres ouvrira nombre de magasins dans les ports. A Calais, Boulogne, Dieppe, Le Havre, Saint Malo, Brest, Lorient, la Rochelle, Saint Nazaire, Royan, Marseille et bien d'autres encore. Des villes aussi comme Montpellier, Quimper ou Perpignan qui sans être des ports sont si proches des côtes, qu'elles en captent en partie l'esprit. Dans les villes portuaires où Point Cadres a ouvert boutique, le taux de réussite moyen des magasins était nettement supérieur aux villes continentales. Pourquoi ? Parce que, je n'ai pas d'explication.

Je ne sais comment respire la ville de Lille maintenant sous le règne de Pouf-pouf. A l'époque cette cité avait deux poumons. L'un recrachant la respiration de sa grande Bourgeoisie, l'autre la bière et l'ancienne sueur des filatures. A quelques encablures on sentait encore la chaleur humaine des mineurs qui tentaient de couvrir rudesse et misère du fond. Non pas que les bourgeois ne respirent pas la bière à Lille, mais ils ne la respirent pas aux mêmes endroits, pas de la même façon. Lille la bourgeoise avait au moins l'excuse d'être riche, vraiment riche, et de continuer à produire de la richesse, pas seulement d'en vivre. J'ai connu des villes «terrestres» tenues par des familles bourgeoises, par l'esprit bourgeois, mais où l'argent avait fui. Ces villes étaient moribondes et c'est pire encore. Dunkerque avait l'avantage d'être un port et un port en pleine expansion. Ce qui n'est plus le cas. A croire que la socialie l'a tué. Dunkerque était pollué, mais si l'on habitait du bon côté, ou pas à coté des aciéries et raffineries, on pouvait sentir la mer. A cette époque Dunkerque avait aussi l'avantage d'être administré par un maire ordinaire. Un maire au pouvoir et à l'entrance limitée des maires ordinaires. Sans trop de réseaux à son service, il ne devait pas en retour mettre la ville au service de ceux-ci. Le maire suivant, Michel Delebarre élu après avoir été plusieurs fois ministre a totalement changé la donne. Michel avait l'expérience des réseaux et pas seulement des réseaux d'écoutes téléphoniques qu'il aurait paraît-il drivées sous Mitterrand. En vingt cinq ans de mairie, de présidence de la communauté urbaine, de comité Théodule, de présidence de tout ce qui peut être présidé ou de ce qui a juste été créé pour être présidé, le champion de France des cumulards a tout transformé, tout modelé a sa main, tout noyauté. Personnellement, j'ai toujours soutenu que Michel préférait un pouvoir total sur un petit territoire au pouvoir dilué d'une fonction nationale, fut 'elle ministérielle. Michel avait instauré son règne absolu sur le grand duché de Dunkerque. En duc socialiste qui se respecte Il a aussi fait exploser la dette, toutes les dettes à tous les niveaux, dans toutes les structures qu'il présidait. Si tu nais à Dunkerque et que tu y restes, en plus de la joie de porter la dette française, tu hérites une couche supplémentaire, et cette couche s'étale sur trente cinq ans. A Dunkerque sous Michel, il fallait être du sérail, le mieux bien évidemment était un cumul PS/loge, enfin, des bonnes loges. Si ce n'est pas le carcan des villes bourgeoises de province, c'est pire encore. Les bourgeois dédaignent et se contentent d'ignorer. Les autres sont les rois du Roundup, ça désherbe au napalm tout ce qui pousse alentour. Si par chance tu résistes, que tu pousses quand même, à ce moment là ils arrachent, ils tuent.

Je n'étais pas à ma place au Matin, parce que trop candide, trop honnête, ou simplement trop jeune. Rappelle-toi, 1980 c'est l'époque où les financements occultes battent leur plein et ce jusqu'à 1990 où tout éclate au grand jour avec l'affaire URBA et l'inspecteur Gaudinot. C'est la décennie du tout est possible, la décennie des records. Une mairie, une communauté urbaine, une région ou un département n'avaient pas encore de projet défini qu'ils avaient déjà reçu leurs fausses factures, qu'ils payaient de bon cœur. C'est la décennie où tout est surfacturé partout, à gauche comme à droite, Le PS tenant quand même jalousement à conserver les premières places du podium.

Quand on a fait ce qu'il faut pour devenir champion, quand on s'est entraîne, c'est normal que l'on ait les honneurs.

A Lille c'était à l'époque «gros Quinquin», alias Pierre Mauroy, qui portait l'écharpe. Si par sa fonction il ne s'abaissait pas au travail de comptabilité ou à celui plus manuel de réceptionniste, il connaissait l'existence et le montant des mallettes, puisqu'il se trouvait à la source, à la base de l'organisation. Les affaires sont tellement énormes, personne, aucun politique, n'est à l'abri d'éclaboussures. Quand ça pète, quand ça éclabousse tu ne sais pas jusqu'où cela peut aller. Ce sera le 22 décembre 1989 sous Mitterrand et le gouvernement Rocard que l'assemblée nationale votera l'amnistie pour toute infraction en relation avec le financement des partis. Pour faire bonne figure et se racheter une vertu, les députés s'excluent de l'amnistie. Le conseil constitutionnel supprimera cette exception. Balles neuves, on efface tout, on oublie tout et on recommence, mais plus discrètement ce coup-ci. Elle est pas belle vie quand tu es homme politique Français ?

Le Matin était bien sûr proche, très proche de la mairie de Lille. Il s'y passait beaucoup de choses, il s'en taisait beaucoup aussi. Le Matin n'était pas réellement un journal indépendant, Il n'avait pas été créé pour l'être... N'oublie pas, je suis peintre, j'observe. Sans fouiller pour autant, certaines choses me sautent aux yeux. Surtout les constructions, les montages. Abstraits ou concrets, sans chercher, souvent je comprends les interférences, les synergies, les liens entre les structures. Avant de dessiner, il faut comprendre comment ce que tu vas retranscrire sur la toile est fabriqué. Comment ça tient debout et à quoi ca sert. Avant de coucher sur le papier un organigramme de sociétés il faut soit l'avoir imaginé, soit l'avoir compris. Souvent un peintre fait les deux. Et c'est aidé par cette faculté, un peu plus développée chez les peintres ou les dessinateurs, qu'il ne m'a pas fallu plus de quatre matins pour comprendre une partie de ce qui se passait dans ce Matin-là.
J'étais un suppôt du capitalisme, mais un suppôt bien utile au fonctionnement de la boutique Matin, surtout quand il s'agissait d'échanger l'espace publicitaire contre des mobylettes, des voitures, des repas au restaurant. Toutes ces petites choses bien utiles au quotidien des journalistes. Aider à la souscription des abonnements, organiser une première de cinéma pour y inviter clients ou prospects, faire réparer les mopettes que les journalistes cassaient, idem pour la voiture, filer le coup de main pour le portage, ou pour tenter de résoudre ses multiples problèmes de concurrence. Tout, je faisais un peu tout et n'avais aucune considération pour cela, un mec qui fait un peu tout n'est pas identifiable dans sa fonction. Sans fonction précise, c'est un mec qui ne fait rien. Pour m'aider dans ces

multiples tâches, Paris, doté d'un esprit moins réducteur que la rédaction locale m'avait flanqué un assistant : Riton. Henry Seydoux, aujourd'hui papa de l'actrice Lea Seydoux. Riton était un mec sympa, marrant, un peu lunaire. Enfin quand il était là. Il avait à peine vingt ans, j'en avais vingt quatre mais un monde nous séparait. J'étais né pauvre, lui riche. J'avais charge de famille, je devais être vieux avant l'âge. Lui était jeune. Riton vivait un célibat doré. Ses nuits au Palace, dont il me faisait parfois confident, l'empêchaient d'être présent à Lille le matin. Mais alors pourquoi venir l'après midi seulement ! C'était certainement là, la raison de ses récurrentes absences. Quand il était là, Riton m'amusait. Sa vision des choses, ses réactions, sa vie, tout cela était découverte et amusement pour moi. Riton, même avec très peu de présence dans les bureaux avait mis la goutte d'huile qui manquait dans mes relations avec la rédaction. C'est vrai quoi, maintenant, à la pub il y avait un mec bien, un mec de gauche !

Car Henry Seydoux Fornier de Clausonne avec filiation Schlumberger, dit Riton, était de Gôche, ce qui en plus d'être famille de l'actionnaire, lui donnait toute les qualités du monde aux yeux des lèche-cul de journalistes. Faudrait quand même pas croire que c'est Pujadas qui a inventé le truc ? Non, lèche-cul chez les journalistes, c'est un vieux truc, la base du métier. Bref, Riton était considéré comme un mec de gauche, quand moi je représentais, je ne sais toujours pas pourquoi et pour quelle raison, la droite infâme. Je n'ai jamais compris comment et pourquoi je transmettais cette impression de facilité ou de richesse alors que ma vie a toujours été exactement le contraire, la besogne, toujours la besogne. Moi je me traînais avec dix mille balles par mois, parfois un peu plus quand les ventes voulaient sourire... D'accord le smic était à deux mille cinq, d'accord un rédacteur au matin du nord ne gagnait pas lourd... Mais as-tu déjà essayé de passer la moitié de ta vie au Palace avec un smic ? Même avec plusieurs smics tu n'en feras pas ton QG. Ce serait comme vouloir faire le malin aux Caves du Roi à Saint-Tropez. Avec quelques smics tu n'as pas intérêt avoir soif. Et si tu repères une fille, fais bien tes comptes avant de proposer un verre ! Et puis, quatre smics en tant que salarié, c'est pas de l'argent, du vrai, du beaucoup. C'est d'ailleurs cette mauvaise appréciation, cet esprit borné, cette hypocrisie envers l'argent, cette honte de l'argent gagné qui a toujours bloqué la France, bloqué les énergies. Comment veux-tu faire avancer l'économie avec des mecs qui pensent que la richesse commence à quatre smic ? Comment veux-tu qu'en inculquant ce type de plafond dans la tête des français, les mecs ou les nanas se bougent pour en gagner cinq, dix ou plus. C'est devenu pire encore maintenant. L'importation voulue et organisée par nos gouvernements de tant de pauvreté, te ferait passer pour un riche si tu possèdes un toit, si tu as de quoi te nourrir. Maintenant, en France, il y a tellement de pauvres bougres, de pauvres gens, de «sans dents» dont on a facilité l'immigration, que tu aurais presque honte d'avoir les moyens de commander un jambon beurre. Pourtant, fois de Krivine, un simple jambon beurre...Moi, ce qui m'amusait, c'était le Riton intrinsèque, son âme, son insouciance, ses rêveries, son exubérance. Ses histoires d'amour avec les chanteuses ou les starlettes du moment. Ce qui m'amusait c'était le Riton brut de béton, le Riton authentique. J'étais encore trop con ou trop benêt moi-même pour réaliser le poids financier de la famille Riton. Cette ignorance, m'avait permis de bâtir une relation franche, courte dans le temps, mais franche. En quelque mois j'en ai appris des choses au Matin. Sans professeurs, sans formation, système démerde et observation. J'y ai surtout observé que le socialisme et sa famille politique le PS faisait preuve du plus grand sectarisme. Rentrer en socialie représente autant d'écueils que de rentrer dans certaines religions.

Se convertir au judaïsme et être reconnu par les juifs n'est pas chose simple. Il y a un langage à apprendre, l'hébreu. Il faut le vouloir de tout cœur, prendre des cours, fréquenter assidûment la communauté juive, les offices du vendredi soir et du samedi matin. S'abonner et lire certaines revues en Hébreu. Epouser une histoire différente de la sienne, changer ses modes alimentaires, ses goûts musicaux et littéraires. Avant toute démarche, se rendre d'abord en Israël. Tu l'as pigé, c'est terriblement ouvert. Si tu es né juif, tout est différent. Le judaïsme est dogmatique, le socialisme aussi. Si tu es le noble descendant d'une famille PS, no problème, si très jeune tu as côtoyé les jeunesses socialistes assidûment, no problem. Si tu y as fait preuve d'engagement, tout se passera bien. Si au contraire tu as un autre passé, une autre histoire même totalement apolitique, les barrières se dresseront devant toi. Comme pour le judaïsme il te faudra franchir et gagner des étapes. Te faire connaître et reconnaître. En judaïsme, il faudra connaître les rabbins, être soutenu. En socialie il te faudra fréquenter les bonnes personnes, rencontrer les pontifes, les poids lourds, trouver des soutiens. Une conversion en socialie, pour être réussie doit se faire jeune, la socialie a de la mémoire et mieux vaut dans ce cas ne pas avoir de passé. Apolitique ou non ton histoire ne sera jamais oubliée. Si tu n'es pas socialiste par filiation, il restera toujours un doute, les premiers cercles ne seront jamais pour toi. Si tu es descendant de socialiste, les portes s'ouvriront, comme dans une famille unie, tu trouveras le soutien, tu auras du travail, la meilleure place sera pour toi. Des tensions peuvent bien apparaître, mais au grand soir, chacun sera réconcilié. Comme en famille, dans les circonstances graves, on ignore ses différents, les liens du sang font la réconciliation. La socialie c'est une religion fermée, mais qui accepte et qui vit des dons ou des votes des non initiés, des non croyants. Bref, la socialie, c'est une pute, elle a son amant de cœur, son monde privé et de l'autre côté du miroir, elle a ses clients, ceux qui font vivre son monde, ceux qui lui apportent son statut. D'ailleurs les socialistes n'ont-il pas fait passer une loi qui condamne le client et pas la prostituée ? Ils ne s'en sont même pas aperçu, c'est inconscient mon bon docteur Freud, c'est de l'autodéfense insoupçonnée. La socialie a voté inconsciemment comme son propre mode de fonctionnement. Se protégeant elle même, elle condamne les satellites, fait exploser les météorites avant qu'ils ne puissent la toucher. La socialie prend les dons et les votes en condamnant électeurs et donateurs. Comme chez la pute, le monde privé et le monde extérieur ne se croiseront jamais, sauf si un client jouant des épaules et ignorant ses risques, devient maquereau. Regarde Tapie, il a flirté, il a baisé, il a même été ministre, et pourtant il n'a jamais été admis. Son protecteur divin disparu, il a payé et paye encore ses amours impossibles, ses amours contre nature. La socialie, c'est une religion sans dieu, il y a nombre d'évêques, plusieurs prophètes, parfois un pape. Il y a des canonisés après leur mort façon Jean Moulin, mais il y a aussi les canonisés de leur vivant, Pouf-pouf par exemple. Pouf-pouf, n'a jamais rien réussi hormis sa carrière personnelle, mais comme DSK ou Lang, elle est canonisée de son vivant. Il y a des temples, des écrits, des lieux saints et sacrés, des roches de Solutré. Il y a tout d'une religion en socialie, mais personne ne reconnaît de Dieu. As-tu déjà vu une religion sans Dieu ? Cela ne peut fonctionner. Ca ne dure qu'un temps. Le temps pour les pontes, les évêques, rabbins ou imam de vivre grassement, parfois d'élever un des leurs en guide, puis un jour ça s'effondre. Souvent à son apogée, quand un guide hors du commun s'éteint, quand il meurt. Cela s'est vu dans toutes les républiques socialistes. A la mort du guide, à la disparition du chef exceptionnel, c'est l'implosion. Pourquoi ? Si une religion sans dieu ne peut fonctionner, une politique sectaire qui n'a de démocratie que le nom et pas l'âme libérale et égalitaire ne peut perdurer. Mitterrand le savait. Peut être, est-ce pour cela qu'il a succombé à la tentation de s'élever en Dieu. La religion comme la politique ayant horreur du vide, il a été accepté comme tel. Les média ont appuyé et la France s'est convertie, pour un temps elle avait son dieu. François Mitterrand était intelligent, prévoyant, visionnaire, manipulateur, mais se sachant quand même mortel, il a mis en place sa justice. Une justice partisane qui protégerait ses filles et ses fils politiques, brebis faibles et égarées. Conservant son troupeau intact, la socialie pourrait peut être perdurer. Le dieu Mitterrand marquerait alors l'histoire plus longtemps.

Au matin, en plus de la Pub j'étais en charge du phoning. Je drivais le soir une équipe de téléphonie commerciale composée d'étudiants. Ils étaient souvent plus âgés que moi. Pour avoir des voix, des cerveaux capables de tenir une conversation avec notre cible CSP assez élevée, on recrutait généralement dans les dernières années de facultés, souvent proche de la maîtrise ou du doctorat. Paris, de façon justifiée n'avait que cela en tête : les ventes, les abonnements, les souscriptions. Si la rédaction locale n'était pas impliquée, ou pas au niveau, Paris savait, Paris faisait et Paris savait faire bien. La cible, le CSP, c'était la même que les abonnés du nouvel observateur et de Sciences et Avenir. Il y avait transfert de fichiers, et pas seulement entre les titres du groupe Perdriel. J'ai souvent pensé qu'une partie venait de la Mairie de Lille ou d'autres sources qui n'avaient rien à voir avec l'entreprise commerciale qu'était le Matin du nord. Mais attention, je n'ai fait que penser... L'accroche téléphonique, le texte, les questions, les réponses, tout avait été fourni par Paris. C'était torché, intelligent, il y avait peu d'échappatoire possible pour l'appelé, pour la cible. Le taux de transformation des appels pour obtenir des abonnements était considérable. Il faut dire que les offres étaient alléchantes, les Albums de Claire Bretécher en cadeaux tombaient comme s'il en pleuvait. Mais au delà des cadeaux, des remises pour les abonnements groupés du Matin avec les autres titres du groupe Perdriel, c'était bien le discours, la manière qui passait. Du vrai beau travail marketing, fait par des gens intelligents et appliqués par des étudiants motivés tant les commissions étaient importantes à chaque essai transformé. La quasi totalité de nos offres étaient hors la loi, mais difficilement attaquables. Il faut dire que la réglementation française sur les cadeaux avec obligation d'achat comme sur les offres groupées était déjà très contraignante. Mais Claude savait naviguer. Je n'étais donc que pour peu de chose dans les succès du phoning, je recrutais les étudiants, branchais les téléphones, distribuais les textes et les numéros pour les appels. Subsidiairement j'avais aussi trouvé les tables pour qu'ils puissent bosser. Il était

---

souvent 19h ou 20h quand démarrait une cession, j'avais une heure de route, l'affaire sur les rails, je rentrais chez moi.

En téléphonie, «Monsieur Claude» a toujours su faire. Que d'argent n'a t'il pas engrangé plus tard avec ses messageries roses Jane et Aline. Les mauvaises langues vont jusqu'à dire que c'est à cet argent venu du «cul» que le nouvel observateur aurait du sa survie. C'est amusant de constater que le dieu Mitterrand pour remercier «monsieur Claude» de ses soutiens pendant la campagne électorale, lui a accordé des Licences minitel pour vendre du sexe. Le droit de plumer des clients pour parler cul et se faire bander par téléphone. Les mêmes socialistes, la même équipe mais sans le Dieu, quelques années plus tard condamnera à l'amende ou la prison le client de prostituée ! Le socialisme serait il à géométrie variable selon les époques ?
Je n'ai plus revu Claude Perdriel après mon départ du matin en Mai 81. Sauf une fois sur les quais de Saint-Tropez, ce devait être en 87, il descendait de son bateau Sovereign un merveilleux douze mètres JI qui fut construit pour un défi de la coupe de l'América. (1964: challenger Sovereign UK, défendeur : Constellation USA, vainqueur Constellation 4 manches a 0). Claude Perdriel est un grand skipper et un amoureux de la mer. Amoureux, je te dis qu'il fallait l'être. L'amour, la passion, est souvent aveugle et peut faire oublier le prix des choses. Parce que ce n'est pas avec quatre smics par mois même multipliés par douze mois que tu pourrais envisager ne serait-ce que l'entretien d'un voilier comme Sovereign. Avec tes quatre smics tu ne refais même pas les vernis. Mais qu'importent les coûts à cette époque pour Claude. Durant notre brève conversation, il m'avait confié que Jane et Aline faisaient du bon boulot. Il avait de bonnes gagneuses... J'avais moi même navigué sur IKRA le sister ship de Sovereign, ce qui nous avait rapproché un bref instant et permis d'échanger quelques mots de marins. Il me quitta sur ces propos, *«demain le combats des chefs, j'ai un défi contre Tapie dans les eaux porquerollaises».* C'est vrai quoi, les hommes de gauche aussi ont le droit d'avoir des jouets.

IDEE magazine

Cinq heures du matin, c'est tôt pour un peintre. C'est tôt pour celui qui n'a pas l'habitude de se lever le cul à l'aube pour prier. C'est tôt aussi pour celui qui au volant d'une trop vielle DS Citroën s'est déjà privé de deux heures de sommeil pour les transformer en cent vingt minutes d'autoroute. Cent vingt minutes, il m'avait fallu ce temps, pour rejoindre Fresnes-lès-Montauban alors que les deux voies d'autoroute, comme inhabitées, appelaient la vitesse à grands cris. Tout se passait bien, roulant lentement je guettais les premières lueurs qui dans la plaine, allaient apparaître sur ma gauche. A cette heure-là, en ces printemps bénis où les radars automatiques n'avaient pas encore éclos, il me fallait habituellement à peine plus d'une cinquantaine de minutes pour parcourir ce trajet. Non, Fresnes-lès-Montauban ne se trouve pas dans le Tarn et Garonne. Non, on ne vient pas à Fresnes-lès-Montauban pour son cassoulet, ses foies gras ou ses vins. D'ailleurs on ne vient pas à Fresnes-lès-Montauban. On roule sur la commune de Fresnes-lès-Montauban, on ralentit, on s'arrête quelques secondes, on paye et on prend son ticket selon que l'on aille au nord ou sud. On lâche l'embrayage et on repart. Fresnes-lès-Montauban est un passage obligé du Pas de Calais. Entre Douai et Arras, quand, partant du nord, on se rend à Paris. Le péage de Fresnes se situe juste avant l'échangeur de Biache-Saint-vaast qui fait se rejoindre les autoroutes partant de Calais ou de Lille. A cet endroit si l'on va vers le sud l'on hésitera selon les heures et les périodes entre la route de bourgogne passant par Reims et Troyes ou celle de Paris. Ce matin-là, ce sera celle de Paris, ma destination finale. Sans ce putain de dromadaire sur mon toit, ce char qui me freine, j'aurais déjà passé cette minuscule commune. J'ai vingt trois ans, la patience me manque et cela fait deux heures que, prenant soin de l'animal et de son attelage, je m'astreins à ne pas dépasser les quatre vingt kilomètres heure. Vitesse maximum autorisée pour les chameaux d'Arabie et leur char. Je prends mon ticket gagnant pour le péage de Roissy, je n'ai pas besoin d'embrayer puisque ma DS 21 est semi automatique. Content d'avoir passé cette étape qui annonce la voie parisienne, je ne me soucie plus de mon dromadaire et lâche mes quelques chevaux. Quatre vingt, cent, je suis plus fougueux que le camélidé qui chapeaute ma voiture. Cent vingt, et, Badaboum, patatras, le colis et la galerie s'arrachent, s'envolent, j'aperçois dans le rétroviseur une hésitation de l'animal pour définir le côté de sa chute. Dromadaire et char se sont posés, plutôt écrasés sur le sol. La voiture qui me suit fait une embardée, son chauffeur devait aimer les animaux. Je stoppe, ouvre la portière et accours au chevet de mon colis. Je le tire rapidement sur la bande arrêt urgence, les dromadaires, les chameaux d'Arabie non rien à faire sur l'autoroute, les chars non plus. Je constate un minimum de dégât, soulagé, je respire.

Cette gravure ancienne, que j'avais récupérée je ne sais où et faite reproduire sur un immense support photographique de près de trois mètres sur cent quatre vingt centimètres n'avait que très peu souffert. L'ensemble du colis, s'il était volumineux ne faisait que quelques kilos. Cette gravure orientaliste représentait un char orné de sculptures et de plumes, transportant un seigneur et son équipage de troubadours et de gardes. Le tout était tracté par un dromadaire géant de fort belle allure. Assis sur la bosse du dromadaire, une page brandissait fièrement un étendard aussi chargé de décorations inutiles que le char. J'avais fait occulter au montage le contenu de l'étendard pour le remplacer par «*IDEE magazine*». Au dessus de cette représentation chimérique s'étalait mon slogan : «*Nous avons décidé de ne pas passer inaperçu. Et vous ?*». J'amenais cet équipage à Paris. Plus exactement porte de Versailles pour un salon professionnel dédié aux supports publicitaires, presse, radio, tv. Cette fresque devait y orner mon stand espérant qu'elle éveille l'attention des visiteurs. Qu'elle ralentisse ou stoppe leur marche, et que je puisse nouer le premier contact. Serrer une première fois la main, présenter mon support et au minimum placer ma brochure, mes tarifs et ma carte de visite. Le job tout simplement.

IDEE magazine (Information, Détente, Echanges Echos) devait être un magazine gratuit d'information de distraction et de petites annonces. L'idée m'en était venue après seulement quatre années de carrière professionnelle ou j'avais été successivement dessinateur, créateur graphique indépendant, vendeur d'espace publicitaire dans un des premiers gratuits d'annonces en France. Puis j'avais pour le compte d'un investisseur du pas de calais créé deux «feuilles d'annonces», appelées à l'époque journal gratuit : « L'annonceur 62 », et « l'annonceur 59 ». Je n'étais certes pas le premier, mais parmi les précurseurs de ce genre de parution. Deux journaux que j'avais créés, dirigés et fait paraître durant deux années avant de donner ma démission et de me lancer dans ce grand projet. Car comme disait notre maître à penser à tous, Audiard, « *Un con ca ose tout, c'est même à cela qu'on les reconnaît* ». Le projet était ambitieux et d'importance. Il fallait oser. Fort de mon expérience avec des parutions de 40 ou 50 000 exemplaires, je sautais le pas, et embrassais pour ce grand projet toutes les fonctions commerciales, techniques et administratives.

Mais IDEE magazine, ce n'était plus la même limonade, le catéchisme était le même mais la dimension totalement différente. Il ne s'agissait plus de quelques feuilles d'annonces sur vulgaire papier journal à la dimension d'une ville, mais d'un magazine sur papier glacé, un contenu, des articles, des reportages, quelques petites annonces bien sûr, je ne savais pas m'en passer. La dimension de la zone de diffusion non plus n'était plus la même. Il s'agissait de couvrir toutes les boîtes à lettres de deux départements complets, villages compris. Parution mensuelle, tirage un million cinquante mille exemplaires. Rapporté à une densité de 3.8 habitants/boîte à lettres sur ce secteur à l'époque, cela nous faisait trois millions neuf cent quatre vingt dix mille personnes. Près de huit pour cent de la population du pays. Colossal, le projet était Colossal. J'étais con, j'ai osé. Je n'étais pas le seul puisque trois investisseurs m'avaient suivi. Trois hommes d'affaires dunkerquois, tous actifs dans les métiers de l'immobilier ou du bâtiment. Des entrepreneurs dans l'âme que j'avais croisés à différentes reprises pour leur vendre de l'espace, d'abord pour le premier journal d'annonces qui m'employait, Dunkerque 2000, puis pour l'Annonceur 62 et l'Annonceur 59, les deux titres que j'avais managés pendant deux ans. La SA DIMA société anonyme propriétaire du titre et destinée à l'exploiter était créée. Les investisseurs bien évidemment apportaient l'argent, pour ma part j'apportais l'idée, l'expérience la fougue et l'envie. Pour cet apport, 10% du capital me revenait gracieusement. Me voilà bombardé directeur général, je recevais un salaire mais n'étais pas couvert par les droits des salariés puisque détenteur d'un mandat social. L'affaire allait être lancée. En fait, j'étais surtout directeur général de moi même. Nous partions de zéro, aucune structure, aucune base, tout était à créer, il fallait tout inventer. Installé dans une partie désaffectée des bureaux de l'un des inves-

---

tisseurs, j'ouvrais mon cahier à spirale petits carreaux, inscrivais la date et jetais sur la feuille au fur et à mesure qu'elles me venaient à l'esprit, les idées, mais surtout les priorités. Seul, j'étais bien seul pour entreprendre tout cela. Seul mais peinard, comme le chantait Léo, personne n'allait me dire ou me conseiller quoique ce soit, on m'attendait juste au résultat. Une aide sporadique me réconfortait pourtant, j'avais accès, pour mes courriers au service dactylo du bureau immobilier. Les anciens s'en souviendront et les plus jeunes le découvriront comme de la préhistoire : l'ordinateur de bureau n'existait pas. C'était l'ère des machines à écrire. Ce n'était déjà plus les anciennes Remington mécaniques à éventail certes, n'exagérons pas. Il y avait l'électricité, mais ce qui semble simple à l'heure de ce testament représentait encore une lourde tâche de secrétariat. Au début des années soixante IBM inventait les machines à boules, en mille neuf cent soixante seize apparaissaient les premières machines à marguerites. Par chance le bureau immobilier en possédait une dernier modèle, munie de dix mémoires de lettres, j'avais réussi à m'en octroyer trois. J'avais trois lettres type avec lesquelles je me débrouillais. Premier objectif, exister. Ça commence par un sigle qui sera repris sur les cartes de visites, les têtes de lettres, les documents commerciaux. Deuxième objectif, prévoir le contenu, les rubriques, les reportages, saupoudrer le tout d'un peu de critiques télé, cinéma faciles et peu onéreuses à obtenir auprès des agences spécialisées. Peu onéreuses quand tu tires cinquante ou cent mille exemplaires, mais quand tu annonces plus d'un million à une agence de presse, tout s'envole, tout s'emporte. S'emporte d'abord la voix de ton interlocuteur, qui, après la surprise du tirage se ressaisit mais te dit franchement qu'il te prend pour un fou. Un projet pareil ! Même pas drivé par un groupe parisien, mais par un petit mec là-haut à Dunkerque, Ville que nombre de mes interlocuteurs de la capitale plaçait souvent en Belgique !

Je te fais un topo vite fait. Au moment du crime, seuls Paris Match, Télé Sept Jours et Télé Poche devaient dépasser le million d'exemplaires. Quelques magazines de travaux féminins les talonnaient dans leur tirage mais restaient dans la fourchette des sept cent à huit cent milles exemplaires vendus. Bien entendu il s'agissait-là de presse payante pour laquelle y avait une démarche d'achat. Il faut vendre le papier au public en plus de le vendre aux annonceurs. Pour cela il faut du contenu, du solide. Mis à l'index ce problème de vente, majeur bien sûr, d'autres problèmes demeurent.

L'imprimerie en premier lieu. Peu d'imprimeurs seraient capable en France d'imprimer un tel tirage. Tous les offsettistes étaient de fait hors jeu, les plaques des rotatives offset ne tenant pas plus de trois cent à trois cent cinquante mille exemplaires avant d'être usées et «boucher» l'impression. Trois jeux de plaques, trois calages, trois mises en route de ces monstres à rouleaux, trois fois la gâche qui se chiffre par milliers, hors jeu je te dis, trop cher. Restait l'héliogravure (technique inverse à l'offset) Ici on n'insole plus des plaques mais on grave des cylindres, les investissements en matériels et rotatives sont très conséquents, l'hélio, c'était du lourd. Les cylindres par contre tiennent le million de tours, plus si il le faut. Gagné ! Ce sera en hélio, mais les sites équipés de rotatives hélio ne sont pas légions en France, trois ou quatre seulement. Heureusement il y en avait un tout proche à Hellemes, banlieue de Lille. Cet imprimeur roulait entre autre pour les titres nationaux déjà évoqués. Le papier aussi se prévoit, suivant la pagination prévue, tu m'en mettras deux à trois semi remorques. Je ne vais pas t'embêter avec l'encre bien que la aussi il faut prévoir. La photogravure pour les photos couleur restait un poste externe essentiel et très onéreux, les premiers scanners coûtaient le prix d'au moins dix automobiles. Le photograveur devait être bien raccro avec l'imprimerie si l'on voulait un résultât correct. Il fallait fournir des épreuves, faires des essais pour que l'imprimeur sache comment encrer face au matériel photogravé qu'on lui fournirait. C'était un lourd process, il y avait des métiers d'amont à adapter, presque des métiers d'art. Heureuse ère du jet d'encre...

Finie la technique, passons au contenu. Ici pas trop de problèmes, passé la surprise des tarifs liés au tirage, les agences ont de la matière, des articles plus que qualitatifs pour un gratuit.

La distribution : je te jette les villes comme elle me viennent, j'en oublie bien sûr, Arras, Lille, Roubaix, Tourcoing, Calais, Valenciennes, Douai, Dunkerque, Boulogne sur mer, Lens, Maubeuge, Béthune, Aire sur la Lys, Saint Omer... Stop, je ne vais pas non plus t'envoyer les milliers de bourgs et villages. Première solution, la plus simple, ce qui s'appelait encore les PTT, tarif toutes boîtes bien sûr. Stop là encore trop cher, beaucoup trop cher. Comme Il n'existait pas encore de gros organismes spécialisés dans la distribution de gratuits ou de prospectus à qui j'aurais pu confier l'ensemble de la tâche il me restait la seconde solution, la moins onéreuse. Rencontrer ville par ville les gens, les petites équipes de distributeurs, souvent familiales qui font cela après leur quarante heures de travail. Je n'ai rien dit pour l'instant ! Ne râles pas, ne m'accuse pas de remettre cela sur le tapis, je sais je suis paléolithique quand je parle des quarante heures mais je ne peux m'empêcher de constater que même dans les temps reculés des quarante heures hebdomadaires, certains en demandaient encore après leur job principal. Un choix personnel bien sûr, juste pour le beurre dans les épinards. Paléolithiques en France les quarante heures hebdomadaires, mais tellement d'actualité dans le reste du monde industrialisé. Finalement le problème ne serait pas la France, mais bien le reste du monde.

Le beurre, le gras, venons en à la graisse indispensable au fonctionnement de toute machine : la commercialisation de l'espace, la vente. Là commençait le vrai taf, la technique. Toute l'organisation évoquée précédemment n'était que conséquences. La vente, le chiffre d'affaire était le principal, sans cela, point de journal, fini le magazine. Qu'il soit gratuit ou payant, une parution presse, ne peut se passer de la vente d'espace. Certains grands titres (excepté les quotidiens, je n'évoque que les magazines) pourraient se passer du fruit de leurs ventes, mais supporteraient mal, ne serait-ce qu'une faible baisse de leurs recettes publicitaires. Dans ce domaine aussi j'étais seul, au moins au début. J'avais au bout de quelques mois de mise en place engagé les frais d'une secrétaire en même temps que j'avais pris mon indépendance géographique en m'installant dans des locaux séparés du bureau immobilier ou j'étais hébergé précédemment. Point de dépenses superflues, j'occupais toujours gratuitement une partie d'un immeuble commercial, propriété de l'un des investisseurs en attente de rénovation. Chaque centime, chaque franc se devait d'être compté. Mon tour de table avait rassemblé un million de Francs. C'était énorme pour être confié au gamin que j'étais, mais aussi totalement dérisoire face à l'ampleur du projet. Un commercial ! J'avais enfin cassé la tirelire et chassé une tête par l'intermédiaire d'un cabinet spécialisé. Mon bonhomme avait été déniché à Lille, âgé d'une cinquantaine d'années, il avait deux fois mon âge. Un type vielle école «sachant déjeuner» car dans ce métier il fallait déjeuner. Dans la pub, les personnels des agences qui détiennent les budgets et font les plans média aimaient aussi les plans bonnes bouffes. Le tandem le faisait bien, je n'étais pas friand de déjeuners ou plutôt si, j'aimais les bonnes tables, mais pas d'y être englué avec un client. Je ne me souviens ni du prénom, ni du nom de mon bonhomme, il devait être couleur muraille pour mieux se fondre dans les allées des restaurants qu'il allait fréquenter. En tant que lillois de souche, Muraille avait quelques entrées dans la ville, qualité importante quand on connaît le nombre de budgets distributeurs, producteurs, Vépécistes que comptait déjà cette ville. Lille était d'ailleurs son secteur, je m'arrangerais avec le reste de la région, comme avec Paris et l'ensemble de la France. En fait il faisait vingt pour cent du chiffre, je faisais le reste. Question de foi sans doute, car il était tout aussi compétent que moi dans son domaine d'activité.

La foi, celle qui attire à toi les autres croyants et la reconnaissance. La foi ça ne s'improvise pas, ça se vit pour un Dieu et ça se voit, ça se sent, ça se ressent. La foi peut être aveugle, qu'importe, tout dépend de ce que veut faire le dieu qui la guide. Encore faut-il que ce dieu soit crédible, soit possible.

Nous sommes en 1979, Valéry Giscard d'Estaing n'a pas encore perdu les électrons de 81, il préside la France et ignore que l'histoire télévisuelle et la mémoire commune retiendront de son septennat davantage son dernier mot, le célèbre «Au revoir» que la tâche accomplie à la tête de l'état. Nous sommes en 1979 et une partie du peuple de France a encore un dieu civique, la nation. Le grand crâne (Giscard) en charge d'apporter la lumière n'arrive pas vraiment à rayonner de sa foi. La foi se transmet aussi avec la proximité. Peut-être son style était-il trop distant du le peuple. Bientôt d'autres croyances gauchisantes et certainement moins civiques investiront le pays, aidées par un grand bonhomme qui, lui, a le contact facile et se dit gardien d'une certaine tradition. Ce gardien conservera l'uniforme mais défroquera l'âme à première occasion. VGE avait des compétences économiques indiscutables et une autorité d'expérience acquises successivement de 1959 à 1962 puis de 1962 à 1966 et enfin de 1969 à 1974 dans les postes de secrétaire d'état ou de ministre des finances. De son passage à l'Élysée les français lui doivent une partie importante des changements sociétaux encore palpables aujourd'hui, ainsi que d'avoir été le dernier rempart de la préférence nationale face aux dangers d'une immigration massive incontrôlée et de plus en plus incontrôlable. Comme je viens d'envoyer en vrac certains éléments concernant le projet que je menais à cette époque j'emploie le même principe et envoie aussi pèle mêle certaines des actions et réformes Giscardiennes ou de son team gouvernemental. Certaines idées aussi qui toutes n'ont pas pu aboutir :
- majorité à 18 ans
- dépénalisation de l'avortement

- divorce par consentement mutuel
- suppression de l'ORTF
- construction européenne privilégiant la coopération entre les états à l'intégration des états
- Création du G5, Allemagne, USA, Japon, Royaume uni, France
- idée d'un Sénat européen élu au suffrage universel
- création d'un secrétariat d'état à la condition féminine
- création de l'épargne logement
- augmentation du minimum vieillesse de 21 %
- idée d'une loi organique imposant l'équilibre budgétaire
- retraite à 60 ans pour les métiers pénibles
- souci de la dépense publique avec notamment l'interdiction aux membres du gouvernement d'affréter des avions pour leurs déplacements.
- Création des journées du patrimoine
- idée d'une monnaie internationale basée sur l'étalon or à la place de l'étalon dollar
- Fin des écoutes téléphoniques, (ce ne fut que provisoire !)
- loi « sécurité et liberté » qui devait protéger les citoyens de la délinquance
- secrétariat d'état aux travailleurs émigrés.

Ce dernier n'avait pas la mission que l'on peut imaginer aujourd'hui, à savoir une défense systématique de l'émigré lui accordant souvent plus de droits qu'aux autres citoyens. Ce secrétariat d'état était créé dans le but de contenir ce qui était déjà un problème à l'époque, et de mettre en place des solutions, pas d'accentuer le problème. C'est-à-dire la fin de l'incitation à l'immigration. Contrôle des frontières et des séjours. Aide au retour volontaire. Retour forcé pour les situations irrégulières. Mais le ver était dans le fruit, une vision plus socialiste de notre société allait s'infiltrer par l'esprit et l'action de Jacques Chirac. Après l'instauration du contrôle des frontières et des séjours réduisant les regroupements familiaux, Chirac reprend le jeu par décret en 76 et réinstaure le droit au regroupement familial. Contre attaque du président sur l'action de son premier ministre, le 10 novembre 77, le gouvernement suspend pour 3 ans l'application du décret de 76 et limite le regroupement familial aux seuls membres de la famille qui ne demandent pas l'accès au marché du travail. Mais le conseil d'état, (encore des mecs que le peuple n'a pas élus), par arrêt du 8 décembre 78 institutionnalise le regroupement familial et crée la première autoroute pour l'immigration de peuplement. Contre attaque encore le 10 janvier 80 par le ministre Christian Bonnet qui par la loi éponyme renforcera les conditions d'entrée, permettra l'éloignement forcé allant jusqu'à autoriser 7 jours de détention si le sujet ne peut partir immédiatement. En avril 80 un pasteur protestant et un prêtre catholique oublient leur job qui est de se consacrer à la religion et à leurs brebis pour se mêler des affaires de l'état. Si la religion n'est pas sensée avoir de frontières, c'est le propre d'un état que d'en avoir et de les défendre. J'estime pour ma part, que tous les pays ont le droit de préférer leurs ressortissants aux étrangers.

En ce printemps 1980, donc, nos deux hommes d'église et un émigre algérien devant être expulsé décident donc d'un régime sévère et entament une grève de la faim. Ils ne maigriront pas beaucoup, puisque le gouvernement annonce immédiatement une suspension de trois mois des retours forcés, tout en maintenant les retours en cas de délits graves. De quoi se mêlaient t'il ces deux loustics ? Ils ont un Dieu d'accord, mais si le peuple en tant qu'unité souveraine accepte leurs convictions, celles-ci n'ont rien à voir dans l'administration du pays. Le peuple souverain possède ses élus, bons, mauvais, humains, moins humains petits ou grands mais élus. Ces élus ne se mêlent normalement pas d'affaires religieuses et sont en droit d'attendre le même comportement en retour. L'ingérence, mon Père, c'est fini depuis le 9 décembre 1905, il faut maintenant que pères et pasteurs atterrissent de leurs nuages et respectent ce qu'a décidé le peuple depuis plus d'un siècle. Un soutien religieux aurait pu être admissible s'il s'était agit de violence, de privation de liberté, de peine de mort. En l'occurrence il s'agissait uniquement d'un choix de vie personnel, de confort pour le reconduit. Celui-ci estimait sans doute la France plus confortable que l'Algérie. Dis l'abbé ! Dis le pasteur ! Moi, perso, je trouverais plus confortable de vivre à Monaco, sans impôts et avec une paire de princesses, si vous êtes encore vivants pourriez pas me faire un petit régime ? Une petite grève de la faim ne fait jamais de mal. Dac ? Merci, ça me rendrait service, et puis n'oubliez pas de demander à Albert un bon logement et la garantie d'un revenu. Pas du travail, non je n'y tiens pas, juste un revenu. Je ne voudrais surtout pas déranger ceux qui bossent déjà. Ok ? Merci, dieu vous le rendra. Pratique cette formule, *Dieu vous le rendra,* profiter d'un service et mettre la dette, le retour d'ascenseur sur un mec que personne n'a jamais vu. Remarque, avec un père et un pasteur, ça peut peut-être le faire...
Le 14 octobre de la même année Lionel Stoleru secrétaire d'état auprès du ministre du travail contre-attaque une dernière fois et je l'accorde aisément, de façon aussi peu élégante qu'inintelligente, en déclarant «*Il n'est plus question d'accueillir un seul étranger en*

France». Raymond Barre voulait quant à lui restreindre l'accès des universités aux étrangers condamnant devant l'assemblée en Mai 80 *«L'afflux d'étudiants fantômes qui ne sont là que pour mener une action publique orientée contre leur pays d'origine».* Bein dis donc, c'est pas nouveaux le problème d'accueillir des «étudiants» qui en fait ne sont que des terroristes. Leur nombre aurait juste un peu augmenté que çà ne m'étonnerait pas. Faut dire que cela fait main-

tenant plus de trente ans que les présidents de gauche Mitterrand, Chirac, Hollande additionnés de la girouette Sarkozy ont encouragé le phénomène. Quand on plante des graines et que l'on arrose, souvent ça pousse.

1981 sonnera le glas des derniers présidents à convictions nationa-les, dotés de compétences et d'une certaine honnêteté. Ce sera aussi la fin du respect des électeurs et de leurs convictions. Les programmes souvent inavouables seront masqués ou leur inconsis-tance favorisera leur oubli. Non pas que je sois amoureux de Gis-card. VGE comme tout président a eu son lot de gamelles. Passons l'affaire des diamants qu'il aurait reçus de Bokassa et envolons nous directement à bord des avions renifleurs. Cette affaire a une tout autre saveur et beaucoup plus de fondements. Une pure mer-veille cette histoire, du grand art. Que du bonheur si l'on oublie un temps le contribuable !

On y va : il fallait avant toute chose qu'une société pétrolière de la taille d'Elf Aquitaine gobe ce qui ressemble bien au plus gros canu-lar de la décennie. Un appareil ultra sophistiqué, classé «secret in-dustriel» mis au point par un tandem Italo-Belge et qui serait capa-ble, à distance de détecter les gisements pétrolifères. Le tandem, Aldo Bonassoli, un agriculteur italien bidouilleur de télévisions à ses heures et un aristocrate belge Alain de Villegas soit disant ingé-nieur.

Faire gober qu'un avion à gros nez équipé de cet appareil détectera par radar les réserves de pétrole de la planète ! Je t'avais prévenu, du grand Art.
C'est pas fini mon gars, il n'y avait pas qu'Albin Chalandon alors PDG d'Elf pour gober cette l'histoire belge, il y avait aussi Notre VGE national. Il y croyait comme on croit en un Dieu, sans avoir rien vu, sans preuve. Il y croyait tellement en cette quête miraculeuse que c'est une obole de quatre cent millions qui fut d'abord glissée dans le tronc. Non ne quitte pas, ça commence à devenir marrant.

Tu te souviens de Raymond Barre, alors premier ministre et déclaré de concert «meilleur économiste de France» par la presse et ses copains politiques ? Et bien le meilleur économiste de France, comme une grosse courge a contresigné le projet. Eh oui, lui aussi a validé. Lors de la deuxième quête, Grand Crâne et Grosse Courge ont glissé cette fois une enveloppe de SIX CENT MILLIONS. Ne quitte toujours pas, à eux deux, le grand et le gros, dignes de Laurel et Hardy ont fait mieux. Ils ont déclassifié l'affaire, délaissant le secret industriel certainement pas assez protégé, pour un «secret militaire» bien plus opaque. UN MILLIARD, oui un milliard était confié à un aristocrate belge et un bricoleur italien pour aller renifler les gisements d'hydrocarbure en aéroplane. Elf Aquitaine qui aimait bien dépenser aussi, avait vilipendé quelques 100 millions en recherches évidemment infructueuses en Afrique du sud. Rappelle-toi que Chalandon n'avait pas peur des chiffres ni de jouer avec l'argent public. Auparavant, Albin avait été par deux fois ministre de l'équipement avant de devenir ce glorieux PDG. Quand il occupait ces postes de ministre, les mauvaises langues lui avait donné un surnom peu flatteur «la valise» mais je serais bien mal intentionné de faire un quelconque amalgame entre ce surnom et cette odorante affaire. D'ailleurs je ne le fais pas.

En fait l'italien bricolait plutôt bien. Il avait même du génie. C'est ainsi que lors d'un test en live, survolant des zones de gisements dont les positions avaient été données par sources internes à Elf Aquitaine, il faisait apparaître des images préenregistrées signalant la présence d'hydrocarbures... Tu vois la bricole autodidacte ca mène à tout. Je te rassure, Vge comme touché par le doigt de Dieu a eu comme un doute, doublé d'un sursaut de bon sens. Une note émanant de l'Élysée souligne en cours de projet son «inquiétude». Je sais, le bon sens est assez rare chez les énarques, c'est pour cela que je le souligne. C'est finalement un scientifique de l'armée, qui, lors d'un simple test en laboratoire a découvert la supercherie. Un test enfantin, une règle placée derrière un mur devait être détectée par l'appareil, l'image apparaissant à l'écran montrait une règle entière et intacte, celle qui avait été placée derrière le mur par le scientifique était cassée. Peut être ce test aurait-il pu être effectué auparavant ? Peut être le manque de budget ? Tu sais dans les sciences sophistiquées, avec quatre cent millions tu ne fais plus rien. Aldo et l'aristo n'ont finalement pas réussi à engourdir le milliard car la seconde enveloppe de six cent millions a été récupérée. L'état via Elf Aquitaine n'avait perdu «que» quatre cent millions d'argent public.

Je me demandais précédemment «ca rêve à quoi un énarque ?» Tout simplement ça fait des rêves d'enfants, des rêves d'avion à gros nez. Et même que parfois, emmené par les charmes d'une polytechnicienne, comme pour AREVA, ça rêve d'uranium, de mines en Afrique. Ca en rêve tellement fort que ça les achète sans même les avoir vues. Puis l'addition sonne le réveil. Par milliards. Chez AREVA, aussi, on voit grand, surtout quand il s'agit de perdre.

Je n'oublie pas non plus que sous Pompidou Vge alors ministre des finances a été complice actif dans l'élaboration de la loi du 3 Janvier 1973 sur la banque de France. Cette loi qui, en quarante années a coûté à la France plus de Mille quatre cent milliards d'intérêts. Plus proche, en 2003, toujours à la recherche d'honneurs et à 77 ans il a commis la constitution Européenne que les français rejetteront par referendum exprimant 54.68% de NON. Ce niet des français, l'avis majoritaire du peuple n'affolera pas l'un des ses successeurs Nicolas Sarkozy. Notre Raymond-mélody trouvera une parade facile et le fera ratifier par la voie parlementaire en 2008. L'expression et la foi du peuple souverain, on s'en fout chez nos politiques. Ils considèrent que c'est au peuple d'avoir la foi en eux, et pas à eux d'avoir la foi envers le peuple.

Gouverner c'était sympa pour Raymond-Mélody, il y prenait goût, dommage qu'il y ait eu le peuple. Un peuple, en France ça ne sert qu'une fois tous les cinq ans. Entre deux, accessoirement, ça paye, mais n'ayant jamais payé eux-mêmes les politiques ne peuvent considérer l'effort demandé. En votant «Non» le peuple avait dû se tromper et de fait avait perdu la confiance du gouvernement. Ca me rappelle ce bon vieux Bertolt : *Puisque lc peuple vote contre le gouvernement, il faut dissoudre le peuple».* Même si la paternité de cette phrase est un peu discutée, sa tournure aussi, qu'importe puisque le fond est d'une alarmante réalité.

Et Chalandon dans tout ça ? Komdab, un politique, se recase toujours quelle que soit l'ampleur de ses gourdes ou de son incompétence. Même privé de mandat, par rejet du peuple, un bon poste, une bonne planque, lui seront toujours réservés. C'est avec un parachute en or massif cerné de pierres précieuses qu'il sauta des avions renifleurs pour se retrouver à nouveau ministre quelques années plus tard. Ministre de la justice, Garde des sceaux ! Certainement pour son flair. A moins que ce ne fut pour ses compétences. Il n'y a pas que la bricole italienne pour faire carrière le flair aussi peut servir.

En Mai 1981, de façon logique François Mitterrand se présentera, Jacques Chirac ancien premier ministre aussi. «Mon bulldozer» comme Georges Pompidou aimait à appeler Jacques Chirac. Mon bulldozer se présentera donc sous étiquette RPR, parti qu'il a créé et eut le culot de le classifier à droite alors que lui-même, son président, portait nettement à gauche. En 1981 «Mon bulldozer» se prendra tout simplement une déculottée. Score à la mi-temps, VGE 28.52% Mitterrand 25.52 % Chirac 18% mais cette mi-temps d'entre deux tours d'élections présidentielles apportera son lot de surprises. Un des joueurs passe dans le camp adverse, c'est l'attaquant Mon Bulldozer qui trahit. Il ne trahit pas Giscard. Envers le président sortant il n'a aucun engagement, non, Mon Bulldozer trahit ses militants, ses électeurs, tous ceux qui croyaient que le RPR était un parti de droite ou de centre droit. Chirac annonce entre ces deux tours qu'il refuse de soutenir Giscard d'Estaing. Les permanences RPR appellent à voter Mitterrand et aident à le faire élire. Cette année-là, Jacques Chirac changera le destin de la France.

Les français doivent aimer la trahison. Nous qui sommes le pays qui a inventé l'appellation contrôlée pour ses vins et fromages, ne serait-il pas possible de contrôler les labels de nos politiques ? Ne pas se faire rouler par l'étiquette ? Ne serait-il pas souhaitable de garantir les caractéristiques de ce pourquoi l'on vote. «Un label rouge s'il vous plaît», ça marche on envoie la Méluche. «Un label Bleu »…désolé, rupture de stock on n'a plus en magasin.

Quels petits et grands secrets s'étaient-ils échangés quelques mois avant ce scrutin dans le confort du salon d'Edith Cresson (qui deviendra premier ministre de Mitterrand). Dans ce salon ou Chirac et Mitterrand s'étaient donnés rendez vous. Se sont-ils souvenus de Nicolas de Condorcet : «Sous la constitution la plus libre un peuple ignorant est toujours esclave». Il y a de fortes probabilités que ce soit le cas. En politique comme en affaires, personne ne discute l'objectif. Ne se discutent que les moyens. Pour l'un comme l'autre, l'objectif était clair et précis il suffirait de définir les moyens pour y parvenir. Les moyens évoqués ne fleuraient certainement pas le respect de la démocratie, l'amour du peuple ou sans en demander autant, tout simplement ce que prévoit la constitution, le respect du peuple souverain. C'est très certainement lors de cet entretien qu'a été posée la première pierre de l'alliance secrète PS /RPR. Une alliance cachée comme on cachait les enfants illégitimes. Mitterrand savait le faire et savait rendre la presse complice. Une alliance qui a perduré quels que soient les présidents suivants. De 1981 à maintenant ces accords non dits ont régi officieusement la France. Mais on ne cache jamais un enfant illégitime bien longtemps et cet arrangement pour le partage des pouvoirs est maintenant connu de tous. *«Tous pareil, tous les mêmes»* murmure souvent le peuple, c'est l'UMPS. *«Un peuple qui murmure est toujours redoutable»* Eschyle, *526-456 Av JC.* Les hommes politiques ont maintenant un premier devoir envers le peuple. Clarifier leurs positions et s'y tenir. Clarifier une position politique nécessite des convictions, une idéologie, un programme. Aucun de ces points n'existe au sein de l'UMPS. Seul un embrouillamini de mensonges compliqués, avoués puis désavoués persiste. Il n'y a pas d'autre programme que de conserver le pouvoir dans les mains de l'alliance, mais sans jamais valider publiquement cette alliance. Pour cela mentir est devenu la qualité presque unique qui peut être demandée à un homme politique. Le peuple peut être long à comprendre mais finit souvent par le faire. *«On peut mentir une fois à tout le monde, on peut mentir tout le temps à une personne, mais on ne peut mentir tout le temps à tout le monde»* Abraham Lincoln. Jamais reconnue officiellement, cette union sacrée par le temps est maintenant connue de tous. Il semblerait que seuls les gens chargés de l'information s'évertuent encore à l'ignorer ou à le nier. Il reste bien des combats, mais ce ne sont que des combats d'hommes, les convictions ont disparu. Le système de l'alliance est on ne peut plus simple «un tour à toi, un tour pour moi» et cela fonctionne à merveille. Ce système a atteint un pic en 1997 avec la cohabitation Chirac /Jospin. Puis un sommet le 5 mai 2002. Louis Napoléon Bonaparte peut aller se faire voir. Son score historique à une élection présidentielle, 74.2% est pulvérisé par l'alliance qui sous la bannière de Chirac réussit à racler 82.21 % des suffrages exprimés. Pratiquement tous les partis, minis partis, micros partis ont appelé à voter pour l'alliance après la stupéfaction de voir le peuple exprimer la possibilité d'une autre voie en plaçant JM Le pen au second tour. Les petits partis pouvaient-ils faire autrement ? Non, leur sort et surtout le confort de leurs dirigeants étaient en jeu. Roses ou bleus, tous les petits partis recevant des subsides conséquents de leurs maisons mères UMP ou PS ne pouvaient qu'obéir aux ordres. Chirac était tellement assuré d'être élu, qu'il refusa le traditionnel débat auquel se livrent comme à un rituel les deux candidats qui se retrouvent en finale. Ce débat n'est pas une obligation, mais une démarche démocratique indispensable dans le pays de Voltaire *«Je ne suis pas d'accord avec ce que vous dites, mais je me battrais jusqu'au bout pour que vous puissiez le dire».* La démocratie, pour reprendre une expression de Chirac «Cela m'en touche une sans faire bouger l'autre». En clair il s'en bat les couilles. Mais pourquoi aurait-il accepté le débat, alors qu'il lui était si simple, en le refusant, de priver Jean Marie Le pen de son droit d'expression. Chirac lui n'avait plus besoin de s'exprimer. Tout le monde faisait campagne en son nom. Le PS d'une voie souvent plus forte que les autres. De longue date Jacques Chirac avait perdu les caractéristiques d'un bulldozer n'en ramant qu'un minimum. Il ne faisait déjà plus ce qu'il avait à faire, tu n'aurais pas voulu en plus lui imposer ce qu'il n'avait pas envie de faire. Raymond-mélody ne l'avait-il pas gratifié du titre de «roi fainéant» ? Quand il s'agit de la nomination d'un premier ministre de la soit disant opposition (en fait un duc ami qui placera ses barons mais ne fera pas d'ombre au roi), il s'agit de cohabitation. Quand le jeu «un tour pour moi, un tour à toi» fonctionne pour l'accès à l'Elysée notre presse appelle cela «l'alternance» omettant, que, parfois les français aimeraient que leurs votes servent à choisir et ne se limitent pas à «alterner». Fromage ou dessert n'a qu'un temps, il se pourrait que nombre de citoyens aient envie d'un plat principal. En fait de cohabitation, je ne peux me résoudre à admettre que le Bulldozer devenu Supermenteur chez les guignols de l'info, vieux routier politique n'ait pas provoqué à dessein la dissolution de 1997. Sauf, la trahison de son électorat, Chirac prenait alors un risque néant. Son parti l'emportait et il était conforté pour gouverner entre amis, il perdait et laissait alors gouverner d'autres amis, un peu moins proches certes, mais amis quand même. Cette dernière posture présidentielle n'avait rien pour lui déplaire, cela lui laissait le temps de souffler, de ne plus supporter le poids des réformes, et l'agenda officiel lui laisserait le loisir de savourer quelques bières avec le fidèle Debré.

Le 10 mai 81, au deuxième tour des élections, seul, Giscard ne tiendra pas le combat. Le score final, si mal digéré par Vge était pourtant plus qu'honorable puisque celui-ci jouait solo contre une paire, pour mémoire : Vge 48.24 % - Mitterrand 51.76%. Ce jour-là, c'est bien le jeu de Chirac contre son camp qui a fait élire Mitterrand. C'est Chirac qui cette année-là a signé la fin d'une certaine France. Il ne fera que contresigner ce changement, ce déclin, cet abandon, lors des deux mandats qui lui seront confiés par la suite.

La perte d'intégrité, si chère au Général a, quant à elle, fait doucement son chemin quand celui-ci s'est éteint. Les messages doux des avantages faciles et souvent de l'argent pas difficile ont commencé à trouver échos dans les cabinets pompidoliens. Comme l'écho aime à se propager tant qu'il trouve à rebondir, aujourd'hui, les doux messages sont des appels qui passent les montagnes et ne se cassent même plus sur le mur de la justice.

En tout cas, moi, en 1979 j'avais la foi. Je croyais en mon projet, mes investisseurs aussi. Nous n'étions pas les seuls, visiblement les autorités y croyaient elles aussi. Je ne sais pas quelles autorités exactement, ce que je sais, c'est que j'étais surveillé et qu'ils y croyaient. C'est comme cela que j'ai eu les premiers contacts de ma vie avec les services des renseignements généraux. Leurs visages ne m'apparaissent plus, les filets de ma mémoire ne les ont pas capturés. J'ai retenu juste leur nombre, ils étaient deux. Deux bonhommes au look indéniable de flic en civil qui se déplacent pour un «simple contact» un premier rendez vous. Un simple contact pendant lequel la nature de flic ne pouvait être masquée puisque leur discours se composait uniquement de questions. *«Vous allez sortir quand ?»* *«Quelles seront les rubriques ? »* *«Vous tirerez vraiment plus d'un million ?»* Puis quelques compliments, une ou deux formules sympathiques suivies d'un *«au revoir»* suffisamment appuyé pour que je comprenne qu'ils reviendraient. Quelques semaines après, le premier numéro n'étant toujours pas sorti, je recevais une nouvelle visite de courtoisie. Cette fois-ci les questions seront plus appuyées, plus précises, *«Allez vous vous en sortir financièrement ?»* *«Comment se portent les recettes publicitaires ?»* *«Toujours que de la détente dans le rédactionnel, pas de sociétal ? Pas de rédaction intégrée ? Pas de politique ? »* Réponses évasives mais courtoises de ma part puis ils me gratifient de leur traditionnel «au revoir» toujours aussi appuyé. Troisième visite de mes deux compères trois ou quatre semaines avant la sortie tant attendue de mon number one. Après quelques questions toujours plus directes et plus indiscrètes, quelques allusions plutôt lourdes. C'est une constance chez les mecs des RG d'être lourds. Je suis conscient que le côté flic n'est pas fait pour alléger le style, mais ca doit être dans le profil «recherche mec pour faire RG, esprit lourd souhaité». Bref, mes deux gaillards pénètrent donc lourdement dans le vif du sujet *«si vous acceptiez, à chaque édition, de façon régulière, de nous confier, deux, ou trois pages, cela vous soulagera la tâche rédactionnelle, de plus vous auriez des budgets»* puis de continuer : *«Pour les budgets que l'on peut vous amener, ne soyez pas inquiets, nous n'avons pas besoin de remises, tout sera dûment payé au tarif en vigueur»*. Puis les choses devenaient plus claires. *«Certains organismes, certaines industries pourraient vous commander deux pages à chaque édition en contrepartie deux pages à trois pages de rédactionnel à nous accorder. Cela ferait entre 4 et 5 pages par mois il vous suffirait de doubler le prix de chaque page de pub et le tout serait payé, qu'en pensez vous ? »*

Je te le refais en clair. Mes gars des RG me disaient tout simplement que des entreprises ou organismes institutionnels me régleraient le prix de quatre pages à dispatcher moitié en rédactionnel moitié en pub. Le rédactionnel c'était leur affaire, je n'avais à m'occuper de rien, sauf à passer la pub et à doubler sa facturation. Les ordres d'insertion seraient passés en direct, hors agence pour m'éviter les 15% de frais. Vu sous cet angle, c'est le bonheur, vente de quatre pages assurée chaque mois, facturation plein pot. Il me fallait dix à douze pages pleines par parution pour équilibrer le projet. Mes deux compères m'apportaient sur un plateau d'argent de la république, sans rien faire, trente à quarante pour cent de mon seuil de rentabilité. Le bonheur je te dis, sauf que j'avais l'honnêteté naïve de ma jeunesse et que le petit jeu proposé n'était autre que de la surfacturation, voire des fausses factures. J'avais aussi l'esprit rebelle et indépendant de mes vingt trois ans. Je ne pouvais comme cela accepter de me vendre au pouvoir. En d'autre temps cela ce serait appelé faire de la «propagande». Je leur ai envoyé mon non de manière aussi appuyée qu'ils avaient l'habitude de me dire au revoir. Ce n'était pas vraiment les fausses factures ou la surfacturation qui m'embêtaient, tout au plus cela me chagrinait, et les chagrins passent vite quand on est jeune. C'était plus le sentiment de me vendre qui me bloquait, je voulais vendre mon support bien sûr, il était fait pour cela et c'était mon job que de le faire. Mais je ne voulais pas le vendre comme cela. Je voulais conserver ma liberté. Orgueil, quand tu nous tiens…Orgueilleux, je l'étais probablement. Grand couillon je l'étais certainement. Il n'y avait pas mort d'homme ! Ma vraie liberté, la vraie liberté pour l'entreprise c'était bien d'atteindre au plus vite, au plus simple et dès les premiers numéros ce putain de seuil de rentabilité. Que EDF ou un autre me passe de la pub inutile et accepte de payer double prix n'aurait pas dû être mon problème. Que la SNCF qui n'a aucun concurrent annonce à grands frais qu'elle fait rouler des trains, n'aurait pas dû me faire sourciller. Ils avaient raison mes deux émissaires. Leur confier deux ou trois pages tout en me libérant de frais de rédaction n'était fait que pour m'arranger. Couillon de jeune va ! Couillon que j'étais ! Si j'avais vécu cette proposition ne serait-ce que deux ans plus tard après ma formation dans la « grande» presse de gauche au Matin, j'aurais trouvé cela tout simplement sympa, presque honnête, en tout cas naturel et je l'aurais accepté, j'aurais même tenté d'en obtenir plus. Tout au moins accepter ce que les Dieux du gouvernement m'envoyaient. Je ne me suis jamais entretenu avec mes actionnaires de cette proposition, je ne sais pas pourquoi. Peut être la peur, la timidité, certainement que je ne voulais pas avouer la méconnaissance de ce type d'affaires. Certainement aussi mon ignorance totale des milieux politiques et de ces flux d'argent. Ce n'était pas mon truc, ça ne l'a jamais été d'ailleurs. Jeune, adulte ou vieux, j'ai toujours été dans ce domaine, soit un jeune, soit un vieux couillon et rien de mieux entre deux âges. Un vrai benêt dans ce type de sport. Observateur je le suis, je vois nombre d'anomalies, je les détecte assez souvent quand beaucoup d'autres ne s'aperçoivent de rien, mais, la vie ma toujours tenu extérieur à ces jeux. Non, je ne suis pas saint Thierry, loin de là, et ce n'est pas l'argent le problème. C'est un respect inné de l'argent public, presque un défaut. Pour moi argent public ou argent privé ne sont pas les mêmes. On ne joue pas dans la même cour, les règles sont et doivent être différentes.

IX
Jimmy

Jeudi 30 Août 1979, c'est la date que porte mon numéro UN. Les camions ont livré les différentes villes et points de distribution le mardi soir ou le mercredi matin précédent. La distribution a démarré instantanément sur chaque secteur. J'ai couru ou plutôt roulé un peu partout pour la mise en route des troupes. Mon armée de distributeurs compte environ des centaines de fantassins qui arpenteront les rues et déposeront dans chaque boîte à lettres IDEE magazine. Le magazine était daté du jeudi et je me donnais le mercredi, jeudi, vendredi, peut être un peu de samedi matin pour couvrir la distribution de ce million cinquante mille exemplaires. Il fallait, pour l'avenir et la crédibilité du titre, que les annonceurs puissent compter sur un délai de distribution court et fiable. De cette manière mon support pourrait être utilisé dans le cadre d'opérations ponctuelles, cela ne pourrait qu'augmenter la vente d'espace.

Seul, je suis toujours bien seul pour réaliser tout cela, je m'en rends compte, je l'admets sans le crier, j'ai vu un peu court sur l'investissement nécessaire à un tel projet. Un peu d'argent supplémentaire m'aurait permis, sans vilipender, de monter une petite équipe, cela aurait été plus efficace. Muraille mon commercial se cantonnait toujours strictement à son job mais sans trop de succès et uniquement sur le secteur lillois. Ma secrétaire était secrétaire et ses compétences la cantonnaient, elle aussi, à sa stricte mission. Qu'importe mon numéro UN est sorti. Le second pas encore bouclé, mais les ordres arrivent. Il est tard, je rentre du sud au nord, Maubeuge ou je suis allé jusqu'à me perdre pour couvrir la totalité du département du Nord. Il est tard je rentre retrouver ma brune et les deux petits que j'ai un peu délaissés ces dernières semaines. Je suis heureux. Heureux de ces quarante huit pages, heureux de cette couverture en quadrichromie qui fait la part belle à cette grenouille tant à la mode «Kermit», la vedette des Muppets. La couv nous montre aussi son créateur qui à côté d'elle affiche sont look année soixante dix, turban coloré, cheveux longs sur les épaules qui se confondent sur la face visage avec la barbe. Pour coller un peu à l'actualité un reportage assez complet annonce la sortie du dernier film.

Deuxième titre : «*une antenne qui domine New York*» cent neuf mètre d'antenne sur les quatre cent mètres d'immeuble du World Trade Center. Jamais, au grand jamais il n'aurait été imaginable, à cette époque, que la folie meurtrière des religions allait nous faire connaître le onze septembre.

Troisième titre : «*les nouvelles stars made in USA*».

Quatrième titre : «*Dix vedettes vous confient leurs secrets de beauté*» L'intérieur dévoilera «*la route du pétrole, les cailloux de l'océan indien*». Les critiques cinéma télévision, les fiches cuisine, les indispensables mots croisés et la page de bande dessinée. Bien sûr les petites annonces dans leurs différentes rubriques. Au centre un cahier local de huit pages diffère que l'on reçoive mes feuilles à Lille, Dunkerque, Boulogne sur Mer ou d'autre villes de cette grande région Nord-Pas de Calais. Les annonceurs sont nombreux régionalement mais je ne suis pas peu fier d'avoir des entreprises et des enseignes nationales comme ces pleines pages pour Végétaline, Groupe CIC, Damart, Norauto, Maison Bouygues, 3 suisses. De grandes marques ont cru au support et c'est pour moi le plus important, j'en suis fier. Une page se négociait cinquante mille francs (plus de sep mille cinq cent euros). Je n'avais pas obtenu ces contrats que par ma foi, il fallait que, derrière, le support assure. De toute façon je n'ai jamais su vendre que du vent, il m'a toujours fallu une réalité dans la vente, dans l'échange. Si j'avais fait de la politique, j'aurais eu tous les défauts possibles pour le job. Si j'avais été prêtre, pasteur ou iman, je n'aurais pas su, sans jamais l'avoir vu, vendre le dieu aux fidèles.

Financièrement ce numéro un affichait un équilibre plus, extraordinaire pour un tel projet et le ground zéro duquel je partais. Un mois plus tard sortirait le numéro deux. Une grande photo d'Alice Donna fait l'accroche de couverture, la partie rédactionnelle sera concentrée sur des sujets nationaux ou régionaux. Les français aiment qu'on leur parle de leurs clochers. Ce sont leurs attaches, leur culture, leurs vies. On y découvre les métiers de marin de baliseur, l'exposition Paris-Moscou 1900-1930 qui se tenait à Beaubourg, les textes de Françoise Dolto «*Lorsque l'enfant paraît*», la rubrique de l'homme en blanc par André Soubiran. Les mots croisés comme la bande dessinée sont encore présents, les fiches cuisines et les annonces aussi. Plus maigre en recette publicitaire, le numéro deux affichera trente six pages à la place des quarante huit de son prédécesseur. J'ai toujours de grands annonceurs et notamment cette page de La REDOUTE que j'avais décrochée en me rendant au siège de l'entreprise à Roubaix. L'ordre d'insertion m'avait été donné directement, évitant de passer par leur agence. Cette insertion n'était pas prévue au plan média et s'inscrivait dans le budget de la direction. Une secrétaire m'avait transmis les documents film, et m'avait demandé de patienter un peu. J'obtempérais sans trop me poser de questions. Rapidement elle revint vers moi m'incitant à la suivre, et me fit pénétrer dans un bureau. Debout, j'attendais patiemment. Un homme d'une soixantaine d'année entrait et me saluait d'une poignée de main franche. Tout en continuant de me serrer la main, il me dévisageait «*c'est vous qui faites ce magazine?*». «Oui, oui monsieur, c'est moi». La poignée de main ne s'interrompait pas «*Alors, bonne chance*» puis il me lâcha la main, me salua verbalement me laissant seul dans la pièce. Sorti du bureau, je croisais la secrétaire et lui demandais l'identité de la personne que j'avais rencontrée. «*C'est Monsieur Henri Pollet monsieur*». Je venais de rencontrer, à sa propre demande, le PDG de la redoute alors premier groupe de VPC en France, troisième Européen et certainement dans le top dix mondial. Henri Pollet dépensait cinquante mille francs pour me souhaiter bonne chance et Monsieur Pollet savait de quoi il parlait : en 1969, Sylvain Floirat fils de facteur et mythique bâtisseur d'entreprise du siècle dernier avait cédé à la Redoute l'un de ses titres «Un jour». Le nom de sylvain Floirat surtout connu comme PDG de Bréguet aviation ou comme créateur de la radio Europe 1 (1955) était aussi attaché à Aigle aviation, Matra, Hachette, éditions Filipacchi. Sylvain Floirat qui avait refusé par un trait d'humour la proposition du Président Pompidou pour le poste de secrétaire d'état à l'industrie : «*Ce serait tellement triste d'être ancien ministre et de ne plus avoir de motards pour m'ouvrir la route*». Monsieur Floirat n'était pas un débutant en affaires et de part sa radio et ses différentes participations dans des titres nationaux, il avait une assise conséquente quand il se lança dans l'aventure «Un jour». Son association avec Publicis et Maurice Marcel Bleustein Blanchet au sein de Régie 1 (régie d'Europe 1) renforçait encore ses introductions dans le monde publicitaire. Monsieur Floirat avait échoué avec «Un jour». Il faut souligner que l'ambition de son titre gratuit était une couverture quasi nationale, donc plusieurs millions d'exemplaires. En homme d'affaire avisé, monsieur Floirat avait refilé le bébé à La Redoute qui rêvait alors, à l'instar de manufrance, autre grand Vépéciste propriétaire du «Chasseur Français», de posséder, elle aussi un titre dédié à la

---

promotion de ses produits. Henri Pollet avait donc repris «Un jour» puis après divers déboires avait dû interrompre la parution. Monsieur Pollet savait que cela allait être dur et il avait raison. Monsieur Pollet voulait voir la bobine du type qui une dizaine d'années plus tard tentait à nouveau l'aventure et en gentleman, avait donné le coup de main. Merci Mr Pollet. Pour clore l'anecdote je ne résiste pas à l'envie de livrer cette phrase de Sylvain Floirat. Il avait près de 90 ans quand il écrivait cela : *«Il y a soixante seize ans que je travaille, soit plus de trois quarts de siècle, et je ne sais toujours rien faire d'autre».*

En me lançant dans cette aventure de méga-magazine-gratuit j'ignorais que d'autres l'avaient fait avant moi. Cela se passait dix ans auparavant. J'avais à cette époque juste l'âge où les yeux commencent à scruter les filles, l'âge on l'on rêve d'avoir une mobylette. Je l'avais appris de façon fortuite. Naïveté, inconscience, ignorance, candeur, orgueil ? Que sais-je ? Informé de cette affaire et de la personnalité des protagonistes, j'aurais certainement été pris d'effroi et n'aurais pas tenté l'aventure. Parfois on peut pêcher de trop de prétention par ignorance. *« Ils ne savaient pas que c'était impossible, alors ils l'on fait »* (Mark Twain). Le premier numéro avait fait un peu de monnaie, le second l'avait perdue. Le compte d'exploitation des deux était donc à l'équilibre. Le troisième numéro de façon tout à fait logique s'annonçait davantage déficitaire que le second. Les annonceurs ayant réalisé leur test sont en attente des retombées pour inscrire ou non le titre dans leurs plans médias. Quant aux sceptiques, deux éditions ne suffisent pas à les décider. Les recettes du numéro trois ne pouvaient que s'inscrire en creux, pour remonter doucement jusqu'au numéro cinq à partir duquel le titre devait devenir pérenne. Certaines insertions avec coupon réponse payées au rendement affichaient des retours prometteurs. La pénétration ne laissait pas de doute. Les 2 mois à venir ne s'affichaient pas roses, mais ils n'étaient pas noirs non plus. Quoiqu'il en soit je savais qu'il fallait me renforcer, financièrement, mais aussi du côté du staff commercial. Il était évident que je ne suffirais pas à la tâche commerciale, Muraille non plus, je planifiais d'ailleurs son départ. Je provoquais un conseil d'administration informel réunissant mes trois investisseurs. En fait c'était plutôt un investisseur dont le nom imprononçable à première lecture avait fait que chacun l'appelait ZZ préférant retenir de l'orthographe de son nom que ces deux consonnes. ZZ avait pris d'emblée 40%, les dix minutes qu'il m'avait accordées pour exposer mon projet avaient suffi pour susciter son engouement et déclencher son engagement. ZZ était réputé pour son flair en affaire, il était en passe de devenir l'homme le plus riche de la ville s'il ne l'était pas déjà. L'homme avait démarré pendant la seconde guerre. C'était la guerre et les choses se passaient comme en temps de guerre dans ce petit commerce d'hydrocarbure. Il créa donc sa première station essence. Puis il commercialisa les «Solex», fut agent d'assurance, concessionnaire automobile, avant de prendre la direction par alliance d'un garage poids lourds «Berliet». Sous son impulsion cette concession deviendrait très vite la plus importante de la marque. L'exportation vers l'Afrique de poids lourds d'occasion était venue renforcer le business courant. Dunkerque était en plein développement sur son aile Ouest, il achetait alors autant qu'il en trouvait des hectares au prix de la terre à labour que le port autonome, comme les grandes surfaces, seraient demandeurs à n'importe quel prix quelques années plus tard. Si une enseigne comme AUCHAN devait s'installer, il fallait passer par ZZ, si le port autonome devait s'agrandir, c'était encore ZZ. Si une industrie devait s'installer, pour fournir le foncier, là aussi ZZ avait la solution. Bravo. ZZ avait donc pris 40 %. Raoul et Robert prenaient ensemble et sans réfléchir 30%. Francis quant à lui avait étudié le projet mais ne s'était pas fait prier pour prendre les 20% restants. 10% m'étant accordés gracieusement en temps qu'apporteur d'affaire. Quand ZZ dégainait sur une affaire chacun s'accrochait comme un wagon à une locomotive. Les trente années écoulées n'ont fait que renforcer sa réputation et sa position, jouant seul avec des quartiers complets de la ville comme on joue au Monopoly. Acheter un immeuble complet ou des locaux industriels à Dunkerque représente une part de risque, car si c'est disponible à la vente, c'est que ZZ n'en veut pas. Raoul, Robert et Francis étaient assis dans les fauteuils volontairement trop bas qui faisaient face au grand bureau. ZZ aimait dominer. Je n'aimais pas cette position, assis trop bas, plus propice à observer les chaussures du boss qu'à se sentir à l'aise. Prenant le paperboard en excuse je restais debout tournant le dos à la pelouse qui venait lécher les baies vitrées de son bureau. Voilà les chiffres, voilà le résultat, voici l'état des ventes signées et des options pour le numéro trois. Il nous restait de l'argent en caisse, le troisième pouvait sortir il resterait encore un peu de la mise de départ, tenant compte que nous avions amorti huit mois de frais et salaires pendant le gestation du projet. Je leur annonçais alors, qu'il fallait ouvrir le capital. Nous renforcer financièrement et trouver la solution pour pénétrer le marché des agences parisiennes. Approbation immédiate sur la deuxième partie du propos concernant les agences parisiennes de la part des trois compères assis trop bas, puis sourcillement de leur part concernant l'ouverture du capital. Gros nuage de fumée pour ZZ, tout en réfléchissant, il savourait son havane conservant sa position pour la suite. Sans tenir compte des grimaces affichées à l'annonce probable d'une ouverture de capital je continue «*pour moi le plus simple du point de vue capitalistique comme de la force opérationnelle serait de s'adosser à des gens du métier de la presse payante*». Les journaux gratuits n'étaient pas encore un vrai métier, je citais alors des noms de groupe de presse payante possédant leurs régies publicitaires. Ce serait David contre Goliath dit une partie du trio, l'autre se contentant d'un « *je ne sais pas, mais je n'aime pas ça*». Nouveau nuage de fumée de la part de ZZ toujours silencieux. Je continuais. «*Je vais à Paris la semaine prochaine je peux tenter quelques approches*». Fumée encore, mais cette fois-ci suivi de paroles «*Regardes ce que tu peux faire dans cette voie, on se revoit dès que tu as du neuf*». ZZ avait parlé, et comme toujours après qu'il eut exprimé son avis la réunion était close. Je quittais le bureau laissant les quatre personnages traiter d'autres dossiers immobiliers. Le numéro trois pouvait sortir, je m'attachais en plus de la vente d'espace à la recherche de partenaires actifs pouvant faire synergie avec IDEE magazine.

Trois jours plus tard je n'étais pas à Paris, mais à Bruxelles. En direct sur l'ouverture des portes de l'ascenseur je découvrais le bureau d'accueil du dernier étage de l'une des plus hautes tours de la capitale belge. Le bureau de mon rendez-vous occupait la totalité de l'étage. L'ascenseur, pour ce niveau, devenait à usage privatif. J'étais attendu vers midi, j'étais là à douze heures précises. Tout était démesuré tant en décor qu'en surface. Ce bureau était digne d'un décor de cinéma. Ce groupe rassemblait autour de son titre amiral Femme d'Aujourd'hui, de nombreux autres titres francophones dont la diffusion était assurée tant en Belgique qu'en France et au Luxembourg. Le choix de ce contact n'était pas idiot, c'était un groupe puissant qui avait la confiance des annonceurs, les cibles de la presse féminine étaient pour partie les mêmes qu'un magazine gratuit comme IDEE magazine. Ils possédaient des régies bien introduites auprès des agences belges aussi bien que françaises. Mon rendez-vous était bien entendu le PDG du groupe. Quand il s'agit d'un contact à but capitalistique, il est de coutume de ne rencontrer que le PDG. La première raison est la confidentialité, ensuite il faut tester l'intuitu personae. S'il apparaît difficile de s'entendre sur une première rencontre, pour des questions de personne comment cela se passerait-il en cas de situation tendue ? Si les deux hommes clefs ne sentent pas la chose possible entre eux, inutile de perdre plus de temps. Mon interlocuteur, après un accueil chaleureux dont les belges sont coutumiers, m'entraîne fièrement près des baies vitrées panoramiques de la salle de réunion d'ou je découvre une ville toute différente de celle que je connaissais vue du sol. D'abord repérer le Ring, le périphérique qui permet de se situer, puis Zaventem l'aéroport, l'Atomium, le centre ville etc. Après ce tour d'horizon, il dirige son bras vers le bas de la tour et m'explique que les grands bâtiments rectangulaires que je pouvais découvrir au bout de son doigt abritaient son imprimerie. Bien sûr je connaissais les métiers du groupe avant de me déplacer. Je savais qu'une éventuelle association enclencherait une collaboration à plusieurs vitesses. La crédibilité, et l'appui de la régie publicitaire, mais aussi, en contrepartie un gain de clientèle pour leur métier d'imprimeur. Je l'ai dit, des rotatives couleurs qu'elles soient offset ou hélio étaient d'énormes investissements. Des rotatives se doivent de tourner 24/24 souvent 7 jours sur 7 pour optimiser la rentabilité. L'édition d'un magazine et l'imprimerie sont deux métiers totalement différents. Un groupe de presse qui possède ses rotatives couleur se trouve toujours dans l'obligation d'éditer des titres concurrents pour donner à manger du papier à ses bécanes. Souvent ils font aussi ce qui s'appelle de l'imprimerie de labeur, c'est-à-dire des tirages ponctuels de prospectus ou de catalogues pour noircir les plages que le planning d'impression presse laisse blanches. J'ai réussi à sortir des filets de ma mémoire la phonétique du nom de mon interlocuteur mais pas son orthographe, il n'est plus aux manettes du groupe et mes clics sont restés infructueux pour retrouver sa trace. Celui-ci était à consonance flamande, si je devais l'écrire je l'écorcherais vif, aussi je m'en abstiens. Passé cette visite vue du ciel, nous passons au salon. Nos discussions commencent alors que l'on m'apporte une carte de restaurant datée du jour donnant le choix entre deux entrées chaudes, poisson ou viande. Après un temps de surprise que je tente de dissimuler, j'exprime mon choix laissant celui des vins à mon hôte. Nos discussions reprennent et on nous prévient que le service est prêt. Mon interlocuteur se lève et se dirige vers ce que je croyais être le mur. S'approchant des lambris, il écarte alors deux lourdes portes coulissantes s'encastrant dans la paroi, me laissant découvrir la salle à manger. De nombreuses tables meublaient cette vaste pièce, la première d'entre elle nous attendait, dressée de trois couverts. Nous nous installons face à face sur cette table ronde, une dame du double de mon âge rentre alors dans la pièce et après salutations s'installe entre nous deux. Monsieur x avait fait monter son directeur financier, c'était un bon présage. A ce stade j'avais la certitude que le projet l'intéressait et qu'il souhaitait maintenant rentrer davantage dans les détails. J'avais mon bébé dans les tripes et il m'était aisé tout en déjeunant de répondre à l'ensemble de leurs interrogations, même de laisser filer mon imagination et de les emmener dans l'avenir. Retour au salon pour le café, nous sommes en Belgique et bien que différent du café italien, celui-ci comme le temps de sa dégustation n'en reste pas moins sacré. Ce rituel terminé, nous nous étions tout dit, la charmante dame en charge des finances et aux formes un peu flamandes se chargea de me redescendre à ground-1, me serra la main à l'entrée du parking m'assurant que «meneer» ou elle apporteraient réponse sous quinzaine. Nous sommes en Belgique et il faut laisser le temps de la réflexion. Peut être m'appellerait-elle avant si elle éprouvait le besoin de renseignements complémentaires. L'affaire étant du domaine de la prospective et non de la reprise, les donnes financières passées étaient presque inexistantes et notre effectif de trois salariés seulement ne représentait pas d'engagements sociaux. Elle ne pouvait m'appeler que pour un oui assorti des exigences capitalistiques, ou un non. Je récupérais la CX blanche que j'avais troquée peu de temps auparavant contre ma vielle DS et retournais vers la France ou le turbin m'attendait pour le numéro trois. Au sujet du belge je n'avais plus qu'à attendre. Ce fut un non. Mais une rencontre enrichissante.

Sur l'autoroute du retour, seuls les stops au frontières qui existaient encore marquèrent des pauses dans mon esprit, je gambergeais. Notre mini conseil d'administration me donnant carte blanche pour la recherche d'un partenaire avait eu lieu un lundi. Comme je l'avais annoncé lors de cette réunion, le mercredi de la semaine suivante je devais me rendre à Paris pour visiter quelques agences de pub bien sûr, mais aussi pour un rendez-vous qui devait se tenir en fin d'après midi dans les bureaux discrets et cossus de la Banque Occidentale pour l'Industrie et le Commerce. Mon interlocuteur, Monsieur Humbert Frèrejean administrateur, m'y attend. Pourquoi une banque ? Avant de m'y rendre je ne connaissais pas même son existence. Je ne cherchais pas d'argent réellement, une prise de participation peut être, mais la faiblesse des sommes à engager ne pouvait nécessiter l'intervention d'une banque. Après avoir ausculté le cartouche de l'Express, la semaine précédente, j'avais tout simplement, relevé le numéro du siège, décroché mon téléphone et demandé à parler à Sir Jimmy Goldsmith. La standardiste, surprise, m'avait bien évidemment demandé de décliner mon identité et l'objet de mon appel avant de me diriger vers un autre standard, une autre collègue, un autre poste, une autre voix. J'étais aguerri à ce type de situation, à ces sauts d'obstacles, à ces cent mètres haies ou l'on a qu'un essai pour aboutir. Ma démarche auprès des agences parisiennes était un entraînement quotidien à ce sport. La technique ? Ne jamais se dévoiler au delà de son identité que l'on soulignera bien sûr être inconnue du destinataire. Ne jamais dévoiler non plus l'objet précis de son appel tant que l'on n'a pas obtenu l'interlocuteur ciblé, enrober le tout de suffisamment de mystère pour justifier la confidentialité, ne pas hésiter sur la politesse et les remerciements envers les interlocutrices ou interlocuteurs successifs. On ne sait jamais, parfois mal aiguillé, il est possible de revenir à la case départ. Les machines infernales à répondre n'existaient pas encore, les contacts étaient humains et avec un peu de doigté pouvaient même devenir agréables. Je n'avais pas obtenu Jimmy directement, mais l'un de ses collaborateurs très proche, administrateur de sa banque privée, organisme financier dirigé comme beaucoup d'entités dans la galaxie Goldsmith par cette femme remarquable qu'est Gilberte Beaux. Humbert Fèrejean faisait partie du premier cercle et j'avais eu beaucoup de chance de remonter jusqu'à lui, dernière étape avant dieu le père. Chance ou sur motivation ? Il est toujours difficile de faire la part des choses en ce domaine, mais comme il se disait sur les marchés de Roubaix «*Chti qui va y leck, chti qui reste y seck*». Monsieur Humbert Frêrejean m'apparaissait comme un homme accessible et charmant dont je devinais que les rondeurs de ses expressions comme de son physique n'altéraient en rien son efficacité. Bis repetita, mon discours était réglé, la présentation du projet prenait peu de temps, sa compréhension aussi. Que cela pouvait être agréable de converser avec des intelligences, et fort heureusement, il n'y a pas qu'à la direction du matin de Paris que j'en ai rencontrées. Me souvenir de cette conversation aujourd'hui me ferait presque oublier les mauvaises heures perdues avec d'autres personnes qui n'ont du nom de banquier que l'appellation. «*Je présenterai le dossier, cela peut être intéressant*». Salutations, voiture, périphérique nord et son lot de bouchons avant la porte de la chapelle, retour Dunkerque.

Quelques temps auparavant, en 1977 plus précisément, Sir Jimmy Goldsmith avait racheté l'EXPRESS à son co-fondateur JJSS (Jean Jacques Servan Schreiber). Cette acquisition avait fait grand bruit dans les milieux de la presse comme de ceux de la pub. Le propriétaire de la Générale Occidentale (chocolat Poulain, Amora, Maille) était connu pour être redoutable en affaires, mais il faisait aussi partie de ceux que l'on nomme des électrons libres, parfois qualifiés de fantasques par les esprits incapables de les comprendre. C'était aussi un farouche défenseur des libertés face au communisme qu'il combattait de toutes ses forces. Ce changement de capitaine était attendu car JJSS homme aux talents avérés en presse comme en politique était fatigué, peut être la foi l'avait-elle quittée? Jimmy était neuf dans ce domaine mais avec tellement d'expérience et de charisme qu'il avait su transmettre son énergie au titre. L'express avait un peu changé de couleur mais il avait bonne mine et avait repris sa dimension tout en renouant avec des états financiers bénéficiaires. L'administrateur de la banque de Jimmy avait fait le job. Il avait étudié la faisabilité et présenté le dossier au boss. Le vendredi qui suivait, seulement quarante huit heures après notre entretien, on me rappelait de l'Express. «*Pouvez-vous être présent à Paris lundi, monsieur Goldsmith aimerait vous rencontrer*». De nouveau une poussée d'euphorie me faisait côtoyer les anges. J'informais immédiatement mon épouse de la nouvelle et bien sûr, mon actionnariat en me rendant immédiatement chez ZZ dont je savais qu'il était présent dans la ville donc disponible. C'est la force des grands que d'être disponible, c'est la preuve que tout est organisé, que leurs réunions sont ultra courtes et vont à l'essentiel. ZZ, assez intrigué que je puisse comme cela rencontrer Sir Jimmy Goldsmith et éventuellement le ramener dans le tour de table me donna bien sûr son feu vert.

Lundi, Paris : Jimmy est en face de moi en compagnie de son fidèle administrateur. Plus de trente cinq années après cet entretien, je ne peux me rappeler au mot près les termes de Sir Goldsmith, mais je ne trahis rien du ton, de la forme ou du fond en l'exprimant ainsi : «*OK Petit gars, tu nous plais, ton projet aussi. On prend 51% on amène l'assise financière, la confiance et surtout la force de frappe commerciale qui va amener la recette publicitaire*». À cette annonce, je remontais sur mon nuage saluer quelques anges. Associé avec Jimmy Goldsmith ! J'allais être associé avec l'une des figures les plus emblématiques de l'entreprenariat international. Même dilué à 5% après augmentation du capital, c'était pour moi une aubaine, d'autres le qualifieraient de miracle. De toute évidence, le succès était assuré. C'était un jeu d'enfant pour un groupe comme le sien possédant une régie publicitaire forte de commerciaux nombreux et efficaces que de présenter le support et d'obtenir les contrats qui assuraient notre fonctionnement et notre développement. Nous étions mensuels, l'Express, hebdomadaire. Pour notre part dix pages quadri vendues par édition et le seuil était atteint. Nous avions déjà flirté avec la rentabilité dès le numéro un. Avec leur appui nous étions assurés d'y revenir sans délais. L'Express, c'était entre soixante dix et cent pages vendues aux annonceurs par semaine, près de cinq cent page par mois. 1%, oui 1% seulement de ventes supplémentaires de leur part de leur régie pour notre titre et l'affaire était jouée. 2% nous apporteraient une belle rentabilité. 3% nous auraient fait gagner énormément d'argent, comparé à l'investissement. J'avais réalisé un travail de forçat pour tout mettre en place. Seul, un individu indépendant, surmotivé comme je l'étais ou touché par le feu de dieu, pouvait réaliser ce travail pour les coûts ridicules que j'avais fait supporter à mes actionnaires. Si ce n'était la grâce de dieu qui m'avait donné l'énergie, c'était les 10% de capital. J'avais travaillé sans compter, j'avais surcompressé tous les coûts. Le bébé était né sans presque bourse déliée pour un enfant doté d'une telle perspective de carrière. Jimmy l'avait certainement compris à première lecture et devait être surpris que la proposition d'association soit faite sur la base du nominal sans réévaluation pour capital de croissance. Cela aurait pu valoir beaucoup plus. Ce n'était pas notre but que de rechercher une revalorisation de l'amont, notre objectif était le futur. Moi, plus encore que mes actionnaires, je ne pensais qu'à l'avenir, ce que je voulais absolument trouver était la bonne synergie, mais surtout une synergie puissante qui m'emmenait loin. Jimmy avait tout pigé et ne posait qu'une condition après l'annonce de son accord de participation, refusant intelligemment d'entrer dans le moindre détail. Ceux-ci devaient être l'affaire des autres, et que ces détails de fonctionnement soit minimes ou conséquents ils devaient le rester. Les autres en l'occurrence cela allait être moi. Mais n'étais-je pas le père célibataire de ce bébé. Il n'appartenait qu'à moi de l'élever seul. *«Ecoute petit, tu es encore jeune, on ne te connaît pas. Nous on fonce à la condition que tes investisseurs de départ suivent. Ils sont à côté de toi à Dunkerque. A leur niveau, ils ont mouillé pas mal d'argent. Ils ont de l'expérience et sont compétents en affaires, ils te surveilleront».* C'était tout ce que demandait sir Jimmy. Presque rien, mais bien vu, largement suffisant comme garantie. J'avalais de nouveau les trois cent kilomètres qui séparent Paris de Dunkerque. Retour à la case ZZ qui parlait au nom du pool d'actionnaire. *«Jimmy Goldsmith, l'Express, c'est très bien mais tu as visé gros».* Sans l'avouer cela lui faisait peur *«S'il lui prenait l'idée en cas de succès confirmé de dupliquer la formule sur toutes les régions de France nous ne pourrions pas suivre».* Je lisais dans ses pensées. Dans le cas d'un développement important on se retrouverait petits minoritaires, voire tout petits minoritaires et en cas de forte augmentation de capital sans droit à la parole sans minorité de blocage. Rien, de la pâtée pour le chat, nous on aime pas. Le «nous» chez cet homme était toujours à interpréter en «je» et minorité de blocage veut dire majorité. L'homme aimait l'argent mais aussi la maîtrise complète de ce qu'il entreprenait. Ce n'était pas un caractère à se contenter de revenus, il aimait non pas s'impliquer dans l'opérationnel, mais rester le centre décisionnaire. *«Nous sommes d'accord, mais uniquement en conservant ensemble à dunkerque la majorité de 51%, dans le cas contraire nous préférons oublier notre mise et arrêter, vas à Paris, explique lui».* Nuage de fumée de son épais cigare et la discussion était close. J'avais déniché et convaincu l'administrateur et le boss de l'express seul, si j'avais été plénipotentiaire pour cette première étape, dans la seconde je me transformais en simple émissaire ne pouvant déborder de la décision qui avait été prise. Je connaissais la réponse qui m'attendait, les courts instants d'entretien qui m'avaient été accordés ne laissaient pas de doute sur la personnalité de sir Jimmy. Lui aussi aimait conserver la maîtrise complète de ce qu'il entreprenait. Pourquoi aurait-il entrepris cette aventure sans avoir toutes les manettes en mains sur le plan capitalistique. Ce projet l'avait intéressé, mais c'était peanuts pour sa vie comme pour ses affaires. Je retournais à Paris non pour discuter mais simplement pour m'entendre confirmer sa position. Il fallait que je le fasse, que j'y aille. La vie est parfois faite de surprises, mais je ne m'attendais aucunement à être surpris. *«Ecoute petit, c'est 51% et les autres suivent. Ou c'est rien, je rejette la proposition a 49 %».* Les deux parties étaient convaincues qu'il pouvait y avoir gros au bout de ce projet. Jimmy pourrait partager les risques mais pas le pouvoir, ZZ aussi. Le projet était abandonné. J'avais, par la projection d'une association avec une grosse régie publicitaire, ouvert les esprits de mes associés sur des horizons prometteurs, trop prometteurs. Cela leur avait donné une visibilité nouvelle sur des débouchés qu'ils n'avaient pas imaginés. Ces débouchés retombaient brutalement à leur niveau initial. Il n'y avait plus en perspective que du labeur, un peu plus de risque que prévu initialement, un peu d'argent à rajouter ainsi que du temps pour sortir du rouge qu'allait provoquer la parution des numéros trois et quatre. Tout cela manquait aussi de visibilité concrète. Ce n'était pas l'investissement auquel ils étaient habitués. Retour sur investissement parlant, ce n'était plus bandant. Maurice (zz) Robert, Raoul et Francis décidaient de stopper net l'aventure. Ce n'était pas leur métier premier. L'argent coulait alors en flux rapides et puissant dans le fleuve immobilier dunkerquois. Les mises financières engagées ne représenteraient que des petites lignes qui s'inscriront en moins dans les comptes des sociétés par le biais desquelles ils avaient participé. Rien qui puisse entacher leur résultat, juste un tout petit peu d'impôt en moins. Le Quatuor sous la voix de Maurice décidait l'interruption brutale et immédiate. Tout devait être fermé sous quelques jours, nous étions à mi chemin de la parution du numéro trois. Je prévenais mes annonceurs, licenciais ma secrétaire qui allait bénéficier de l'indemnisation à 90% instauré en 1974 par VGE. Muraille bénéficierait des mêmes avantages. Quant à moi, détenteur d'un mandat social en tant que DG, j'aurais en tout et pour tout une poignée de main de la part de Maurice. Au revoir. Même si j'y avais travaillé comme un fou, car il fallait être fou, les dieux «ASSEDIC» ne me considéraient déjà pas comme un individu méritant la solidarité pour laquelle j'avais cotisée, mais bien comme un salaud d'investisseur qui roupille pendant que son pognon se lève tôt. Mes fiches de paie comportaient bien les lignes de cotisations. Pour bénéficier des indemnisations chômage il aurait fallu une attestation du PDG ZZ précisant que ma fonction n'avait été qu'opérationnelle. Je la lui avais bien sûr demandée mais il en avait refusé la rédaction, ce que pourtant imposait la loi. Une requête simple auprès des autorités prud'homales et ZZ aurait été contraint de me fournir les documents réclamés. Je n'ai pas engagé cette action, je ne me suis pas résolu à porter attaque à mon ex-associé et employeur, ne serait-ce que pour l'obtention de quelques documents, pas plus que je n'ai réclamé le préavis légal. Je trouvais cela dur et ça l'était. Je ne savais pas encore ce que j'allais subir vingt ans plus tard quand je serais devenu le boss de plusieurs centaines de personnes.

Je n'ai par la suite rencontré que très peu de collaborateurs honnêtes dans leurs relations quand il a fallu nous séparer. Pour la seule entreprise Point Cadres j'étais passé d'un salarié en 1994 pour 167 en 2001. Une entreprise naissante qui crée sa route, sa voie au fur et à mesure de sa croissance, sans aucun autre modèle qu'elle même puisque unique dans son secteur, cherchera aussi en permanence à définir la matière humaine dont elle aura besoin. Ce type de boîte a automatiquement un turn over plus important qu'une entreprise établie. Des nouveaux métiers apparaissent, des besoins inattendus se faisaient jours. Je n'avais jamais envisagé de me soustraire à la loi en temps qu'employeur et chaque séparation si elle était indispensable était toujours pénible pour moi. Que les Raymond la grève soient assurés qu'un employeur ne licencie jamais de gaîté de cœur, même pour un remplacement de poste. J'ai toujours demandé a mon DRH de servir en totalité, le maximum des indemnités que prévoyait la loi, pas un centime, ni de l'ancienneté, ni des congés, ni de quoi que ce soit de devait manquer. C'est d'ailleurs un job à temps plein, en France, que de les calculer.

Chaque branche a ses accords et ceux-ci changent comme les lois, presque à chaque nouvelle lune. Sur la quinzaine de cas qui se sont présentés, seules quatre personnes ont accepté la loi et n'ont pas tenté de faire requalifier leur départ en licenciement abusif devant les tribunaux. Marc, encadreur, François mon premier cadre qui quelques années plus tard décidait d'un autre chemin et démissionnait. Jean Marc cadre animateur de réseau en charge du produit et Ludovic entré comme commercial et animateur de réseau, qui porté par ses compétences était devenu directeur gérant de l'usine et avait la responsabilité de plus de huit millions de ca annuels. Ludovic a été la première victime humaine salariée de Raymond la grève. Après cette grève aussi scélérate qu'inutile, Ludovic était alors désavoué et ne pouvait plus occuper sereinement ses fonctions. Avec courage celui m'apporta sa démission, ne pouvant le muter sauf à le rétrograder, je l'ai acceptée, confiant à Philippe mon drh le soin d'habiller au mieux cette démission pour éviter que Ludovic ne se retrouve privé de la solidarité nationale. C'est très dur en France d'envisager une séparation amiable entre employeur et employé. Le divorce par consentement mutuel entre une entreprise et un collaborateur ne peut rentrer dans la tête du législateur. Il faut une faute, d'un côté comme un autre. Les élus n'ayant pour la plupart jamais bossé dans le privé, et ne connaissant pas le monde l'entreprise, ne peuvent imaginer qu'à l'instar d'un couple, les choses évoluent. Pouvoir démissionner quitter un poste dans des conditions correctes, serait certainement l'un des moteurs puissants pour la création d'emploi. La mobilité et la souplesse sont les deux mamelles de la lutte contre le chômage. Pouf-pouf, Dsk et tous les autres ont fait exactement l'inverse. Des «prud'homme» j'en ai subi beaucoup, j'ai souvent gagné puisque proposant à chaque licenciement le maximum prévu. Les salariés sont tous poussés par «l'ambiance» française qui cherche des indemnités supra légales ou une requalification des raisons de leur départ. Toutes les affaires sont longues et très pénalisantes pour une entreprise dont le métier est l'avenir et non laisser fuiter son énergie à régler le passé. Le budget défense est lourd. Toutes les demandes, les plus farfelues soit-elles doivent être provisionnées. Deux ou trois affaires importantes assorties de demandes fantasques la même année et ton bilan passe au rouge, les banques prennent peur. Ca prend toujours peur pour les comptes des autres les banques. Les lignes sont réduites, ou coupées. Tout cela est désastreux pour la réputation et la fiabilité de l'entreprise.

Bref, j'avais quelques jours pour plier l'histoire d'IDEE magazine, je me retrouvais sans travail, sans indemnisation, sans préavis, sans allocations, même pas un titre officiel de chômeur. La dèche pour quelques mois, souvent pas de quoi acheter une bouteille de lait pour les enfants, sauf à crédit. Heureusement le petit boucher crémier voisin de notre appartement nous connaissait et nous appréciait. Sa confiance nous a bien souvent aidé pendant cette période. Remerciement et pensée émue à toi. J'avais 24 ans, pas encore artiste peintre, déjà plus directeur de publication, juste ancien dessinateur publicitaire indépendant, ancien responsable d'un télé-gratuit, ancien créateur et directeur de deux gratuits, journaux d'annonces que j'avais créés avant IDEE mag pour le compte d'investisseurs sur les villes d'Hazebrouck et saint Omer. J'avais donc déjà connu des changements, je n'avais pas hésité devant les dangers de l'aventure professionnelle. J'en avais toujours été l'initiateur, je ne l'avais jamais subi. Quittant une fonction le vendredi soir pour en démarrer une autre le lundi matin après un week end de planche à voile. J'avais toujours eu de bonne ressources, à vingt ans déjà je calculais mes revenus en nombre de smics, 3, 4, ou plus selon les mois, toujours avec une grosse part de variable ou totalement à la commission sur ventes ou résultats. Sauf à IDEE mag ou j'avais réellement mouillé la chemise, la fin des années 70 n'était que du bonheur, on se marrait, travaillait peu, gagnait beaucoup, presque indécent. A cette heureuse époque, un chien à chapeau vert aurait gagné de l'argent pour peu qu'il apprenne à dire bonjour poliment. J'avais donc appris à dire bonjour le plus poliment du monde, cela allait maintenant me servir pour dire bonjour à l'ANPE (Pôle Emploi). Je portais parfois un joli chapeau vert mais rien n'y faisait, j'avais beau scruter les annonces, me rendre au bureau d'embauche chaque matin, rarement ou jamais mon profil n'était retenu pour un emploi. Un de mes Avocats, Maître Francis qui fut longuement associé de Me Borloo à Valenciennes et l'avocat de Bernard Tapie dans l'affaire VA/OM me répondait un jour de façon directe et simple : «*Je pense que vous êtes difficilement associable*». Ca, je le savais, bien avant de le rencontrer. Mais il s'avérait aussi que j'étais aussi difficilement «embauchable», et les rares entretiens que j'avais obtenus étaient restés lettres mortes. C'était la dèche, toujours la dèche.

X
Chez Maxim's

Un matin je reçus un appel téléphonique de Paris. Des gens que j'avais rencontrés au salon, alors que je présentais les chameaux d'IDEE magazine, avaient une idée, et voulaient la mettre en application. J'étais bien sûr enchanté des perspectives que laissait entrevoir ce contact, je l'étais plus encore que l'idée ne vienne pas de moi. Je n'aurais cette fois, pas à convaincre d'investisseurs. Eric et Patrick tenaient agence de publicité à Paris. Ils avaient une spécialité qui était pour le moins avicole, puisque il s'agissait d'éditer un tout petit document, comme par exemple des recettes de cuisine, de le faire sponsoriser, toujours en exemple par une grande marque de farine, puis de le glisser dans les œufs au moment de leur conditionnement. Une autre de leurs activités était le routage pour le groupe allemand Métro, géant de la distribution de gros. Métro envoyait de façon bimensuelle à ses adhérents, une grosse enveloppe contenant les promotions du mois, ainsi que quelques prospectus d'annonceurs. L'affranchissement postal de base étant réglé par Métro le rôle de l'agence était de trouver des annonceurs désireux de payer un droit d'asile pour Inclure leurs documents aux fins de toucher cette cible particulière de commerçants. Les commerçants adhérents recevaient une grosse enveloppe remplie de prospectus agressifs qui n'engageaient pas à la lecture, cela méritait amélioration. Eric et Patrick, intelligents et tous deux très bien nés avaient eu une idée séduisante concernant la commission paritaire. Plus exactement, la commission paritaire des publications et des agences de presse. La commission paritaire existe depuis 1945, c'est une petite bête qui peut rapporter gros et Eric et Patrick n'aimaient pas celles qui gagnent petit. Je t'explique avec les chiffres que j'ai en tête, ceux de l'époque. Imagine, tu possèdes un canard, un journal, un magazine. Tu as des abonnés et à chaque fois que tu postes un exemplaire, tu payes 1.80. C'était des francs mais le jeu ne change pas si tu passes en euros, alors vas-y, ne te gêne pas fais-toi plaisir choisis la monnaie que tu veux. Si tu as obtenu un numéro de commission paritaire, le prix du port sera réduit de 90%, oui tu ne payeras plus que 10% de l'affranchissement. Je suis sûr que tu comprends. Tu comprendras encore plus vite si tu as des dizaines de milliers d'abonnées, et tu compteras plus vite qu'Einstein si tu as deux cent mille enveloppes à expédier. Bon, tout est en place, les neurones ne surchauffent pas ? Je continue : il y a aussi un autre petit truc, c'est la TVA à 2.1 au lieu de 20%. Si tu n'as pas de numéro de commission paritaire, tu devras augmenter ton titre de 17.90 % pour conserver ta marge, normal, tu ne seras plus presse mais commerçant, ce n'est pas la même auréole. Le numéro de commission paritaire s'obtient sous quelques conditions, il ne faut pas être gratuit, le volume publicitaire face au volume rédactionnel ne doit pas être trop important, ne cherche pas la règle, je ne l'ai moi-même jamais trouvée précisément, c'est la commission qui décide. Mais j'ai souvent entendu parler de 90% d'espaces publicitaires comme maximum autorisé. Tu remarqueras que quelque soit le magazine que tu as sous les yeux, la Pub occupe souvent le maximum autorisé. Si la pub mange près de 90% de l'espace total, le rédactionnel ne fera que 10%. Les frères de la salle m'avaient appris à additionner, mais aussi à soustraire. Si tu fais cent pages, tu auras besoin de 10 pages dignes de l'appellation «information» le style d'information n'a pas d'importance, du moment que tu informes et que ton magazine soit payant. Si tes lecteurs ne veulent pas payer, tu peux faire un cadeau de la valeur de l'abonnement, ou plus, en bon d'achats chez Métro par exemple, tout cela n'a pas grande importance, le tout, c'est qu'il y ait un prix sur le numéro. Je pense que tu as fait le tour du problème.

1.8 X100.000 =180.000 x 2 = 360.000
Réduis maintenant ce coût de 90%, cela te fera 36.000. Economies : 224.000 par mois. C'est sur ce delta de dépense ou d'économie que Eric et Patrick avaient eu idée d'agir.

Le projet était donc de :
- Rassembler en un magazine broché avec couverture l'ensemble des prospectus contenus dans l'enveloppe.
- Construire un rédactionnel avec des rubriques récurrentes, fournissant de l'information chacune dans leurs domaines.
- Rendre le magazine attractif par des rubriques ludiques et quelques noms connus.

Comme d'hab, quand il y a projet, il faut un chef de projet. En politique, un président nomme son premier ministre pour ses compétences à piloter un camping car ou faire de la dette pour acheter des voix. Comme il n'y a pas de projet, inutile de chercher les compétences pour le mener. En affaires c'est un peu différent, sans projet, on ne fait rien et personne ne s'amuse à payer des figurants s'agiter autour de paroles et discours inutiles. Quand il y a projet, on ne cherche pas un énarque dont on sait qu'il sautera la case Charybde pour sauter à pieds joints sur la case Scylla. En affaire, on liste les compétences requises pour piloter la barque et la mener le plus sagement et le plus sûrement possible, sans pour autant perdre de temps pour atteindre la case bénéfice. J'avais simplement les compétences et l'expérience qui adossées aux leurs pouvaient mener le projet sur la bonne case. Il fallait connaître et comprendre le métier de l'imprimerie magazine. Savoir organiser et tisser les bonnes relations entre photogravure, imprimeur, brocheur. Ne pas être manchot en présentation, mise en page, pagination. Savoir organiser à bas coûts un contenu magazine en s'appuyant essentiellement sur des agences de presse. Avoir un peu d'expérience dans la commercialisation d'espaces publicitaires. Avoir l'esprit d'entreprise et accepter une rémunération essentiellement basée sur le résultat. J'avais en moi l'ensemble de ces défauts et étais suffisamment joueur de ma vie professionnelle pour tenter l'embarquement.

L'expérience technique était indispensable, car l'obtention du numéro tant espéré n'était pas une loterie, un numéro de commission paritaire ne s'accorde pas à un projet, mais à de l'existant. Il fallait donc que le magazine existe et qu'il soit expédié avant toute demande à la commission. Il était donc indispensable, dans une première phase, de réussir à imprimer et à expédier en contenant approximativement les coûts au niveau de cc qu'ils étaient précédemment avec les prospectus. J'avais pour cela imaginé l'abandon des papiers traditionnellement utilisés pour l'impression magazine. En effet les pages réservées aux annonces Métro ne pouvaient être réduites en nombre, c'était un minimum incompressible, celles réservées aux autres annonceurs ne pouvaient non plus être supprimées car elles représentaient la recette. Il fallait pour faire première bonne impression aux doux yeux de la commission que le contenu magazine soit conséquent et prouve une réelle utilité d'information. Les 90% d'occupation pub, c'était pour plus tard, quand le sésame serait obtenu et que plus personne ne scruterait nos parutions. Nous prévoyions donc une occupation rédactionnelle à hauteur de trente pour cent de la pagination. Editer et expédier les premiers numéros en attente du numéro de commission exigeait donc que l'on fasse d'importantes économies sur le poids du magazine. Pour faire simple, les papiers utilisés pour les prospectus étaient des 54, 56 ou 60g, celui utilisé pour les magazines est d'un grammage équivalent. Une couverture requiert 90g ou plus. Le papier journal affiche quarante deux grammes, mais il n'est pas qualificatif et peu propice à l'impression couleur. Le papier à cigarette, plus fin et bien blanc utilise des grammages variant de quinze à vingt cinq grammes le M2, celui-ci affiche une blancheur éclatante mais est très fragile. Certains magazines, pour leurs éditions internationales expédiées par avion, utilisaient un papier blanc comme le papier à cigarette dont le grammage avoisinait 28g. En utilisant ce papier, un peu plus cher, mais beaucoup plus léger, je resterais dans le poids que faisaient les enveloppes de prospectus. C'est donc ce papier qui allait être élu pour que le poids de nos premiers numéros n'excède pas celui des anciennes enveloppes. Il existe beaucoup de marchand de papier en Europe, mais très peu de fabricants et ceux faisant du 28 g destiné à l'impression pour expédition par air se comptent sur les doigts de la main, j'en dénichais un qui acceptait de nous fournir gracieusement pour essai, un camembert. C'est ainsi que l'on nomme les demi rouleaux de papier destinés aux rotatives. Avec notre camembert, nous pouvions faire un essai, je dénichais aussi un imprimeur qui accepterait de réaliser ce test gracieusement. L'affaire technique était en bonne voie. Les agences de presse contactées avaient évidemment répondu présentes pour nous fournir en articles. Eric et Patrick m'avaient alors présenté un photographe pour shooter l'ensemble des produits métro et organiser nous même leur pagination. J'étais curieux et fier de rencontrer ce personnage qui s'appelait Ghislain, plus connu sous le patronyme du Jicky suivi de son nom Dussart. Jicky était ami intime de Brigitte Bardot et avait été son photographe attitré. Brigitte Bardot ayant mis fin à sa carrière, elle ne recourait plus à ses services. Jicky avait besoin de bosser, les boîtes de conserve présentaient moins de charme à photographier que l'actrice, mais quand il faut manger, parfois on oublie le charme. Patrick et Eric m'avaient aussi branché avec Léon Zitrone, j'écris branché, car les contacts que j'ai eus n'étaient que téléphoniques. Léon acceptait de nous tenir une rubrique people ainsi que la rubrique turf, nous avions notre premier journaliste à la renommée incontestable. La partie rédactionnelle était elle aussi en bonne voie. Restait la commercialisation d'espaces. Eric et Patrick avaient les équipes en place pour leurs autres activités puisqu'ils commercialisaient aussi de nombreux supports comme le dos de tickets restaurant ou autres trouvailles dont j'ai oublié les spécificités faute de les avoir pratiquées moi-même. Dans ce domaine, les troupes étaient prêtes.

Eric et Patrick comme je l'ai dit étaient bien nés. Le dieu des berceaux leur avait apporté cette élégance et ce raffinement qui n'appartiennent qu'aux familles que l'on dit bonnes. Eric que je devais rencontrer un après-midi pour faire un point ne pouvait se rendre disponible puisque sa Porsche lui donnait des soucis. Un radiateur d'huile au caractère bouillant chauffait au dessus de deux cent kilomètres à l'heure quand il se rendait à Deauville. Eric n'était pas genre d'homme à s'en laisser compter par un radiateur et devait cet après-midi là se rendre à la concession des voitures de Stuttgart ou l'attendraient les meilleurs mécaniciens pour faire entendre raison à ce radiateur. Le lendemain, Eric prévoyait de se déplacer extra muros, vers l'ouest de paris et ne souhaitant pas faire d'incursion dans le 8ème arrondissement où se trouvait les bureaux. Eric me proposa de le rencontrer à son domicile pour un petit déjeuner de travail. Sachant où se trouve Neuilly, j'acceptais le lieu et l'horaire du rendez-vous qui était fixé à 9.30H.

L'hôtel particulier, bien qu'imposant se noyait parmi les autres. Les pierres de tailles de sa façade n'étaient ni plus belles ni plus grandes que celles des façades voisines mais devaient se négocier au même sommet sur le marché des demeures d'exception. Les grilles, peintes de noir comme le grand portail s'alignaient dans la perspective des autres propriétés. Sur la gauche une porte métallique discrète, comme il se doit, puisque réservée au personnel. Laissant ma voiture moteur tournant sur la seconde file de cette rue encore en sommeil, j'allais chatouiller l'interphone pour que sa réaction prévienne mon rendez-vous de ma présence. Les voix grésillantes que les interphones distillent sont souvent incompréhensibles, celle que je ne parvenais à comprendre bien que très grave et couvrant parfaitement les crépitements aigus de l'appareil m'apparaissait étrangère. Sans autres commentaires, les deux vantaux métalliques s'écartaient laissant apparaître une cour boisée et fleurie qui donnait accès aux doubles garages dont les portes fermées cachaient des trésors automobiles aux radiateurs récalcitrants. Devant le garage de gauche au plus près de l'escalier extérieur qui menait au premier étage voué aux réceptions, je découvrais l'arrière de l'Austin MKIII Vanden Plas aussi appelée communément MG princess. La voiture anglaise était d'un vert aux mêmes origines, la conduite à droite lui apportait cet air singulier que son propriétaire aimait à entretenir. Cette Princess était la voiture qu'Eric affectionnait à conduire dans Paris. Au dessus des lilas j'apercevais le majordome vêtu de sa veste blanche descendre l'escalier qui menait à la cour. De la même voix grave que celle de l'interphone, il me souhaitait le «welcome» tout en m'invitant à rentrer ma voiture. Au milieu de la cour tel un policeman de sa majesté, de son gant blanc, il m'indiquait l'emplacement précis ou je devais me faufiler et stopper mes roues pour être sûr de ne point gêner les maîtres, si l'un d'entre eux venait à quitter les lieux avant moi. Aimable mais sachant conserver distances et respect envers le visiteur, il m'invitait, pour me rendre à l'étage, à emprunter l'escalier qu'il avait précédemment descendu. La grande pièce du premier étage n'était pas précédée de hall, seules deux imposantes statues en bronze doré définissaient de part et d'autre de la double porte d'entrée, un espace qui en tenait le rôle. Le maître d'hôtel ne m'ayant pas enjoint à m'asseoir je décidais d'attendre là, debout entre les deux statues. Je le voyais alors s'activer, poussant une desserte en argent garnis de plateaux et théière du même métal. Sur ma gauche, une table de salon contemporaine mi haute, nonchalamment encombrée de sculptures de Dali allait accueillir quelques magnifiques lys blanc dépourvus de leur pistils, puis les plateaux de la desserte. Le blanc de la table associé à celui du cuir des canapés qui l'entourait, le blanc de l'imposant tapis qui rassemblait les éléments du salon, le blanc des lys puis celui de la veste et des gants du maître d'hôtel semblait tenir à l'écart de cette symphonie immaculée l'ébène profond de son visage. Ce visage était la seule partie de corps et de peau qu'il laissait apparaître. Soudainement, le buste qu'il avait courbé et penché en avant pour répartir avec soin et précision tasses, assiettes et couverts, se redressa et se retourna vers l'escalier de marbre et de fer forgé qui, dans en demi cercle au fond de cette grande pièce d'apparat, descendait de l'étage supérieur. Sans l'avoir vu, le majordome avait entendu et deviné la présence du maître et savait que celui-ci, maintenant, s'apprêtait à descendre. Sans attendre, il abandonnait tasses, assiettes et couverts pour se diriger vers les premières marches de l'escalier. Légèrement décalé sur le côté pour ne point obstruer le passage. Il allait accueillir le maître des lieux et lui souhaiter le bonjour. Sa présence à cette place précise, abandonnant toutes autres tâches en cours, signifiait au maître sa priorité, il était à son service. Aux cotés d'Eric qui s'avançait maintenant vers moi, je mesurais mieux la taille du majordome. Il était le plus grand de nous trois, sa démarche et ses gestes coulaient sans heurts comme son anglais parfait. Si je n'avais pas compris ce que me grésillait l'interphone, c'est que celui-ci grésillait en anglais. Eric et le maître d'hôtel ne conversaient qu'en anglais car seul le maître connaissait le français. Assis dans l'un des grands fauteuils, dossiers sur les genoux comme le font les ministres en mal de contenance, je répondais aux questions que me posait Eric, lui m'apportait les informations dont j'avais besoin. Respectueusement, et en anglais le maître d'hôtel me proposa de choisir un des thés des meilleures colonies. Aussi idiot que roturier, je demandais un café. Alors qu'il était occupé à nous servir les toasts bien chauds, le buste du maître d'hôtel se releva une nouvelle fois comme il l'avait fait quand il avait deviné l'arrivée d'Eric, rapidement il déposa les toasts entourés de linge blanc sur la table pour rejoindre une seconde fois son poste sur le côté des premières marches de l'escalier. L'épouse d'Eric apparaissait en haut des marches, vêtue d'un somptueux peignoir de soie blanche. Apprêtée et maquillée elle était prête à partager le petit déjeuner mais pas encore à sortir. Eric et son épouse s'échangèrent quelques mots en employant le vouvoiement pour se demander l'un à l'autre s'il avait bien profité de son sommeil.

Eric était bien né, il avait aussi bien épousé. Sa compagne était l'héritière d'un groupe important en vins et spiritueux, possédant des marques premium en cognac et champagne. La grande propriété qu'ils possédaient à saint jean Cap Ferrât abritait l'un des plus importants et les mieux garnis des jardins de cactées d'Europe. Eric m'avait confié, que leur Voisin Raymond Barre, amoureux de ses plantes demandait parfois l'autorisation d'y flâner et d'admirer la collection. La rumeur disait aussi que le premier ministre avait usé de sa position pour faire déclassifier des terrains inconstructibles et y bâtir sa demeure. Eric demandait alors au maître d'hôtel d'apporter quelques photos qui côtoyaient une montre molle de Dali sur le grand piano blanc. J'admirais les prises de vues en écoutant faussement intéressé les explications concernant les cactées. Eric avait ce charme qu'ont les gens photogéniques, il avait d'ailleurs été mannequin pour un magazine masculin renommé. Quel que soit l'angle de vue, l'homme apparaissait toujours sous un aspect parfait. Cet amour pour Dali comme cette collection de sculptures lui venait du temps, ou en Suisse, il avait été chargé des intérêts de l'artiste et de la commercialisation de ses œuvres. Le petit déjeuner prenait fin, nos échanges aussi, je saluais l'éblouissante maîtresse de maison à la chevelure brune sur peignoir blanc, Eric m'accompagnait jusqu'à la porte ou m'attendait le maître d'hôtel. Cet entretien terminé, nous étions paré pour signer dans les prochaines semaines le contrat qui allait nous unir à Métro.

Mes deux futurs associés Eric et Patrick étaient pour moi des mutants. Ils avaient l'âge du début de la force, un peu avant quarante ans. J'étais encore tout jeune, tout deux étaient riches de tant de choses que les dieux avaient oublié de me donner, que j'en étais subjugué. J'avais beau masquer ma surprise devant le train de vie des deux amis, ils n'ignoraient pas nos différences. Depuis plusieurs mois j'étais en recherche d'emploi, le boucher volailler en bas de mon appartement commençait à être las du crédit qu'il m'accordait pour la viande et le lait de mes enfants. Patrick roulait Bentley, ce qui à cette époque était loin d'être commun et souvent réservé à une certaine aristocratie. Eric avait des problèmes de radiateur d'huile, et moi je venais à Paris en auto stop pour économiser un billet de train ou ma voiture souffletante et trop gourmande. Bien que très loin des soucis matériels, il savait que ceux-ci existaient pour ceux qui, n'ayant pas encore gravi l'échelle se contentaient de la porter. J'étais donc gratifié chaque quinzaine depuis deux mois, chaque fois que je me rendais à Paris, d'un dédommagement forfaitaire censé compenser travail, déplacement et hébergement. Si les dieux avaient omis les richesses de naissance, ils devaient être dans un bon jour et m'avaient accordé une bonne tête. Par le passé, j'avais sillonné la France, l'Italie, la Belgique en voyageant le pouce levé. Outre les économies, l'auto stop m'avait apporté nombre de rencontres intéressantes et ne me pénalisait pas en délais. Les frais de transport étaient donc tout bénéfice. Les frais d'hébergement aussi, car un couple d'amis d'enfance habitait maintenant Paris et m'hébergeait à chaque passage dans la capitale. Le travail était payé à sa juste valeur, sachant qu'il ne s'agissait que d'études et de mise en place. Il n'y a que les hommes politiques pour vilipender l'argent. Ils en ont perdu la valeur. Et les études ou rapports aux montants pharaoniques n'ont pour but, que d'enrichir ceux qui les rédigent, peut être un peu aussi, les donneurs d'ordres.

Face aux richesses des propriétaires de l'agence, j'aurais pu avoir la réaction d'un Raymond CGT. Mais au contraire je savais qu'elles pouvaient être pour moi un tremplin et n'avais qu'une seule envie, que par mon travail elles croissent encore davantage. Nous étions tellement différents, mais un projet nous rassemblait, faire gagner ce projet était notre seul drapeau, et les différences s'oublient ou s'ignorent quand quelque chose de fort fait l'unité. Le projet naissait de Patrick et Eric, j'étais la pièce rapportée, c'était à moi qu'il appartenait de m'adapter. J'avais été invité à petit déjeuner à Neuilly, j'en étais reparti, je n'y avais pas installé ma caravane. D'ailleurs, que faire d'un majordome dans une caravane ?

Quinze jours plus tard, s'ensuivait ma dernière visite à Paris, le dossier était bouclé et nous n'attendions plus que la visite du PDG de Metro Allemagne pour signer et foncer. L'agenda du PDG allemand nous offrait une fenêtre pour la semaine suivante, le mercredi. Bien entendu, j'étais libre et convenait d'être présent. Le PDG allemand connaissait Patrick et Eric, mais souhaitait rencontrer le petit jeune qui allait faire le job. Je possédais l'intégralité du projet en moi, tout ce que j'avais transmis était oral, Patrick et Eric ne maîtrisaient que les quelques contacts journalistiques. Le reste c'était mes tripes. Le planning était le suivant, arrivé de l'allemand en fin d'après midi, le récupérer à son hôtel tout proche de la rue royale où une table avait été réservée pour dîner. Repas et présentation du projet, discussions. Nous devions laisser l'allemand dans la soirée et le retrouver au bureau de l'agence le lendemain après midi. Si ma tête lui plaisait autant qu'elle plaisait pour l'auto stop, l'affaire était conclue. Dans le cas contraire, Métro continuerait ses prospectus et l'agence la mise sous enveloppe en vendant des droits d'asile. Je rentrais à Dunkerque heureux et impatient de se prochain rendez-vous. Sur la route du retour, je faisais peu la conversation à mes chauffeurs successifs, j'imaginais ma nouvelle vie, mon nouveau travail, je priais le dieu pour être à la hauteur de la prochaine rencontre.

Catherine, ma première épousée, et maman de mes deux premiers enfants, avait peu voyagé, si ce n'est avec ma deux chevaux et moi-même quand à dix huit ans je lui avais fait découvrir six semaines durant, l'Italie, une importante partie de l'ex Yougoslavie et bien sur Dubrovnik, où la ville fortifiée, encore intacte, nous rappelait si bien comment Raguse, la république catholique avait dû s'organiser pour se défendre des multiples attaques des Sarrazins. C'est Raguse, la Catholique, qui en 1416 est la première république Européenne à abolir l'esclavage ! Et de fait à en interdire le commerce. C'est encore Raguse la catholique qui accueillera à la fin du XVème siècle une partie des juifs chassés d'Espagne. Il est vrai que Raguse était une république, non une royauté, ses positions étaient donc celle du peuple, pas celles de quelques hommes.

Elle s'appelait donc Catherine et nous avions fait beaucoup de choses ensemble. Elle était accrochée à sa famille et encore plus à son clocher. Je l'ai toujours entendu se plaindre de l'environnement dunkerquois et de devoir y habiter, je ne l'ai jamais vu en bouger. «Je ne vais pas à Paris». Quand Catherine était fâchée, elle tournait son nez vers la droite, ce nez ne reprenait sa position que si on lui donnait raison. Quand chacun acquiesçait à ses idées, alors le nez reprenait sa place et Catherine redevenait aussi jolie qu'auparavant. Bien sûr qu'elle était jolie, et elle l'est restée, cette brunette aux yeux bleus, espèce de grand niais, si elle ne l'avait pas été je ne l'aurais pas épousée. Mais lors de cette conversation évoquant un possible déménagement, son nez restait fermement tourné à droite et sa beauté avait totalement disparu. Ses yeux bleus devenaient noirs et sa bouche ne faisait plus espérer de baisers. «*On peut démarrer sans déménager tout de suite, on verra d'ici quelques mois*» tentais-je d'expliquer «*c'est tout vu, je ne vais pas à Paris*». «*C'est une chance qui ne passera pas deux fois, c'est un super projet, j'ai un fixe équivalent à près de cinq Smig, des commissions qui ne tarderont pas à rentrer, et je suis pour dix pour cent dans le capital, c'est inespéré. C'est la reconnaissance de mon travail*». «*Vas à paris si tu veux, moi je divorce* ». Le nez avait presque changé d'implantation, je me demandais si un jour, quelque soit notre futur, celui-ci allait reprendre sa place. «*Ecoute, le PDG de Métro Allemagne se déplace spécialement, une table est réservée chez Maxim's, aucun élément n'est défavorable à la réussite du projet. L'économie réalisée sur les frais d'affranchissement n'apporte pas un simple équilibre, mais la rentabilité. La vente d'espaces, ce sera presque du net net, je ne peux renoncer à une telle opportunité. On achètera une péniche, on vivra sur la seine*». Rien, rien, aucun des arguments que je développais ne pouvait la faire infléchir. Par amour, j'abandonnais mon projet parisien. Eric et Patrick, faute de trouver l'homme pour le porter n'ont jamais réalisé le projet et moi, je n'ai jamais dîné chez Maxim's. J'étais toujours demandeur d'emploi, sans chômage, sans revenu, je devais me résoudre à vendre l'appartement que j'avais acheté un an auparavant. Payé deux cent mille francs douze mois plus tôt, je le revendrais deux cent quatre vingt mille. Le smic était alentour de deux mille francs nets, nous avions donc quarante smics d'avance que le quotidien de la vie s'empressa de faire disparaître le temps que je ne rejoigne Gilbert reprendre une place de commercial dans son journal gratuit. Merci Gilbert.

XI
Back to school .

2014, August, Monday 18th
Back to school, Miami Beach

Pendant que ma voiture referme son toit, je cherche inutilement la clef de la maison étant le seul à la fermer. A cette heure-ci, toute la famille est habituellement rentrée. Les portes, yard ou backyard sont donc ouvertes. Boo Boo, alias Betty-Boo, ma petite chienne noire du poil aux yeux ne m'accueille pas. En toutes circonstances les Boston terrier sont frileux, elle, ne cherche le frais que bien au dessus de trente degrés. Si Boo n'est pas à la fête, c'est qu'elle a déjà rejoint le bout du lit de Jenny alias Eugénie, notre last baby. Boo doit être enfouie dans une redondance de couette au pied de sa jeune maîtresse, et, protégée du moindre frais s'adonne certainement à son activité principale, le sommeil. Quand Boo est là-haut, c'est que la vie a quitté le rez-de-chaussée. Si je ne la vois pas gratter et sauter derrière la vitre de l'entrée, je sais alors que mon épouse elle aussi, doit être endormie. Il est 11pm je rentre juste du turbin. Laissez-là un peu dormir, Il faut bien que quelqu'un dorme tôt et se lève tôt. Aujourd'hui, en Floride, tous les parents se lèvent tôt, c'est je jour «back to school». Et ce sera entre le 26 août et le 9 septembre pour les différentes facultés ou écoles supérieures. Ce matin, comme ceux qui vont suivre, les cours ont commencé à 7h15. Voilà pourquoi ma blonde qui assure la conduite dès potron-minet rejoint toujours ses rêves le plus tôt possible. C'était donc avant sept heures ce matin que Jenny a pris le volant de notre gros tank blanc de marque Ford pour rejoindre la MBSH (lire la Miami Beach Senior High School), sa maman restant cantonnée dans le rôle de l'accompagnatrice. Encore quelques semaines et la conduite accompagnée prendra fin quand Jenny obtiendra le Sésame de liberté pour les «teens», «la driving License». Jenny, fière de ses dix sept ans et quelques mois pourra alors utiliser le gros V6 américain seule. Ma blonde aura des rêves en plus. «High School», c'est l'appellation des établissements qui assurent les quatre années d'enseignement avant la «Graduation», l'équivalent du bac en France. Dernière année de High School, donc, pour notre princesse, qui ce jour était en fait une reine couronnée. Il est de tradition, que les premiers jours de rentrée, les grands, enfin les meilleurs des grands, portent la couronne. Ce privilège de roi est réservé à ceux qui dans le système américain de validation des connaissances au long de la scolarité ont déjà totalisé suffisamment de points et sont assurés de l'obtention de leur graduation. Ces grands portent la couronne tout au long de la première semaine. Ces grands-là, sont l'exemple de la réussite scolaire à leurs niveaux. Ici, l'exemple doit se montrer, être félicité, et motiver suivants et nouveaux arrivants. A la fin de cette première semaine de rentrée scolaire, une réception sera donnée en leur honneur dans un grand hôtel de Miami Beach. Costumes pour les garçons, et robes habillées pour les filles, seront de rigueur pour un déjeuner dans un palace en front de mer. Ces «Teens» de terminale habitués au jean-Tshirt-rouge seront pour un temps, propulsés par leurs succès scolaires dans l'âge adulte. L'école les remerciera pour la qualité de leur travail. Le déjeuner sera suivi de l'après midi DJ, qui distillera le meilleur de leur musique. Après danses et rires, back to school, «leur» journée prendra fin. Ce ne sera pas la dernière journée de congratulations, à bien d'autres occasions durant l'année, leurs succès seront soulignés et félicités. La vie, souvent récompense le travail et l'assiduité. Ici, les écoles le font systématiquement. La couronne est acquise aux vues des résultats qui prennent aussi en compte l'implication de l'élève envers son établissement, envers autrui. La couronne ne se récupère que durant la journée spéciale prérentrée qui se déroule quelques jours avant le retour sur les bancs de la High School. Cette prérentrée est destinée à l'accueil des nouveaux arrivants à la «Tide», facilitant ainsi l'intégration des nouvelles recrues. Point de présence à la prérentrée pour accueillir les nouveaux, point de couronne. Cela peut paraître simplet cette histoire de couronne, mais les USA ont réussi ce miracle, l'esprit d'équipe comme l'esprit d'école à tous les niveaux. Les teens sont fiers de leur High School, Ils l'aiment, le disent et le montrent. Les habitants aussi sont fiers de leurs teens, il les aiment et le prouvent par beaucoup d'attentions dès qu'ils aperçoivent le Tshirt rouge aux grandes lettres blanches MBSH. L'équation est simple, fiers de leur école, ils sont fiers de s'y rendre, même à 7 heures le matin. Tu piges, ça rentre-là ? Ou dois-je continuer à expliquer. Cela vaut d'être souligné, des élèves qui aiment leurs écoles, des élèves qui font la prérentrée avec joie et fierté, des élèves qui seront debout et la main sur le cœur bien avant que l'orchestre de la Tide ne laisse entendre les premières notes de The Star Spangled Banner, l'hymne américain, qui ouvrira la cérémonie d'accueil. Ils sont fiers de leur communauté scolaire bien sûr, mais avant tout ils sont fiers d'être américains ou assimilés. Des élèves heureux, des professeurs motivés, une communauté scolaire qui s'entend et se respecte. Une communauté fière de ce qu'elle fait, et fière de le faire sous la bannière de son pays cela valait bien trois lignes. Comment ? Tu n'es pas d'accord ? Ce que tu n'aimes pas c'est qu'on peut pas dealer peinard z'alentours ? Parce qu'il y a le «cop» dans sa voiture noire et blanche «police school security» qui surveille tout ce qui semble louche à l'entrée de l'école. Ok alors avec la suite tu ne seras pas d'accord non plus.

Le démarrage est matinal. Pénétrer dans l'enceinte de la Tide nécessite le port du T-shirt aux couleurs de l'école et l' ID avec photo autour du cou. Pas de Tshirt rouge Tide pas d' ID Tide, pas d'école. Fini la plage, ça ne rigole plus, ou plutôt si, ça rigole, ça se marre même, parce qu'ils sont tous contents d'y aller à MBSH. Ils sont contents de commencer cette année scolaire, ils sont contents parce que motivés. Parce que c'est leur monde, ils s'y sentent bien et préparent leur avenir. Toute leur vie ils en seront fiers de cette photo de graduation accrochée au mur de leur bureau, ou dans l'entrée de la maison, bien encadrée, bien en évidence. C'est leur Graduation de leur High school, de leur adolescence. Ce n'est pas plus mal que douze pages de casier judiciaire, même allégées sauce Christiane, et cela s'encadre plus facilement. Seule ombre au tableau, ces actes désespérés qui trop souvent touchent de leurs balles les écoles ou les universités. Le problème ne vient pas du système scolaire, le problème réside dans le port d'arme. Sans accès aux armes, les adolescents ou jeunes adultes en proie à des passages dépressifs comme souvent à cet âge, se suicideraient seuls sans faire de bruit, avec des médocs, comme en France. Il est important aussi de replacer les chiffres de ses dramatiques accidents dans leur contexte et se souvenir que les Etats Unis, c'est trois cent seize millions d'habitants, presque autant, à vingt millions près, que les dix huit états de la zone euro. Je ne suis pas sûr que lorsqu'il arrive un triste accident emportant d'innocentes victimes en Grèce, à Malte, en Slovaquie ou en Lettonie, notre presse s'empresse autant à relater les faits que lorsqu'elle à l'occasion de le faire pour l'outre atlantique.

Aucun événement ne peut se dérouler à la Tide sans que retentisse the Star Spangled banner, sans une main sur le cœur. Qu'il soit joué par les étudiants militaires de l'école, ou par les violons de l'orchestre classique de la Tide, l'hymne national sera toujours de la partie. Qu'il y ait cent ou mille spectateurs dans l'amphithéâtre, personne ne restera assis, personne ne chuchotera dans l'oreille de son voisin pendant que l'orchestre joue. The Star Spangled Banner, et le «Pledge of Allegiance» que l'on récite, c'est la nation, et une nation, cela se respecte. C'est du moins ce que pensent personnels et élèves ici, en Floride, comme dans les autres états de l'Union. Pas une rencontre sportive, scolaire ou professionnelle ne se passera du protocole et chacun applaudira à la fin de l'hymne. C'est peut être cela un pays.

Et pourtant, les States n'ont pas la réputation d'une dictature, c'est le pays de la liberté, du rêve, du possible. Ici, que l'individu soit juif, catholique, protestant, Musulman, Hindouiste ou Bouddhiste, il pourra afficher haut ses convictions. Chacun la respectera autant qu'il l'ignorera. Il m'est d'ailleurs impossible, quand je traverse un quartier à forte densité d'habitants noirs, de retenir le nombre incroyable d'églises différentes. Mais avant toutes convictions, l'individu est Américain, et quand l'heure est à écouter The Star Spangled Banne, les dieux s'arrangent pour être occupés ailleurs.

XII
Christophe Colomb

2014, Tuesday August 19th
James Foley

James avait été détenu depuis le 22 novembre 2012. Ce mardi il a perdu la vie. Depuis quatre années il avait quitté le confort de sa fonction d'enseignant pour rejoindre USAID puis se consacrer au journalisme et photo journalisme de guerre dans ces zones sensibles que sont le nord de l'Afrique et le Moyen-Orient. Ses clichés devaient sensibiliser aux horreurs de ces guerres. Malheureusement son inacceptable et barbare mise à mort feront des images de ses derniers instants son témoignage le plus cruel et le plus fort de son action. Paix à son âme.

Cet horrible événement doit rappeler en permanence à nos dirigeants le décalage intellectuel dans la longue histoire. Ne pourront s'intégrer dans nos civilisations que ceux qui auront fait les mêmes pas que nous, le même chemin, quelle que soit leur foi ou leur dieu. Des communautés de différentes religions, de différentes races peuvent parfaitement cohabiter aux mêmes endroits si elles partagent des valeurs correspondant à la même époque. Si certains socles religieux, certaines traditions immuables, arrêtent l'évolution de leurs fidèles, et les figent dans un temps donné, ceux-ci ne pourront s'intégrer dans une société qui aura avancé, évolué, et qui leur sera étrangère. De fait, ils tenteront d'imposer des valeurs et des traditions que nous ne pouvons maintenant, plus accepter. Le statut quo et l'immobilisme étant pour chaque individu plus facile et rassurant que le progrès et la réforme, il n'est pas surprenant que certaines religions loi puissent enfermer ses adeptes dans le passé. Cela demeure un problème fondamental, notamment pour l'Islam. Au nom de leur dieu, bien des religions ont commis en d'autres temps, d'autres époques, nombre de crimes aussi horribles que les atrocités qu'imposent au monde du XXIème siècle l'interprétation rigoureuse de l'Islam. C'est volontairement que je n'emploie pas le terme «d'islam radical» car ce serait un pléonasme. L'Islam est radical intrinsèquement et ne permet aucune réforme aucune adaptation. L'Islam est radical ou il n'est pas. La seule variante réside dans son application par les fidèles. Ce qui est communément appelé un Islam modéré n'est autre qu'un islam partiellement appliqué. Une application partielle n'est en rien une modération, et ceux que certains appellent à tort des islamistes modérés ne seraient donc que de «mauvais» musulmans, ou des musulmans partiels.

Vivre en Floride, entouré d'une population en majorité latinos, avec des rues aux noms des conquistadors espagnols me rappelle au quotidien que le Catholicisme portant la bonne parole dans les terres qu'il allait coloniser ou évangéliser, n'a failli en rien pour commettre crimes pillages et atrocités. Qu'il s'agisse de Juan Ponce de Leone conquistador espagnol ou de son mentor Christophe Colomb avec qui il effectua son premier voyage. Si la découverte des nouvelles terres pour l'Europe et le monde est d'importance historique, leurs faits d'armes et leurs actions ne sont pas à notre honneur. Ne te cache pas sous le fait qu'ils n'étaient pas français pour refuser l'histoire, Italien, Français, Espagnols, hollandais, Portugais, c'était la même salade, l'assaisonnement variant un peu au fil des alliances des monarques. N'oublie pas que la religion n'a pas de frontière, c'est d'ailleurs le problème depuis des siècles quand un ou des états belliqueux envers autrui se cachent sous l'étendard d'un dieu. J'en reviens à Christophe, pour n'évoquer que le plus célèbre. Celui-ci, pendant trois années organisa le pillage systématique et la soumission de toutes les tribus autochtones. Réduire à l'esclavage la population des caraïbes pour exploiter au mieux les plantations de cannes à sucre ne le dérangera pas le moins du monde. Il y ajouta la déportation, ramenant les esclaves en Europe ou les répartissant dans les colonies fraîchement découvertes et soumises. C'était le «Repartimiento» qui sonne moins dur, c'est vrai, que déportation. Tout cela bien sûr sous couvert d'évangélisation et certainement avec des méthodes validées par le Dieu. Couper les mains des indiens qui ne ramenaient pas assez d'or, tester les lames des épées en coupant les jambes des enfants qui cherchaient à s'échapper sont des faits rapportés par nombre de spécialistes de cette période. Mais notre Christophe, qui d'ailleurs possède son jour national ici, aimait semble t'il les réjouissances sanguinaires, et ce serait aussi cent milles haïtiens qui aurait été tués en les amputant de leurs membres, les laissant se vider de leur sang jusqu'à ce que mort s'ensuive. Samuel Eliot Morrison, Historien américain (1887-1976) décrit les atrocités des colons et cite la décapitation sans raison des enfants, l'embrochement vivant des très jeunes d'entre eux et leur cuisson la broche. Des bébés Arawak donnés vifs ou vivant en nourriture aux chiens de meute. Des petits jeux entre copains pour savoir qui réussissait le mieux une décapitation en seul coup d'épée. Les chiffres parlent : en 1493 les Arawak auraient été huit millions dans l'ensemble des caraïbes, en 1504 après le départ de Christophe on n'aurait plus dénombré que cent mille individus. Et un génocide, un ! Bien évidemment les fillettes étaient violées très jeunes, les historiens citent l'âge de neuf ans. On n'attendait pas non plus d'être au paradis du prophète voisin pour se rassasier de vierges. Les jeunes femmes étaient une récompense très attendue et prisée par les lieutenants de Colomb. Suite à ses massacres, Colomb dut se rendre à l'évidence, la «matière» commençait à manquer. Notre Christophe se retourna alors vers l'importation. Colomb trouvait les africains «plus robustes» et puisque l'Afrique était sur la route et qu'il n'y à rien de pire que de naviguer à vide, il confia à son fils Fernando, le soin d'un premier transport d'esclaves. Il est vrai que les méthodes de management nécessitaient un renouvellement régulier du parc de machines à travailler. J'arrête ici les atrocités historiques européennes et chrétiennes ou catholiques mais soulignerais que, prenant connaissance des faits, la Couronne d'Espagne, retira à Colomb son titre de gouverneur des terres d'Amérique.

Le témoin de l'actualité que je suis, ou parfois le lecteur de faits historiques ne cherche en aucun cas d'échelle de valeurs dans les atrocités commises, qu'elles soient commises sous n'importe quel nom. Je ne cherche pas d'excuses non plus, un décapité n'est pas moins horrible que dix ou cent, le nombre rajoute à l'atrocité mais un cas unique ou isolé ne la réduit pas. Je constate simplement, que souvent l'histoire des massacres fonctionne comme un bi moteur. Le premier moteur d'apparence plus propre sera mis en avant, c'est la religion. Le second moteur tout aussi puissant mais que l'on tente de rendre discret sera l'appât du gain et la soif de pouvoir. Ce moteur est aussi important que le premier mais ne propulse que le vaisseau amiral, et seul celui-ci en profite. Quant à la religion, elle propulsera les milliers de petites embarcations qui n'auront que soumission et service d'un dieu comme horizon. Les richesses convoitées par Colomb et consorts étaient celles de l'époque, principalement l'or. Celles recherchées par le Daesh aujourd'hui sont celles de notre époque, le pétrole. Si le Daesh s'adapte à l'époque concernant l'appréciation des richesses, son approche de l'humain reste bien ancrée dans le passé. Richesses et pouvoir forment à eux deux les compagnes idéales pour ces chefs aventuriers et religieux. Les femmes, quant à elles, n'ont que la place que bien souvent les religions leur réserve... Quel gâchis !

Somme toute, les horreurs que commet le Daesh ou, à moindre mesure d'autres amateurs de flagellations qui parsèment la péninsule arabique et le moyen orient, ne seraient-elles alors qu'un problème de tempo.

2014, Thursday September 4th

Quinze jours francs, non, je n'ai pas dit de gros mots. C'est quand il y a une majuscule que Franc est devenu un gros mot par sa connotation dite xénophobe. Quinze jours francs donc, que je n'ai pas écrit. Mais cette date du 4 septembre valait bien quelques lignes dans ce tout nouveau testament, ne serait-ce que pour ses nombreux symboles passés mais surtout pour ce qui va s'inscrire dans les années à venir sur une partie du globe, là bas, dans l'océan indien.

- 4 septembre 476 : Abdication du dernier empereur romain d'Occident et chute de l'empire
- 4 septembre 1781 Fondation de la ville de Los Angeles
- 4 septembre 1870 Proclamation en France de la Troisième république
- 4 septembre 1975 Accord sur le Sinaï entre l'Egypte et Israël. Le petit cours d'eau qu'avait bricolé Ferdinand de Lesseps et qui avait été fermé en 1967 lors de la guerre des six jours reprend sa respiration au rythme des passages de navires marchands.

Mais ce qui nous intéresse ici, c'est ce 4 Septembre 2014. En ce jour Al-Qaïda annonce la création d'une nouvelle branche dans le sous-continent indien. C'est vrai qu'une succursale, ça manquait. Dans cette région du globe, parmi les plus déshéritées et déjà bien tourmentée par des barbus fanatiques, recevoir un peu de renfort, préfigure d'un retour programmé à l'époque précolombienne.

Si j'ai laissé s'écouler quinze jours sans écritures testamentaires, c'est que la raison me poussait à d'autres activités. Certains titres d'actualités ont bien sûr déclenché mes clics, j'ai eu beau allumer ma pomme assez souvent, repasser cent fois en mémoire certains

faits, certains détails à livrer, je n'ai pas écrit. Les doigts me cha-
touillaient, l'oreille entendait les doux appels du clavier, l'œil fixait
l'ordi, l'âme extériorisait quelques sentiments à jeter vite fait sur
l'écran, là, à chaud. Non, rien, pas une virgule pas un point. Non
pas que mes insomnies m'aient quittées, elles m'aiment trop pour
cela. Rien, pas d'écriture, simplement parce que la sagesse me
l'interdisait. Je n'y peux rien, je suis comme ça, sous des apparences un peu provocatrices, je suis un garçon sage, du sérieux déguisé en dilettante, une allure de cigale qui dissimule une fourmi. Une
bien triste fourmi qui voit fondre sous les chaleurs tropicales le peu
de biens qu'elle avait réussi à sauver ou reconstruire depuis que
certains juges et banquiers, d'un simple coup de pieds avaient détruit sa fourmilière. Quand une fourmi n'a pas de visibilité sur
l'avenir, sur ce que seront les hivers du grand âge, quand elle se
sent devenir désargentée, celle-ci se consacre au travail et ne passe pas son temps ou ses nuits à écrire ou, pire encore, se prendre
pour un BHL. Un BHL en version longue, c'est une drôle d'espèce,
parfois déguisé en guerrier des sables, parfois en journaliste se rêvant ministre, parfois en humaniste sauveur des peuples. Un BHL
c'est le caméléon des arrivistes, le Pavarotti des grandes causes
mais sans la voix et sans le talent, c'est un pur produit de la Mitter-
randie. Calculateur, intéressé, aussi trouble que les conditions de
travail de ses employés ou ex employés africains. C'est tout cela un
BHL et parfois plus encore, mais toujours par intermittence, une
cause à la fois, cible par cible. Deux seules constantes : pour la
caisse c'est chacun mon tour, pour ce qui est de se prendre pour un
philosophe, c'est une obsession permanente. Je ne me suis donc
pas pris pour un BHL. Heureusement, car je crois que ma blonde
qui pourtant me pardonne tant de choses, n'aurait pas eu dans la
circonstance, d'autre choix que de me quitter. Je ne me suis pas
pris pour un écrivain non plus, je me suis pris pour ce que je suis,
un petit frenchie installé à Miami, qui a investi le fond de sa fourmilière pour créer une activité de Gallery-déco doublée maintenant
d'une partie gift-shop. Un mec pas tout neuf pour redémarrer et tenter l'aventure de l'expatriation puisque j'arrive à l'âge, ou l'heure de
la retraite ne se compte plus en années mais en mois. Un gars avec
une expérience qui ne lui sert à rien, qui ne comprenait l'anglais que
très peu en arrivant ici, et qui maintenant, se doit de passer à
l'apprentissage de la langue principale à Miami, l'espagnol. Ce que
je sais, mon vécu, mon expérience tout cela est à mettre, si ce n'est
au rebus, au moins au placard sans oublier de le fermer à double
tour. Je dois tout oublier. Il me faut tout regarder, tout observer,
chercher à comprendre à nouveau, piger comment cela fonctionne

ici. Proche de soixante ans, il me faudra faire vite pour me reconstruire tout en laissant au bébé que je suis ici, le temps pour découvrir ce nouveau monde. Observer et apprendre, comprendre comment devenir où je vis maintenant, dans une autre culture, une autre civilisation un money maker. Ne serait-ce qu'un tout petit money maker pour assurer une vie normale aux deux teens encore à charge et à leur maman. Un mec qui ne pourra compter sur personne d'autre que sa blonde, un mec qui doit bosser sept jours sur sept, du matin pas trop tôt mais le soir bien trop tard. Sérieux oblige, ces quinze derniers jours, j'ai «fait le métier» comme il se dit d'un équipier cycliste qui donne tout pour la victoire de son leader ou crache ses tripes pour une prime de sprint. Je prends le départ chaque matin parce que c'est dans le contrat. Je fais le métier parce que mon leader, c'est ma famille et je me dois de lui apporter la victoire, le sprint c'est les douze mille dollars de loyer à payer pour la boutique au quinze de chaque mois. Le contrat c'est de réussir cette émigration pour chacun d'entre nous.

Tous ces mots pour vous dire que sans être une obsession, faire un peu de money reste mon lot quotidien. Quoiqu'en disent les grands parleurs à la sauce hollandaise, le truc est le même partout, quand tu es émigré, sans money tu crèves. C'est le même truc partout, sauf en France ou l'argent se donne sans raison aux étrangers. Il n'y a qu'en France aussi, ou l'on soigne et bichonne sans contrepartie tous les malades étrangers qui se présentent. Il n'y a qu'en France et quelques pays européens «socialement avancés» ou l'on fait passer l'étranger avant le citoyen. Mais à contrario, il n'y a qu'en France ou tu te fais traiter de facho si un jour, par mégarde, tu laisses échapper l'idée qu'il serait bon de se désendetter un peu, de diriger les aides et les dons prioritairement aux proches, à la famille, aux citoyens qui ont cotisé, plutôt que de vouloir épater le monde par une générosité inutile et mal ciblée. Quoiqu'il arrive, cette générosité sans limite sera de toute façon insuffisante, sans fin, et ne sera jamais remerciée. Les chefs d'états français et européens agissent comme si les voix qui les ont élus n'étaient pas assez nombreuses pour étancher leur soif de reconnaissance et de grandeur. Leurs actes dévoilent, à l'envers de ce qu'ils affichent, un esprit malsain de supériorité et de colonialisme. Ne pas comprendre que pour ces élites, jouer les grands seigneurs-dirigeants-de-nations-dites-riches-et-civilisées envers les peuples demandeurs ne fait que soigner leur égos surdimensionné et surtout très mal placé. Car pour aider, pour donner, il faut normalement être plus fort, plus riche, en quelque sorte, être supérieur. Cela pue l'arrogance à la française, plus précisément l'arrogance de la socialie qui ne sait s'empêcher de vouloir imposer une supposée supériorité d'initiés. D'ailleurs, les socialistes français ont toujours été des colonisateurs guerriers. Ne pouvant plus coloniser les pays, coloniser les esprits reste leur crédo. Sans se l'avouer, c'est cette certitude de leur supériorité qui malheureusement, semble encore les motiver. Ce virus touche aussi l'Europe, pas celle des peuples paisibles et qui n'aspirent qu'au vivre ensemble harmonieux, ce virus touche l'Europe des nantis, des supérieurs, de ceux tellement au-dessus des autres qui, tels des aristocrates s'exemptent eux-mêmes de l'impôt qui se doit d'être réservé au bas peuple. Cette Europe qui n'est rien, qui n'a ni le statut de fédération ou de confédération qui pourrait lui donner une légitimité démocratique. Cette Europe dite sociale qui n'est en fait qu'un résidu concentré de l'esprit colonialiste qui fut l'un des moteurs des ses principaux pays membres ces deux derniers siècles. Preuve en est le Royaume uni, qui fut un grand empire basé sur l'enrichissement avec des méthodes de gestions des colonies concentrées sur le commerce et l'exploitation des richesses plutôt que sur la volonté d'imposer ses «lumières», n'adhère que du bout des lèvres à cette Europe impérialiste et colonisatrice. Les français ont imposé au Maghreb et à l'Afrique noire des ancêtres gaulois. Les anglais nommaient certes des gouverneurs aux Indes mais laissaient en place maharadjas et culture locale. Ce qu'ils transposaient de l'esprit anglais dans leurs colonies n'avait pas vocation à éduquer les peuples mais simplement à en exploiter les richesses. Les anglais se sont bien sûr aussi rendu coupables de crimes et de châtiments corporels mais ont évité ce crime intellectuel contre les nations qui consiste à imposer à autrui sa doxa. L'Europe d'aujourd'hui par sa volonté insatiable et inassouvie d'expansion s'apparente par l'esprit à notre ancien empire colonisateur. Vouloir à tout prix annexer des pays satellites qui ne sont pas dans le même tempo, qui ne sont pas dans le même rythme de l'histoire pour y imposer ses règles économiques mais surtout ses valeurs sociales, dénote parfaitement de cet état d'esprit. Quels que soient les changements imposés aux peuples, L'Europe a raison. Elle seule détient la vérité pour cette partie du globe. Cette Europe colonisatrice qui impose aux peuples de ses pays annexés, de s'adapter ou de crever. Comme ce fut le cas pour nos anciennes colonies, qu'importe le coût de ces conquêtes, imposer sa vision, sa pensée, son économie n'a pas de prix puisque c'est le «bien». Qu'importe la volonté des peuples fondateurs de l'Europe qui représente le substrat financier de cette Union. Qu'importent les résultats des référendums. L'Europe de la pensée unique a décidé, elle ne veut voir qu'une seule tête. Les conséquences seront les mêmes qu'avec les colonies françaises, mais l'Europe des élites n'a pas de vision, elle a un dogme.

Les dirigeants Français et Européens s'apparentent aussi aux flambeurs qui parlent fort, roulent belles voitures, et qui, pour se faire aimer et admirer arrosent la galerie. Portés par l'amour éphémère des cœurs achetés, ils en oublient les échéances du lendemain et ne s'effraient nullement des nouvelles dettes à contracter pour couvrir leur shopping d'affection. Orgueil quand tu nous tiens ! L'Orgueil aveugle, qui fait des convictions de ses victimes une vérité universelle, est l'apanage du socialisme et du communisme. C'est la cause et le résultat d'un dogme. Le socialisme est au communisme ce que l'islam modéré est au Daesh. Sur l'échelle des valeurs de l'horreur et de l'atrocité, les terroristes islamiques semblent jouer petits bras, être des petites bites face à ce qu'a pu produire comme crime la pensée socialiste. En ce qui concerne les atrocités socialistes, le tempo est plus court qu'avec Colomb, nul n'est besoin de remonter les siècles, quelques dizaines d'années seulement nous séparent des morts et des déportés de l'ex URSS. Certaines dictatures communistes ont encore pignon sur rue et, parfois, la disparition d'un de leur chef, comme Hugo Chavez va jusqu'à tirer des larmes à notre Mélenchon national. Moi qui croise au quotidien des vénézuéliens qui se sont expatriés pour sauver leur peau, je ne peux que déplorer que la France qui est encore mon Pays puisse porter en son sein un tel personnage, une telle idéologie. Jean Luc, parfois tu me fais honte.

Si un musulman dit modéré, n'appliquant que partiellement les règles de sa religion peut être considéré par d'autres comme mauvais musulman, les socialistes ne seraient alors que de mauvais communistes, ceux-ci n'appliquant qu'une partie du programme de l'aliénation intellectuelle des peuples. Et là ce n'est pas moi qui le dis. Il faut relire Karl Marx de temps en temps : Le socialisme est la première étape du communisme. Comme avec une religion, une fois le système socialiste mis en place, il suffirait d'une étincelle, d'un chef un peu plus orgueilleux ou belliqueux pour réduire à l'esclavage intellectuel ou physique la population. Sur le plan de la liberté de penser et de la liberté d'opinion, la France socialiste y est presque parvenue. Sur le plan de la mise en esclavage, elle a déjà fait un bon bout de chemin en imposant à ces sujets en activité impôts et taxes au dessus du supportable. Mais le pire restera le service d'une dette toujours plus pharamineuse, et d'un Etat toujours plus lourd, cela fera obligation aux générations futures de travailler toujours plus pour qu'il leur en reste toujours moins. La liberté commence quand l'individu jouit pleinement du fruit de son travail. C'est alors la possibilité pour celui-ci de faire le choix de sa vie, et de faire des choix dans tous les domaines de sa vie. Privé par trop d'impôts du fruit de son travail, l'individu se trouvera privé, peu ou prou, de ses libertés. Il ne pourra plus décider de ce qu'il va faire de sa vie. Ajoute à cela l'abrutissement des cervelles par une pensée unique et dominante et tu obtiendras un bon peuple d'esclaves européens. Certains esclaves ou descendants d'esclaves pouvaient acquérir leur liberté, nos enfants et petits enfants restés en France n'auront pas ce choix. C'est pour cela que toutes les voies divergentes qui se font entendre se doivent d'être muselées. Il ne faut pas réveiller un bon peuple qui s'endort dans l'esclavage. Qu'il s'agisse d'un comique engagé comme Dieudonné, d'un journaliste pamphlétiste comme Zemmour, d'un historien comme Bernard Lugan, quelle que soit la teneur de leur propos, si ces voix ne portent pas la bonne parole officielle, la bien pensance gouvernante les fera taire. Quand l'africaniste renommé qu'est Bernard Lugan décrivant la commisération dont font part nos dirigeants envers les peuples africains, écrit «les africains ne sont pas des Européens pauvres à la peau noire» celui-ci fait scandale, il doit être muselé. Et pourtant, il s'agit là d'une belle preuve de reconnaissance et d'amour envers le peuple africain.

Comme ce fut le cas pour Colomb, il faudra remplacer la «matière à travailler» pour une matière moins chère, habituée de peu, qui sera pour un temps achetable corps et âmes à bas prix. La France s'est engagée sur la voie d'un grand remplacement. C'est mathématique. Le nier ou ne pas l'admettre revient à se mettre des œillades comme l'ont fait, depuis des décennies, nos politiques avec les caisses de retraite. De simples opérations arithmétiques suffisaient pour s'apercevoir il y a trente ou quarante ans déjà, que ces caisses, sans ponctions nouvelles ou aides de l'Etat ne pourraient connaître que la faillite. Les politiciens l'ont toujours ignoré ou nié comme ils nient maintenant le remplacement de la population française. Je ne porte ni jugement et n'émets aucune opinion. Les frères de la salle m'ont appris tout petit à compter, à faire des additions et des multiplications. Que tu fasses les opérations de tête, avec papier crayon, à la calculette ou au boulier, le résultat sera le même. Je ne fais donc que des opérations. Le seul facteur qui puisse changer la date où les germains, les gaulois, les romains ou hispaniques qui forment le socle de la population blanche Européenne de ces derniers millénaires deviendront minoritaires, est le nombre d'entrées annuelles. Ce nombre selon qu'il soit élevé ou réduit accélérera ou ralentira le processus, mais ne pourra l'éteindre. Si je ne porte ni jugement ni opinion sur ce remplacement c'est parce que celui est validé et organisé par nos dirigeants. Personne ne pourra croire que L'AME en France n'a que vocation humanitaire quand on connaît son coût. Plus d'un milliard par an dévolu aux soins gratuits des étrangers alors qu'il y a des milliers de citoyens qui n'ont pas accès aux soins ou sont totalement dépourvus de couverture sociale. L'excuse humanitaire ressemble à s'y tromper au moteur propre de la religion. Les soins gratuits et l'ensemble des aides proposées aux étrangers seraient alors un mode de déportation pacifique. On arracherait par ces appâts des populations à leur pays d'origine. Une fois en Europe, celles-ci n'auraient à terme, d'autres issues que le travail. Participer d'une manière ou d'une autre à l'économie, au système. Nos politiciens en place ne répètent-ils pas en boucle que cette émigration rapporte plus qu'elle ne coûte au pays ? Soit c'est mensonge, soit c'est vérité. Si cela est mensonge, ils déshonorent leurs mandats, si c'est vérité, cela confirmerait que dans l'intérêt du pays cette pompe aspirante de matière humaine soit sciemment activée. A moins, que complètement hors de leur domaine de compétence et d'autorité, nos élites se trouveraient sous le joug d'une autorité supranationale. Comment ? Tu penses à l'Europe ? Chacun pense encore ce qu'il veut, le délit d'opinion n'existe pas dans notre droit et n'est puni que lorsque la pensée s'exprime. Alors vas-y, pense. Mais surtout, ne t'exprime pas. Personne d'humainement motivé, ne peut laisser chaque année des milliers de malheureux risquer leurs vies dans des traversées hasardeuses, se noyer, vivre la misère dans des transferts dangereux, s'entasser dans des camps de clandestins. Cela ressemble à s'y méprendre à une traite humaine. Ces esclaves de demain s'auto transporteraient, ils financeraient leur voyage vers un travail et une vie de misère. Ecrire cette hypothèse me glace le dos, me hérisse les poils des avants bras.

Le second problème demeure les peuples des pays d'accueil. Sont-ils d'accord ou refusent-ils de devenir, par l'émigration d'autres peuplades, d'autres cultures, minoritaires sur une terre qu'ils occupent depuis des milliers d'années. Ce n'est en aucun cas une vision raciste. Le racisme n'a rien à voir. Ce choix, c'est une vision purement démocratique. En effet toute démocratie est régie par la sacro sainte arithmétique majorité/minorité. Les politiques ont le droit de développer tous les arguments qu'ils veulent, il est possible de penser qu'il soit souhaitable pour eux que les populations de souche deviennent minoritaires, comme il est possible de penser pour le peuple qu'il est souhaitable qu'elles demeurent majoritaires. Un parallèle avec l'entreprise est le bien venu. J'aime citer ce que je connais et en reviendrais à IDEE magazine. Il aurait été bénéfique à tous, de laisser entrer Jimmy comme actionnaire majoritaire, cet ajout non issu du clan historique aurait apporté, non pas une pierre à l'édifice mais la clef de voûte de l'édifice. On peut considérer que les actionnaires historiques ont eu peur de l'étranger, de l'inconnu, qu'importe, une société commerciale est régie comme une démocratie, le choix appartient à la majorité des premiers actionnaires, non pas de ceux à venir. Si de nouveaux arrivants souhaitent rentrer et prendre part au jeu, il leur faudra démontrer aux primo occupants que leur venue est bien fondée pour une prospérité commune. Ils devront apporter la garantie qu'ils joueront selon les règles de la société et se plier à ces règles. L'entrée sera payante ou gratuite comme ce fut le cas pour moi-même et mes dix pour cent d'apporteur d'affaire. Tout est toujours envisageable et tous les points de vues peuvent se défendre, mais par le vote, la décision finale reviendra toujours à la majorité. Bien évidemment les demandeurs ou nouveaux arrivants n'auront pas accès au vote.

Dans le cas de la France, pour des raisons que je suppute mais dont je n'ai pas la preuve, le remplacement progressif de la population est accepté et programmé par les dirigeants. Si le peuple n'est pas consulté à ce sujet ou s'il devait émettre une décision négative non respectée, le pays sera alors le terreau ou germera les incidents, les conflits qui conduiront à une guerre civile tripartite. D'un côté, ceux qui se battront contre les nouveaux arrivants, d'un autre une guerre fratricide qui opposera les défenseurs et les pourfendeurs de ces nouvelles populations. Bien que l'histoire récente nous rappelle ce type de situation avec les événements d'Algérie, nos dirigeants ne semblent pas s'inquiéter des conflits futurs dont ils seront les pères. Peut être leur présent les préoccupe t'il trop ? Ou encore le plus simplement du monde, seraient-ils emprunts de tant de supériorité absolue ? Il est vrai qu'à vivre entre soi dans des palais et des quartiers protégés la vision des choses peut se déformer. L'arrivée de nombreux étrangers, dramatiquement pauvres, souvent peu éduqués leur permettrait d'asseoir encore un peu plus ce sentiment de supériorité. Comme évoqué précédemment, le colonialisme semble toujours couler dans leurs veines, et s'ils ne peuvent plus «éduquer» extra muros, ils le feront «intra muros». Cette déconnection des réalités est une catastrophe qui semble toucher la France comme une certaine folie touche les dictateurs, hors période d'élection, plus rien ne semble pouvoir rapprocher les dirigeants français du quotidien des citoyens.

Et si les commandements de la torah avaient raison ?

593 Le roi ne doit pas avoir trop d'épouses–Deutéronome 17, 17

594 Le roi ne doit pas avoir trop de chevaux-Deutéronome 17, 16

595 Le roi ne doit pas avoir trop d'argent et d'or–Deutéronome 17,

XIV
Jack

Aux USA, je suis donc un étranger, un émigré. «I am from France». Les Etats Unis d'Amérique sont certainement un des pays au monde où la magie du drapeau s'exerce le plus. Citoyens, ou résidents permanents sont tous reconnaissants, sans que l'Etat ne leur apport autre chose que la garantie de leur liberté. Je suis ici et je l'ai choisi. Bien qu'ayant sauté avec succès la barrière de l'immigration et obtenu la green card, je ne peux compter que sur moi même. Ici comme presque partout au monde, tu t'assumes ou tu crèves. C'est la loi de la vie pour toute personne adulte en possession de ses moyens et capable de travailler. C'est dur, mais force est de constater que jusqu'à présent aucun Dieu n'a prévu la vie autrement, sauf à ce que les dirigeants français soient des dieux. A Miami je risque d'abord de crever de chaud, je ne m'en plains pas, mais pense donc, mon amerloque de bicoque ne possède pas de piscine pour nous rafraîchir un peu. D'accord pur art déco la bicoque, on ne se refait pas, j'aime les belles choses, surtout l'art déco. Dix neuf cent trente. Une Robert Little, architecte connu en son temps, et qui nous a laissé quelques bâtiments publics aujourd'hui classés mais aussi de belles petites maisons de villégiature comme on trouve encore à Miami Beach. Souvent modestes pour les US, entre deux cent et trois cent mètres carrés, ces maisons étaient fort bien construites, sympa à vivre et simple à entretenir. Dix neuf cent trente six, bientôt quatre vingt balais, un jardin vue sur golf, mais pas de bassin. As-tu déjà passé un été à Miami sans piscine ? Non ? Donc pas de ricanements. Même avec une oreille un peu usée par tant de sornettes entendues, j'ois le français moyen, enfin ceux qui restent, s'esclaffer : non mais «mdr», «lol», il rigole celui-là, il se la coule peinard en Floride, à deux pas de plages qui s'étendent sous les cocotiers, tellement grandes, tellement longues qu'on ne peut les remplir, en trouver la fin ou le début, et il se plaint ! Oui mais la plage, les plages c'est pas une piscine dans ton backyard, tu n'y plonges pas de ton salon, il faut se cramer les pieds sur le sable avant de se les mouiller. L'océan est trop chaud et on ne le met pas à l'ombre. Mes rares moments de repos se trouvant être la nuit et l'océan la nuit c'est moins cool que la piscine. Tu vois que l'individu peut se plaindre de toutes les situations. Les religions possèdent un truc pour éviter que leurs brebis ne se plaignent, je te le refile «*remercie le seigneur de ce qu'il t'a apporté*». Je reprends, avec l'océan trop chaud... As tu déjà essayé de refroidir un océan ? Une piscine c'est simple comme une pompe à chaleur inversée, tu tournes le bouton, c'est un peu gourmand en power ce qui en France, gênerait les écolos mais ici peu de monde s'en soucie. Ici, en Floride, tu t'en fous du power, ça ne coûte rien, enfin si, ça coûte son juste prix de production ajouté du prix d'acheminement et des énormes bénéfices de la compagnie privée. En clair ca coûte le prix de ce que tu consommes, et pas ce que consomme des milliers d'autres personnes dans de nombreux domaines de leur vies : Cent quarante cinq mille salariés et cinq cent quarante cinq mille ayant droits. En clair tu n'as pas à entretenir le CCAS d'EDF/GDF et payer des vacances à des mecs que t'as jamais vu. Si tu les as aperçus, c'était à la télé avec les images de la dernière grève ou du le défilé du premier Mai.

L'heure est grave, je testamente sur des choses sérieuses, je te demande un peu de concentration. Arrête donc de penser aux plages garnies de cocotiers et de bomba-latinos, prends ta facture EDF, et tu vas comprendre.

Qu'il faille financer les CCAS (Caisse centrales des activités sociales) entreprise, OK, Ok, je n'ai rien dit ni écrit contre cela, d'ailleurs la loi de 1982 oblige bien tout employeur à verser au comité d'entreprise une subvention équivalente à 0.2 de la masse salariale brute, plus les pourboires c'est-à-dire le local, les assurances, parfois la machine à café. 0,2 sur la masse salariale, chacun est d'accord, même-moi, imagine ! Mais 1% sur le chiffre d'affaire ! Prendre directement 1% en plus sur la facture, cela relève de l'inimaginable, en tout cas pas de règles simples d'économie ou de gestion. 1% sur l'ensemble du chiffre d'affaire du groupe ! C'est la valse des millions, six cent cinquante exactement pour l'année2012. Un racket de six cent cinquante millions, dont les bénéficiaires sont exemptés à 90% puisqu'ils ne payent de leur consommation que dix pour cent de la valeur. Tu vois que ce n'est pas dans les règles, un

CE, une caisse sociale dont les ressources sont versées à hauteur de 0.015 % par les employés concernés et bénéficiaires et à 99.985 par les autres, les consommateurs. Je m'explique : 145 000 employés, considérant une moyenne de 3,5 habitants par foyer cela me donne 41.428 foyers, reportés sur les 28 millions de clients les employés EDF GDF ne seraient donc que 0.15% des contributeurs. Ceux-ci bénéficiant d'une remise de 90%, leur obole au fonctionnement de leur caisse ne serait que de 0.015% des sommes collectées. Sacrée solidarité envers soi-même. Un petit clic pour un petit rapport, et hop l'IFRAP. Tu vas me dire c'est qui, c'est quoi ? Non ce n'est pas l'hôpital qui se fout de l'infirmerie. L'Ifrap c'est l'Institut français pour la recherche sur les administrations et les politiques. C'est pas mal ça, si tu as une femme, une belle sœur ou si tu connais une nana qui cherche un boulot qui laisse du temps pour s'occuper des enfants, n'hésites pas, tu peux conseiller. L'IFRAP me dit dans le creux de l'oreille pour éviter que cela ne s'ébruite, que les 5% d'augmentation que tu as eu au 1er Août 2013 ajoutés des 2 à 3% prévu pour l'automne 2014 n'auraient été, en fait, que deux pour cent s'il n'avait pas fallu combler le régime social spécial EDF GDF. Je récapitule. Ce n'est pas le jus qui augmente, c'est le social. Parce que leur régime est dans le rouge on te mets 7 à 8 % d'augmentation. Ne te sens pas seul face à l'adversité, tu as vingt huit millions de copains. Belle chaîne d'amitiés que toi et tes copains, respect. Vingt huit millions de clients qui dans un grand élan de solidarité se mobilisent pour le social des gaziers ou des électriciens. Comme toi et tes copains vous êtes loin d'être radins, c'est avec le sourire que vous allez remettre le 1% sur l'augmentation. Le sourire j'ai dit, et puis tu ne voudrais quand même pas priver EDF/GDF de social. Derniers chiffres d'affaires publiés du groupe ? Je te les donne à la louche, arrondis au milliard. Pour le jus cela te fera 40 milliards, pour le Gaz que 30. C'est sur l'addition des deux que le prélèvement s'applique. Un petit clic «cour des comptes», CCAS EDF : soupçons d'emplois fictifs, financement de la fête de l'huma, fournisseurs au prix anormalement élevés, je fais court, je ne voudrais pas lasser. Pour gérer cette manne il faut du monde, (ça fait parti de la lutte contre le chômage). Cinq mille personnes rien que pour la caisse. Cinq mille personnes qui n'ont jamais vu un fil électrique ou une vanne de gaz de leur vie, cinq mille personnes uniquement pour gérer le social. Cinq fois plus que la moyenne nationale des autres caisses qui sont déjà championnes du monde sur les mauvais ratios CA/employés. Il est vrai que leur retraite étant sept ans plus longue que la moyenne française, il ne faut pas compter sur les seniors pour donner un coup de main. Pourquoi un tel privilège ? Sont ils plus beaux ? Plus intelligents ? Travaillent ils plus ? Et même s'ils travaillaient plus, car je ne conteste en rien la valeur ou la qualité du travail fourni, je n'en ai pas la compétence. Si d'aventure ils travaillaient plus, cela devrait se traduire sur une fiche de paye, par une prime au rendement, par un outil de valorisation et de motivation. Poussons l'imaginaire et faisons œuvre de prospective. Je parle d'avenir car le pétrole et le gaz étant aujourd'hui à des plus bas historiques, la facture devrait normalement baisser, mais parlons d'avenir c'est amusant d'imaginer demain.

Etape 1 : Réduction du personnel suite aux progrès techniques, qu'ils soient, informatiques, production, distribution ou maintenance. Etape 2 : Augmentation du coût de l'énergie suite à éléments externes non maîtrisés, pétrole, nucléaire, guerre, la facture s'envole et le CA du groupe dépasse des sommets jamais atteints. Les effectifs ont été réduits, ils ne seraient plus que trois gaziers et quatre électriciens…et toujours 1% sur des milliards de CA !

Pour en profiter il faut faire partie de la caste. Car c'est bien d'une caste qu'il s'agit. Dans cette boîte comme dans beaucoup d'autres monstres français, c'est bien souvent de père en fils ou en famille qu'on fait le métier, que l'on jouit du privilège de lever un impôt obligatoire sur chaque citoyen. Plus confortable encore que le paradis, puisqu'aux dernières nouvelles, là haut, chez le Dieu, ce n'est pas encore électrifié. Dis-moi, comment fait-il, le bon Dieu pour payer des vacances à chacun de ses saints, à tous ceux qui sont entrés en paradis, sans pouvoir toucher un petit 1% sur le CA de Rome ? Une facture FPL (Florida power Light) est donc orpheline de ces petites lignes supplémentaires de taxes et prélèvement divers qui agrémentent une facture EDF. Ici, descendre la température d'une piscine, comme climatiser un garage n'a pas de réelle incidence sur le budget d'un foyer. Et finalement pollue bien moins que nos joyeux feux d'automobiles de banlieue.

Miami en été, c'est trente trois, trente cinq degrés le jour, une trentaine la nuit agrémenté d'un taux d'humidité à faire pousser des tomates sans les arroser... C'est ce taux d'humidité qui augmente la sensation de chaud. Sans piscine, pas moyen de profiter du jardin, de prendre l'air, l'autre air que celui de la clim qui fonctionne nuit et jour, souvent hiver comme été. Une piscine ici ça ne sert pas à nager, d'ailleurs bon nombre de floridiens ne savent pas nager, une piscine ça sert à «floater». On rentre chez soi, on allume le BBQ, on se met dans la piscine, et pour peu qu'elle soit partiellement à l'ombre dans la journée ou que tu n'aies pas oublié la pompe à chaleur, on se refroidit, enfin on se «feel like» plus frais. De jour comme de nuit on s'y installe, on y bouquine, on y mange, on y vit. Les piscines ici ne sont jamais profondes, toujours équipées de bancs sur un ou plusieurs de leurs côtés. Elles possèdent souvent une table et des tabourets immergés. Le plus agréable pour en profiter, c'est la nuit, le soleil ne te brûle pas la tête et tu peux floater sur un matelas sans te faire griller une face pendant que l'autre se refroidit. Juste se sentir léger, bercé par un zeste de fraîcheur, enfin de moins chaud et laisser s'évaporer la fatigue de la journée. Si ma bicoque de mille neuf trente n'a pas de piscine, c'est parce que je n'en ai pas encore reconstruite. Et pourquoi ? Vous avez tout compris, les dollars, toujours les dollars. Comment voulez vous qu'une fourmi désargentée, de surcroît normalement morte se construise une piscine. Je m'annonce «normalement mort» parce que la mort, en dehors de mes nombreux accidents, la mort je l'ai déjà vue. A deux reprises elle est venue me saluer, me serrer la main assez longuement, puis sans rien dire, toujours une question de tempo, elle est repartie. Merci Raymond la grève, et merci Funeste de m'avoir envoyé la copine au fléau deux fois, ça permet de faire connaissance, je serais moins surpris quand elle reviendra bien décidée à m'emmener dire bonjour au diable ou à un dieu. Hé, la mort, pas la peine de revenir trop vite, maintenant je connais le scénario. J'ai déjà vu le film à deux reprises, ça commence à lasser. Si à la première séance je n'avais pas tout compris, maintenant, ça commence à rentrer. Pour la troisième visite qui devrait être la bonne, doucement, piano piano. Le Dieu m'a donné du boulot, et s'il veut que je le fasse ce boulot, il lui faudra lâcher un peu de mou au calendrier. Inspiré ou pas, un «tout nouveaux testament» ça prend du temps, de la réflexion, ça se mûrit. Du taf quoi. Je n'ai pas besoin du nombre d'années que tu as accordé à Moise pour le Pentateuque, d'ailleurs je n'écris qu'un bouquin pas cinq, mais laisse-moi un peu de temps après, imagine que je doive faire la promo ! Je me demande même si pour me protéger d'une troisième visite inopportune, je ne vais pas suivre l'exemple de ce bon vieux Stanley de Macao. Stanley HO est l'homme qui, depuis plus de quarante ans, maîtrise les jeux dans cette ancienne enclave portugaise. La légende raconte à ceux qui veulent l'entendre qu'une voyante lui aurait prédit qu'il mourrait quand son énorme casino en forme d'ananas, le Grand LISBOA, serait achevé. Mais le vieux a trouvé la parade, et «vieux», dans son cas, est un hommage. Quatre vingt treize piges et toujours aux affaires. Le truc de Stanley, est donc de toujours conserver un échafaudage quelque part. Quand ça sent la fin, ça recommence. Ca me rappelle Jack LANG, il est comme le casino en forme d'ananas, toujours un ravalement en cours. Mais le Jack et toujours là. Comme beaucoup d'autres de ses amis, Jack traverse les époques, pour certains d'entre eux, on ne sait plus très bien depuis combien de temps ils sont là. Toujours en planque derrière une commission, un commissariat général, une agence d'état, un institut, un comité Théodule. Pour accéder à l'une de ces planques il faut avoir une particularité, comme un gène ou un virus, une sorte de particularité nommée socialo-maçonnie aigue. C'est en effet très particulier cet espèce de virus. Ca s'attrape souvent petit et c'est transmis par les parents. C'est en tout les cas de jack. Père et mère étaient maçons et additionnaient à la solidarité de la socialie, la solidarité juive. Il y a des entrées en scènes plus difficiles dans la vie. Comme le disait Coluche, *«certains sont plus égaux que d'autres»*, et le petit Jack en plus d'avoir reçu une bonne dose d'égalité a dû être touché par la baguette d'une fée dans son berceau, pour en faire l'adulte qu'il est devenu. Elégant, éduqué, instruit. L'homme est charmeur. Il manie avec aisance un verbe qui dans la bouche d'un autre serait qualifié de mielleux. Dans la sienne c'est presque poésie, musique. L'homme possède aussi la réflexion. Agrégé de droit public, il fut aussi professeur de droit international. Passionné de culture et de théâtre, il arrive à en faire son métier en prenant la direction d'une scène réputée, Chaillot. Ce n'est pas chose donnée à tout le monde que de faire d'une passion un métier, cela s'appelle souvent le talent. Quel que soit le lieu, les circonstances, le sujet, Jack envahit la scène, il a de l'aura, il pète l'écran. Quand Jack, est en représentation aucun spectateur ne quitte son siège avant la fin du spectacle. On aime ou on n'aime pas, mais ça a toujours de la gueule, du panache, c'est du JACK. Mais si d'aventure l'homme est dépourvu de mandat, de revenus de la chose publique, le virus refait son apparition immédiatement, la flèvre aussi, il lui faut un poste, vite, une dose d'honneur, une double dose d'avantages, vite …docteur, vite. Suivent aux mandats les responsabilités, mais aussi et surtout les dépenses. Locales ou nationales la dépense du denier public fait partie du traitement, elle est indispensable à sa survie. Si la fièvre remonte en cours de mandat, un seul remède encore et toujours de la dépense, mais de la dépense sans limite, de la dépense outrancière de la dépense sans compter. Tu as déjà vu un socialo compter autre chose que ses voix ? Alors, compter la dépense ? On projette, on bâtit, et, manie des princes, on laisse des traces. On imprime sa griffe. Qu'importe le prix de son empreinte. Qu'importent les coûts futurs de maintenance, l'important c'est de faire des grandes choses. Dieu nous garde que «moi-je» ne nous fasse un musée pharaonique à la gloire du scooter ! Tous les projets seront conçus en famille, entre socialistes et frangins. D'ailleurs, le terme «socialiste et frangin» ne serait-il pas une redondance, presque un pléonasme ? Je n'ai encore jamais rencontré d'élus PS qui ne soit pas maçons. Parfois cela tourne tellement en famille qu'il y a un réel risque de consanguinité avec toutes les conséquences que l'on connaît. Pour les grands projets, aucun marché, aucun appel d'offre ne devra sortir des cercles prédéfinis. (Bizarre pour des gens qui prônent la diversité). Comme tous les intervenants penseront de la même façon, dogmatique, les équilibres de la raison seront perdus. Comme toujours dans ces cas-là, on construira des catastrophes budgétaires présentes et à venir, mais les futurs gouffres financiers n'effleureront la pensée de personne, ce n'est pas au programme.   On se croirait sous l'époque Stalinienne, seule la grandeur du socialisme compte. Opéra bastille, Bibliothèque nationale, et bien d'autres ont laissé leurs traces indélébiles dans les comptes publics, leurs coups de griffes, leurs signatures... Les socialistes, grands serviteurs de l'Etat, portent la maladie dépensière, ils la transmettent mais n'en sont pas atteints personnellement. Seuls les budgets le sont. Ils ne sont que «porteurs sains». Regarde, Jack, soixante quinze automnes qu'il fait le paon en se regardant la queue, et tout à l'air d'aller pour le mieux. Jack se mourrait d'ennui seul dans son coin, sans public, et, ne pouvant ni encaisser ni dépenser. Son état s'aggravait. Son ami le bon docteur «moi-je» l'a remis en chantier. «Moi-je» lui a déniché une médecine de rêve. L'antichambre du paradis, «Président de l'institut du monde arabe». Il est vrai que les juifs en connaissent un rayon sur les questions arabes. N'est-ce pas merveilleux tout ça ! Dix mille euros mensuels assortis d'une fiche de paye comme une facture EDF inversée. Les lignes supplémentaires sur une facture EDF tu le sais, c'est à payer, pour la fiche de Jack c'est à encaisser. Au principal à dix mille balles s'ajoutent les lignes pour faire joli, chauffeur, voiture, mission, réception, représentation plus ce que l'on ne peut imaginer, insoupçonnable. Il est évident que tout cela se doit de cumuler avec les retraites des postes précédents, sans cela le traitement médical ne serait pas complet. Je me demande d'ailleurs, s'il n'y a pas encore quelques gouttes médicinales cachées entre les lignes du traitement principal, un petit % sur les dépenses, c'est toujours sympa un petit pour cent, ça fait du bien. Que Jack avait dû être gentil avec François-moi-je dans sa jeunesse, quand Jack était ministre d'un autre François et que Moi-je stagnait courtisan.

Il est évident, que miser sur Jack n'est pas un pari d'avenir pour François. Il ne faut pas espérer de retour d'ascenseur dans quinze ans ou vingt ans. Sauf si, comme pour rejoindre Stanley dans sa longévité, Jack ne se trouvait un nouvel échafaudage. T'imagine ? Jack toujours en action à plus de quatre vint treize piges ? Remarque, s'il pouvait suivre l'exemple de Stanley et faire joujou avec ses propres billes, personne ne serait contre. A moins que «moi-je», ne lui colle un autre job à la roue. Jack fréquentant le monde arabe et l'islam de si près, il pourrait avoir pour mission de trouver ce fameux paradis des vierges et de lui en ouvrir les portes sans passer par la case explosifs. Ce paradis où des milliers de jeunes filles sont en attente des martyrs qui toquent régulièrement à la porte. Plus rusé qu'un James bond, Jack serait capable de réussir, de s'infiltrer dans le dos du Prophète, de dénicher les vierges et d'en préparer quelques une pour son bienfaiteur…

Parce que la rue du cirque ça va cinq minutes, mais elle a passé la quarantaine la copine, et comme depuis deux mandats c'est devenu une habitude de rajeunir les first lady… moi-je pourrait se laisser tenter. La tentation ne serait pas un rajeunissement superficiel via trois coups de Botox ou de Restylane qui permet de faire illusion devant les caméras ou dans les dîners officiels. Fini ces petits soins-là, c'est du passé. Depuis deux mandats, la mode maintenant est de faire balle neuve. François, ne va quand même pas finir son quinquennat en célibataire et devrait nous servir d'un coup dont il a le secret, du neuf, du jeune. Bien qu'ayant quand même grignoté dix ans en début de mandat avec l'arrivé de Carla, Raymond Mélodie était resté raisonnable dans le rajeunissement. Prévoyant, Moi-je, qui n'a jamais supporté de jouer petit bras face à son prédécesseur avait déjà pris 12 points d'avance dans le set Ségo-Valerie juste avant de rentrer sur le court central de l'Elysée. Alors chaud et bien dans son short, il marquait ensuite sept points sur le set Valerie-Julie. Cette dernière gagnante au loto présidentielle ne faisant plus l'actualité et sauf à imaginer François roucoulant entre hommes à la lanterne le troisième set se devrait d'apporter des surprises. Il lui reste deux années pour jouer de cette étrange beauté et du pouvoir de séduction qu'apporte la fonction. Ca va imposer un service puissant et précis. Ramener une petite au château doit être chose simple, mais il lui faut ramener la bonne. On ne lui demande pas de s'engager, il ne le fait jamais en aucun domaine. Allez François, un petit effort, une première dame ça meuble et ça rassure dans les chaumières. Et puis il ne faut pas laisser orphelines les œuvres caritatives. Récapitulatif du score à mi quinquennat : Douze points sur le Ségo-Valoch + sept sur le Valoch-Julie nous font dix neuf points de rajeunissement. Dans le vent Raymond, tu es dans le vent tu

---

n'as que 10 points à ce score-là t'auras du mal à revenir. Mais François-moi-je souhaiterait vraiment assurer une victoire écrasante et le dernier set ne devrait pas l'inquiéter. Courage François, pour une fois que tu es bon dans un domaine, faut pas te brider, lâches-toi François. Et toi mon Jack ! T'as entendu, faut pas le brider, en ce domaine, il a un cap le François. Tu te dois de l'aider à le tenir. Aller, au taf, prépare le choix v'là le grand vizir. Ecoute moi bien moi-je. Pour une fois il faut raison garder, payer Jack tous les mois simplement pour aller chasser la vierge au paradis du prophète, comme tu y vas avec les deniers des impurs. Pendant les vacances d'été, à Brégançon, tu n'as pas eu le temps de cliquer, de surfer un peu sur les nouvelles. Entre deux commémos insipides tu aurais pu regarder les annonces. Tu n'as pas vu ? On ne t'a pas dit qu'à Mossoul il y avait des promos ? Cent cinquante balles, oui cent cinquante Euros pas un Diram ou un dinar de plus et tu embarques l'esclave femme de ton choix. Et crois-moi, ce n'est pas le choix qui manque, elles sont capturées tous les jours, par centaines, par milliers.

XV
Les autres frères

2014, September, Thursday 9th
Full Moon phase. 4.02 Am

Il est maintenant 4h02. Après avoir relevé un peu la température de l'air conditionné pour que cesse la ventilation et profiter du silence de la nuit, suivant le rituel de mes insomnies, je clique sur la pomme. J'avais quitté l'écran et le tout nouveau testament, hier vers 23h30. Rejoignant ma blonde, je me promettais de dormir. Cette nuit, point de Raymond ou autre à nommer en coupable. Cette nuit la responsable comme tous les vingt neuf jour et demi, c'est la lune. En fait cela ne dure trois jours, ou plutôt trois jours et trois nuits. La nuit qui précède la pleine lune, celle du crime et la suivante. Notre calendrier n'étant pas constitué de mois synodiques, les repères calendaires ne sont pas flagrants. Depuis longtemps déjà, espérant me protéger, je me suis forcé à ne pas regarder, à ne pas retenir la date prévue de mes prochaines insomnies. Quand mes insomnies lunaires arrivent, je ne m'en aperçois, non pas à la nuit perdue, elles sont trop fréquentes pour être des marqueurs, mais à l'état calamiteux dans lequel je me trouve dans la journée. Les lendemains d'insomnies sont plus durs en phase de pleine lune. Si j'étais juif, chinois ou hindou, suivant un calendrier luni-solaire le rythme mensuel me rappellerait toujours à même date l'arrivée de la full Moon. Si j'étais musulman, adepte d'un calendrier purement lunaire il en serait de même. A Miami Beach, le calendrier juif est presque un calendrier officiel pour les jours fériés de la thora. Si les dates des fêtes sont marquantes, les dates de pleines lunes se font plus discrètes. La Full Moon me tient éveillé, et attendant qu'elle me lâche les paupières pour quelques heures de sommeil matinal, je décide de m'administrer mon meilleur somnifère : suivre les informations télévisées en anglais. Avant que le flux de paroles qui, la fatigue aidant ne m'endorme, un spot publicitaire ravive mon attention. La

Franc-maçonnerie en fort déclin aux USA recrute par voie de publicité télévisée. Aidé d'un film pub fort bien fait, suffisamment rare ici pour être souligné, les loges annoncent ne pas faire de secret et rechercher du sang neuf. Leurs membres n'étaient plus en 2012 que 1 300 000 pour 4 millions en 1955. A ce rythme de décroissance actuel, la fraternité n'aurait donc plus que 40 ans à vivre. Dans cette communication, les loges annoncent clairement vouloir la maîtrise mondiale des affaires, et de la politique. Les francs-maçons américains savent jouer franc-jeu, et en ce sens attirent un certain respect. Une telle transparence dans les buts recherchés est absolument impensable en France.

Tu as dû t'en apercevoir j'avais un amour filial très développé et le fait que Papa soit maçon ne pouvait, bien évidemment, en rien altérer cet amour. Les maçons qui sont de mes amis, je les respecte, les maçons qui ne sont pas de mes amis j'aimerais pouvoir les ignorer, mais fondamentalement parlant, et par ses actions la maçonnerie m'indispose car il m'est difficile d'accepter que la république soit l'otage de forces occultes ultra minoritaires. Depuis l'élection de moi-je je ne peux m'empêcher de faire le parallèle avec l'époque mitterrandienne ou le grand maître du GODF, Roger Delay appelait directement les ministres pour leur donner ses consignes. Si la maçonnerie aujourd'hui ne peut tout imposer, en tant que plus grand parti politique de France elle a le pouvoir de tout bloquer, et tu t'étonnes que le pays n'avance pas ! La fraternelle parlementaire compterait 410 membres or la France compte 577 députés et 348 sénateurs ce qui fait 925 parlementaires. Râle pas, calme toi, je sais qu'il y a plus de la moitié de dormeurs là dedans, mais là n'est pas le sujet. Réduire le nombre de parlementaires serait salvateur pour le pays mais ne changerait rien à ce que je vais exposer. 925 parlementaires dont un minima de 410 frérots fait que le système est infiltré à 44.3% or aux dernières élections moi-je et le PS atteignaient 28.63%, Raymond-mélody 27,18%. Le plus important parti de France est donc la maçonnerie, et de très loin. C'est pour cela que parfois tu ne piges pas qu'un projet de loi présenté par la gauche se retrouve soutenu par la droite. Tout cela est normal, si le sujet a été débattu et approuvé dans les loges, les frères le soutiendront. L'électeur spectateur alors ne comprend plus et la France et les français ressentent une action dissimulée sans toujours faire le lien avec la causalité. Cela nourrit un sentiment d'incompréhension, voire de rejet. Le fait que la droite semble parfois faire une politique de gauche et inversement, déclenche une perte de compréhension profonde chez le citoyen électeur, il y a perte de repaire. Ce qui s'exprimera par l'abstention ou le vote blanc lors des scrutins suivants. La maçonnerie étant anonyme et abstraite celle-ci ne peut cristalliser le sentiment de rejet et ce sera le politique, seule partie apparente de l'iceberg du pouvoir, qui sera rejeté. Le français dit alors «politiques tous pareils, ils se tiennent tous, tous pourris» et rejette en bloc l'appareil et ses représentants et ils ont raison puisque ces élus représentent plus les loges que le peuple. L'électeur se trompe, le politique maçon tient sa promesse mais pas vis à vis de ceux qui l'ont élu, mais vis a vis de la loge la seule chose qui compte pour lui une fois élu. S'il est vrai que les politiques se soutiennent au sein des partis, et plus encore au PS, que dire du soutien entre frangins. Le soutien maçonnique se devant d'être caché, n'apparaîtra au français que le soutien du politique, c'est à cet instant que l'incompréhension s'accentue et nourrit le rejet. La maçonnerie n'apparaissant jamais, l'organisation s'en sort toujours indemne. Le soutien politique est voyant et officiel. Le soutien par appartenance à la communauté religieuse juive s'il est apparent ne peut être pris en considération. Le soutien d'un frère se doit de rester secret. De fait, seule l'appartenance politique apparaîtra comme raison de ce soutien parfois incompréhensible. A ce moment précis, la rue ne comprend plus et son premier sentiment sera de croire que les politiques se tiennent tous quelle que soit la gravité de leur actes ou de la situation alors qu'avant toute chose ce sont des frères qui se soutiennent. C'est donc toujours l'habit politique qui porte le chapeau, le tablier ne devant pas dépasser du costume. Si l'appartenance à la loge est connue, réputée secrète elle ne peut être officialisée, mais surtout parce que l'étiquette de «parti des francs-maçons» n'existe pas. C'est pour cela que la Maçonnerie m'indispose. Ce n'est pas son travail, ses études, les idées qu'elle soutient, ses prises de positions sur certains sujets sociétaux qui me gênent, tout cela mérite d'être fait mais si cela influe sur la politique, ces travaux se doivent d'apparaître au grand jour. Ce qui m'indispose c'est la prise de pouvoir anonyme et le diktat qui en découle.

Les francs maçons seraient 150.000 en France toutes loges confondues, rapporté à 66 millions de français, les frères trois points ne représenteraient que 0.25% de la population. En tant que républicain il m'indispose qu'une si faible minorité puisse être à l'origine de lois sociétales et que l'assemblée nationale valide leurs souhaits. Si un candidat aux élections municipales ou aux législatives se présentait à ses concitoyens sous la seule étiquette GODF ou GLNF serait-il élu ? La réponse est évidemment non.

Les français ne votent pas pour des choses secrètes. En république, le peuple est souverain. Sa voix s'exprime par celle d'élus qui ont pris des engagements envers lui, comme on s'engage pour un mariage. Ne pas être libre au moment des noces et devoir agir par la suite en fonction des loges revient à tromper l'électeur, et à usurper un mandat. Ce qui m'indispose encore c'est qu'à l'encontre de l'universalité qu'elle défend, à l'encontre des valeurs républicaines, et à l'encontre de ce dont elle s'enorgueillit le plus, «la tolérance», la maçonnerie est l'exemple de la plus grande intolérance démocratique qui soit. En ne considérant que la réflexion qui émane des loges et en rejetant les travaux qui ne sont pas passés par les temples, la maçonnerie fait preuve de la plus grande intolérance et d'étroitesse d'esprit. La tolérance c'est d'abord le respect d'autrui. Ce respect commence par l'acceptation d'un autre discours, et s'il le faut celui du non initié. Hors, si certaines positions extérieures au temple, à la loge devaient éveiller l'attention des initiés et être discutées, c'est par un frère qu'elles franchiraient la porte du temple. Entre frères elles seraient débattues et c'est avec le regard des frères et uniquement avec celui-ci, qu'elles seraient étudiées. Si quelque chose devait aboutir, cela deviendrait un pur produit maçonnique. Et pourquoi les réformes, les idées devraient êtres débattues par les loges ? Au nom des 0,25 % d'initiés ? La notion de supériorité si chère à jules ferry franc-maçon semble encore vivace : *«Je répète qu'il y a pour les races supérieures un droit, parce qu'il y a un devoir pour elles. Elles ont le devoir de civiliser les races inférieures».* Extraits du discours du 28 juillet 1885. Jules et le Grand Orient affirmaient pouvoir éliminer la violence entre les nations en les éduquant en les colonisant ! De cette erreur maçonnique historique est naît la notion de repentance perpétuelle que les maçons d'aujourd'hui rabâchent au peuple français en permanence. Mais il s'agit bien là d'erreur de maçons, pas d'erreur du peuple, qui, lui, est fatigué de supporter erreur et repentance d'autrui.

Si la notion de race supérieure a fort heureusement quitté les loges, la notion de supériorité perdure. Preuve en est cette volonté farouche de vouloir adapter l'islam à la France. Faut-il se croire supérieur pour penser pouvoir adapter une religion qui ne veut se réformer ! Aujourd'hui poussées par cet orgueil qui enfante tous les maux, les loges et leur représentation politique commettent la même erreur que Jules Ferry, elle se sentent envahies d'une mission et pensent devoir modeler les hommes et les sociétés à l'image de ce qu'elles souhaitent. Par ces faits, un groupe d'homme à l'action secret prendrait la place d'un Dieu ? Depuis 1845 une acclamation maçonnique, orne les frontons de nos mairies. «Liberté, Egalité, fraternité». Les trois mots qui forment cette acclamation, dans leur ensemble indissociable ne s'adressent qu'aux initiés. Les citoyens aspirent à la liberté et ont le droit à un traitement égalitaire devant les lois de la république, mais en aucun cas ils ne sont frères, sauf à se rapporter à la culture chrétienne qui évidemment est hors sujet ici, encore plus les frères de l'islam. Mais comment imaginer de vraie liberté pour le peuple quand celui est privé de sa souveraineté au profit d'organisation secrète ? Comment concevoir l'égalité quand on connaît la différence que font les maçons eux-mêmes entre initiés ayant reçu la lumière et les autres qui vivent dans les ténèbres ? Ce statut d'initié dont ils sont imbus les pousse à donner sans cesse des leçons sans même s'apercevoir qu'à force d'être consanguine, leur réflexion est dépassée, sclérosée, malade. Quant à la fraternité, celle-ci ne peut s'appliquer qu'entre frères, et 65 millions huit cent cinquante mille citoyens en sont donc exclus. La maçonnerie c'est une force, des réseaux, qui en France, s'octroient dans le secret et le dos du citoyen, droit et pouvoir sur la chose publique. Tu le sais Manu, j'interpelle Manu, mais je pourrais le faire avec Michel, Pierre, Vincent, Arnaud, Jean-Yves, Stéphane, Jean-Marc et bien d'autres. Judaïsme et maçonnerie ont beaucoup de points communs. L'ancien testament ne mentionne t'il pas un roi d'Israël nommé Salomon, fils de David ? Ce roi Salomon débarrassé des guerres de son père a pu se consacrer au projet que chérissait David. La construction du premier temple d'Israël. Les écritures maçonniques elles aussi accordent une grande place au roi Salomon et à Hiram de Tyr. Hiram qui aida Salomon dans sa construction en partageant son savoir et en lui apportant les bois précieux du Liban. C'était au programme à la loge tout ça Manu, aucun des principaux thèmes Hiramiens ne peut être oublié. Aucun écrit ne peut faire abstraction du roi Salomon le symbole de la sagesse. J'interpelle Manu parce qu'il est le «number one» en place et qu'il est un cas d'école. Son seul et récurrent discours tourne autour d'un sujet unique «les valeurs de la république, les valeurs qui nous unissent». Les valeurs qui unissent Manu aux autres sont les valeurs maçonniques et parfois judaïques. N'a t'il pas déclaré «Je me sens lié de manière éternelle à Israël». En plus, bien sûr d'être lié à la Maçonnerie. Ces valeurs maçonniques ne doivent pas, ne peuvent pas être partagées avec des non initiés, quant au judaïsme il exige avant toute chose, que l'on y soit converti. Le partage de Manu reste donc très confidentiel et ne peut s'élargir car il est engagé envers des minorités. Tu le sais, Manu, tu es tenu. Même si tu as pris quelques distances, même si tu n'es plus, ou moins actif, tu restes un initié, tu es lié. D'autant plus que tu dois tout à tes frères, tes premiers jobs ainsi que ton ascension jusqu'au poste de premier ministre. Tes premiers pas d'assistant parlementaire se sont fait à l'ombre d'un tablier, et maintenant en retour, tes nominations sont toutes ou presque prescrites par les loges. Tu ne parles donc et n'agis que pour un tout petit nombre et ne peut faire autrement puisque que, face à la mort, face à la vie tu ne peux te désengager, ta promesse est sacrée. Si tu te désengages tu seras parjure, envers toi même d'accord, mais parjure et tu devras vivre avec ton fardeau.

XVI
L'ordinateur magique

2014, Friday September 19th
SOPHOCLE

Sophocle ! Je sais, rien à voir avec le judaïsme, ni le Christianisme dont le messie n'était pas encore né, encore moins avec l'islam qui devra encore attendre son prophète durant un millénaire. Je sais, rien à voir non plus avec «The Star Spangled Banner»... Pour les Américains, la Grèce, c'est juste un port ou une destination croisière. Ils ne connaissent la Grèce qu'en bateau et jamais avec plus d'une ou deux journées d'escales. Alors la littérature... Remarque, fais un sondage à la sortie des écoles de l'hexagone, et tu me diras s'il est connu le Sophocle, tu jugeras par toi même. Je ne pense pas que tu fasses un gros score avec ce grec-là, il n'est pas du bled...le Sophocle. Quant à la Grèce elle-même, on t'indiquera peut être le nom d'un restaurant pas loin, souvent en le confondant avec un libanais ou un Turc. Mais la Grèce, peut-être vaut-il mieux la connaître comme un Américain que comme un Européen d'ailleurs. Quand tu es Américain tu payes, mais tu as une croisière «all included». Tu as payé, mais tu en as pour tes Dollars. Quand tu es Européen, tu as payé aussi, mais pour le martini dry au bord de la piscine du pont supérieur, tu n'as pas pris le bon ticket. Pour la croisière non plus tu n'as pas tiré le bon numéro, j'ai un peu l'impression qu'il te faudra rejouer. Il vaudrait donc mieux voir la Grèce côté US que du coté EU, du bateau que du créancier. Mais en bon Européen tu n'as pas le choix, il te faut accepter la situation. Pourtant toi, l'Européen lambda tu le savais dès le début toi, que les prêts accordés à Zorba risquaient fort d'être à ports perdus. Pas même quelques compensations, des mézès à grignoter en attendant les jours meilleurs et le règlement des échéances, non, juste le tonneau des danaïdes. Il fallait bien un truc, une organisation comme l'Europe, pour accepter ce genre de deal. A moins qu'il y ait eu un retour, quelques remerciements servis quelque part, dans d'autres îles que les îles grecques. Une tournée générale gratis. Si c'est le cas, ce n'est pas à toi qu'on a servi l'ouzo. L'américain a opté pour la croisière, le chinois qui comme l'Européen avait aussi mis la main au portefeuille a obtenu les ports. C'est pas qu'il soit vraiment plus malin le chinois, il est simplement normal le chinois, quand il paye, il apprécie recevoir quelque chose en retour.

Drôle de paradigme cette affaire, d'un côté, année après année les manuels scolaires français s'allègent de tout ce qui pourrait rappeler notre culture européenne fut-elle partiellement d'origine Grecque. Finies nos racines, oubliés les anciens, finie aussi l'histoire de France, jusqu'à réduire les chapitres concernant louis XIV ou Napoléon Bonaparte à beaucoup moins que ce que l'on consacrait habituellement au plus méconnu des Mérovingiens. Pourquoi tant de réduction ? Pour laisser place aux sujets rentrants. Parce que dans l'Histoire mon gars il y a des sujets rentrants. Des sujets pour faire plaisir à la diversité, aux diversités. Pour faire plaisir à d'autres peuples, on réduit notre histoire laissant place à la leur. Nos dirigeants agissent de la même manière avec le peuple qu'avec les manuels d'histoire. Pour faire plaisir, avec raisons apparentes mais sans logique historique, on réduit la part de chacun pour faire de la place à des sujets rentrants.

Puisque qu'on cause Merovingiens, Carolingiens Capétiens, peut être même Valois ou plus proche de nous Bonaparte. Puisqu'on chatouille l'Histoire de France, on ne peut ignorer celle de l'Europe et de la mouvance de ses frontières au cours des siècles. Cette Histoire-là, cette construction Européenne, avec ses luttes, ses guerres, ses alliances, ses paix, n'était déjà pas toujours facile à suivre pour les jeunes esprits, c'est maintenant devenu mission impossible. Muni d'un bon arbre généalogique, d'une chronologie complète et avec un peu de temps on pouvait espérer que nos chères têtes blondes (Oh merde, j'ai encore dit un gros mot-là) retiennent quelque chose, tout au moins les faits et les hommes les plus marquants. Des mecs comme Clovis, Charles Martel, Saint Louis, Charlemagne, ou même des gonzesses comme la pucelle ou Catherine de Médicis. Ces mecs-là, ou ces nanas-là, ce n'était pas que des billes, ils n'étaient pas forcément nuls, leurs actes non plus, et puis c'est l'Histoire, ils ont eu des faits d'armes ou de paix, ils ont existé. Ils demeurent avec bien d'autres, écrits dans la construction de l'Europe. De cette Europe qui apportera les lumières. Et bien non les gars, tout ce que vous avez étudié, faut que vous le sachiez maintenant, c'était du pipeau, de l'intox, du javanais. Rayés de la carte tous ces petits rois qui se terminent en «giens» ou en «tiens». Je te dis, même Napoléon Bonaparte à l'heure actuelle, certains se demandent si c'est pas un peu un mythe. A t'il vraiment existé ? Et si ce n'était pas de la pure intox lui aussi ? Un truc inventé pour voir si tu avais de la mémoire, si ta caboche pouvait retenir quelque chose. Changement de cap ont-ils décidé, pour l'histoire comme pour le reste. Question «cap» ils en connaissent un morceau dans l'équipe à moi-je. Ils ne connaissent même que cela. Ils n'ont que cela à la bouche, ils ne savent pas bien si c'est le 90° ou le 240°, un coup à l'est, un coup à l'ouest. Qu'importe sa direction, un cap, c'est un cap, on n'y touche pas, c'est sacré un cap. Pour tester les neurones de tes chers enfants, on a changé de cap. Plus d'est, plus d'ouest, cap au sud. On leur parle des empires du Mali, du Ghana, du Songhaï et on s'étale sur le Monomotapa. *(Dimitri CASALI historien, directeur de collection, prix Dugesclin 2011 pour l'artemanuel d'histoire de France).* Tiens puisqu'on se balade là-bas, en Afrique australe, en brousse et sur les plages du Monomotapa, j'ai quelqu'un à questionner, un fiston qui après avoir passé quelques années à Jouy-en-Josas à suivre les cours d'HEC en est sorti lui aussi, avec un très joli chapeau. Plutôt que d'aller fièrement et bien chapeauté jouer du pipeau dans un cabinet ministériel ou épouser le monde de l'entreprise, ce fiston-là, s'en est allé en Afrique jouer du saxophone, au Mozambique plus précisément. Peut-être plus de soleil que dans les palais de la république, ou peut être encore, l'Afrique préférait t'il la vivre plutôt que d'en parler sans l'avoir vécue, sans savoir. Il y a longtemps que je n'ai pas cliqué sur son adresse mail pour lui envoyer une bise électronique. Je le fais dès maintenant et en profite, entre deux smacks, pour lui demander si, là-bas, au Mozambique, on s'en souvient de l'empire Monomotapa ? Pendant que je suis sur l'application mail, je questionne aussi une de ma fille aînée qui vit en France, dans le sud ouest ou elle enseigne, outre le Français et le Yoga, les lettres anciennes. Je ne sais pas où elle a trouvé des élèves pour le Latin Grec mais s'il y a un prof, c'est qu'il y a encore des élèves. Tout n'est peut être pas perdu. Mais c'est vrai qu'elle enseigne dans le privé... Je poserais juste une petite question anodine sans même lui dire pourquoi. Parce qu'un tout nouveaux testament ça se travaille dans le secret, en douce, quand chacun roupille. Quand chacun s'amuse avec un joli chapeau ou une couronne sur la tête. La question à la fifille ? Toute simple : et Sophocle ? Toi tu connais bien sûr, mais pour tes élèves ? Il se balade où et comment le Sophocle dans les programmes ? S'y balade t'il encore le grec, et le connaissent ils ? Puisque Sophocle nous ramène dans les eaux athéniennes, reparlons Grèce.

Dès que le grec n'arrive plus à joindre les deux bouts en vendant son huile d'olive au black, ça rentre à nouveaux dans le programme. Pas celui d'Histoire ancienne, non, celui de l'histoire qui s'écrit aujourd'hui, l'histoire économique, celle de l'Europe de Goldman Sachs et quelques copains de la banque, plus connu comme «la bande à Mario». Et le programme me diras-tu ? En quoi consiste t'il ? Très simple le programme, c'est de la fraîche, du pognon, des talbins, pas de la moussaka ou de la feta. Pas du yogourt non plus, de la fraîche je te dis, de la fraîche tout simplement. C'est plus loin dans le programme, pour les années suivantes qu'en compensation de cette fraîche les copains à Mario feront leurs, toutes les richesse du pays. Ne sois pas nostalgique, je le sais que ce n'est plus de la fraîche comme à la grande époque, de la sonnante et trébuchante, non c'est de la virtuelle ! De la «fraîche octets» toute droite sortie des ordinateurs des banques centrales et prêtée par les petites sœurs, les banques privées. Ne sois pas jaloux, ces ordis-là ne sont pas pour toi mon gars, pour moi non plus. Nous on est trop cons pour ces bécanes-là, pas pour les faire fonctionner, mais pour y avoir accès. On est trop cons, et en plus on n'a pas le vice, car il faut être vicieux, puisque ces ordinateurs-là sont fait pour les banques, et seulement pour les banques. Pour faire fonctionner ces ordinateurs, en plus du vice, il faut être bon technicien, être bien entraîné, avoir reçu la formation idoine. Je t'explique vite fait : Il y a deux boutons pour cliquer, un marqué «prêt» un autre marqué « remboursement ». Je sais, c'est technique ! Quand tu cliqueras sur le premier bouton, tu dois rentrer le nom de l'emprunteur et un montant. Pour le montant, n'hésite pas sur les milliards, ne rechigne pas sur les octets, sinon tu ne seras pas pris au sérieux. Puis tu cliques sur le deuxième et tu rentres le taux d'intérêt. Si tu as le temps, qu'un collègue ne t'appelle pas à la machine à café, tu peux mettre des années, mais la durée c'est pas vraiment important, de toute façon tu vas le revendre, le truc que tu es occupé de faire, le prêt. Tu ne fais pas tout cela, deux clics, pour laisser ton boulot traîner en portefeuille. De la dette d'état, de nos jours, ça ne dure que pour l'emprunteur. La dette pour le prêteur, celui qui a la main sur les octets, c'est fait pour circuler, se balader sur l'open market. Comment ? Tu n'aimes pas les termes Anglais ? Et bellot ! (Pour reprendre un terme plus franchouillard) moi je n'y suis pour rien, en finance ce sont les Anglo Saxons les plus costauds, non ce n'est pas la place de Paris qui commande, d'ailleurs Brongniart, c'est fermé. Tu vois, l'histoire, le style, les belles pierres, tout fout le camp.

Reprenons, les Ricains et les English sont les plus forts, donc ce sont eux qui font la loi. Ne m'engueule pas, c'est la vie, moi je témoigne, c'est tout. J'écris un testament, je ne décide pas. Je ne peux changer les choses, parfois les voir venir, mais pas les changer. Pour citer Audiard à nouveau, j'aime bien Audiard, surtout de profil avec la clope et la casquette. Je suis peintre moi, c'est les images que j'aime. Les images je comprends mieux. Audiard ! Voilà un mec que j'ai envie d'appeler par son nom de famille. Voilà un mec qui savait faire de ses textes de belles images. Silence maintenant, Audiard via Belmondo dans 100.000 dollars au soleil, clap, tournez ...«*Quand les types de 130 kilos disent certaines choses, ceux de 60 kilos les écoutent*». Voilà pourquoi les Américains font la loi. Quand tu possèdes l'armée la plus puissante du monde, ceux qui essayent de faire fonctionner leur unique porte avion écoutent... Je ne sais pas si c'est louable, ni ce qu'en pensent les dieux, mais c'est ainsi.

OK, tu es revenu de la machine à café. Reprenons. Tu as bien rempli les deux cases qui vont avec les clics, dans le bon ordre ? Tu es sûr de ne pas t'être trompé ? Alors maintenant appuie sur entrée, c'est parti, roulez jeunesse, envoyez les milliards. Tu vois, pour la finance de haut niveau, juste une hot line peut suffire. Courage, tu deviens bon, l'avenir t'appartient. Les milliards sont apparus à l'écran ? Parfait, ces milliards-là, tu n'as plus qu'à les prêter à Zorba, ou à un autre, comme tu veux, choisis, tu n'es pas raciste. Tu prêtes à tout ceux qui souhaitent emprunter, pas uniquement aux Grecs. Pour que tu les prêtes tes petits milliards octets, il suffit que le pays les demande. Qu'il en ait besoin ou non tu t'en fous, il suffit que tu aies une demande. Mais attention, pas n'importe quelle demande, il te faut un pays avec un peuple soumis qui accepte de bosser pour rembourser. Pour la garantie sur le peuple soumis, ne t'inquiète pas, l'Europe s'en est occupé, c'était juste une question de dirigeant. Si celui-ci n'était pas fiable pour la banque, elle l'aura remplacé. De toute manière l'Europe se tape du dirigeant, il y a longtemps qu'elle lui a enlevé ses pouvoirs, il lui faut juste un mec qui représente le peuple pour signer. OK, t'as trouvé un pays ? Le mec est d'accord pour signer ? Toujours parfait. Tu as vu, le plus dur, c'est pas les clics et les milliards octets, le plus dur, comme toujours, c'est de trouver le bon client, le bon pays avec le bon peuple. Si le pays ne possède pas d'armée c'est mieux. Plus tranquille encore, un pays qui a abandonné sa souveraineté militaire au profit d'un autre bouclier, un bon pays tout simplement. Le remboursement sera une autre histoire. Ce ne sera pas de la virtuelle, pas des octets, ce ne sera pas des clics. Ce sera de la vraie, du travail, de la production, de la valeur ajoutée autrement que par une touche d'ordinateur. Ce sera des petits matins trop tôt pour aller au boulot, des nuits d'usine, des dos courbés dans les champs, des mains et des corps abîmés, usés. Le remboursement ce sera le labeur de chacun transformé en impôts, en taxes, en trucs et en machins surtout en intérêts qui te feront toujours lever plus tôt. Bosser plus pour pouvoir en assurer le paiement. Je préfère le terme paiement que remboursement. Remboursement signifierait qu'il y ait eu une valeur de départ réelle, alors que cette valeur n'était que virtuelle. Parce que si tu as déjà réussi à payer tes impôts uniquement en cliquant, si tel est le cas, fais œuvre de charité, please, fais-en profiter les copains. Bien sûr tu auras déjà cliqué pour un virement en direction d'un centre des impôts, mais avant le clic fatal, c'était bien le fruit de ton travail qui avait alimenté le compte.

Magie de notre civilisation monétique et financière, les états empruntent aux banques commerciales puis les banques commerciales empruntent aux banques centrales qui ont le privilège de la création monétaire.

Je t'avais parlé précédemment de la loi de 1973, maintenant je te parle des conséquences. Les états remboursent avec du vrai argent, cela tu le savais déjà, c'est le tien de pognon et question fausse monnaie tu n'as pas encore eu la formation. La banque commerciale perçoit les remboursements des états puis rembourse la banque centrale en conservant juste un «chouia» pour le service. Tu comprendras maintenant pourquoi, quitte à cliquer, mieux vaut cliquer pour des milliards, c'est le même boulot et le service c'est comme au restau, c'est au pourcentage. La banque commerciale prête l'argent qu'elle ne possède pas. Celle-ci prête juste ce qu'elle va emprunter pour le pays à qui elle va le prêter. Pourquoi jouer petits bras ! La magie, le tour de passe-passe, c'est que la banque ne prête plus sur des actifs existants, la banque maintenant est meilleure que Copperfield. Pour les prêter, elle fait apparaître des millions qui n'existent pas, et se rembourse en faisant disparaître les millions qui existent, notre travail, nos économies. Je vois que tu commences à comprendre que les millions, les milliards ne seront réels que lors du remboursement. L'important dans le truc, c'est toi, c'est nous, c'est les cons qui ne possèdent pas le bon ordinateur à deux clics. Nous le possédions avant 1973, son petit nom était «Banque de France». Leur métier est très simplifié, très peu de personnel, la banque n'a même pas la charge des commerciaux.

Les commerciaux, les brookers, les apporteurs d'affaires sont payés par l'emprunteur, payé par le peuple. Ce sont nos dirigeants grassement installés qui depuis 1973, quand ils ont un peu de temps, font le job. Peut être la fonction ne paye t'elle pas assez et ont-ils besoin d'un second emploi. Quoiqu'il en soit, aucun n'a été capable, ou n'a eu le courage d'abroger cette loi scélérate qui impose d'emprunter au privé au lieu de battre monnaie et d'emprunter à la banque de France. Michel Rocard, ancien premier ministre socialiste au micro d'Europe 1 : *«La réforme de la Banque de France de 1973 a interdit que celle-ci prête à l'État à taux zéro. L'État est donc allé emprunter avec intérêt sur les* marchés privés. *Si nous en étions restés au système précédant, qui permettait, répétons-le, à la Banque de France de prêter à l'État à taux zéro, notre dette serait de 16 ou 17 % du PIB, soit bénigne»*. Rocard, présente un avantage pour les journalistes qui ne souhaitent évidemment pas s'éterniser sur le sujet. Son élocution, de plus en plus difficilement compréhensible permet de ne pas relever les termes de son discours et de passer à autre chose en espérant que peu auront compris. Donc contrairement à ce que nous rabâchent en boucle les médias *«La France n'aurait pas vécu au-dessus de ses moyens»* La dette serait en grande partie artificielle et seulement une résultante de ces «jeux» d'écriture.

Dis, on peut jouer aussi ?

Dépendants de la Fed qui n'a de fédéral que le nom, les Etats Unis ne sont pas mieux lotis. Les USA, eux aussi dépendent depuis bien longtemps du privé pour leur création monétaire. La France puis l'Europe n'ont fait qu'emboîter le pas. *"Lorsqu'un gouvernement est dépendant des banquiers pour l'argent, ce sont ces derniers, et non les dirigeants du gouvernement qui contrôlent la situation, puisque la main qui donne est au-dessus de la main qui reçoit. [...] L'argent n'a pas de patrie; les financiers n'ont pas de patriotisme et n'ont pas de décence; leur unique objectif est le gain»* (Napoléon Bonaparte).

Thomas Jefferson écrivait en 1802 : *«Je pense que les institutions bancaires sont plus dangereuses pour nos libertés que des armées entières prêtes au combat. Si le peuple américain permet un jour que des banques privées contrôlent leur monnaie, les banques et toutes les institutions qui fleuriront autour des banques priveront les gens de toute possession, d'abord par l'inflation, ensuite par la récession, jusqu'au jour où leurs enfants se réveilleront, sans maison et sans toit, sur la terre que leurs parents ont conquise»*

Pour Sir Josiah Stamp, Directeur de la Banque d'Angleterre (1880-1941). Réputé 2ème fortune d'Angleterre à cette époque, en 1920 : *«Le système bancaire moderne fabrique de l'argent à partir de rien. Ce processus est peut-être le tour de dextérité le plus étonnant qui fut jamais inventé. La banque fut conçue dans l'iniquité et est née dans le péché. Les banquiers possèdent la Terre. Prenez-la leur, mais laissez-leur le pouvoir de créer l'argent et en un tour de mains ils créeront assez d'argent pour la racheter. Otez-leur ce pouvoir, et toutes les grandes fortunes comme la mienne disparaîtront et ce serait bénéfique car nous aurions alors un monde meilleur et plus heureux. Mais si vous voulez continuer à être les esclaves des banques et à payer le prix de votre propre esclavage laissez donc les banquiers continuent à créer l'argent et à contrôler les crédits ».*

Pour Maurice Allais, Prix Nobel de Sciences Économiques en 1988 : *«Par essence, la création monétaire ex nihilo que pratiquent les banques est semblable, je n'hésite pas à le dire pour que les gens comprennent bien ce qui est en jeu ici, à la fabrication de monnaie par des faux-monnayeurs, si justement réprimée par la loi. Concrètement elle aboutit aux mêmes résultats. La seule différence est que ceux qui en profitent sont différents ».*

Et pour finir, l'avis de David Rockefeller, à la Commission Trilatérale, 1991 : *«Nous sommes reconnaissants au Washington Post, au New York Times, au magazine Time, et aux autres grandes publications dont les directeurs ont assisté à nos réunions et respecté leurs promesses de discrétion depuis quarante ans. Il aurait été pour nous impossible de développer notre projet pour le monde si nous avions été exposés aux lumières de la publicité durant ces années. Mais le monde est aujourd'hui plus sophistiqué et préparé à l'entrée dans un gouvernement mondial. La souveraineté supranationale d'une élite intellectuelle et de banquiers mondiaux est assurément préférable à l'autodétermination nationale des siècles passés».*

Tout cela pour en conclure que banques et politiques se moquent du peuple. Ce qui reste au peuple de son travail après remboursement, ils s'en moquent aussi. Beaucoup ! Rien ! Que dalle ! Qu'importe, le principal étant que le peuple ne puisse y toucher qu'après avoir payé la banque. Que le peuple paye, le reste de l'histoire banques et politiques ne s'en soucient guère. Et s'ils préfèrent parfois qu'il en reste un peu, c'est pour pouvoir prêter à nouveau. Si le peuple ne paye pas comme il le faudrait, ou prend du retard dans ses échéances, cela n'incommodera pas la banque. Les intérêts courront le temps de recadrer ou de changer leurs commerciaux, les dirigeants. Les nouveaux élus changeront les lois, feront travailler plus et plus longtemps, réduiront les retraites etc. Beaucoup de moyens, «d'outils» existent, il suffit pour les banques d'avoir mis en place le bon commercial pour vendre au peuple les efforts à faire pour la Nation. Essaye de piger une fois pour toutes. Leur problème, c'est ce qu'ils gagnent un point c'est tout. C'est quoi cette maladie Française qui déforme les esprits et dont les politiques usent et abusent. C'est quoi cette maladie de se prendre pour le centre du monde et croire que les autres se préoccupent de ce que tu peux gagner ou de ce qu'il te reste. Sois pragmatique, l'autre, son problème, c'est ce qu'il gagne lui, un point c'est tout. Tant que tu es capable de rembourser on reste copain, si ça devient dur on te montre comment faire des économies, on apprend au pays à bien gérer pour mieux rembourser. Parfois le commercial n'y arrive pas tout seul, alors il quémande un peu d'aide, un coup de main. Il existe un organisme spécialisé pour l'aider, un coach en bonne gestion, un maître en bon remboursement, c'est le FMI (fond monétaire international). Si le peuple n'écoute pas, s'il n'est pas bon élève c'est encore plus simple et cela rejoint Audiard et les types de 130 Kilos. On te rappelle dans le creux de l'oreille qui est le plus fort et les choses désagréables qui pourraient survenir. Mais que chacun reste attentif au peuple car les kilos, même de muscles peuvent parfois être bien peu de choses. «Le peuple, le feu et l'eau sont des forces indomptables» (Phocylide de Milet VIe siècle avant JC). C'est pourquoi les banques ne craignent pas une bonne petite crise, tant que celle-ci n'est pas bancaire et que les arroseurs ne se retrouvent pas arrosés. Une crise, cela permet de prêter, ou si la crise est plus grave par un manque artificiel de liquidités comme en 1929, cela permettra de ramasser tout les actifs industriels, puis de réinjecter des octets au bon moment pour faire repartir des actifs qui maintenant, appartiennent à la banque. Pour choisir ses commerciaux, la banque a un principe, ça aime les principes les banques. Toujours choisir dans la même lignée, de la même école. Il faut être sûr de la réaction quasi instinctive des commerciaux à penser «banque» quoiqu'il arrive. La dette, c'est à vendre en quantité, pas seulement les quelques petits milliards que tu t'es amusé à produire avec deux clics pour Zorba, non il faut prévoir de vendre et de se faire rembourser des centaines, des milliers de milliards. Il ne faudrait pas que subitement le pouvoir change de politique, sorte de la voie, décide de ne plus payer, pire sorte de l'Euro pour retrouver une souveraineté financière. Redevenu souverain, l'idée de battre à nouveau sa monnaie pourrait germer dans l'esprit du peuple. C'est pour cela que tout parti politique qui prônera une sortie de l'euro sera montré du doigt comme n'ayant aucun programme ni aucune connaissance économique. L'Euro comme n'importe quelle monnaie nationale fédérale ou confédérale aurait pu être une bonne monnaie pour les peuples si le schéma de création/distribution avait été différent et que les états empruntent à taux zéro ou très faible à leur propre banque centrale. C'est le schéma de création/distribution qui est mauvais, pas la monnaie unique qui facilite les échanges commerciaux et contrebalance, ne serait-ce qu'un tout petit peu, la suprématie du dollar. C'est aussi l'organigramme des pouvoirs qui a été inversée avec la création de cette monnaie et de la banque centrale européenne. De plus, les états non contents de financer la banque centrale lui ont donné une des trois clefs de voûte du pays, le pouvoir économique.

La banque centrale européenne a pour mission :
- définir et mettre en œuvre la politique monétaire de la zone euro.
- conduire la politique de change de la zone euro.
- détenir et gérer les réserves de change des États membres.
- assurer le bon fonctionnement des systèmes de paiement.
- à partir du 4 novembre 2014, la supervision des principales banques (au nombre de 130) de la zone euro par le Mécanisme de surveillance unique (MSU)9,10,11.

En clair, tu as intérêt à rester copain avec Mario et à obéir à son ex employeur tout puissant Goldman Sachs. De la même manière que chacun sait que Mario a activement participé à la cosmétique des comptes de la Grèce pour faciliter l'entrée de celle-ci dans la zone euro quand il présidait la branche européenne de Goldman Sachs, chacun se doute qu'en l'an 2006, Sylvio Berlusconi n'a pas eu l'idée tout seul pour nommer le Mario Gouverneur de la banque d'Italie, dernière étape avant la banque centrale européenne. Sous les ordres de Mario, la banque définit et applique la politique monétaire de la zone euro, je suis alors en droit de me demander pourquoi la France conserve un ministre des finances, un comptable suffirait. Tiens, mettons-y frère Lucien. Il gérait très bien la procure de Saint Jean Baptiste et faisait des miracles avec les faibles revenus de l'école. En plus, se nourrissant principalement de spiritualité, il ne coûterait pas un rond au contribuable. «Détenir et gérer les réserves de change des états membres» celle-là de mission, je l'adore. Tu n'as jamais remarqué que lorsque tu confies ton argent à un banquier, c'est le tien au moment du dépôt mais quand tu le ressors c'est devenu le sien et tu dois le lui arracher avec les dents. De façon simpliste on peut imaginer que si la France avait un projet extérieur qui déplaise à Mario, elle ne serait pas sûre de la disponibilité de ses réserves de change pour le financer. En toute sincérité, si je devais posséder des réserves de change (ou d'autre chose), j'aimerais en rester maître. En bon français, j'aimerais que la France ait ses réserves de change à la Banque de France, cela ne me semblerait pas illogique. En tout cas plus logique que de les confier à une banque extérieure à son territoire et dont elle ne détient que 14, 27 % du capital, soit le droit de se taire. Ce fait encore accentué depuis l'application du traité de Lisbonne en 2009 par lequel la BCE a été dotée d'une personnalité juridique. Ce nouveau statut lui procure une indépendance totale vis à vis des institutions nationales et européennes.

Je t'avais dit que la France avait donné les clefs de l'économie. L'Europe quant à elle, a filé le trousseau.

Pour l'an 2014 la BCE n'a encore dans son capital que les états de l'Union. 69.97% étant détenu par les états membre de la zone Euro, le solde, 30.03% étant détenu par les états de l'union non membres de la zone Euro.

Je n'ai pas voulu me prendre pour un BHL, je ne voudrais pas non plus faire d'ombre aux prophètes quels qu'ils soient, mais je vois venir le coup de la Fed et une privatisation de l'institution. Devenue totalement indépendante, la banque fait maintenant ce qu'elle veut. Laisse passer quelques années et tu verras que le capital ne restera pas figé aux seules banques centrales nationales. Un jour, la Banque Centrale européenne sera majoritairement détenue par le secteur bancaire privé. L'Europe dirige tout et s'invite en tous domaines dans la gestion de chaque pays de l'union. Pourtant, politiquement et militairement l'Europe n'est rien. C'est pour cela que le raid sur la BCE se fera avant un quelconque accord de fédération. Fédérée l'Europe pourrait davantage s'opposer à la puissance des banques privées qui voudront rentrer au capital de la BCE, éparpillé en rien, car les nations ne sont plus, et l'Europe n'est pas encore et ne sera peut être jamais. Eparpillée en rien, cette Europe-là fera 60 kilos quand des financiers de 130 kilos voudront lui chiper sa banque centrale. Tant que l'Euro sera propriété de la banque centrale, cette monnaie qui a pourtant tant d'avantages prêtera, à juste titre, le flanc à ses détracteurs. Quand la banque centrale ne sera plus propriété des états membres de l'union mais propriété privée, l'euro sera devenu une aussi bonne monnaie pour les banques qu'elle sera néfaste aux peuples qui lui ont donné naissance. Pour ce qui est des détracteurs du système, ceux-ci ne gêneront plus personne, puisque sauf conflit mondial, ce système sera irréversible.

Dis donc, pour un coup de chance, c'est un vrai coup de chance. Quand ça veut le faire, ça veut le faire, et ça l'a fait. J'ai Pierre en direct, lui qui vit la bas, si loin en dehors de tellement de choses et surtout du temps. Qu'il doit être béni ce tout nouveau testament ! La question à peine lancée, les nuages me répondent, le temps d'écrire quelques bricoles sur les banques et la dette et voilà la réponse, sa réponse. Tu l'auras remarqué, j'aime ce qui sent le vrai, le vécu, le terrain. J'ai par expérience une très grande méfiance de l'officiel, plus encore de la parole officielle. Cette méfiance je l'ai depuis quelques décennies. Je l'ai attrapée assez jeune et celle-ci n'a fait que s'amplifier au fil des années. Quand Raymond-mélody a pris l'Elysée elle a connu son apogée puis s'est stabilisée. C'est donc à partir du Fouquet's, juste après les agapes, que la parole officielle française, tous médias confondus, a commencé à m'indisposer sérieux. La reprise en boucle par la presse des communiqués sortis tout droit du château et présentés comme informations, cela n'a pas tardé à me gonfler sévère. On se serait cru trente ou quarante ans en arrière, quand L'ORTF était sous les ordres directs du pouvoir. Cependant, j'ai eu un certain nez. Je m'en suis éloigné à temps, j'ai prix un avion avant que l'actuelle clique à Moi-je ne se trouve par chance, ou malchance, au pouvoir. Une parole officielle à peu près claire était encore supportable même diffusée en boucle, mais une cacophonie permanente émanant de la clique à scooterman, même à distance, ça frôle l'insupportable. Alors, à écouter «en live»...j'aurais explosé sur place je me serais fabriqué un ulcère.

La question envoyée à Pierre était simple et le but non dévoilé. Je vous livre la conversation brut de décoffrage.
« Hello fiston, ça fait longtemps ...
Une question suite a jeu, on rigole de temps en temps ici
Est ce que tu connais le MONOMOTAPA ?
Réponse spontanée : oui ou non
Si c'est non l'affaire est réglée

Si oui, depuis quand ? Où l'as tu appris ? L'historique de ta connaissance sur le Monomotapa ?
à plus, j'espère que tout baigne
LABIZ »

Réponse : «Salut p'pa, le Monomotapa est le titre donné aux différents empereurs du Grand Zimbabwe, empire né de l'exploitation de l'or du bassin du Zambèze, d'abord par des étrangers – peut-être des grecs des phéniciens - puis par les africains eux-mêmes qui, après avoir génocidé» les étrangers et leur descendance métisse, ont recopié le modèle jusqu'à l'ère de la colonisation européenne. L'empire du Monomotapa s'étendait jusqu'au canal du Mozambique, en fait jusqu'au port actuel de Beira au Mozambique, d'où l'or était exporté. Ce que je te raconte ici ne sort pas de Wikipedia, qui ne propose que très peu d'infos sur ce sujet. Certains livres d'histoire dédiés à l'Afrique, plus sérieux, évoquent les derniers siècles du second Empire Monomotapa, tels que décrits par les Portugais lors de leur première remontée de la côte Est-Africaine, tandis que ce second empire était déjà sur le déclin. Non, l'existence du premier empire Monomotapa n'est connue que de très peu de gens, et ne sera sans doute jamais enseignée à l'école. Je l'ai lue dans un livre écrit en 1964 par un gardien de la tradition Zoulou. Selon lui, l'histoire du premier Empire Monomotapa est un sujet tabou en Afrique Australe, volontairement passée sous silence et seulement transmise de griot en griot depuis plusieurs dizaines de générations. Des blancs auraient remonté le fleuve Zambèze dans une sorte de barge ressemblant à un bateau grec ou phénicien, jusqu'à l'intérieur des terres de l'actuel Zimbabwe, et auraient habilement monté les tribus indigènes les unes contre les autres en leur vendant des sabres et des lances, les laissant s'entre-tuer et prenant ensuite le contrôle. Ils auraient ensuite réduit de nombreux indigènes en esclavage et accumulé de grosses richesses grâce au travail des esclaves et au commerce de l'or, jusqu'à constituer un véritable empire. Après son apogée, l'empire commença de décliner et ses «maîtres» devinrent décadents. Il y eut une révolte d'esclaves et ils furent tous massacrés, leur ville détruite pierre par pierre, le silence imposé pendant des siècles entre les indigènes quant à ce génocide. Jusqu'à ce qu'un chef local décide de reprendre l'exploitation de l'or du Zambèze et donne naissance au second empire Monomotapa, reconstruit sur le site de l'ancien mais cette fois gouverné par des indigènes. Mais chut, c'est un secret traditionnel. Peu de personnes connaissent encore la vérité qui n'est jamais écrite, et ceux qui la connaissent n'ont pas le droit de la dévoiler sous peine de mort par châtiment. Il se trouve que je travaille depuis 2013 sur la production d'une série d'albums de musique inspirés de ces histoires sacrées traditionnelles. Le projet s'appelle Indaba X. Je dois te remercier, en passant, d'avoir écouté souvent Pink Floyd pendant que j'étais encore un embryon. Leur Live à Pompéi est une grande source d'inspiration pour ce projet. Bref, Monomotapa pour moi, c'est de la musique. »

Tel que les amis, du pur, de l'instantané, du vécu. Pierre est un des deux enfants que j'ai eu avec ma première épouse, la brunette, enfin brunette à l'époque, il y a trente sept ans. Sur le coup du Monomotapa, je n'ai pu résister à la tentation de zyeuter quand même un peu le wikipedia et quelques blogs. Evidemment, je n'ai rien trouvé officiellement sur ce qui m'a été décrit rapidement par Pierre l'Africain. Malheureusement, je n'ai pas trouvé, non plus, de parole non officielle Peut-être ai-je mal cherché, ou peut être le Monomotapa n'intéresse t'il pas autant qu'on pourrait le croire. Pourtant si cela rentre dans les manuels, ça doit être important... Je crois que les gens ne s'intéressent plus à rien...Hormis certains chargés de propagande dans la révision des livres d'histoire de nos collégiens, personne dans le premier cercle de la parole officielle ne se soucie du Monomopata. Encore faudrait-il qu'ils en aient eu un jour connaissance. Sauf peut être à la justice ? Il est vrai qu'en d'autres temps, en 2002 une certaine Christiane avait fait retirer de sa loi qualifiant l'esclavage de crime contre l'humanité, le petit épisode de la traite arabo-musulmane car il ne fallait pas choquer la diversité. C'est amusant comment une diversité peut se choquer. C'est amusant aussi comment une diversité ne concerne souvent que très peu de peuples, ou, parfois uniquement les fidèles d'un même prophète. Une diversité, en France, se doit principalement d'être africaine, faute d'être une mauvaise diversité. Une diversité d'esquimaux par exemple, tout le monde s'en moque. Une diversité asiatique et silencieuse, pourtant très nombreuse, n'a pas grand intérêt. Une diversité d'Amérique latine, elle, n'a aucun intérêt. En fait une bonne diversité, c'est une diversité qui demande, qui réclame. Une diversité pour laquelle nos dirigeants ont élevé le don de la nation en religion, en sacré. Que pèse l'histoire, la réalité, les faits, contre une diversité. ? Rien, Tout cela ne fait pas le poids. Allez barman, servez-nous une pinte de révisionnisme, juste une, pour trinquer avec Christiane. Le révisionnisme il y a des sens ou c'est bon, ou cela ne choque pas. Le révisionnisme c'est comme tout, il faut savoir s'en servir à bon escient. Je ne pense pas qu'avant la colonisation, les habitants de l'actuelle Afrique du sud ou du Mozam bique fussent des blancs ? Y aurait-il eu des Noirs pour massacrer d'autres races, ou même des congénères ? Y aurait t'il eu des noirs pour mettre en esclavage d'autre noirs d'autres ethnies ? Car soyons un brin lucides. De l'or cela s'extraie des mines d'or, ou d'exploitations de ramassage, de l'orpaillage. Je ne sais si ce sont ces maudits programmes de mon enfance, ou si j'ai mal compris, mais il me semble bien qu'en ces temps reculés on ne s'embêtait pas trop avec le social et la pénibilité. Que souvent on exploitait les esclaves en même temps que les mines. Passons sur l'esclavage, mais un massacre ! D'accord, Un petit massacre dans l'histoire d'un empire, ce n'est pas trop grave, ça passe. Mais l'extermination d'un peuple c'est autre chose, ce n'est plus la même chansonnette.

Un génocide, qu'il soit blanc, noir, bleu ou vert, reste un génocide.

Pour faire plaisir à la diversité dans les livres d'histoire ce n'est pas ce qu'il y a de mieux. Mais qui y croirait ? Qui croirait cela possible un génocide par une diversité ? L'ami Nelson, enfin feu Nelson, tu sais celui qui a eu des funérailles mondiales, l'ancien agent de la douce ex URSS. Nelson, qui avait un peu joué au terroriste pour se faire la main avant de prendre le pouvoir, il n'en n'aurait jamais parlé ? Pourtant il était du coin, aurait-il oublié Nelson ? Il n'y aurait eu que les colons blancs pour jouer les méchants et grappiller or et diamants. Et les journalistes ? Eux aussi auraient oublié de se renseigner ? Putain d'Alzheimer va. Tu vois que l'on fait bien de réécrire les livres d'histoire à l'éducation a-nationale…

Et Sophocle dans tout cela me diras-tu ? Sophocle on s'en occupera plus tard, les yeux me piquent, il n'est déjà plus tard mais déjà trop tard, il est l'heure.

XVII
La 41ème

2014, September 26th 2 tishri 2

L'automne est naissante, le soleil, dans sa course moins élevée commence à apporter quelques zones d'ombre. Je profite d'attaques solaires affaiblies pour utiliser ma voiture en mode cabriolet. Le trajet le plus direct pour rejoindre ma mine de South Beach, passant par Alton road est assez dépourvu de charme, et ce matin, mon esprit vagabond m'invite à emprunter le trajet de l'autre côté du golf de Lagorce, en face duquel j'habite, pour emprunter «Lagorce drive» puis «Pine Tree drive». Cet itinéraire, à peine plus long, fait du trajet une promenade, surtout en voiture découverte. Partant de ma maison de la 59ème, je remonterai trois rues vers le nord jusqu'à la 62ème, ferai demi tour en contournant le haut du parcours de golf pour rejoindre Lagorce drive qui me descendra vers le sud jusqu'à la 41ème. Ce parcours urbain, pourtant plat et droit comme toutes les voies de Miami est un enchantement. Les bouquets d'arbres verdoyants et fleuris qui garnissent en leur milieu les deux voies de l'avenue, s'entendent à merveille avec les jardins latéraux pour offrir à ceux qui se laisseront inviter, un voyage tropical. Rien ne surgit ni de droite ni de gauche sur Lagorce. Cette avenue est orpheline de croisement puisque bordée sur la droite d'une unique rangée de maisons donnant sur le golf et sur la gauche d'un second alignement d'habitations adossées à celles, qui, de l'autre côté, bordent Pine tree, l'avenue parallèle qui dans l'autre sens remonte vers le nord. A l'inverse de notre urbanisme français où les avenues venant de l'extérieur rejoignent le centre ville comme les rayons d'une roue rejoignent leur moyeu, les avenues américaines se placent toutes verticalement sur un axe nord sud. Et les rues perpendiculaires qui les croisent d'est en ouest forment un quadrillage par fait, et parfois un peu monotone. Sur Lagorce, chaque oasis central ponctue le parcours comme pour rappeler qu'il pourrait y avoir une rue. Circuler dans cette végétation est apaisant quelque soit le flux de la circulation. Rien ne vient troubler la fluidité des véhicules qui glissent doucement, poussés par les souffles discrets de leurs puissants moteurs en V dont personne ne se soucie du nombre de cylindres qui les animent. L'architecture des demeures, toutes très différentes, comme celle de leurs jardins, laisse entrevoir les traits de caractères ou les origines de leurs propriétaires. En période de fêtes, décorations de noël ou chandeliers à neuf branches plantés bien en évidence définissent clairement les convictions religieuses et les appartenances communautaires de chacun. Les voitures aussi témoignent des goûts et de la culture des habitants. Chaque habitant est financièrement aisé sur Lagorce-drive et le choix du véhicule ne se fait que par goût, utilité, ou pour ce qu'il représente socialement. Sur lagorce, les contraintes économiques ne sont pas un critère de choix. Comme partout dans le monde, en ce début de millénaire, les riches sont de plus en plus riches et les pauvres de plus en plus démunis. C'est encore plus vrai sur la partie montante de Pine tree, qui elle, borde de ses backyards un bras de l' «intracoastal» nommé «indian creek». Sur le côté «water front» de Pine tree, les dollars ne se comptent plus, ou alors par millions ou dizaines de millions. Ici, l'unité de mesure pour les habitations n'est plus le square-foot mais semble être le mille-square feet qui s'additionnent par dizaines. Dix mille, vingt mille, trente mille, comme pour le nombre de chevaux des yachts qui au fond du jardin attendent une hypothétique sortie. Arrivé au niveau de la 50ème les voies descendantes de Lagorce et celles montantes de Pine tree drive se rejoignent en une seule avenue Pine tree. Un petit pont franchit le cours d'eau qui va d'est en ouest faisant du quartier de Lagorce golf une île. J'aime aussi à franchir ce pont, en premier lieu parce qu'il offre un relief de quelques mètres si rare à Miami, mais surtout parce que j'aime apercevoir l'eau et les bateaux. De ce pont on découvre sur la droite «surprise lake» et les backyards aux pieds dans l'eau. J'aime l'ambiance que procurent ici ces maisons avec jardin sur l'eau. Chacune possède son ponton et si les embarcations ne larguent que rarement les amarres, leur présence est une invitation permanente aux rêves caraïbes. Ici, les songes d'enfants ne parlent pas de cabane au fond du jardin, mais de bateaux et de dauphins fréquents dans ces eaux. Passé ce pont et franchie l'intersection de la 47ème, le parcours se fait religion. Une dernière église méthodiste sur la droite nous rappelle la tolérance et la mixité religieuse des Etats Unis. Ce symbole de christianisme se perd au milieu de milliers d'habitants dont le rigorisme du judaïsme ferait passer pour délurés les plus religieux des Lubavitchs que nous connaissons en France. Le nombre et la densité d'habitants d'une même religion concentrés dans un même quartier, pousse, comme par mimétisme, les uns et les autres à l'affichage sans retenue de tous leurs signes distinctifs religieux. Les costumes traditionnels, tous identiques et l'affichage de la confession judaïque font presque loi sur la 41ème. Je dis presque loi, car aux angles sud de cette rue et de Pine tree sont fièrement représentés une église catholique, un temple protestant et la salle du royaume des témoins de Jéhovah.

A la 41ème, sont concentrés les symboles d'un judaïsme rigoriste. Il y a bien d'autres quartiers juifs dans l'aire urbaine Miamitaine, comme le quartier Bal Harbour à la 79ème ou la city d'Aventura plus au nord, mais ici, sur la 41ème, j'ai un peu l'impression d'assister à un concours vestimentaire traditionnel. Les hommes ne se montreront jamais sans kippa ou chapeau, été comme hiver les lourds habits noirs affichent leur rigueur, juste égayés des rubans blancs qui doivent se porter aux quatre coins du costume. Les épouses seront toujours perruquées. Les cheveux des femmes mariées doivent être cachés. Celles-ci ne dévoileront leurs attraits capillaires que dans l'intimité du couple. Les polos à manche longues appelés ici «jersey» sont à rayures horizontales noires et blanches, les jupes noires descendent nettement en dessous des genoux, et les bas souvent opaques font la jointure jusqu'aux chaussures plates et discrètes. Idem pour les petites filles et les garçonnets, en copie conforme de leurs aînés. La mode, si l'on peut parler ainsi, puisque le style est immuable, n'est pas compliquée. Les perruques semblent ne se vendre qu'en une seule couleur, un châtain auburn très discret. Elles ont toute la même coupe et possèdent des cheveux mi longs, bouclés vers l'intérieur quand ils arrivent aux épaules. Pas de fantaisie non plus pour la raie, toutes la portent sur la gauche sans jamais relever la mèche frontale car cela laisserait certainement découvrir une trop grande partie visage. Les blondes de magazine, archétype du modèle féminin américain sont rares sur la 41ème. Cet aspect libéré, sexy, mais surtout arrogant et indépendant face à la vie et à la tradition est réservé aux touristes que l'on rencontre principalement vers l'est de la rue, quand celle-ci rejoint Collins, l'avenue bordée d'hôtels qui longe la mer. Point d'arrogance féminine sur la 41ème, encore moins d'indépendance ou de liberté affichée. Ici seuls les signes judaïques s'affichent, rarement l'argent. Les démonstrations de richesses ne sont pas l'apanage du quartier, cela semble être réservé à d'autres communautés juives comme autour de Bal Harbour ou le rythme des feux rouges font parfois se transformer les millions de dollars en une file de Rolls Royce Phantom, toutes bicolores comme si leur taille démesurée ne suffisait déjà pas pour être remarquée. Hommes ou femmes de la 41ème semblent sortis d'un moule qui doit dater de Japhet troisième fils de Noé, peut être revisité quelques millénaires plus tard par le styliste Sophonie (VIème siècle av JC) selon lequel «seuls les humbles et les modestes resteront vivants et seront en sécurité sous la protection de Dieu». Ce doit être en respect de la prophétie de Sophonie que la majorité des juifs à travers le monde projettent cette apparence que j'avais déjà décrite lors de ma rencontre avec Alain Krivine. Venus d'Europe de l'est, les juifs Ashkénazes affichent une apparence physique très éloignée des sémites dont ils ne font pas partie. Ceux-ci n'ont aucun trait comparable aux arabes comme c'est souvent le cas de leurs cousins sépharades. La Bible remonte l'origine des Ashkénazes à l'extrémité nord orientale de l'Europe, de ce fait ils ne sont pas les descendants D'Abraham ou de Jacob puisque Japhet bien avant eux avait été chargé de peupler l'Europe et serait à l'origine des peuples caucasiens. Leurs ancêtres sont les Ouïgours, les Magyars, les Huns, les Khazars ou autres Gogs et Magog.

Je fais court. Noé a un fils Japhet qui avait trop chaud dans le sud de la Méditerranée et décide de se barrer en Europe du nord, là-bas il rencontre une petite mignonne du nom de Adâtanêsès qu'il marie et qui lui donne onze gosses. Au milieu de tous ces enfants se trouve Gomère qui lui aussi a des fils, on parle de quatre mais certains voisins disent plus. Mais je m'égare. Quoiqu'il en soit, dans ces fils il y avait Ashkénaze dont descendraient les scandinaves et les germains. Stop ou encore ? Je propose un stop puisque c'est Ashkénaze qui nous intéresse, il porte mieux la barbe. Ces origines, indépendantes des douze tributs d'Israël ne donneraient donc pas à ces populations des juifs convertis de justification biblique à l'occupation de la terre d'Israël. Bibliquement parlant seuls les 12 fils du patriarche Jacob (Génése XXIX-XXX) Ruben, Siméon, Lévi, Juda, Issachar, Zabulon, Joseph, Benjamin, Dan, Nephtoli, Gad, et Asher seraient les pères des douze tribus composant l'ancienne Israël dont bien sûr les descendants d'Ashkénaze sont exclus. Cela est d'autant plus surprenant que les Ashkénazes représenteraient aujourd'hui 90% de la population juive mondiale. L'estimation planétaire du nombre de personnes de confession judaïque oscille quelque peu suivant les sources d'information, quoiqu'il en soit leur nombre apparaît très faible au regard du nombre de fidèles des autres grandes religions. Une étude du «Pew Forum on religion & public life» réalisée en 2010 que le journal le Monde reprenait en Janvier

2013 nous indique que 84% de la population mondiale se déclarent membre de l'une des cinq grandes religions soit 5.8 milliards de croyants sur une population estimée à 6.9 milliards d'individus :
- Christianisme regroupant Catholiques, protestants, orthodoxes : 32%
- Islamisme : 23%
- Hindouisme : 15%
- Bouddhisme : 7%
- Judaïsme : 0,2%.
Je sais, le nombre de croyant se déclarant de ces cinq religions ne fait que 77% et même augmenté des 16% de non croyants, le compte n'y est pas. Ajoute donc les minorités (les vraies) que représentent certaines religions traditionnelles Africaines, chinoises, Amérindiennes, aborigènes pour 6% et saupoudre avec 1% de sikhisme, de shintoïsme et de Taôisme et tu boucles les 100%.

Tu auras relevé que le Judaïsme dans son ensemble ne représente que 0.2% soit moins que la moyenne des trois religions les moins représentées dans le monde que sont le Sikhisme, le Shintoïsme et le Taôisme qui aurait droit chacune à 0.33%. Je suis peintre, mais, les chiffres, j'aime bien aussi. Contrairement à certaines idées reçues concernant la diaspora juive, ce sont les chrétiens qui forment le groupe le plus dispersé. Tu me diras pour être chrétien, il suffit d'exprimer sa foi en dieu et à son fils Jésus, alors que pour être juif il faut une mère juive, ce qui ne facilite pas les conversions. Certains juifs soutiennent que la mère ne serait que le canal et qu'il faut aussi que le père soit juif pour enfanter un juif. L'hypothèse de la nécessité d'un père juif semble coller à la genèse ou les filles ne sont jamais citées sauf quand elles deviennent «mère de, femme de». Les frères de la Salle ne m'ont pas éclairé sur le sujet, je ne suis pas encore inscrit à l'école Talmudique devant laquelle je passe pourtant chaque jour, je n'ai donc pas compétences à répondre sur cette épineuse question de filiation. Par contre je tiens de la bouche d'une personne Juive d'origine sépharade vivant à Miami et qui travaillait aux frontières d'Israël dans les année soixante dix, un témoignage clair réellement vécu sur les conditions d'entrée en terre promise. Entre autres critères, originaire d'Algérie, cette personne avait été choisie pour assurer ce poste pour sa maîtrise de la langue Arabe, lui permettant de déceler plus facilement un éventuel intrus. Le gouvernement d'Israël incitait alors au retour par un programme d'aide financière constitué de prêt à taux zéro et du don d'une maison. Bien évidemment les candidats affluaient et le besoin de filtrer les arrivants semblait impératif pour les autorités. Chaque candidat devait pour entrer sur le territoire prouver sa filiation juive par les deux parents et les quatre grand parents. Cette preuve devait être fournie par certificat rabbinique. Si tu n'apportais pas d'attestation de ton rabbi pour preuve de tes origines, tu pouvais rester dehors, aller où tu veux, mais pas en Israël. C'est donc des documents d'origines religieuses qui faisaient foi pour s'assurer que des morceaux de terres promise ne s'égarent pas entre les mains de non juifs. Plus proche de nous, les opérations Moise en 1984 et Salomon en 1991. Cette dernière avait transporté avec le concours des avions de l'armée et de la compagnie EL-AL, plus de 14.000 juifs Ethiopiens en trente six heures. Plus proche encore, presque hier, en 2010 L'état Hébreu ouvrait ses portes pour laisser entrer à nouveau huit mille juifs Ethiopiens au rythme de deux cent personnes par mois. Un article pêché dans libération du 16 décembre 2010 et signé de la correspondante du journal à Jérusalem Delphine Matthieussent m'apprend que, même entre juifs, des problèmes d'intégration subsistent. Les Falashmoras, Juifs Ethiopiens dénoncent dans le quota du gouvernement une mesure «raciste» et insiste sur le fait qu'ils sont victimes de discrimination et souffrent d'une intégration difficile. *«C'est vrai que notre culture et nos habitudes de vie sont différentes de celles des autres juifs. Le gouvernement veut des médecins, des ingénieurs, comme les émigrants Russes, Français, ou Américains, pas des paysans qui ne savent ni lire ni écrire».*

Au fait ! Juif ? Religion ou ethnie ? Ou composante de plusieurs ethnies ? Encore une fois, joker, je n'ai pas compétence. Des différences d'appréciation sur les origines, et l'interprétation de la religion apparaissent au fil des siècles dans de nombreux discours rabbiniques ou de certains spécialistes du sujet. Cela entretient d'ailleurs, si ce n'est animosité, au moins une certaine défiance entre Juifs Sépharades et Juifs Ashkénazes. Je ne peux non plus répondre à la question concernant les juifs latinos ou blacks. Bien sûr, des personnes ashkénazes ou sépharades peuvent avoir émigré en Amérique latine mais quand l'individu présente toutes les caractéristiques physiques des «latinos» je ne pense pas que ses ancêtres soient issus d'Europe de l'est. Quant à ce bon vieux Cham, fils de Noé qui était chargé de peupler l'Afrique, il ne serait le père que des peuples d'Afrique Hamitique qui s'étend en arc de cercle sur le nord du continent partant de l'atlantique pour rejoindre la péninsule arabique. Donc pour les personnes à la peau noir, pas de papa dans la genèse. Troisième Joker. Je passe devant une synagogue latinos chaque jour, si l'entrée en était libre au non juif, je pourrais y piocher une réponse. Je ferme la parenthèse des minorités juives parmi les juifs, sur le judaïsme je crois avoir épuisé mes jokers.

Je reprends le cours de la partie avec de simples cartes, je ne me sers pas des reines, les dames n'existant normalement que par les hommes. Les Sépharades, peuple sémite descendant d'Abraham et de Jacob, feraient parti des douze tribus d'Israël et de fait porteraient auréole de sainteté ouvrant droit à la réclamation de la terre sainte de leurs ancêtres. Les Ashkénazes trouvant leurs origines au nord de la Méditerranée ne porteraient pas aussi bien l'auréole et n'aurait pas légitimité à revendiquer de droit sur la terre sainte puisque celle-ci ne serait pas celle de leurs ancêtres. Tu vois, ce n'est pas simple, mais au risque de lasser je continue un brin de causette sur ce sujet. Ne t'inquiètes pas je vais faire court car chronologiquement j'ai encore une bafouille à écrire sur l'Islam. Comme celui-ci à la même genèse que le judaïsme, déjà père de la chrétienté, ma tâche en sera facilitée. Le dieu ne m'ayant permis qu'un bouquin, j'abrège.

Les juifs, descendants de toutes les tribus confondues incluant la treizième du père Japhet seraient alentour de 14 millions dans le monde. Dix pour cent de quatorze millions me font 1,4 million et ce serait le nombre de juifs Sépharades sur la planète. D'autres chiffres indiquent les nombres de 1,8 ou 2 millions d'individus se regroupant sous l'appellation Sépharade mais les sources semblent plus discutables. Aussi, je retiendrai le nombre de 1.4 million par cohérence avec l'étude du «Pew Forum on religion & public life» sus citée. Sur les 600.000 juifs environs résidants en France, une majorité est d'origine sépharade, ce qui se conçoit bien puisque beaucoup d'entre eux on été rapatriés d'Afrique du nord, (Algérie, Maroc), ou ils s'étaient réfugiés quelques siècles auparavant suite au décret de l'Alhambra (1492). La douce Isabelle, dite la Catholique, par édit d'expulsion suite à sa victoire sur le califat, avait chassé juifs, maures et arabes des territoires espagnols et portugais. Par cette victoire, la couronne s'était appropriée les richesses des musulmans. Devenus riches, forts de leur nouveau trésor, Isabelle et Ferdinand pouvaient maintenant se passer des banques et révoquaient leurs financiers juifs. La population catholique, libérée de l'occupant arabe et du statut de Dhimmi qui lui était imposé ne comprenait pas que d'autres qu'eux puissent demeurer sur leur terres fraîchement reconquises. La population exigea de la Reine qu'elle chassât non pas seulement les banquiers, mais aussi tous les juifs, sous la pression du peuple, la reine s'exécuta. Le peuple, toujours le peuple…En Europe comme en France, les banques juives auraient donc été les pourvoyeurs de fonds des états, leur prêtant avec intérêts. Ces banques semblaient donc ignorer les commandements de la Thora interdisant le prêt à intérêt. Règle économique et sociale qui d'ailleurs pourrait être considérée louable pour la protection et le bien être du peuple. *534 Ne pas prêter à intérêt. (Lévitique 25, 37) et 535 Ne pas emprunter à intérêt. (Deutéronome 23, 20).* Mais ce serait oublier que ces règles ne s'appliquent qu'entre Juifs, et le fait de ruiner par l'usure un état et un peuple non juif semble donc moins gênant : *537 Prêter et emprunter aux idolâtres avec intérêt. (Deutéronome 23, 21) et 502 Ne pas frauder sur la monnaie avec un converti sincère (Exode 22, 20).* Prêter ou emprunter avec intérêt à un non juif est donc permis, la fraude sur la monnaie également si celle-ci ne touche pas les juifs ou un converti, si tant est qu'il soit sincère...Limiter le prêt sans intérêt aux membres d'une même communauté peut parfaitement se concevoir sous l'angle de la solidarité intracommunautaire. Si l'on change l'angle de vision, cela pourrait s'apparenter à de la discrimination, il y a corrélation entre ces deux actions

Ce bon vieux Lao-Tseu, que certains appelait aussi l'ancien (VI siècle Av JC) nous apprend beaucoup au sujet des notions corrélatives. *«Tout le monde a la notion du beau, et par elles, celle du pas beau. Ainsi, être et néant, difficile et facile, haut et bas, avant et après sont des notions corrélatives, dont l'une étant connue révèle l'autre».* Il semble en être de même pour les mots solidarité et discrimination. Ne pas être sioniste serait-il de l'antisémitisme ? Si, entre deux déclarations aussi répétitives qu'intempestives au sujet de la discrimination, nos dirigeants et médias trouvent cinq minutes disponibles, je les invite à la relecture du Tao-Té-King, c'est parfois bon de relire les sages, même s'ils ne sont pas prophètes. Il est évident que la frontière entre la fin de la solidarité et le début de la discrimination est si mince et si fluctuante que le mot accusateur «discrimination» n'est à user qu'avec grande modération, car on ne peut indûment l'utiliser pour accuser sans cesse le peuple quand celui ci ne fait qu'aider ses proches. L'acte de solidarité envers un proche doit-il être considéré comme discriminatoire s'il n'est pas aussi prodigué envers un inconnu ? Tiens ! Pour vous deux là-bas, qui avez usé le terme à force de l'utiliser Moi-je et Manu, vous m'en ferez cinq pages, je relève les copies dans deux heures. Si vous avez quelques journalistes autour de vous, faites tourner le sujet. Si ce sujet ne convient pas, de façon subsidiaire faites-moi deux copies sur : «Taoïsme : minorité ou réalité ».
Mais reprenons plutôt le fil de nos pensées. Les royaumes d'Europe étaient tributaires de leurs banquiers qui émettaient la monnaie.

Crée le 18 janvier 1800 par le premier consul Napoléon Bonaparte, la Banque de France, alors privée reçut entre autre mission le privilège d'émettre des billets payables à vue et au porteur. En 1945 la banque devenait propriété de l'état Français et la République s'affranchissait du privé pour le financement de l'état. En 1973 l'indépendance financière de la république s'envolait avec la loi du 4 janvier. Il avait fallu plus d'un millénaire pour que le pays s'affranchisse des financiers et cela n'aura duré que 27 ans. Olivier Wormser gouverneur de la Banque de France et Giscard d'Estaing ministre de l'économie et des finances sous le Président Pompidou auront dégainé plus vite que Lucky Luke pour tirer dans le dos de la France, sous les applaudissements et les votes de l'assemblée. Quelques banques privées juives existent sur la 41ème et alentours, je ne connais pas leur fonctionnement, n'étant pas juif je ne le saurais jamais. L'interdiction, dans la Thora de prêt à intérêt nous rapproche de l'Islam, qui lui aussi les interdit. Dans sa période mecquoise où Mahomet a eu ses révélations les plus douces, le prophète, par la sourate N°30 nous dit : *Tout ce que vous donnerez comme ribâ pour augmenter vos biens au dépens des biens d'autrui ne les accroît pas auprès d'Allah».* Cela ressemble à un conseil passif et n'ordonne rien. Plus tard, dans la période médinoise, peut-être le Dieu était-il plus mal luné, car les dieux sont les voisins de la lune, celui-ci n'envoya plus que des révélations didactives. En tout cas, le prophète se fait plus précis, il ordonne et menace : *«et à cause de ce qu'ils prennent des intérêts usuraires - qui leur étaient pourtant interdits - et parce qu'ils mangent illégalement les biens des gens. A ceux d'entre eux qui sont dénégateurs, Nous avons préparé un châtiment douloureux Alors que ceux d'entre eux qui sont bien enracinés dans la science et les vrais fidèles croient en ce qui t'a été révélé et en ce qui a été révélé avant toi ......à ceux-là nous garantissons une énorme récompense».* ou encore : *«Ô vous qui croyez !... Ô ! Vous qui avez cru craignez Allah et renoncez au reliquat du Riba si vous êtes vraiment croyants, et si vous ne le faites pas, alors recevez l'annonce d'une guerre de la part d'Allah et de Son messager. Et si vous vous repentez vous aurez vos capitaux, vous ne léserez personne, et vous ne serez pas lésés».*

Ces exemples qui ne touchent que la finance sont importants pour comprendre l'évolution entre le Coran de la période Mecquoise qui énonce des préceptes de vie et celui de la période Médinoise dont les révélations se composent principalement d'ordres et de châtiments. Il n'y a bien sûr qu'un seul Coran, seul le ton évolue au fil du temps. Les spécialistes de l'islam eux mêmes n'ont pas encore réussi à tomber d'accord sur le caractère abrogatif ou non de certains versets. Il semble pourtant évident que les versets ou surates les plus récents prennent l'avantage sur les anciens et dans certains cas peuvent les renforcer ou à l'inverse les annuler. Les sourates datant de la période mecquoise se rapprochent fortement de ce qui se dit dans l'ancien testament et pourrait être considéré comme du copier-coller de la bible. Ces écrit bibliques qui se trouvent déjà être le socle commun du christianisme et du judaïsme. Mêmes prophètes, mêmes récits, les musulmans eux mêmes ne s'en cachent pas et considèrent Mahomet comme le dernier prophète du cycle de révélation monothéiste Abrahamique. Ce serait donc, d'après l'islam, le dernier qui a parlé qui aurait raison. S'auto décrétant le dernier, Mahomet se facilite aussi la vie.

A l'époque de la première révélation au dernier des prophètes, dieu ne parlait pas Arabe. Quand le dieu décida de contacter Mahomet qui faisait retraite dans la grotte d'Hira pour lui glisser deux trois trucs à l'oreille, il fit appel au fidèle archange Gabriel. Heureusement Gabriel avait des langues et se fut un plaisir pour lui que de servir d'interprète. De plus, cela lui faisait du bien, Gabriel avait besoin de pratiquer. Dans le coran, Gabriel se nomme Jibril mais il s'agit bien sûr du même ange, ici ce n'est pas une question de tempo mais de traduction. Même Dieu, mêmes révélations Abrahamiques, mêmes anges ! Comment ces trois religions, Judaïsme, Christianisme et islamisme qui ont un socle identique et logiquement un Dieu commun ont elles fait pour engendrer, tant de guerres, tant de morts, tant d'atrocités en criant l'amour de leurs frères, et de leur dieu. Ce n'était peut être pas les bons frères, à moins que le dieu ne ce soit emmêlé les manettes de la Playstation.

De façon récurrente, les faits nous rappellent que ces trois religions, qui, chacune à leur époque et à différent niveaux ce sont noyée dans la violence écrivent une histoire souvent à l'envers de la spiritualité. La violence est toujours le fruit de l'ambition des chefs de leur quête de pouvoir ou de richesses.

Martin Luther, père du protestantisme (1483-1546) rejetant l'autorité de son chef le Pape décrétait que chaque baptisé devenait prophète, prêtre et roi. Le protestantisme a fait du Christianisme la première religion monothéique à laisser la foi s'exprimer en se débarrassant des contraintes ordonnées par les chefs. En déclarant qu'*«Aucune entreprise humaine ne peut prétendre avoir un caractère absolu intangible ou universelle, y compris la théologie »*. Cette famille du christianisme représenterait la religion la plus souple et la plus ouverte parmi les trois dogmes monothéistes, puisque pour ces croyants, même la théologie, fruit du travail des hommes, ne peut avoir de caractère absolu. Sur les deux milliards deux cent millions de chrétiens recensés à travers le monde, huit cent millions seraient protestants et représentent par leur tolérance et leur ouverture d'esprit, l'opposé d'un islam qui sous couvert du spirituel, ordonne tout, le politique, le législatif, le quotidien.

Il est curieux de constater que, par nombre de traditions similaires (alimentation, circoncision etc.) comme par le refus de la réforme, le judaïsme apparaîtrait, sous certains angles, proche de l'islam.
C'est au siècle des lumières, par la mouvance de la Haskala venue d'Allemagne que les juifs aussi ont tenté leur réforme. Le judaïsme réformé, bien que contesté et minoritaire, s'est assez vite propagé et notamment aux Etats Unis. A la moitié du XIXème, soit un siècle après son apparition, les Etats Unis comptaient deux millions de juifs qui avaient rejoint le «Reform Judaism». De toute évidence, cent cinquante ans plus tard, au début du XXIème, le judaïsme semble revenir sur sa réforme et l'orthodoxie religieuse reprendre ses droits. En France, symbolisé par la Synagogue de la rue Copernic, le judaïsme libéral ne compterait en 2015 que sept rabbins, et, outre Paris, ne disposerait de synagogues que dans les villes de Marseille, Lyon, Strasbourg, Toulouse, Montpellier et Grenoble. Le judaïsme réformé n'est donc présent que dans sept pour cent des départements français. En Israël, les adeptes d'un judaïsme libéral ne sont pas les bien venus et le mouvement ne compte que cent quatre vingt mille personnes sur plus de huit millions d'habitants soit 2.25% de la population. Privé de l'appui des juifs libéraux américains, le judaïsme libéral n'existerait pas en Israël. Mais attention mon grand, tout cela n'est libéral qu'aux vues du judaïsme traditionnel, encore une fois c'est un truc corrélatif, puisque si tu veux te convertir, il te faudra quand même passer par une instruction religieuse de 2 années. Il faudra aussi faire la preuve de ta sincérité. La sincérité, c'est un truc de zéros, c'est bien souvent fonction de leur nombre sur ton chèque que tu deviens vraiment sincère. Après la «sincérité» c'est le rabbin qui décide si tu es bon pour le service ou pas. Tu vois, ce n'est pas encore vraiment ouvert. Les religions fermées, comme la maçonnerie d'ailleurs, pourraient être considérées dans nos civilisations occidentales avancées comme les derniers espaces où les ségrégations, y compris raciales, peuvent s'appliquer. En effet, si elles étaient d'origines raciales ou ethniques, les vraies raisons d'un rejet d'admission, d'initiation ou de

conversion peuvent ne pas être dévoilées, et, en ce domaine, dieu n'a pas créé d'organisme de recours.

Le judaïsme réformé s'oppose au judaïsme traditionnel sur la question fondamentale du lignage. Chez les orthodoxes, majoritaires, c'est la mère qui assure la transmission du judaïsme, chez les réformés, c'est le père qui transmet l'état de juif à son enfant. Pourquoi cette opposition ? Si j'ai le temps, je poserai la question au Dieu car si je pouvais filer un coup de main pour que les juifs soient d'accord entre eux ce serait avec plaisir. Le judaïsme réformé semble moins fermé, moins ségrégationniste pourrait-on dire que le judaïsme orthodoxe. Mais pas d'affolement, toujours pas d'happy-hour ou d'open bar pour trinquer avec le Dieu des juifs si papa n'était pas juif. L'ensemble des fidèles des communautés juives réformées à travers le monde, regroupées sous l'emblème World Union Progressive Judaism seraient moins de trois millions. Leur nombre est stagnant voire décroissant au regard des nombreuses communautés juives orthodoxes, qui par leur taux de natalité important, sont en plein essor. Comme rien n'est jamais tout rose, ni même chez les juifs de France, en 2008, fraîchement nommé au consistoire Israélite de France, le grand rabbin Gilles Bernheim emprunt de grande tolérance et de grande ouverture d'esprit déclarait qu'il ne reconnaîtrait jamais le judaïsme libéral et que ce mouvement ne serait jamais accepté au consistoire. Pourtant, chacun aurait pu nourrir l'espoir que des trois grandes religions monothéiques, la plus ancienne aurait pu en quelques millénaires, trouver le temps de sa réforme, et, tout doucement, tranquillement accepter de se transformer. Mais le tempo du Dieu unique aux trois religions semble obligé de s'adapter à la mesure du tempo des chefs de chacune d'elle. Dis-moi, le Dieu, dans la réforme, tu ne te ferais pas un peu déborder par une base archaïque qui ne voudrait pas remettre en question ses acquis sociaux ?

Question tempo, Mahomet, homme d'ouverture lui aussi, avait prévu un temps unique puisque toute discussion autour du Coran est considérée comme insulte au dieu, si ce n'est au prophète. Une insulte au dieu si t'as un bon avocat tu t'en sors avec dix ans, si ton avocat n'était pas en forme ce jour-là, ce sera la mort. Ecoute mon vieux, la religion c'est la religion, ca ne rigole pas avec l'insulte. Finalement, ce qui manque à la justice islamique, c'est une Taubira, quelqu'un qui adoucisse peines et châtiments. Le mec pourrait insulter le dieu, peut être même le prophète et au lieu de dix ans de geôle arabe, on lui ferait cadeau d'un joli bracelet. Le bourreau et ses coups de fouet céderait la place à un agent accompagnateur en réinsertion qui apporterait des loukoums et aurait déjà rempli les formulaires de revenu minimum... Ne manquerait plus que les vierges. Christiane, pour la France, c'est bon, t'as donné un max, conserve tes énergies, d'autres pays ont besoin de toi.

En religion comme en politique, la réforme est toujours dure à accepter, non pour son fondement, mais pour ce qu'elle représente en perte de pouvoir pour les tenants de l'orthodoxie ou les dirigeants en place. De fait, les changements sont proscrits ou repoussés, sauf si ceux-ci représentent un gain de pouvoir immédiat pour les hommes en place. Bien évidemment, plus la réforme et l'adaptation à la vie contemporaine sont repoussées, plus les situations se tendent, plus les lignes deviennent des murs et les esprits difficiles à concilier. T'imagine, l'autogestion religieuse ! Les protestants le font en vénérant Jésus Christ. Mais le principe pourrait fonctionner également en dehors du christianisme. Les juifs ou les musulmans qui ne considèrent Jésus Christ que comme un prophète et non comme le fils de Dieu pourraient eux aussi, par la réforme, considérer que chaque fidèle, par filiation ou par conversion, soit prophète, prêtre et roi. Il suffit de le dire et de l'accepter. Et le Dieu ? Mais bien sûr qu'il serait d'accord le Dieu, fais preuve de raison, si chacun est prophète, prêtre et roi, les affaires n'en seront que meilleures pour le Dieu. Seul Gabriel poserait problème, il va devoir se remettre aux langues et reprendre le turbin. Un peu de boulot lui ferait le plus grand bien à Gabriel, par pénurie de prophètes depuis bientôt mille trois cent ans, le Gabriel prend de mauvaises habitudes à ne rien faire. Allez, Gaby, debout, au taf.
Fini la centralisation religieuse, plus de chefs guerriers, plus d'ordres, que les conseils et vertus de la foi. Mais ce scénario, ça ressemble au paradis. Pour l'instant l'ami, toi comme moi, nous sommes sur terre et rappelle toi que déjà au XVIème siècle les adeptes de la réforme chez les chrétiens ne se faisaient pas que des copains, ni chez les papes, ni chez les rois qui par le sacrement de l'église, tenaient leur légitimité. L'évêque de Rome, Pape à ses heures et chef suprême de l'église détenait alors les deux pouvoirs, le spirituel et le temporel. Ne pouvant s'occuper de tout, les papes décidèrent de se développer en franchise et refilèrent les problèmes d'intendance aux rois. Le truc, c'était de sacrer un roi par secteur géographique. Par leur sacrement, les papes confiaient le pouvoir temporel. Devenus sacrés par l'église, les rois ne pouvaient se tromper et ne pouvaient qu'être justes. Tout ce qui était dit ou fait sur ordre du roi ne pouvait être contesté, puisque sacré. Le roi

n'était pas divin, mais son pouvoir l'était, c'est un peu comme le prophète. Amuse-toi un peu à retirer le droit divin à un imam, tu vas voir s'il va aimer le barbu ! Les papes ne sont pas barbus, mais ceux-ci n'aimaient guère le projet du protestantisme qui allait leur enlever le pouvoir divin, et puisque le spirituel nomme le temporel, leur enlever tous les pouvoirs. L'ami Martin, suivi des réformistes catholiques prônait que la religion devait s'en remettre seulement à la lecture de la bible et se soustraire au dictat des chefs, ce genre de projet ne plait jamais aux chefs religieux, barbus ou pas barbus. En 1521, Martin Luther fut Excommunié par le pape Léon X. Catherine de Médicis, très coquette, ne portait pas la barbe non plus, mais l'éventualité de la perte de pouvoir ne lui a pas plu davantage qu'à un pape sans calotte ou un Iman dépourvu de porte voix. Les hostilités opposants catholiques et protestants ont donc commencé. Ce fut le massacre de la saint Barthélémy. Bilan : trente mille morts côté protestants, et pas des morts douces. Tu penses bien que la catherinette n'a pas eu de difficulté à remettre les choses en place. Si elle perdait son pouvoir, toute la noblesse était ruinée. Dans ces conditions il suffisait de lâcher la meute, c'est-à-dire les nobles et preux chevaliers pour éradiquer les «hérétiques». Note que certains imams font de même en lâchant les meutes qui se réjouissent de leur droit de tuer. La France fut plongée dans le sang durant une vingtaine d'années (1572-1598), ce fut ce que l'histoire appelle les guerres de religions. Je ne suis pas sûr que «guerres de religions» soit un terme adapté, comme il pouvait l'être pour les croisades quelques siècles auparavant. Il s'agissait de batailles fratricides au sein de la même religion. Avec le même Dieu, le même Christ, le même Saint Esprit. En fait, il ne s'agissait que de mâter une partie du peuple pour conserver la plénitude du pouvoir temporel. Si elle ne voulait froisser le pape et le décevoir sur sa capacité à gérer le secteur, la Catherine n'avait pas d'autre choix que le massacre.

C'était assez pratique pour l'église ce truc de pouvoir spirituel désignant le pouvoir temporel, devenus sacrés, les monarques se devaient de renvoyer l'ascenseur aux papes. Ils leur promettaient de toujours bannir ou exterminer les hérétiques, de faire régner l'ordre. Entre pape et rois, c'était je te tiens par la couronne, tu me tiens par la calotte. Le serment royal ou impérial de protection de l'église catholique était un don de dieu pour la papauté qui évitait ainsi les frais d'une armée. Bref de la sous-traitance bien organisée. Moi pape, je te donne des pouvoirs incontestables et par ces pouvoirs, tes armées me protégeront. Toi roi, tu pourras tuer qui tu veux, je n'en ai rien à cirer, moi le pape, ce que je veux, c'est faire prospérer mon petit business, mais attention, je ne veux voir que des catholiques. C'est ainsi que pour avoir accès aux charmes de la belle Marguerite de Valois et devenir Henri IV roi de France, le prince de Navarre dut se reconvertir au catholicisme qu'il avait un temps abandonné pour le protestantisme. Henri IV était au royaume de France ce que Bayrou est à la république, prêt à se convertir à première demande. Espérons que le prince de Béarn, par une prochaine reconversion n'accède pas au trône élyséen.

Le premier roi de France à être sacré fut Pépin le bref (Soisson l'an 751). Mahomet mort à Médine en 632 n'avait donc pu observer ce sacre et le fonctionnement bicéphale de la répartition des pouvoirs et de l'exploitation des peuples. Mais Mahomet était fin stratège et détestait la contradiction. Voisin et amis des juifs à ses débuts, il avait tout de suite pigé l'intérêt d'une religion et du pouvoir spirituel. Mahomet voyait les affaires des juifs prospérer, les chrétiens s'en sortir pas trop mal, et lui pauvre arabe sans Dieu unique n'avait pour l'aider et le suppléer, qu'une bande de gugusses dont le paganisme et l'idolâtrie débridée rendaient incontrôlables et totalement désorganisés.

Dès son entrée sur la scène des affaires, Mahomet décida de tirer profit de la spiritualité. Il édicta un système monocéphale regroupant sous le même keffieh tous les pouvoirs car il était le seul à avoir le numéro de Gabriel et à pouvoir prendre rencart pour les apparitions. A première vue, pas d'associé, cela paraît plus de boulot, mais à la pratique tu évites les discussions inutiles avec un pape ou un grand rabbin. Au final personne ne pollue ta décision pour engager une bonne petite guerre ou un massacre d'impurs. Second avantage, quand tu as soumis le peuple par la religion, donné un statut de dhimmi au non croyant pour augmenter tes ressources, tu n'as rien à partager. Toutes les richesses de l'empire remontent à la holding dont tu restes l'actionnaire unique. Pas d'associés, pas de dispute entre associés. Pas d'associé, pas de partage des pouvoirs ou des richesse. Ca y est, j'aperçois les feux tricolores de la 41ème et Pine tree sur laquelle je roule. En plus d'une dyslexie à faire pâlir d'envie un analphabète sur mes fautes d'orthographe, je souffre de troubles spatiaux temporels, c'est en tout cas ce qu'avaient trouvé les psychologues pour expliquer à mes parents mon échec scolaire. Ces troubles, parfois, font divaguer ma raison, et en quelques centièmes de seconde, bien que concentré sur le sujet et l'événement du jour qu'est Rosh Hashana je voyage de la grotte de Hira que j'abandonne vite car trop fraîche et déjà occupée, pour me réchauffer quelques siècles plus tard dans les jardins de l'Alhambra discutant solidarité/discrimination avec un vieux chinois, parfois dissertant sur les début du Prophète dans les affaires.

Ce feu rouge arrive à merveille pour me faire prendre conscience que je vis ici et maintenant. La lumière rouge m'impose un stop. J'en profite pour regarder passer les piétons. Comme d'habitude, je ne regarde pas, j'observe. Perruque-jersey, kipa-rubans, kipa-sans-ruban, perruque-jersey-bas-noirs, perruque-jersey, perruque-jersey-ombrelle, chapeau, perruque-jersey-poussette à deux places. Pas de schtreimel aujourd'hui comme on en voit à shabbat. Jersey-rayé-noir-et-blanc, chemise-blanche hors pantalon, veste noire, kipa... Poussette à deux places, jersey-rayé-noir-et-blanc... YTSI ! Oui, cette chemise blanche et cette veste noire surmontée de la longue barbe que j'aperçois là-bas sur la gauche du passage protégé, oui tout cela, comme la kipa qui est sur sa tête, appartient à Ytsi ! Voiture découverte et glaces descendues le contact est facile, je me lève un peu de mon siège pour héler mon ami. Hi Ytsy ! Hello ! La petite paire de lunettes cerclées portée à mis nez se retourne vers moi, ces paupières se contractent comme pour mieux trouver d'où vient la voix. Bras tendus vers le haut, mes deux mains qui s'agitent au dessus du pare brise le renseignent rapidement de ma présence. L'expression interrogative de son visage se transforme instantanément en un mouvement de barbe qui laisse apparaître un large sourire quand je lui lance une «bonne année, Ytsi». Bonne année me lance t'il à son tour, détournant ses pas du passage piéton pour tra verser l'avenue en diagonale et rejoindre ma voiture sur le côté droit. Les voitures découvertes ôtant les barrières entre piétons et automobilistes, je reste assis dans mon carrosse noir. Ytsi se penche un peu, prenant appui sur le pare brise et l'appui-tête passager. L'un et l'autre, nous nous trouvons maintenant dans le même espace intime, la conversation commence. Ytsi et moi nous nous connaissons depuis trois ans, il était le général contractor» (sorte de maître d'œuvre) des importants travaux de rénovation que j'ai dû effectuer pour l'ouverture de ma galerie. Ytsi parle un français correct, venant d'Israël il a séjourné quelques années à Paris avant de s'installer comme général contractor à Miami. Ytsi parle aussi l'anglais, l'espagnol et bien entendu l'hébreu. Il se débrouille aussi en Yiddish. Ytsi a toujours eu la gentillesse devant ma carence en langues étrangères de l'époque de me traduire les réunions de chantier en français. C'était l'archange Gabriel lors de cette révélation que fut pour moi pour l'entreprise de travaux à Miami Beach ! Parfois, comme pour s'assurer, que ni moi ni les ouvriers latinos présents ne comprennent, les conversations entre contractors se faisaient en Hébreu. A Miami Beach, la quasi totalité des contractors sont juifs et leurs ouvriers sont latinos catholiques. Quoiqu'il en soit, un chantier est toujours un terreau de discorde et Ytsi et moi

même l'avons évité. Merci le Dieu. «Et la famille? Le magasin, les affaires ?» ça va, ça va. C'est la fête aujourd'hui, la nouvelle année. «Oui, ca commence ce soir» Mais Ytsi, nous sommes le 26 septembre, pour nous ce sera dans trois mois ! Ytsi, visiblement content de mon attention à lui souhaiter sa bonne année lâche alors le pare brise et l'appui-tête de la voiture, lève les bras au ciel en les écartant largement comme pour embrasser le monde et avec un sourire qui ferait presque disparaître sa longue barbe me dit «c'est la nouvelle année pour nous, alors c'est la nouvelle année pour tout le monde» puis rejoignant le trottoir pour libérer la rue dont le flot de voiture allait de nouveau s'écouler, Ytsi se retourne une dernière fois, en secouant le bras droit en guise d'au revoir il me lance, «bonne année à toi, bonne année à ta famille».

C'est certainement le lot de toute communauté de vouloir projeter ses traditions, ses règles, ses croyances sur le reste du monde. C'est encore plus le cas en période de fête. Transportée par l'ivresse de la joie, chaque communauté semble en oublier que les autres n'ont pas les mêmes croyances, les mêmes traditions, les mêmes cycles. Ytsi est un homme, loyal et intègre, très observant. La gentillesse et la spontanéité de son message m'ont fait plaisir, mais je n'ai pu m'empêcher de constater, qu'en certaines circonstances, 0.2% de la population mondiale oublie parfois que les 99.8% restant, pensent, agissent et vivent différemment.

S'il peut rester aux USA quelques traces d'un passé ségrégationniste, ce pays a réussi à emballer dans un même grand sac au décor de bandes rouges et blanches agrémenté d'étoiles, les religions et un nombre incalculables d'églises indépendantes sans que le paquet ficelé au respect d'autrui n'explose.
Bonne année Ytsi.

XVIII
Madame Bardot

2014, Sunday, September 28th
La rodéo, Saint-Tropez, 1986.

La placette en triangle effleurait par l'un des angles de sa base le mur du cœur de l'église, plus précisément le haut de la nef centrale. Cette église, de style baroque érigée au XVIème siècle au cœur du village venait remplacer la précédente construite en 1056 devenue trop petite. Ce qui est aujourd'hui la place, était entre le XVIème et le XVIIIème siècle le cimetière adjacent à l'église. Un pavage assez grossier est venu remplacer tombes et allées. L'orme qui trône en son centre doit avoir discuté avec les morts. L'arbre certainement planté jeune à la suppression du cimetière a donné son nom à la place qui l'entoure, puisque ormeau est le nom donné aux jeunes ormes. Le clocher qui le surveille fait partie des V.I.P du village et le fait d'être V.I.P parmi les V.I.P ne semble pas l'ébranler. Depuis cinq cent ans, immuablement à chaque office il appelle de ses lourdes cloches visibles de l'extérieur, les fidèles de la cité mais aussi, les touristes et les curieux qui désirent assister à un «office souvenir». Saint-Tropez est fier de son église Notre-Dame de l'Assomption et moi, je suis fier et heureux d'ouvrir ma première galerie, entouré de cette église et de ces anciennes maisons qui bordent la place. Nous sommes ici au cœur du village, un cœur qui bat au ralenti, la placette semblant comme isolée. Si ce lieu se trouve à trois pas du circuit touristique, ce triangle de paix en est tenu à l'écart. La fréquentation est faible place de l'ormeau, les loyers aussi, ce qui explique ma présence ici. Il n'y a qu'une année que je vis à Saint-Tropez, j'ai quitté Dunkerque un 24 décembre au matin avec pour tout bagage, ma voiture, quelques effets personnels et ma blonde rencontrée quelques mois auparavant. J'y suis arrivé le soir ayant parcouru les mille deux cent trente quatre kilomètres qui séparent les deux villes. Il me reste quarante francs en poche quand je m'installe chez une connaissance, un nordiste d'origine, qui cherche à partager les frais de son habitation. C'est donc en tant que «room mate» que je m'installais sous le ciel du var. Ma compagne n'y passera que quelques jours, le temps du break dit des confiseurs, la faculté de Lille l'attendant pour lui accorder sa licence d'histoire en fin d'année. Ma petite galerie se trouve le long de la seule voie carrossable de la place, juste en face de la fontaine où quelques personnes âgées du voisinage viennent encore chercher l'eau. L'immeuble en face, abrite en son dernier étage Annabelle et Bernard Buffet. Je les vois parfois passer à pieds, et, suivre du regard leurs silhouettes me fait rêver de célébrité. Un peu plus bas, comme collée à l'église, à l'angle de la place se trouve un antiquaire de marine, juste en face de lui, presque collé à la nef, une galerie d'art contemporain tenue par un grand blond, la base du triangle que forme la place ne compte que des maisons d'habitations et leurs rez-de-chaussée semblent inanimés. L'autre côté de la place ne compte qu'une boutique de linge de maison. Au sommet du triangle, sur le même trottoir que mon local, une entrée d'ancienne cave dont les premières marches qui empiètent sur l'étroit trottoir, invitent les passants à découvrir les souvenirs et une petite part d'intimité de celle qui fut un temps, la femme la plus adulée du monde, Brigitte Bardot. Une petite enseigne peinte à la main trône au dessus de l'unique porte d'entrée qui impose aux plus grands de baisser la tête, il y est inscrit «la madrague». L'antiquaire du coin et sa barbe grise, le grand blond de la galerie du bas, une vendeuse de linge de maison et Gloria de la Madrague forment mon univers. A ce groupe, s'ajoute Bernard, dit «la Perruque», un garçon charmant, coiffeur de son état, antiquaire décorateur à ses heures et homo permanent. Durant cette année, Bernard n'a cessé de me draguer, allant un jour jusqu'à m'interpeller sur le port, à une trentaine de mètres de moi et faisant de ses bras un sémaphore, en s'écriant : «hou hou, le beau Thierry, viens je t'emmène à Venise». Bernard allait se fournir en Murano et me proposait le voyage en minibus. Ce que je déclinais. Le salon de Bernard lui aussi est situé dans une ancienne cave, elle ne donne pas directement sur la place, mais dans un bras de rue qui unit la placette à la rue des remparts et son flux touristique. Ni ségrégationnistes ni homophobes, nous acceptions tous La perruque comme faisant partie de la place, je pourrais dire des meubles, puisqu'il était installé là bien avant nous tous. Je discute souvent avec gloria, du temps qui est encore frais pour moi qui ne circule qu'à moto, des touristes qui n'arrivent pas encore et de la saison qui va venir. La masse des touristes n'est pas encore arrivée et Brigitte se sent encore chez elle dans le village. Souvent une Renault 4l rodéo dont on ne sait si elle doit son allure brinquebalante à son âge ou à un manque d'entretien, vient s'arrêter et bloquer l'étroit passage face à la madrague. Cela ne gêne rien ni personne, car hormis la mini benne à ordure qui ramasse plusieurs fois par jours les sacs que les habitants déposent aux pieds de la fontaine, le trafic, quand il y en a, est exclusivement piétonnier place de l'ormeau. De cette caisse à quatre roues, juste chapeautée de sa bâche abritant les chiens, descend alors Brigitte. Je suis généralement prévenu de la présence de la rodéo par les gémissement des toutous toujours si empreints à se manifester dès que leur maître s'éloigne de quatre pas. Brigitte vient voir Gloria, parfois lui ramener un peu de nouveautés, de marchandise. Souvent elle vient aussi discuter avec Bernard, l'ami de toujours. J'en profite alors pour quitter le chevalet face auquel je passe mes journées, sortir, peut être fumer une cigarette, en tout les cas, apercevoir Brigitte Bardot remonter dans sa voiture. Elle passera obligatoirement devant chez moi, et me trouvant soit sur la place près de la fontaine soit sur le pas de ma porte, j'aurais droit à son regard, un sourire, puis au moment ou sa main droite quittera le volant pour le levier de vitesse, un petit signe. J'aurais droit aussi à la fête des chiens, qui se pousseront pour me voir. J'ai toujours attiré les chiens. Brigitte est belle, Gloria aussi, Brigitte est blonde, Gloria auburn, Brigitte a la peu claire, Gloria affiche la peu mate et toujours bronzée de ses origines brésiliennes. Quand la Rodéo arrivera devant les antiquités de marine, avant de disparaître derrière l'église, Gloria, d'un dernier signe de la main saluera Brigitte. Brigitte laissera échapper sa main gauche sur le côté de la bâche pour renvoyer le salut à Gloria. L'antiquaire restera dans ses rêves, la marchande retournera à son linge, le grand blond du bas sera lui aussi sur le pas de sa porte, Bernard en trois pas traversera la ruelle et rejoindra Gloria pour connaître les derniers potins. Je rentrerais dans ma galerie ou un visiteur troublé par les chiens, me demandera ce qu'était cette vielle voiture animalière. La petite place redevenue déserte, un temps touché de beauté supplémentaire s'en retournera à sa douce somnolence, Brigitte est passée. A elles deux, elles devaient avoir cent ans, mais séparément, chacune n'en n'avait que cinquante. L'une et l'autre avaient la merveilleuse beauté qu'apportent quelques années à celles qui ont eu la chance d'être belles jeunes. Cette beauté qui n'a plus besoin d'être rassurée. Ce naturel féminin qui sublime chaque geste parce qu'il ne cherche plus à trop en faire pour être désirable. Dans le cas de Brigitte, devenir plus désirable aurait été impossible. Si Gloria était belle, Brigitte en était son superlatif. Gloria qui avait été la secrétaire de Madame Bardot en était aussi et de longue date, l'amie et la confidente. Gloria qui l'avait suivie de si près durant sa carrière, savait tant de Brigitte qu'elle en avait appris l'humilité. Face à ce que les dieux avaient accordé à chacune d'elles de beauté, Gloria ne cherchait à rivaliser, elle restait sereine. Simplement vêtue d'un chemisier blanc tombant sur un jean et chaussée sans talon, Brigitte bardot rassemblait en elle, ce que très peu de femmes peuvent espérer dégager de charme dans leurs plus beaux apparats. Je ne peux décrire Brigitte Bardot, ce ne sont pas les mots qui me manquent, mais le talent pour les assembler et former un tout qui n'écorche pas. Brigitte Bardot est un tout de la beauté, un tout de la femme mais aussi un tout du caractère. Au risque de polluer ce passage par les noms peu flatteur d'hommes politiques, j'écris que Brigitte bardot pourrait être «l'Anti». L'anti Hollande, l'anti Juppé, enfin l'anti tout ce qui manque de couilles. L'anti tout ce qui manque de valeurs et de courage. Fidèle en amitié et à ses principes, elle serait aussi l'anti Bayrou.

Brigitte n'avait plus besoin de secrétaire particulière, et s'était ajouté la charge de cette petite boutique, la madrague, par amitié pour Gloria. Pour que celle-ci ne fut pas sans emploi. A cette époque, si Brigitte Bardot avait voulu renier son engagement de s'éloigner du cinéma, les plateaux du monde entier se seraient pâmés pour l'accueillir. Mais Brigitte Bardot n'est pas femme à se renier et quelles que soient les difficultés qu'elle rencontrait à cette période, elle se consacrait uniquement à sa cause. Je n'ai pas eu la chance d'établir une longue amitié avec elle. Nos rencontres devaient pourtant dépasser le stade de la Rodéo, quand un jour, Gloria me demanda ce que j'avais de prévu pour le prochain dimanche. Devant ma réponse qui lui indiquait ma disponibilité, elle me demanda alors si cela me tentait, d'aller déjeuner chez Brigitte. Que voulais-tu que je réponde ? J'ai vingt huit ans, artiste peintre sans le sous, dans une ville ou je vis depuis peu, à la rue car mon hébergeur, à qui je confiais mensuellement mes économies pour régler le loyer, a sans me le dire, laissé une ardoise de plusieurs mois au propriétaire. C'est à moi, ce type, sans passé et à l'avenir incertain qu'on demande s'il veut aller déjeuner et passer le dimanche après midi chez Brigitte Bardot ! Qu'aurais-tu dit ? Oui bien sûr, moi aussi j'ai dit oui à la proposition de Brigitte formulée par la bouche de Gloria. Le lieu du déjeuner serait «la Garrigue» où Brigitte prenait ses quartiers d'été tant les alentours de sa maison des Canoubiers «la Madrague» étaient envahis de badauds dont la curiosité dépassait souvent les limites du supportable.

Brigitte tenait sa promesse en arrêtant sa carrière et voulait vivre simplement, ses admirateurs ou détracteurs ne l'entendaient pas ainsi et tous refusaient de lui ficher la paix. Ségolène Royale, que le Dieu Mitterrand avait nommé apôtre des affaires sociales et de l'environnement, encore totalement inconnue, cherchait à faire le Buzz et à faire parler d'elle. Quand un socialiste n'a pas d'idée, il détruit. Quand il en a une, il détruit aussi. A grand renfort de bulldozer et sous les projecteurs de la presse spécialement convoquée pour ce fait d'armes, Ségolène mettait bas ces quelques pierres, dernier rempart d'intimité pour Brigitte. Brigitte était alors exposée aux yeux de tous. Cet acte n'apportait rien à l'environnement ni aux affaires sociales. La madrague est la dernière maison de cette bande de sable, pour y accéder par le fil de l'eau, bien d'autres obstacles gênent la marche, rochers, fossés, pontons, paquets d'algues. Après la Madrague, seul le chemin littoral, parfois difficile, continue pour encercler le cap. Ce chemin passe toujours derrière les rares maisons bâties pieds dans l'eau, jamais devant. Abattre ce mur, ne menait à rien, si ce n'est de permettre aux intrus de parcourir quelques mètres de plus et de s'installer dans le jardinet ou le salon de Brigitte. Abattre les choses pour aller nulle part et revenir au point de départ, ne serait-ce pas la devise socialiste ? Quand je pense que Ségolène a failli devenir présidente ! Tu vois Raymond-mélody, sur les conneries, tu n'as pas hésité quand tu étais à l'Elysée, mais rien que pour nous avoir évité un drame historique, tu rentres dans la cour des grands. De façon corrélative, d'accord, mais tu y rentres.

Les socialistes s'acharnent à défendre leur vie privée d'élus, qui pourtant exigerait transparence, mais si leurs intérêts médiatiques commandent de mépriser l'intimité des citoyens, la défense de la vie privée n'existe plus. Un élu évincé ou un président retiré touche des indemnités de l'Etat et en ce sens reste redevable à vie d'une certaine transparence. Aux États-Unis en 2014 pas une personne sur trois ne connaît le nom de Nicolas Sarkozy, pas une sur dix ne réagit à celui de François Hollande et quand celui-ci suscite réaction, c'est de moqueries qu'il s'agit. Plus de neuf sur dix, connaissent, quarante années après la fin de sa carrière, Brigitte Bardot. Mais qui étais-tu, toi, ma pauvre Ségolène, qui étais-tu pour faire cela, ou plutôt pour qui te prenais-tu ? Tu n'as pas changé, tu te prends toujours pour ce que tu n'es pas. Ce n'est pas les tonnes de Botox, dont Brigitte c'est préservée en acceptant les marques de l'âge, qui masqueront les sillions de ton incompétence et de ton arrogance. Nous étions, à la Garrigue, protégés de tout et de tous, rares étaient ceux qui connaissaient l'existence de ce second domicile, plus rares encore, ceux qui en connaissaient l'accès. La Garrigue, c'était une petite maison de rez-de-chaussée, toute plate, qui de loin aurait pu faire penser à une simple bergerie. La bâtisse portait le nom de Garrigue comme la végétation qui l'entourait, elle aurait aussi pu s'appeler maquis tant ses quelques mètres carrés étaient discrets et disparaissaient entre pierres et buissons. Le bout du monde de Saint-Tropez, là-bas, perdu entre le Cap du Pinet et la pointe de Capon, niché au plus inaccessible de l'inaccessible de la presqu'île. Dans ce bout de paradis originel, Brigitte possédait quelques terrains et y avait fait construire son refuge. Au dessus de sa retraite, une seconde petite maison avait été bâtie pout héberger son ami et ancien photographe privilégié Jicky Dussart. Jicky que j'avais revu place de l'Ormeau quelques semaines auparavant. Nous ne nous étions plus rencontrés depuis l'épisode Métro et tous deux surpris de se retrouver à Saint-Tropez, nous nous interrogions l'un l'autre *«qu'est ce que tu fous là »*. En réponse, je lui indiquais l'entrée de la galerie, Jicky, lui me rétorquait en mimant un swing *«Moi, je fais jouer les vieux à Beauvallon»*. Jicky avait délaissé le métier de la photo commerciale qui l'avait peu ou pas accepté, pour se transformer en professeur de Golf à Sainte Maxime. Jicky était talentueux, il possédait aussi le don de la reconversion. Bien qu'amoureusement esseulée, Brigitte ne vivait pas seule à la Garrigue, il y avait les animaux, ses animaux. Toutes des bêtes recueillies, comme cet âne sauvé in extrémis de l'abattoir après avoir figuré dans la crèche de noël du supermarché. Cet âne, pas si bête, ne se souciait plus de rien, et passait des jours heureux aux côtés d'une des plus belles femmes du monde. Il y avait les chats, les chiens, Je me souviens particulièrement de «voyou», ce griffon espiègle mais tellement gentil qui passa le temps du déjeuner dans mes jambes, à tel point que Brigitte me suppliait de l'adopter. Je rencontrais moi-même des problèmes de logement, gêné et honteux de ma situation, quitte à perdre un peu d'estime de mon hôte, je refusais de devenir maître du chien. A mi-mot je lui faisais comprendre ma situation. Ce n'est pas chose simple en début de saison que de trouver un logement à l'année à Saint-Tropez. De suite elle s'empara de mon problème et m'indiquait connaître une dame qui avait un studio à louer en vieille ville, et, qu'elle s'en occuperait dès le lendemain. Elle tînt parole. Seulement quarante huit heures plus tard, par téléphone, elle m'annonçait que le logement n'était malheureusement plus disponible. Brigitte bardot était simple et en recherche d'authenticité. Cette femme qui avait côtoyé les plus grands, faisait cas du logement d'un pauvre bougre comme moi.

206

Hey Ségo, te planques pas derrière les murs de ta propriété de Mougins, écoute ma question ma petite Ségo : Ca t'es déjà arrivé, à toi, là-haut derrière Cannes, de t'impliquer personnellement dans la recherche de logement pour un mec à la rue rencontré la veille ? Pourtant, à Mougins, j'ai connu des artistes sans le toit.

Brigitte ressemblait à La garrigue, humble et naturelle. Cette demeure semblait tellement anodine que personne n'aurait été surpris d'y découvrir, derrière la porte à deux abattants superposés, un sol en terre battue. Moi, derrière, ce fier port de tête dû à la danse classique, derrière cette arrogante beauté, je découvrais chez Brigitte un cœur battu. Je ne pense pas que ces années-là, furent pour elle, simples à vivre. Elle semblait attendre de la vie des choses simples qui ne venaient pas. Comme Gabin le déclamait en son temps : «Le jour ou quelqu'un vous aime, il fait très beau, je peux pas mieux dire, il fait très beau…La vie, l'amour, l'argent, les amis et les roses…On ne sait jamais le bruit ni la couleur des choses…C'est tout ce que j'sais, mais ça j'le sais». Peut être pour avoir mal regardé, ou fait trop de vide autour d'elle, Brigitte semblait mendiante d'amour. Les animaux lui apportaient leur affection sans autre forme d'intérêt. Sans doute est-ce pour cela qu'elle leur était si attentive. Brigitte conservait fermée la partie basse de sa porte de ferme pour éviter que trop de chiens n'envahissent la maison. Par la partie supérieure restée ouverte et rabattue sur le mur, j'entrevoyais la fille de l'antiquaire, Gloria et le chignon blond de Brigitte s'affairer en cuisine. Une table en bois toute rustique était sommairement dressée à l'extérieur. Marcel, qui se faisait aussi appeler Nicolas, était garagiste sur la route des salins. Le garagiste et le peintre dégustaient quelques olives en débouchant les bouteilles de vin rosé et rouge du pays. Nous étions prêts sous ce soleil printanier à dévorer ce gratin de pâtes aux légumes que les filles ne tarderaient pas à servir. L'intérieur de la maison faite d'un séjour, un coin bureau, une chambre et une cuisine, respirait le vrai. Cette authenticité, un peu brute, apportait à l'atmosphère de la Garrigue, le parfum qui fait de certains lieux, des parenthèses de quiétude. La cheminée qui n'était pas d'apparat semblait discuter de la dernière soirée avec sa voisine la guitare. L'instrument, posé sur le canapé face à l'âtre, semblait tenir sous ses ordres les deux chiens qui occupaient le tapis. Tout aurait pu être bonheur, mais ce dernier n'avait pas semblé vouloir se mêler au décor, peut être trop timide, comme d'autres, il n'avait osé s'imposer. Madame Bardot n'était pas à la fête cette année-là et avait de gros soucis avec l'administration fiscale. Personne au village, ne pouvait ignorer sa totale implication à la cause animale, et

chacun, sans même la connaître plus que de l'avoir croisé au marché, savait que loin de tirer profit de sa cause, elle y engloutissait
une partie conséquente de ses revenus personnels. Le fisc, lui,
pourtant également du village, avait tout fait pour ignorer les faits et
aggraver sa situation. Les dons que Brigitte recevait pour les animaux étaient alors comptabilisés sur un compte dédié mais dont
elle était nommément la titulaire. En face de ces recettes,
s'inscrivaient les dépenses avec leurs justificatifs. L'administration
emprunte de mauvaise foi, ne voulait rien entendre et considérait
les dons comme des revenus et refusait la déduction des dépenses,
de fait, chaque franc perçu mais pourtant redistribué devenait impo-
sable. Face à cette situation, les revenus de Brigitte, ne pouvaient
suffire à payer l'impôt. Pour mettre fin à ce non sens fiscal, il lui fallait une structure. C'est ainsi qu'elle décida de la création d'une fondation. Au cours du déjeuner, Brigitte m'avait demandé si je pouvais
en réaliser le logo. J'aime les animaux, Brigitte me le demandait, je
ne pouvais refuser. Je savais en ce domaine les goûts de la protectrice des animaux loin du design épuré que j'aurai aimé faire, im-
pressionné et flatté, je n'osais refuser et j'acceptais. J'ai réalisé
quelques esquisses que plus tard je lui présentais, puis je ne donnais plus suite. Je ne donnais plus suite non plus aux invitations du
dimanche car ma blonde après avoir obtenu sa licence s'en était
partie étudier plus au sud et faisait sciences politiques à Aix en Pro-
vence. Je la soupçonne d'avoir choisi Aix pour se rapprocher de
moi. Si j'allais parfois lui rendre visite à Aix en cours de semaine,
chaque week-end, elle venait à Saint-Tropez. Tu te vois chaque dimanche annoncer ? « Chérie, c'est gentil d'être venue, tu passeras
le dimanche seule, je vais déjeuner chez Brigitte bardot ?» Cela,
ajouté à la honte de ne pas avoir réalisé le sigle pour la fondation, je
ne voyais plus Brigitte Bardot.

Avec tout mon respect, je vous souhaite un bon anniversaire Madame Bardot.

XIX

Les affiches de Saint-Tropez

2014, Saturday, October 4th

Dis moi ! C'est Yom Kippour, le jour du grand pardon. C'est à Saint-Tropez encore que j'ai découvert l'existence du Yom Kippour. Je devais aligner à peine une trentaine de printemps et je devenais plus marchand que peintre. Par cette mutation en cours, peut-être mon état d'esprit avait 'il changé, je côtoyais d'autres commerçants de Saint-Tropez et de fait me faisais des amis Juifs. C'est Daniel qui nous fit découvrir ce jour sacré, le plus saint et le plus solennel de l'année Juive. *«Ce sera ce jour pour vous un shabbat shabbaton, et vous affligerez vos âmes c'est une loi perpétuelle»*. Lévitique 16.31. Si tu n'as pas trop de culture judaïque, je te traduis. A «Shabbat shabbaton», tu ne dois pas travailler, tu ne peux écrire, bien sûr tu ne touches pas l'électricité, ni ton portable, ni encore la dernière bagnole qu'on t'a livrée hier. Bien sûr tu ne touches pas l'argent. Tu t'interdiras toute nourriture, tu n'iras pas te baigner à Pampelonne, et, les cosmétiques étant interdits, tu demanderas à ton épouse de ne pas se maquiller. Bien sûr elle oubliera aussi la petite robe sexy que tu lui as ramenée du Sentier la semaine dernière car l'intimité du couple est elle aussi prescrite. Les juifs mêmes laïcs respectent aussi ce jour. Daniel était observant et possédait une boutique de vêtements qu'il fermait ce jour-là, respectant ainsi la première des traditions concernant l'argent et le travail. Le petit maire ne m'avait pas encore interdit de port et j'avais en face de mon stand portuaire une galerie atelier qui occupait le premier étage d'une maison ancienne donnant d'un côté sur le port, de l'autre, sur la rue Allard. De mon poste de travail, j'avais fenêtre sur port. Emplacement de rêve, non pas pour surveiller mon stand qui n'allait pas s'enfuir seul, mais la jeune fille qui avait mission d'y vendre mes aquarelles. A cette époque, je vivais un dédoublement de personnalité. J'étais Thierry Dufloo artiste peintre dont les toiles se vendaient à l'atelier, mais j'étais aussi Jacques-François qui exécutait et signait les aquarelles vendues sur le port. Les ventes de thierry commençaient à se faire confidentielles car j'avais abandonné les sujets commerciaux. Thierry aspirant à des revenus suffisants et réguliers avait confié à Jacques-François son pseudonyme, la production des sujets vendeurs. Jacques- François possédait un style très différent de Thierry. Il ne travaillait pas la peinture à l'huile sur toile, mais uniquement l'aquarelle, enfin le dessin aquarellé, ce qui plait au plus grand nombre. L'aquarelle, l'art véritable qui ne vit que de la lumière du blanc de papier, est trop légère, trop discrète, trop subtile pour plaire à un large public. Jacques-François, comme tous ses confrères de la pierre froide, allait à l'essentiel, la vente. Le dessin aquarellé étant plus rentable, c'est cette technique qu'il utilisait. Il y avait double technique, celle de la couleur apposée au pinceau, mais aussi celle de l'imprimerie. Jacques François avait observé ce que faisaient ses voisins, dont un ou deux yougoslaves présents sous le soleil du port depuis la nuit des temps et maîtres en la matière. Si les chinois sont les rois de l'aquarelle, les «yougo» sont les princes de la rue. Et la rue, c'est toujours un peu l'arnaque. La petite tricherie des Balkans consistait à ne réaliser qu'une fois le dessin à l'encre de Chine et de passer ensuite par la case imprimerie. Une seule contrainte pour donner de l'authenticité à l'œuvre, l'imprimeur devait utiliser du papier se rapprochant le plus possible du papier aquarelle utilisé par les artistes. Il ne s'agissait plus alors que de quelques coups de pinceaux pour y ajouter la couleur, en clair, du coloriage. La présentation se faisait au client sous l'appellation dessin original aquarellé. Si Jacques-Francois ou le yougo avait un peu de bagout ou accordait une petite remise, trois cent ou cinq cent francs passaient alors d'une poche à l'autre. Jacques-François avait donc réalisé quelques vues du port, et, n'aimant pas travailler sous le cagnard de plomb ou le dos à l'humidité du port, coloriait ses dessins dans l'atelier de Thierry. D'autres, originaires des Balkans aussi, plus imaginatifs faisaient imprimer les dessins en gris, cela permettait de les qualifier d'esquisse au crayon de bois, toujours aquarellée bien sûr. La rue a toujours regorgé d'idées. Parfois plus d'idées encore quand un troisième larron des environs de Rijeka ne s'embêtait plus à colorier les dessins puisqu'il avait fait imprimer ses reproductions en couleurs, un peu d'eau colorée lui permettait de noyer les points d'offset et les clients, peu avisés, lui achetaient ses reproductions, certains d'acquérir l'original de leur vie. Inutile de te préciser que les astuces n'étaient pas protégées par un quelconque copyright et le «savoir faire» galopait de stand en stand. Je n'ai pour ma part, jamais dépassé dans la cosmétique artistique le stade du dessin aquarellé. Un matin, ou plutôt un midi, après avoir colorié une trentaine de dessins j'étais pris de haut-le-cœur, cela faisait plusieurs jours que je n'en pouvais plus de refaire sans cesse la même chose. Ce travail matinal, même s'il ne s'agissait que de quelques heures me révulsait et poussé par un hoquet plus fort que les précédents, par une nausée plus puissante, je contraignais à écouter mon corps qui me suppliait d'arrêter. C'en était fini, quels que soient les revenus, j'arrêterais le job. Je ne tuais pas Jacques-François pour autant, j'allais le faire vivre et travailler autrement. Cette décision prise vers trente ans, un jour de grand pardon, allait m'ouvrir une voie professionnelle différente que j'allais suivre une quinzaine d'années. Pour vivre bien et laisser à Thierry le peintre, le temps suffisant pour s'exprimer dans la peinture, il fallait que Jacques-François assure. Pour cela il lui faudrait vendre beaucoup, donc adapter le prix à un achat d'impulsion. Il fallait un produit et un sujet déclencheur d'achat. Je n'envisageais pas un instant de m'aventurer hors de mon domaine de compétence en vendant d'autres produits que de l'art ou des reproductions. Un produit s'imposait : l'affiche. Le cahier des charges était assez simple Il fallait que les dessins soient représentatifs de Saint-Tropez. Il faillait que le village et son port y soient représentés de façon un peu onirique, comme les clients avaient envie qu'il soit et pas forcément comme il était. Enfin, Il fallait que soit inscrit en grand Saint-Tropez, comme une appellation contrôlée, comme un signe d'authenticité. Par l'affiche et la reproduction, les touristes achetaient un témoignage de leur visite, une fois chez eux, ils garderaient le souvenir des vacances. L'affiche étant supposée annoncer un événement, Jacques-François allait devenir un artiste qui expose en galerie (celle de Thierry) et dont les affiches annonçant l'événement seraient apposées partout alentours et ce pendant tout l'été. De saint Raphael à l'est jusqu'au Lavandou à l'ouest, les affiches Jacques-François allaient être visibles partout. Les portes d'entrées ou les vitrines des commerces, les halls de chaque hôtel, aucun emplacement possible ne devaient être laissés vierges de sa signature et du lieu de son exposition qui s'inscrivait en grand SAINT-TROPEZ. La jupe du scooter chargée de carton à dessins, je sillonnais les villages, puis arpentais à pieds toutes les rues. Je n'oubliais aucun commerce, aucun restaurant ou hôtel, aucune vitrine. Entre les villes et les villages je n'hésitais pas sur les détours pour rejoindre chaque auberge, chaque gîte éloigné. Mes affiches devaient être posées et visibles de tous, j'imposais l'artiste. Pour faciliter les ventes, il fallait pouvoir proposer un choix, jouer de l'alternative positive, j'avais donc édité plusieurs affiches. Le choix facilitait aussi la pose, permettait parfois d'envahir l'espace tout en proposant de semaines en semaines le renouvellement. Du jour de septembre, ou j'avais décidé d'arrêter les dessins aquarellés à ma course effrénée pour la pose des affiches, il s'était passé un hiver. Ces mois froids passés à Dunkerque avaient enfanté un troisième petit frère, Quentin. Ce troisième larron était lui aussi très figuratif mais au style plus actuel, plus à la mode, moins niais. Le travail de Quentin était un nectar d'imagination, ne proposant que le meilleur d'un Saint-Tropez imaginaire. Les deux compères, chacun dans leur spécialité avaient passé l'hiver à chauffer leur été. En plus de produire des dessins aquarellés vendus chez un encadreur dunkerquois, chacun avait réalisé deux vues de la cité du Bailly. Jacques-François s'était penché sur le vieux port des pécheurs «la ponche» et sur la place des Lices. Quentin, tel un oiseau ou un papillon avait réalisé une vue aérienne du vieux village ou l'on apercevait le port en arrière plan, la seconde vue, un port presque caricaturé garni de puissants bateaux à moteurs. Pour devenir un support publicitaire efficace, il fallait que ces affiches soient posées en grand nombre et vivent le plus longtemps possible. C'était un travail fastidieux qu'il fallait sans cesse recommencer. Etant plus que quiconque au fait des coûts de la communication, il me suffisait d'imaginer les économies réalisées pour que la corvée se transforme en agréable promenade. Les affiches étaient posées, ma place sur le port réservée et active, mon atelier galerie avait ouvert ses portes pour la saison, la vente pouvait commencer. Dans l'atelier, un mur était consacré à Thierry et la peinture à l'huile, le mur opposé, garni de grandes aquarelles majestueusement encadrées faisait vivre Jacques-François et Quentin. Le prix étant bien souvent le seul repère pour évaluer le travail d'un artiste, Quentin et Jacques-François allaient donc annoncer des tarifs relativement conséquents. Qu'importe que les prix des aquarelles soient un frein à la vente, ni Quentin, ni son frangin ne souhaitaient s'en séparer. Notre objectif demeurait la vente d'affiches. Rares étaient les ventes d'un original, j'en étais ravi, cela m'évitait de refaire travailler mes aquarellistes. Chaque matin nous descendions de l'atelier une grande aquarelle pour l'étal du port, présentée sur le chevalet central, c'était notre plus bel appât. De chaque côté, deux autres chevalets plus petits, disposés à 45° refermaient le stand comme pour éviter que les passants appâtés ne laissent échapper un regard sur nos voisins. Ces deux petits chevalets présentaient mon trésor, les quatre affiches. Devant cet ensemble, les armatures métalliques de deux chaises de camping démunies de leur toile faisaient office de tréteaux. Chacune d'elle accueillait un carton à dessins contenant mes affiches. La vendeuse arrivait vers onze heures et après avoir petit déjeuner à la terrasse d'un café voisin, elle prenait son service. Les affiches en stock étaient alors comptées, et le soir, elle me devrait la recette correspondante aux manquantes et conserverait vingt pour cent de commission pour son travail. En cas d'absence de ma force de vente, un voisin assurerait les ventes aux mêmes conditions. Je pouvais alors rejoindre mon chevalet, ou emmener ma blonde à déjeuner sur le sable de Pampelonne. Quand l'option plage était retenue, mon scooter ne nous ramenait en ville que le soir venu. J'ouvrais alors l'atelier tardivement et ma blonde, fidèle sentinelle, assurait la relève sur le port. J'aime utiliser le smic comme étalon de revenu et bien souvent la rentabilité nette d'une journée pouvait en excéder la valeur mensuelle de l'époque. J'aurais pu être oisif, ou, multiplier les stands sur les villes voisines, mais, passionné, je préférais souvent m'enfermer à l'atelier et passer mes journées à peindre. Sur le port, comme dans toute communauté vivant en vase clos, la jalousie régnait en maître. Le succès que rencontraient mes affiches ne faisait qu'attiser la convoitise des autres peintres. Il est vrai que ne vendant plus de dessins aquarellés, je n'étais plus des leurs. Mes affiches m'avaient rendu différent, je devais disparaître. C'est ce qui allait se passer après que pâques fut faite et qu'au mois de mai notre petit maire organise son mémorable examen. Et pourtant ! Cette année-là, j'étais bien celui qui avait la démarche commerciale la plus franche et la plus honnête parmi la cinquantaine d'artistes marchands que comptait la pierre froide. Mon produit était le fruit de pseudonymes, mais il n'y a pas crime et c'était bien là le seul reproche que l'on pouvait lui faire. Rien n'était falsifié, le client savait ce qu'il achetait et il en était ravi. A croire que jamais, la vérité ne doive s'afficher. L'atelier ne représentait qu'une très faible partie de mes ventes, privé de port et du gros de mes recettes, il me fallait réagir et dénicher au plus vite un local commercial en rez-de-chaussée. J'en trouvais un de second ordre, mais dans mes moyens, dans la rue des remparts en remontant de la Ponche et y ouvrait ma première boutique. Deux mois plus tard j'étais capable de financer les cent quinze mille francs nécessaires pour la location d'un local resté vacant Rue Allard. Nous étions alors fin juillet, il me restait deux mois pour amortir ces 24.000 euros de loyer que je devais débourser pour cette demi saison. La rue Allard était la rue la plus marchande à l'époque, le local ne se trouvait pas dans la meilleure partie, mais je prenais le risque. J'y suis resté trois ans sous le nom «Les affiches de Saint-Tropez». J'élargissais alors de façon très importante mon choix d'affiches et y ajoutais les cadres prêts à utiliser. Sans le savoir le concept Point Cadres était né. L'année suivante, pour mon deuxième été en tant que commerçant, mes anciens collègues du port avaient suivi mon exemple et avaient édité des affiches représentant leurs œuvres. J'en étais ravi et leur proposais de les vendre dans ma boutique. Deux ou trois fois la semaine, je faisais mon marché sur le port, comme d'autres vont au Sentier à paris ou à Tapis vert à Marseille, rachetant ce que j'avais vendu les jours précédents. Bien sûr port et boutique vendaient au même tarif. Les affiches de Saint-Tropez proposaient bien évidemment les grands peintres et les grands photographes, mais avant tout, l'ensemble de ce qui pouvait s'éditer en image sur ce village mythique. Milliardaires, campeurs ou visiteurs d'un jour, tous étaient clients. Combien de fois n'ai-je pas livré mes cadres à trois sous garnis d'affiches dans les villas des Parcs de Saint-Tropez ou d'autres hauts lieux prisés de tous ceux qui possèdent milliards. Jamais, ni en nombre de vente, ni en rentabilité, aucune reproduction n'est passée devant Jacques-François ou Quentin. Ni Dali, ni Monet, aucun peintre, aucun photographe n'a réalisé dans ce magasin de la Rue Allard les chiffres de ventes de mes deux compères. Seul peut être le photographe Phillip Plisson, encore balbutiant dans sa diffusion et qui a découvert l'ampleur du marché de l'affiche par le volume de mes ventes, les a rejoints la dernière année. A l'ouverture de mon premier Point Cadres à Dunkerque, ce sont encore les reproductions ou les lithographies de Thierry et le travail qu'avaient effectué Jacques-François et Quentin qui étaient dans le top dix des ventes. Jamais aucun banquier, ni même Jean Claude Bourrelier patron de Bricorama repreneur de Point Cadres ne l'ont compris, ou n'ont pas voulu le comprendre. C'est peut être pour cela que l'enseigne qui comptait 145 points de ventes quand j'en fus spolié et qui en ouvrait trente par an n'en compte plus qu'une quarantaine aujourd'hui. Je venais de la rue et j'avais conservé avec elle des amitiés. Bleu banane éditions, la filiale que j'avais créée pour éditer des reproductions exclusives Point Cadres, s'appuyait presque exclusivement sur le travail des peintres de Saint-Tropez, à l'exception de mon ami Dunkerquois Bernard, artiste peintre, qui assurait la production de vues locales allant de Nancy à la Normandie ou de Lille à Béziers... Nous nous appelions Point Cadres et nous vendions un million cinq cent mille cadres par an, nous n'existions que par le rêve que procure l'image. Quand tu vends du rêve, il faut réussir à le faire vivre et en assurer sa continuité. A l'instar des banquiers, c'est ce que n'a pas compris notre président Moi-je. Un rêve national l'a porté au pouvoir, mais il n'a rien fait vivre, il n'a rien produit d'autre que l'envers de l'image qu'il avait vendue. Peut-être faut-il l'analyser comme la faute des rêveurs qui ne voulaient voir le rêve que comme ils voulaient qu'il soit, non comme il était proposé.

YOM KIPPOUR suite...

Ce soir, ou plutôt ce matin, pour me détendre, effacer de ma mémoire ce cauchemar permanent que fut la spoliation de mon entreprise, je cherche quelques vidéos à visionner. Fatigué, j'éviterais les programmes en anglais et n'allumerais pas de téléviseur. La télévision Française n'est pas diffusée sur les chaînes câblées en Floride, et c'est pitié, sachant cela, que d'entendre discourir nos élites sur la francophonie à travers le monde. Près de cinquante mille personnes, expatriés Français ou citoyens Américains nés en France vivent à Miami. Cette communauté s'étoffe chaque jour par l'arrivée de nouvelles familles qui fuient l'hexagone. A cela s'ajoutent encore les natifs d'Haïti ainsi que les snowbirds canadiens. Ce sont bien plus de cent mille personnes francophones qui n'ont qu'internet comme lien avec leur langue de cœur. Si l'ensemble des téléviseurs de la maison sont évidemment très «smart» et possèdent tous le net, construit d'habitudes, c'est l'ordinateur que j'utiliserais pour surfer ce soir. A peine ma pomme allumée, ma souris me transporte sur Boulevard Voltaire, le site enfanté par robert Ménard et Dominique Jamet. Voltaire m'invite à visionner une vidéo de l'émission «On n'est pas couché». Ca tombe bien moi non plus. Invité, Eric Zemmour, Je me laisse tenter. Zemmour plaît ou déplaît mais il est intelligent, cultivé et connaît son sujet. Un des trop rares juifs du paf qui ne fait pas carrière de son état, et qui ne cherche pas d'autre terre promise que son pays, la France. C'est d'ailleurs ce positionnement hexagonal, que ses détracteurs lui reprochent. Zemmour aime la France et le dit, cela fait de lui un ennemi. Que de difficultés à suivre aujourd'hui une émission chez vous ! Ca gueule dans tous les sens. Présentateurs et chroniqueurs coupent sans cesse la parole aux invités et énoncent plus les réponses que les questions. L'invité ne peut s'exprimer tant les chroniqueurs se disputent l'antenne. Ils pourraient d'ailleurs parfaitement se passer d'invité. Un sujet pourrait suffire à déclencher leurs cascades verbales, aussi redondantes qu'inutiles. Le maître de cérémonie donne l'exemple, et en plus de rappeler sans cesse comme il le dit si bien lui même qu'il est «Pédé» joue au con et fait semblant de ne rien comprendre. Zemmour tente alors, difficilement, d'expliquer le changement de société que nous vivons, tout devant maintenant, selon lui, venir au bénéfice de l'individu laissant pour déshéritée l'unité de la société. Chacun en face se la joue solo tentant d'aboyer plus fort que le voisin pour contredire l'invité. Par ces simples faits ils apportent vérité aux observations du sieur Zemmour.

Voltaire, toi qui te battais pour laisser s'exprimer l'autre, Voltaire, que tu es malmené ce soir. Sauf à connaître le sujet par avance, cette émission est difficilement compréhensible. Elle est le parfait reflet du gouvernement actuel et de la France qui se construit. Faute de francophonie, la cacophonie se porte et s'exporte bien. Moi qui pensais que le style de bobo-toujours-raison-à-vérité-universelle ne sévissait qu'en parc fermé, en zoo, sur canal+, je m'aperçois, gauche oblige, qu'ils ont débarqué sur le service public. La petite Léa, transformée par tant d'agressivité en deviendrait presque laide, je ne m'étendrais pas sur le bellâtre. Que Ruquier soit homo, chacun s'en contrefout, pourquoi le rappeler à chaque occasion. T'imagines ! Un présentateur rigolant sans cesse et sautant devant son micro rappelant avant chaque phrase «je suis hétéro, je suis hétéro» !

En tant qu'expat je devrais peu me soucier de ce qu'il advient de la télévision et du service public français, mais que veux-tu, je suis témoin de mon époque dans l'âme et attaché à la France depuis cinquante neuf ans. Même si je ne suis pas pressé d'y revenir, je ne changerais plus. C'est Mitterrand qui a crée Canal+, plaçant aux manettes de la chaîne son ancien chef de cabinet, André Rousselet. Ce n'est plus maintenant «génération Mitterrand» c'est «génération suivante». Il n'en demeure pas moins inquiétant que des transfuges de canal+, totalement formatés et partisans fassent audience sur la chaîne publique devenue esclave de la pensée unique. Canal+ ne serait plus une chaîne, mais une école à béni oui oui de la gauche caviar et bien pensante. Une pépinière à cons. Dans cette émission, le grand remplacement à été évoqué, le nom de Renaud Camus a même était cité par la petite Léa qui a lâché cette phrase preuve de l'ouverture des médias «*si vous avouez voter Marine Le Pen, vous ne seriez plus invité nulle part*» Bien noté, c'est capté Léa, n'invite alors que des gens du même bord, de la même pensée. C'est fait, c'est avoué, les médias dans leur ensemble aimeraient inviter Marine Le Pen parce qu'elle fait monter l'audimat, pognon oblige, mais pour contre balancer ses idées et l'isoler, n'auraient comme autres invités que les «bien pensants». Zemmour semble formuler avec méthode et arguments, les idées, et le ressenti, qui ont pris place dans la tête de nombreux Français depuis bien longtemps. Ces sentiments qui d'une certaine manière sapent le moral des français, ne sont pas nouveaux. Eric Zemmour a eu au moins le courage de les analyser, et de les expliquer. Nombre de français ont vu le danger de la bombe immigration dés sa construction. Zemmour annonce le danger en s'inquiétant des dégâts quand l'avion lâche la bombe. La bande à Ruquier rigole, le gouvernement s'amuse avec des mesurettes, ensemble ils refusent d'entendre les sifflements de la bombe qui va bientôt s'écraser mais tous sont d'accord pour désigner l'ennemi, le fasciste: Un peuple qui ne fait que s'émouvoir de la réalité de son quotidien. Churchill déclarait : *«Les fascistes de demain s'appelleront eux mêmes antifascistes».* L'avenir possède le passé en expérience et le présent comme point de départ. Un peu d'histoire, une observation objective du présent et un soupçon de déduction feront de chacun un visionnaire. Encore faut-il quitter le dogme, arrêter de se mentir à soi même. Quand l'individu se ment à lui-même, ne voulant et ne pouvant se désavouer, il se fait l'apôtre convaincu de son mensonge. C'est cet apôtre qui portera la bonne parole, oubliant que celle-ci est le fruit d'un mensonge. C'est ce convaincu qui deviendra convaincant, tellement convaincant qu'il en sera lui même plus encore convaincu, surtout quand un chèque conséquent, souvent le remercie de son mensonge.

2014 Thursday October 9th souccot 1
La saison de notre joie.

Vous prendrez, le premier jour, du fruit de l'arbre hadar, des bran-
ches de palmier, des rameaux de l'arbre avoth et des saules de ri-
vière; et vous vous réjouirez, en présence de l'Éternel votre Dieu,
pendant sept jours. Vous la célébrerez cette fête pour l'Éternel, sept
jours chaque année. C'est une règle immuable pour vos généra-
tions, au septième mois vous la fêterez. Vous demeurerez dans des
Soukkot durant sept jours; tout citoyen en Israël demeurera dans
des Soukkot, afin que vos générations sachent que c'est dans des
Soukkot que J'ai fait résider les enfants d'Israël, quand Je les ai fait
sortir du pays d'Égypte, Moi, l'Éternel, votre Dieu. Lévitique 23, 40-
43

Nous sommes le 14 Tichri, en clair et dans notre calendrier, le 9 octobre. Il fait bien sûr encore très chaud à Miami et l'agence de Bank
of America située sur Lincoln Road où j'ai mes habitudes et mes
interlocuteurs habituels est, depuis le début de l'été noyée sous le
flux des touristes. J'ai à démêler une affaire de chargeback, un système opaque qui permet aux banques américaines les plus grandes
malversations sur les paiements par cartes bancaires. J'ai la certitude que la malversation vient de la banque et je suis bien décidé à
récupérer les Deux mille huit cent quarante cinq dollars que le
«merchant service» de la banque vient tranquillement de me piquer
deux mois et demi après la transaction. «Merchant service» lire,
service de compensation des paiements par carte de crédit. En clair
le département qui te vend ou te loue le terminal qui permet
d'encaisser par carte de crédit et aussi le service qui, quelques
jours après la transaction créditera ton compte des sommes encais-
sées déduction faite de quelques points pour leur service. Jusque

là, tu me diras, c'est identique à la France ou à l'Europe. La première différence consiste en une externalisation du service, cela permet à la banque de présenter des mains propres quand surviennent les problèmes, et les problèmes surviennent toujours. Le chargeback est un système que les banques ont créé, prenant pour excuse, la défense du consommateur. Ce système dont seul les merchant service ont la clef, permet aux banques de pouvoir revenir, souvent sans en justifier la raison, sur toutes les transactions de leurs clients. L'exemple que je vis est un cas d'école. Le vingt cinq juillet, une cliente m'achète huit articles pour une somme totale de 2845 dollars, celle-ci emmène ces achats et quelques jours plus tard je suis crédité. La somme étant conséquente, j'ai évidemment appelé le merchant service, lors de l'encaissement. Le merchant service c'est comme Dieu, ça voit tout, et ça voit surtout si la cliente est solvable et si elle peut dépenser une telle somme. Comme une apparition, le dieu des cartes de crédit m'a donné un numéro d'autorisation qui sécurise la transaction. Ce numéro apparaît alors sur le ticket et la transaction devient sacrée. Le trente septembre, comme un fantôme venant la nuit, le merchant service est venu me déduire cette somme de mon compte, ajouté de deux fois quarante cinq dollars de frais. Quarante cinq pour l'opération de crédit, quarante cinq pour l'opération de débit. Cela fait neuf jours que je me bats au téléphone avec les fantômes, car un merchant service c'est comme le dieu, ça agit mais tu ne peux le voir, même pas de rendez-vous avec Gaby. Tu n'entends que des voix, qui au bout d'une hot line, restent toujours anonymes. Je suis bien décidé à ne pas laisser les fantômes agir à leur guise.

Depuis le début de cette d'année, les dieux et la justice semblent me prêter oreille et après trois ans de procédure, j'ai réussi à faire condamner le LCL de Saint-Tropez pour une histoire de malversation au chèque sans provision. Le tribunal, sous la plaidoirie de mon cabinet d'avocat spécialiste depuis trois générations dans les actions contre les banques, a donné satisfaction à l'ensemble de nos requêtes, condamnant le LCL à plus de trente six mille euros de débours pour qu'il m'en revienne douze mille. Je subis les malversations bancaires depuis maintenant quinze ans. Cette première contre attaque victorieuse me donne des ailes. Quel que soit l'organisme financier, quelle que soit sa taille, je suis bien décidé à bouffer de la banque et à ne plus me laisser voler. Pour sauter les multiples barrières faites de fantômes aux voix synthétiques et enfin discourir avec une voix d'archange, j'ai décidé d'avoir recours à un conseiller de clientèle. Je sais la 41ème rue en fête pour Souccot, la banque sera donc ouverte avec quelques latinos chrétiens pour assurer le service et je décide d'abandonner l'agence aux touristes pour celle d'un quartier juif. La 41ème et les rues adjacentes s'animent de jeunes hommes ayant troqué la kippa pour le chapeau à large bord, quelques anciens ont sorti le schtreimel, tous vont et viennent tenant en main, ce que le néophyte prendrait pour une branche de palmier. Je vis depuis maintenant trois ans à Miami et on ne me la fait plus. Je sais que ces jeunes hommes ramènent chez eux, le bouquet des quatre espèces, un cédrat qui ressemble à un citron, une branche de myrte, une branche de palmier dattier et une branche de saule. Bien joué mon Thierry, l'agence est déserte, les juifs sont très observants à la 41ème et personne ne travaille. Souccot n'est pas une fête officielle des Etats Unis, bank of america est donc ouverte, même dans les quartiers juifs. Le temps que mon conseiller de clientèle fasse copain avec la machine à répondre, j'observe les chapeaux et les Mitvas qui passent. Faisant fi de la saison de la joie que représente la fêtes des cabanes, le diable du merchant service donne son verdict, «le numéro d'autorisation est manquant», si je veux prouver le contraire, à moi de leur envoyer, pour preuve, le ticket original. Je sais que Souccot se fête avec des chansons, mais la chansonnette du merchant service sonne faux à ce qui me sert d'oreille, je conserverais mon ticket. C'est peut être Yom Tov (Les deux premiers jours de souccot) ou les interdictions de chabbat s'appliquent, et oui il est interdit de toucher à l'argent, pour ma part je continuerais à travailler. Par mail j'informe le directeur de mon agence que si Bank of America est propriétaire des installations de la banque, je suis, moi, le seul propriétaire de mon compte et de l'argent qui y est déposé. Si les fantômes ne rendent pas leur butin cette nuit, demain à l'heure d'ouverture du tribunal, je serai devant les juges et plaiderai moi même le vol. Je rappelle que Bank of America, pourtant propriété de l'état fédéral à hauteur de 30% depuis la crise des subprime, vient d'être condamnée à treize milliards de dollars d'amendes et de dommages et intérêts par un tribunal de New York. Je souligne à Bank of America que la récréation est terminée, qu'avec un actionnaire principal qui est l'état fédéral, il faut maintenant jouer aux billes en respectant les règles et que si tel n'était pas le cas, c'est the star spangled banner qu'ils souilleraient et que c'est aussi sous cet angle que mon action juridique porterait estocade.

2014 Friday October, 10th, Souccot 2

C'est toujours Yom Tov, souccot deuxième jour. Inutile de me rendre à la 41ème rue ou à la court, les fantômes ont obtempéré, mon compte est à nouveau crédité. C'est amusant cette façon qu'ont les banquiers de détester la prison. En France, si tu braques la banque, généralement la peine de prison est requise à ton encontre, si la banque te braque, comme je l'ai vécu à différents niveau d'infraction, les voies de recours sont des chemins épineux, et la banque souvent ne risque rien puisque c'est elle qui a fait les lois. Sortir du droit monétaire et financier pour replacer le délit sous l'angle du pénal est mission quasi impossible, même quand les banques braquent l'état. Bank of america a vu sa facture s'alourdir puisque ces treize milliards s'ajoutent à un accord conclu en mars de la même année avec l'organisme régulateur de crédit pour un montant de neuf milliards cinq cent millions de dollars. Mme Rebecca Maroine ancienne directrice des opérations chez Countrywide filiale de Bank of America est condamnée personnellement à verser un million de dollars. Tu as déjà vu un responsable de banque condamné personnellement en France ?

2014 Monday October 13th

Décidément, les fantômes ne respectent plus rien. Les ghosts du merchant service ont profité de l'absence de visibilité sur les transactions le week end pour en capturer vingt cinq. Vingt cinq petites transactions qui représentent presque deux mille huit quarante cinq dollars se sont volatilisées. De retour à la 41ème, seule une remorque attelée à un pick up dont les américains ont le secret de fabrication occupe le parking, je gare ma voiture sur un parking quasi désert. Les avocats, les médecins, les dentistes des immeubles voisins à la banque ne travaillent pas, c'est toujours souccot, l'agence Bank of America est ouverte mais déserte. Mon interlocuteur connaît maintenant le dossier, il sait pourquoi je viens. Il s'égosillera avec la machine à répondre pendant que mon regard sera attiré par l'attelage du gros pick up qui progresse lentement dans la rue. Derrière le pick up, la remorque supporte une cabane dont le côté droit, face au trottoir est ouvert pour que les passants en admirent l'intérieur. De jeunes hommes chapeautés et enrubannés aux quatre coins du costume sont assis tenant à la main une Mitvsa. C'est le rabbin d'une synagogue d'un autre quartier qui racole. Au dos de la cabane est accrochée une bannière portant son nom et l'adresse de sa synagogue. Je ne sais si le dieu des juifs a défini les secteurs pour les rabbins mais celui-ci semble chasser hors de ses terres.

Les fantômes ont parlé, les transactions ont été capturées en compensation du crédit à nouveaux de la transaction de juillet. Le merchant service, dieu au dessus des dieux, s'octroie le droit de capturer l'argent de Simon pour combler les dettes de David. Faut il qu'ils se croient intouchables pour se rendre coupables de telles malversations. Mon interlocuteur m'informe de ce que je savais, il ne peut rien faire, ce ne sont pas les mêmes départements. Les fantômes souvent ne donnent leur adresse qu'à leurs complices, cela m'impose un nouveau mail au directeur de l'agence, l'enjoignant à transmettre sans délai ma requête au merchant service. Comme ma précédente missive, ce courrier menace d'un recours à la justice sous vingt quatre heures si je n'ai pas restitution des transactions, précisant que je n'attaquerais pas que des fantômes mais aussi personnellement le responsable du merchant service. La loi fédérale américaine considère comme crime relevant du pénal les délits financiers commis par les organismes bancaires, comme on ne met pas les banques en prison, les juges mettent à l'ombre leurs dirigeants. Le lendemain, derniers jours de la fête des cabanes, comme pour se préparer au grand pardon, les fantômes ont restitué ce qu'ils avaient capturé le week end. Les banques américaines trouvent toujours un accord financier pour éviter les poursuites pénales et la prison à leurs dirigeants. Les juges étant élus par le peuple, ceux-ci conservent toute leur indépendance vis à vis du département de la justice comme vis à vis des énormes institutions financières.

La France, par la parole de Moi-je a d'ailleurs prouvé au monde entier la corruption de son système de justice en faveur des financiers quand son président a officiellement demandé à son homologue américain, Barak, d'influer sur la justice pour que celle-ci se montre clémente envers BNP Paribas dans l'affaire des transactions en dollars avec les pays sous embargo. Moi-je ne niait en rien la faute de la banque, il demandait simplement à Barak, d'arranger le coup avec le juge. Bref il avait encore une fois perdu une occasion de se taire...

XXI
Le cinéma

2014 Wednesday October 15th
Saint-Tropez, 1984

Partez…nagez. D'un point défini imaginaire face au sable de Pampelonne, le nageur nageait. Sa direction ? Un petit ponton flottant situé à une quarantaine de mètres de son point de départ. C'était un début d'après midi il devait être environ 13 heures. Arrivé au ponton le nageur s'arrêtait, s'accrochait à l'objet flottant comme un naufragé à son radeau, puis attendait. «On la refait» lançait alors d'une voie forte le chef opérateur. Le nageur retournait alors, à la brasse, vers le point imaginaire plus lentement qu'il était venu en nageant le crawl. Le nageur savait que rien ne le poussait à nager plus vite sur le chemin du retour, quand il aurait rejoint sa position, debout, de l'eau jusqu'au menton, il lui faudrait attendre immobile un nouveau signal. Prêt ? Nagez… Un crawl assez rapide propulsait à nouveaux le nageur vers le ponton, la vitesse devait être régulière et identique à celle des trajets précédents. Comme pour les premières traversées, arrivé au but où il n'aurait plus pied, il s'accrocherait au ponton pour reprendre son souffle. Pas mal ! On la refait tout de suite cette fois-ci, on ne traîne pas reprenait de la même voie forte le petit chef opérateur. Le nageur savait, pour l'avoir déjà vécu à cinq ou six reprises, que lorsque le chef disait tout de suite, pour on ne sait quelle raison, cela voulait à la seconde, le plus vite possible. Le nageur revenait donc rapidement utilisant le crawl cette fois-ci pour mieux obtempérer au désir du chef. Prêt ? Nagez. Le crawl recommençait, toujours au même rythme, à la même vitesse, le nageur s'appliquait comme on le lui avait demandé, à ce que son style soit identique à chaque fois. Il était prêt de 15h30, le nageur nageait toujours et la scène s'était bien répétée plus d'une douzaine de fois. A chaque traversée inutile entre ce point de nulle part et l'objet flottant d'un autre nulle part, un chronométreur chronométrait, un ca-

223

méraman prêtait son œil à la caméra, une jeune fille apposait des notes sur une feuille de papier pincée sur une planche de bois, un petit chef observait le tout. Il était presque 16 heures quand le petit chef opérateur relâcha le nageur, celui commençait à se frigorifier par ces deux heures d'aller et retour sur une ligne imaginaire. Le nageur rejoignait alors sa base, ses rangées de matelas tous identiques, parsemées de parasols eux aussi uniformes qui constituaient ce décor de plage privée que la «prod» avait planté sur le quartz de Ramatuelle. Le nageur avait froid, sa blonde l'attendait avec deux grands draps dans lesquelles il allait s'enrouler et, parmi les autres lézards de la plage, s'étendre au soleil. Le nageur, s'imaginait que par ses efforts, tous ces aller et retours, il serait gratifié au montage, de quelques secondes d'écran. Le petit chef l'avait retenu entre trois ou quatre autres hommes du même âge, à qui il avait demandé de nager le crawl une quarantaine de mètre. Le nageur, sans qu'il en connaisse la raison avait été sélectionné. Le ponton s'affairait, le cameraman qui avait prêté son œil à la caméra rejoignait la terre, pendant que Christopher, le metteur en scène le remplaçait sur le ponton. Avec le metteur en scène arrivait aussi la pellicule. Le nageur, maintenant réchauffé au soleil de juillet, comprenait alors une partie du jeu auquel il s'était prêté. Ces deux heures passées soit à attendre soit à nager n'étaient que du repérage, du chronométrage. La préparation de la scène qui allait être tournée maintenant. La Jolie brune, fière de ses vingt deux printemps portés avec arrogance, arrivait au bord de l'eau. Deux ou trois assistantes se pressaient à récupérer le peignoir de bain qu'elle leur abandonnait. La diva se mettait à l'eau. Lentement elle rejoignait ce point imaginaire marqué par un assistant que le petit chef avait désigné pour faire trempette après le départ du nageur. Prêt ! On tourne. Cette fois-ci c'était la nageuse qui nageait, la diva rejoignait le ponton aisément exécutant un joli crawl dont on sentait qu'il ne lui demandait que peu d'efforts. Un enfant avait rejoint le ponton et allait participer à l'action. «On la refait» s'écriait alors une autre voix, celle de Christopher. Valérie rejoignait l'assistant qui faisait toujours trempette sur son point imaginaire, puis se remettait à nager. Trois prises ont suffi pour boucler la scène, augmentées de deux courtes prises de vues avec l'enfant qui mimait la noyade. Les plans mimant la noyade avaient été pris face au large, de l'autre coté du ponton, pour que le soleil qui avait tourné, n'éblouisse pas la caméra. Christopher, diva et équipage s'en revenaient sur le sable. Je demandais alors à un technicien pourquoi j'avais été choisi «*tu nages à la même vitesse que Valérie*» Me répondit t-il. L'ensemble des opérations auxquelles j'avais participées n'était que préparation pour que l'actrice soit mouillée moins longtemps. Nous sommes en juillet 1984, Valérie Kaprisky venait d'être propulsée au nirvana du cinéma par sa nomination au césar de la meilleure actrice. Le rôle qu'elle avait tenu dans «La femme Publique» l'avait rendu célèbre. Quant à moi, le nageur occasionnel, je vis depuis six mois seulement à Saint-Tropez, j'ai déjà organisé deux expositions temporaires d'un succès mitigé, un rôle de figurant m'amuse au moins autant qu'il m'aide à calmer mon banquier. La prod, par voix de presse, avait annoncé quelques semaines auparavant qu'elle cherchait environ soixante figurants permanents pour le mois de juillet. J'avais postulé et le dieu des peintres sans le sou avait fait ce qu'il fallait pour que je sois retenu. C'était ma première très très modeste participation à un tournage cinématographique, je découvrais. Soixante personnes avaient donc été embauchées pour «meubler» une plage privée construite tout spécialement pour le tournage. Ces éphémères équipements occupaient une partie de la plage publique voisine du célèbre établissement crée par Felix Palmary «Tahiti Plage». Ces lieux, ces plages privées, me semblaient réservés aux personnes bien nées, ou à celles à qui la chance avait voulu sourire. Tout cela me semblait à jamais incessible. Je ne savais pas encore que cette route de Tahiti que j'empruntais chaque jour pour rejoindre le plateau, serait celle qui me mènerait quinze ans plus tard à mon habitation du Pinet, qui à deux encablures de la méditerranée, surplombait la plage de Félix. Aux figurants permanents venaient s'ajouter chaque jour entre vingt et trente journaliers, ces temporaires étaient toujours de jolies filles qui promèneraient formes et bikinis pour animer les arrières plans. Ma blonde n'avait pas postulé et n'était donc pas embauchée, mais ayant quitté Aix et Sciences Po pour les vacances scolaires elle m'avait rejoint à Saint-Tropez. Chaque jour, avant le tournage, acteurs, metteur en scène, équipe technique et figurants permanents partageaient vers 11h30 un somptueux repas sous les grands pins qui bordaient la plage et couvraient pour partie, les installations de Félix. Cet endroit était magique, c'est là que la tambouille ambulante avait élue domicile, le régisseur y avait fait installer trois énormes tables garnies de bancs pour que l'ensemble des participants au tournage attaque le job emplis de forces nouvelles. On y déjeunait merveilleusement bien. Sous les pins, la cuisine était la même pour chacun, seuls, parfois, quelques crus classés ou le champagne différenciaient la table réservée aux acteurs des deux tables de figurants. Non inscrite, à la liste des acteurs de complément, c'est après les agapes que ma blonde s'infiltrait sur la plage. Deux ou trois jours avait suffit pour que Corinne soit acceptée de tous, sa gentillesse naturelle, son sourire permanent étaient, outre sa plastique, ses meilleurs atouts. A la projection du film, si je me découvre parfois furtivement, en entier ou plus souvent par morceaux, représenté fièrement par un bras, une jambe ou un dos, Corinne fait partie de celles qui reviennent à l'écran en entier, que ce soit sur la plage ou au bar de la plage. Ma blonde était donc travailleur temporaire bénévole mais prenait grand plaisir, comme moi, à découvrir les dessous du cinéma, les techniques employées, ou, comme on lirait Closer, s'approcher des vedettes et les côtoyer au quotidien. Valéry jouait un peu les divas, son jeune âge et son succès foudroyant l'excusaient. Caroline Cellier faisait la gueule dans la vie, plus encore que dans son rôle, passant les longues heures d'attente sur son matelas à passer et repasser sans cesse le mascara sur des cils qui de toute façon, seraient confiés à la maquilleuse. Barbara Nielsen était sympa, les deux jeunes actrices qui jouaient les cibles de Bernard Giraudot, fières d'avoir décroché leurs rôles, n'en restaient pas moins accessibles. Hormis Bernard Giraudot, les autres rôles masculins n'intervenaient que peu dans les scènes de plage et n'ont fait que de brèves apparitions sur le plateau. L'équipe technique, ravie de pouvoir tourner en ces lieux affichait souvent le sourire. Le metteur en scène se prenait pour dieu, et si dieu avait été aussi pointilleux sur les détails inutiles que Christopher, le monde ne serait pas encore créé. Bernard Giraudeau avait hérité du script de nombreuses séquences et se devait de passer le mois sur le sable. Bernard était certainement l'acteur le plus doué du plateau, il était naturel, plein d'allant et son sourire de Play boy ne le quittait que lorsqu'il s'ennuyait. Le rythme de tournage était très lent, les exigences du metteur en scène étant inversement proportionnelles au succès que rencontra le film à sa sortie. Par les journées passées à se dorer ensemble, des liens s'étaient formés parmi la troupe d'acteurs de complément. J'y rencontrais Noël, jeune médecin fraîchement débarqué à Ramatuelle, devenu par la suite mon médecin traitant. France, grande blonde qui rencontra Noël sur la plage et épousa le médecin. Francis et Suzanne, un couple de belges aussi âgés que fortunés, qui ajoutaient à la figuration la fourniture à la régie de tout ce dont elle pouvait avoir besoin en dernière minute tel que moto ou jeep... Jean, ancien marchand de fruit et légumes qui quitta rapidement le plateau pour reprendre la gérance du bar de Tahiti plage. William, vieil anglais certainement sorti d'une noblesse au revers de fortune, ou simple intriguant, dont l'élégance n'était plus due qu'au blanc de ses longs cheveux bouclés et à l'entretien minutieux de sa moustache. Cette communauté était vivante, totalement disparate dans ses origines, et n'avait qu'un lien, les trois cent francs par jours que la régie nous allouait pour venir déjeuner et s'allonger jusqu'à 17h30 ou 18 heures au plus tard.

Quelle qu'elle soit, une motivation commune fera que des personnes de différents horizons s'entendront. Cela peut être l'argent, la liberté à défendre, la culture, ou simplement le drapeau.

L'épisode de la natation, bien que ce ne fût pas le bagne, était bien le seul ou la régie m'a demandé de produire un effort. Bernard Giraudeau, plein d'énergie, supportait assez mal son inactivité. Doué et talentueux, ses prises de vues n'étaient que peu répétées et les attentes, dues aux autres, étaient son calvaire. Il tentait de n'en rien montrer et trouvait souvent à s'occuper indépendamment de l'activité du plateau. Tahiti plage possédait en son hôtel quelques courts de tennis et Bernard affectionnait de taper la balle. C'est ainsi que je suis passé le temps d'un match, de la position d'acteur de complément à celle de partenaire de tennis temporaire. L'inactivité me pesait aussi, même le lot de jolies filles nouvelles que nous apportait la prod chaque jour, finissait par me lasser. Dès la seconde quinzaine de tournage, je troquais en catimini mon emploi à plein après midi pour celui, plus court, de simple convive à déjeuner. Je prenais soin de garer ma Kawasaki un peu en amont du parking pour qu'on ne l'entende pas rugir au moment de mon départ. Je déjeunais, puis parmi les premiers, quand le régisseur en charge du pointage était encore disponible, je rejoignais la mine qu'incarnait la plage. Je prenais soin de discuter quelques minutes avec lui pour que celui-ci n'oublie pas de me noter parmi les présents. Un quart d'heure plus tard, ayant emprunté, pour m'échapper, la page privée de Tahiti, je roulais vers mon chevalet. Il était environ treize heures et ne reviendrait que vers 18h pour le pointage du soir. Jeune j'avais parfois séché les cours pour aller à la plage, je séchais maintenant la plage au bénéfice du travail. Les séquences de plage terminées, j'ai encore participé aux scènes de restaurant, «Chez Palmyre» place du petit bal, puis à celles tournées aux «Caves du Roi» du Byblos ou à huit heures le matin nous devions figurer les danseurs éméchés qui avaient dû gesticuler en ce même lieu sacré de la fête Tropézienne seulement deux ou trois heures auparavant. S'avaler du Nina Hagen par milliers de watts au petit déjeuner, ça réveille, ça indigeste. Comme quoi tout est toujours question de tempo. Puis d'autres scènes devaient encore se tourner à Cannes, n'ayant qu'une motocyclette en moyen de locomotion, je déclinais l'invitation. Et puis, pourquoi se rendre à Cannes pour raison de cinéma hors période de festival ? Trois cent francs par jour me faisaient l'équivalent de mille trois cent quatre euros quand le smic était à six cent quarante et un euros, j'avais découvert énormément de choses, la fatigue ne m'avait pas envahi, j'avais déjeuné bien mieux qu'à l'accoutumée. J'étais ravi et, à plus de deux smics les quelques heures de plage, même s'il faut nager un peu, je me promettais de renouveler l'expérience.

La chance ne passe jamais deux fois pour le même sujet, il appartient à chacun de la saisir à premier passage pour éviter de se plaindre qu'elle ne manque. Plus jamais, je n'ai rencontré de prod suffisamment dispendieuse pour s'offrir, un mois durant, des centaines de figurants dont un minuscule pourcentage était utile, hormis les nageurs bien sûr... J'ai pourtant encore fait trempette pour le cinéma et goûté du sable du Var sous les projecteurs, mais cette fois-ci à l'Escalet. Fini les repas sous les pins, une production simple, sans frais superflus, un décor entièrement naturel mais merveilleux, le tout à l'image des acteurs principaux, Alberto Sordi et Bernard Blier. Seconde quinzaine d'octobre de l'année 1988. Passés la fraîcheur et le voile nuageux matinal, le ciel est encore en milieu de journée, d'un bleu d'été. Très vite la lumière descendra et les ors qui baignent les paysages du var à cette période seront rois. J'aime la lumière spécifique d'octobre, elle m'inspire beaucoup cette année-là ou je réalise une de mes meilleures séries de peintures sur le thème des vendanges. J'aime aussi cette mer immobile qui confond sa température avec celle de l'air et de la terre. Cet équilibre serein ne permet plus la naissance de brises thermiques, ce vent d'après midi qui suit la course du soleil. Il ne fera pas chaud longtemps, la prod le sait, et attentionnée ne nous retiendra que quelques heures. «Una botta de vitta». En français le titre était «les deux fanfarons». Deux retraités italiens qui ont quitté la Rome du mois d'août trop déserte et se réveillent un matin sur une plage de nudistes proche de Saint-Tropez. Nous sommes toujours sur le territoire de Ramatuelle, mais cette fois-ci totalement à l'opposé de Tahiti Plage, à l'ouest de pampelonne. C'est entre cap Camarat et cap Taillat, sur une petite bande de sables entourée de rochers que la prod nous a gentiment demandé de nous déshabiller. Certains, comme ma blonde, ont pour mission d'animer l'arrière plan et marchent en suivant le fil de l'eau, d'autres se reposent comme ils le souhaitent sur la plage. On m'a posé sur le sable, quelques mètres en contre bas du rocher où sont appuyés les deux têtes d'affiches. «On tourne» Bernard Blier mime un réveil après une nuit sur la plage et étonné de se trouver là s'adresse à son compère Alberto Sordi. J'ai la chance de pouvoir regarder la scène sans que cela ne gène la prise de vue. Blier s'exprime en français, Sordi en italien. Les langues disparaissent, l'instant est magique, l'entente et le jeu sont parfaits. Si quelques minutes dans ma vie j'ai été transporté par le jeu d'acteurs, c'est à ce moment-là. Nous sommes une quarantaine sur la plage dont une trentaine de très jolies filles nues, pour un instant tout s'éfface. Comme la presqu'île qui se laisse cocooner dans cette atmosphère sereine d'octobre, la plage et ses figurants semblent vouloir rester sous le joug du talent. «Encore une et ce sera bon» il n'a fallu que deux prises pour que les deux maîtres donnent satisfaction au metteur en scène, Enrico Oldoini. Quelles que soient les barrières de langue, quelles que soient les origines, le jeu des deux acteurs était extraordinaire. «Demain, scène de baignade, n'oubliez pas serviettes et peignoirs». Bernard Blier, fatigué parce que déjà malade, après un petit signe gentil à la figuration, rejoint le petit mobil home qui l'attend sur le parking, Alberto Sordi le suit. La plage se rhabille, Corinne et moi chevauchons le vieux scooter, nous rentrons, l'étal du port comme l'atelier nous attendent. Le lendemain, bien sûr, j'ai fait le nageur (l'un de mes meilleurs rôles) heureusement, ce fut très court, la lumière est belle en octobre, mais la mer est froide. Bernard Blier n'a pu terminer le film comme il le souhaitait et les «deux fanfarons» ne sont jamais sortis en France au contraire de «una Botta de vitta» que les italiens ont pu voir sur grand écran, la diffusion en France ne s'est faite qu'en vidéo. Pour me remémorer au mieux la scène et te la livrer dans sa réalité, je me suis servi de ma pomme et de You tube, à deux ils m'ont permis de trouver l'extrait. Que les acteurs doivent vivre d'émotions s'ils visionnent trente ou quarante ans plus tard leurs films, quelle force pour accepter ce temps qui passe et que l'écran te jette à la gueule. Vingt sept années, quelques secondes d'arrière plan, un petit rôle de figuration et pourtant que de souvenirs, d'oublis aussi, entourent ces images. Bien sûr ma blonde pète l'écran, et encore, elle ne chante pas ! Mais qu'est elle donc aller faire à Sciences Po ? Qu'elle aime l'histoire et obtienne sa maîtrise, d'accord, je le comprends, mais Sciences Po, ce ne sont pas des études sérieuses, même à une époque ou l'institut se tenait et que son accès était sélectif, souvent cela ouvre les portes de drôles de métiers : journaliste, politique, chef de cabinets...et pourquoi pas faire l'ENA pendant qu'elle y était. Non je te le dis moi, ma blonde, elle aurait dû faire du cinéma. Tiens, je te file son sujet de grand oral, mets-toi en situation, une jeune fille de vingt deux ans, trois ou quatre examinateurs dont le président de l'institut, Mademoiselle, vous avez un quart d'heure pour préparer votre sujet, et 10 minutes pour nous le présenter : «la femme est un problème dont la grossesse est la solution». Sujet qui

---

ne pourrait plus être posé tant les élites s'enferment elles mêmes dans le politiquement bien pensé. Qu'importe le sujet, l'important réside dans la méthode avec laquelle il sera approché et la qualité du développement. Bien entendu, il portait la polémique en soi. Alors, soit tu passais, soit tu cassais. Et bien ma blonde, elle est passée... Elle a certainement vécu un grand moment de solitude à l'énoncé du sujet, mais après tout c'est à ca qu'on la préparait là bas : savoir débattre de tout, même quand le sujet dérange, (et surtout quand il dérange).

Au chapitre des sujets qui certainement ne seraient plus, le Mémoire de Science Po de ma blonde était : «l'art nazi». Je n'ose imaginer un étudiant proposant ce sujet actuellement, et pourtant, ne faut-il pas connaître pour comprendre ? L'art est le reflet de la civilisation et des ses notables. Il peut expliquer tant de choses...Il faut écouter les historiens. Remarque, pour son Mémoire de soutenance de Maîtrise d'histoire, elle a encore fait très fort : «La Propagande de Vichy dans le département du nord». Rien qu'avec ces deux sujets-là, si mon épouse avait choisi une voie politique ou journalistique, sa carrière aurait été systématiquement classée. Et pourtant, là encore que de choses à apprendre, à observer, et à comprendre. Avec un accès spécial aux archives des renseignements généraux à la préfecture, que de choses apparaissent dans le comportement des français dans ces périodes troubles... Pour ne pas donner raison à Napoléon qui déclarait *«L'histoire est une suite de mensonges sur lesquels on s'accorde».*Il est toujours bon de savoir, d'étudier.

Printemps 1991. Rue des remparts Saint-Tropez. La prod a bloqué la rue pour quelques heures Steven Hillard Stern a prévu d'y faire déambuler deux jeunes et jolies jeunes filles aux bras Eric Stoltz qui incarne Cimbali, personnage du jeune milliardaire aventureux crée par Paul loup Sulitzer pour son roman Money . «Silence, on tourne Money ». En fait, la prod nous avait demandé, pour faire plus naturel, que notre boutique, qui allait se trouver dans un plan, reste portes grandes ouvertes lors des prises de vues, alors que la rue était bloquée à toute circulation. Comme pour nous dédommager de nous priver de clientèle quelques heures, on nous proposa de figurer quelques touristes se promenant dans la rue. Ces quelques heures à jouer les passants furent notre dernière incursion dans le monde du cinéma, ma blonde ne crèverait plus l'écran.

XXII
Les Bi et le non être

2014, Friday October 31th

«J'ai décidé de reprendre les cours parce que diriger une boite est un vrai métier, je m'en suis rendu compte ces deux dernières années». Arnaud Montebourg, l'Express/l'entreprise le 31/10 2014.

Arnaud est né en 1962, il a donc fallu cinquante piges pour que le politique, ministre des finances chargé du redressement productif s'aperçoive que «diriger une entreprise est un vrai métier». Et ce loustic était ministre des finances, en charge du redressement productif ! Il osait toiser, critiquer les dirigeants d'entreprises privées ! Allons mon grand, que tu veuilles retourner un peu à l'école, c'est louable pour tes investisseurs, cela l'aurait été aussi pour la France quand tu étais aux finances, mais généralement on essaye d'apprendre avant d'être ministre. Si j'analyse bien, maintenant que tu vas jouer avec ton pognon tu préfères te garder de faire les bêtises que tu faisais avec le notre. Tu vois Arnaud, que tu retournes à l'école, je te félicite. Que publiquement tu demandes une bourse, c'est une insulte. Qu'il t'ait fallu cinquante ans pour comprendre que diriger une boite est un vrai métier, c'est un désastre...

Le 31 octobre serait il un jour spécial ? Un jour ou tout est permis ? Le jour ou chacun peut déclarer petites et grandes conneries ?

A mille lieux de penser rassembler un jour mes expériences, et mes observations dans un testament, il m'est arrivé en l'an deux mille neuf ou deux mille dix après Jésus-Christ d'écrire, à la volée, quelques sentiments, quelques ressentis sur l'info, sur l'histoire que la société déroulait sous mes yeux. C'était aussi un 31 octobre, vivant encore à Saint-Tropez, à la veille de la Toussaint, j'écrivais quelques lignes au sujet d'une intervention du gentleman du Béarn. Je les ai retrouvées et ne résiste pas à la tentation (excusez-moi mon

Dieu) de vous les livrer. Ces petits textes je les avais rassemblés sous le titre «Je dois être con»

Je dois être con, mais BAYROU François, je ne le comprends pas. Déclaration du 31 Octobre : «Etre premier ministre exige une solidité et une stabilité»...

Bravo l'ami, et en plus tu as trouvé un journaliste pour t'interviewer, un cameraman pour te filmer, et un ingénieur du son pour t'écouter... Effectivement l'info est de taille et en cette veille de toussaint ou il n'y a rien à dire. Cette info devient suffisamment importante pour être diffusée en boucle sur toutes les chaînes dites d'informations. La planète entière se fout de Bayrou, encore plus d'une telle déclaration. A combien estimer le coût d'interview, et de diffusion d'un tel vide. Le vide sans contour peut-il se chiffrer ? Mais qui pourrait dessiner le contour de Bayrou ? Il est le centre, l'inexistant, l'entre deux, peut-on chiffrer l'espace entre deux familles de segments politiques, un espace sans appartenance. Ce pourrait être la définition du vide. C'est une ligne imaginaire et sinueuse sans ombre, ni à droite, ni à gauche. Elle reste au centre, qu'importe si les côtés bougent se déplacent, le but est de rester au centre. Le centre peut donc frôler chacun des extrêmes. Le non être diffusant une non idée, le tout devenant une vraie information, mais toujours sans fond, restant à la recherche de son moi, à la recherche du rien. Certains journalistes adorent le rien, le rien ne présente aucun risque, zéro idée, zéro sujet : regarder tomber la pluie et déclarer qu'il pleut. Du super scoop pour le vingt heures, aucun directeur de chaîne, aucun rédacteur ne pourrait se passer d'une telle information. L'entre deux présidentielles c'est long, de la même manière qu'une veille de toussaint c'est fade, sans sujet. Les morts passés ne sont pas encore fêtés, ceux à venir sont sur les routes et encore hors bilan, alors que reste t'il ? On racle les fonds de tiroirs à infos, et quand on a bien raclé, on trouve Bayrou. Lui aussi est hors bilan, hors jeu, ça «tombe» bien, en cette veille de toussaint on n'a pas l'esprit à jouer. L'heure des comptes n'a pas sonné, on veut juste faire trois minutes, et c'est réciproque. Un coup de blush deux trois projecteurs, et c'est parti pour le scoop du soir «UN PREMIER MINISTRE EXIGE UNE SOLIDITE ET UNE STABILITE» merci Bayrou, nos morts à venir peuvent faire la fête, tu es là, tu crèves l'écran de ta vérité, tu es le sauveur des vivants, l'histoire t'attendait, tu ne la déçois pas. Par toi nous existons enfin. Mais BAYROU n'existe pas, c'est un rêve, un refuge de l'imaginaire appauvri. Le phénomène BAYROU ne peut s'observer que par temps morose.

Quand on perd ses valeurs, quand on perd ses repères, normalement on s'arrête pour faire le point. Il faut tracer une route vers un objectif, fixer sa destination, de là découle la direction. Bayrou, lui n'a pas de direction, pas de route, il veut être président, c'est son objectif, pas un projet de société. François ne sera jamais président, chacun le sait. Mais François y croit encore, c'est pour cela qu'une fois tous les cinq ans il existe, il ne gêne personne, juste un faire-valoir. Le rassemblement des gens qui ne savent où aller, qui n'ont plus de route ou n'en ont jamais eue. Ce n'est malheureusement pas un programme. Mais pour ces individus-là, il représente la lumière, il éclaire l'endroit, le présent, éblouissant ceux qui comme lui n'existent pas. Enfin ! Ils ne sont plus seuls à ne pas savoir où aller, quelqu'un les représente, ils peuvent s'identifier sans risque, se rassurer de ne pas exister, quelqu'un existe pour eux. Quelqu'un parle pour eux et surtout, en parlant pour ne rien dire, ne fait pas plus qu'eux. C'est cela qui plait, sans idée sans programme, sans but et sans direction, il est primordial de ne pas bouger. Ne pas bouger étant l'unique et seule façon de ne pas faire d'erreur de destination. L'électeur se sent sûr de lui, la continuité de sa non existence devient normale et acceptable. L'essentiel est protégé, pour les français sans destin le pire serait de s'en découvrir un... C'est donc par temps gris à visibilité restreinte, généralement par intermittence mais surtout à chaque quinquennat que l'illuminé s'illumine.
Je dois être con, mais... Bayrou François, je ne le comprends pas.

Retour 2015 : Rien n'a beaucoup changé. Sauf que pour la première fois il a porté son vote clairement à gauche en appelant à voter Moi-je aux dernières présidentielles. Le vrai scoop c'est que Bayrou a fait son coming out. Il n'est pas du centre, il est «bi». Bayrou François est Bi politique comme d'autres sont bisexuels. Maintenant dévoilé officiellement BI politique il sort de son état de non être. Bayrou François n'existait pas par lui même en 2012, il représentait juste le maigre refuge des déçus de Raymond-Mélody et de ceux qui ne pouvaient se résoudre à virer à bâbord. Avec son appel à voter Moi-je, il a dédouané un certain électorat et lui a donné bonne conscience pour franchir la ligne gauche. Bayrou François, un mec qui ne représente rien, un non être, a donné les clefs de la maison France aux socialistes. C'est un des défauts fondamentaux de notre système d'élection à la présidentielle et de la cinquième république. Un mec qui ne représente rien peut posséder les pleins pouvoirs pour faire élire un président qui aura tous les pouvoirs. Et ce président sans réelle légitimité imposera des gens comme les écolos que près de 98% de la population rejettent. 2% d'un centre mou qui n'a rien à proposer, met au pouvoir les 2% d'écolos dont personne ne veut. Les 48% d'électeurs dits de droite ayant voté pour Raymond sont totalement ignorés. C'est donc une faible représentation du peuple qui décidera de qui le représentera. C'est une infime minorité qui n'étant pourtant pas au pouvoir décidera qui dirigera. A peine élu Moi-je rappela immédiatement au petit Bayrou son statut de non être. Les Bi on n'en veut pas chez nous, les pédés d'accord, les machos obsédés aussi, mais les Bi, «niet». Avec Christiane on fera une loi pour les homos, on leur permettra de se marier, lui aurait dit the président, mais les bi on n'en a rien à carrer. Tu n'auras aucune récompense, les Bi, on les ignore. On ne nomme ministre que les Bi non déclarés. Etre bi ça ne se déclare pas. Aujourd'hui le non être, dévoilé Bi ne peut revenir sur son état mais joue de cette ambiguïté pour sortir du vide et se retourne de l'autre coté de la litière.

Hey, Christiane, qu'est ce que t'as foutu ? C'est de la ségrégation ou c'est volontaire, t'as oublié les «bi» dans ta loi. C'est stigmatisant. La loi se serait appelée le mariage pour les homos, ca passait, mais ca s'appelle le mariage pour tous, et dans les «tous» il y a forcément des bi. Si un homme homo a le droit de se marier à un autre homme, un bi devrait pouvoir être marié à un homme et une femme en même temps. C'est vrai, merde, les Bi aussi ont le droit de vivre leurs amours au grand jour ! Une femme se doit d'aimer un homme ou une femme, elle ne peut aimer les deux en même temps s'épanouir et élever ses enfants dans une union tripartite. Non, en fait, un homme se doit être hétéro ou homo, c'est fromage ou dessert... La polygamie est interdite pour certains en France, mais si un mec se marie concomitamment avec un homme et une femme, point de polygamie, rien ne devrait entraver cette double union. La loi Taubira sur le mariage pour tous, drapée de ses allures permissives et progressistes est finalement très sectaire. Il est urgent de demander, au nom de l'égalité des amours, que le conseil d'état invalide cette loi et aux deux chambres d'y apporter modification.

Cet exemple humoristique démonte à merveille cette loi aussi stupide qu'inutile, mais très efficace dans la division des Français. Comme toujours dans un régime de gauche, le progrès, l'évolution c'est ce que pense la gauche elle même, et uniquement elle. Et si hollande était bi ? Ne serait-il pas plus simple encore pour lui de faire un «coming-out» politique, comme il tente actuellement de le faire. «J'aime le socialisme depuis trente ans, mais maintenant je suis bi car j'aime aussi le libéralisme» clamerait le président. Cela serait plus clair et plus précis que d'envoyer Manu à Londres faire semblant de déclarer sa flamme à l'entreprise. Ni homo, ni hétéro, ou alors homo et hétéro les bi sembleraient être une parfaite représentation de ce que seront les femmes et hommes politiques de demain. Tous devront être bi. Des Bayroux en somme. Je te dis demain, mais demain…ça a commencé hier. C'est incroyable comment parler du vide peut prendre de la place. J'en omettrais le principal, l'observation, l'acceptation des choses et des réalités telles qu'elles sont. Voir ce qui préoccupe le peuple et y répondre. Ce manque de lucidité semble être la principale carence de la France d'aujourd'hui.

XXIII
La grande émission

2014, Thursday November 6th BERTILLE

Bertille ! Prénom d'origine germanique dérivé du prénom Bertha, oui je sais, déjà moins élégant, mais Bertha ça existe et les Bertha ne sont certainement pas toutes grosses. Bertha est inspirée du terme Berth qui en langage teuton signifie «brillant». Bertille signifierait donc «qui brille au combat».

Mitterrand consultait astres et voyantes, peut être Moi-je ausculte-t'il le calendrier pour trouver le saint patron qui lui convienne avant de valider une date d'intervention télévisée ? Pensait-il qu'il allait y avoir combat ? Espérait-il y briller ? Ou simplement caresser l'espoir de remonter sa côte de popularité d'un cran, peut être deux avant que celle-ci ne parte en fumée chez Lucifer ? C'est en tout cas ce jeudi 6 novembre jour de sainte Bertille que notre François Moi-je avait décidé d'agir. Il l'a déclaré lors de l'intervention «c'est moi qui décide tout, les autres exécutent» c'est qu'il est démocratique ce François.
Il n'y pas eu de combat et seuls les projecteurs ont brillés. Quant à la cote de popularité, si par hasard, ou à la suite d'un événement exceptionnel elle peut grappiller quelques points vers le haut, elle ne peut plus descendre. Il existe un minimum, il y a quand même la famille, les copains de promotion, des dizaines de milliers d'élus PS qui se remplissent la gamelle avec cette étiquette, l'entourage de ces élus, ceux qui leur doivent leur job. Prends le tout, passe au shaker, verse dans une éprouvette graduée à la popularité et t'obtiens le résultat, les minima. Je sais, comme tu as secoué un peut fort, ca mousse, difficile alors de lire exactement entre douze, treize peut être quinze en haut des bulles, mais, par ce système, tu auras une estimation fiable. Ca ne peut plus descendre, sauf extra-ordinaire, ca ne peut plus monter, notre François est au taquet.

J'ai évidemment cliqué pour découvrir les premiers commentaires, les premiers comptes rendus de cette mémorable et lamentable intervention. Du vent, du rien, du vide, même pas une courbe, même pas une boîte à outils. François, avant tu ramenais du matos, ressaisis-toi, ramène des outils la prochaine fois, tiens avec une équerre et un compas tu pourrais faire plein de trucs. Un commentateur disait «*il passe du rien au néant*». Je ne pouvais me résoudre à croire qu'un président sain d'esprit fasse une intervention télévisée pour caresser le néant. Je voulais voir par moi-même. Vite clic TF1, clic again, l'Elysée.com, rien non plus. Trouver l'intégrale de cette intervention était une course d'obstacles. Pub, quelques secondes de François, re-pub etc. Le site de TF1 ne diffusait que des extraits très courts, plus courts que chaque bande publicitaire «unskipable» qui les précédaient. C'était un puzzle dont je cherchais en vain les morceaux. Le site de l'Elysée ? Rien, nada, on se demande d'ailleurs ce qu'ils font à la maintenance de ce site ? Pour être nombreux à cette tâche, ils le sont, pour être chers, ils le sont aussi, mais pour être efficaces... Rien, incroyable, près de dix heures après cette triste prestation officielle, impossible d'en trouver trace autrement qu'à se manger en boucle la promo de la dernière Nissan en échange de quelques secondes d'interview bien choisies, soigneusement sélectionnées. En clair, tu dois être là, collé à l'écran pour déguster la pub d'avant interview si tu souhaites écouter le président, si tu as un boulot, si tu es absent ou lointain résident et que tu n'as pas pu assister au direct, ne t'inquiète pas, les extraits sont là, la pub aussi. Je me suis alors posé une question, j'ai dit posé une question, je n'ai pas dit avoir un avis, avoir une opinion. Le délit d'opinion n'existe pas en droit français, mais je fais gaffe quand même. Donc je n'ai pas d'opinion, je me pose juste une question mais l'inquiétude demeure, ils pourraient être capable d'inventer le délit de «self interrogation». François, il est président ou acteur ? Ou les deux ? Même en acteur médiocre, il semble meilleur que président. Peut être François pense t'il à une reconversion après 2017, comme il a déclaré ne pas vouloir siéger au conseil constitutionnel, il faudra bien qu'il trouve un job, quels que soient les dizaines de milliers d'euros de retraite mensuelle, ça va être court avec les habitudes que l'on prend au château. Puisque le seul job de sa vie à été de piquer la place d'un autre, peut être envisage t'il de s'approprier celle de Jean Dujardin et de se mettre à vendre du café avec Georges Clooney. Peut être même directement la place à Georges ! Arrête de divaguer dans tes interrogations farfelues mon Thierry, George il se marie lui, chose impossible pour François, il ne le fait jamais. De plus George c'est un vrai pro, il bosse sans arrêt, il fait le métier, François, lui, n'a jamais rien fait, donc double obstacle, ce n'est pas la bonne voie.

Comme je me posais une question à compartiment, tu vois que c'est une question et pas une opinion, t'as déjà vu une opinion à compartiment ? Question ! Partez : Pourquoi TF1 et RTL ? Deux boîtes commerciales privées. Il existe bien une chaîne de service public pour la télévision, et une autre pour la radio ? Un acteur ça court le cachet, ça va au plus offrant. Un président, ça représente la France et normalement ça ne se vend pas et ne devrait s'exprimer que via les ondes nationales. Quitte à faire de l'audience, autant faire tourner la maison France. Le privé n'aurait alors qu'à racheter les droits de diffusion partiels, ce qui ne pourrait qu'arranger les finances de l'état. Les chaînes privées payent parfois très cher ce qu'elles appellent, un invité de marque, un acteur connu. Qui de plus connu dans un pays que son président ? Mais un président ça ne touche pas d'argent, en tout cas, pas pour passer à la télé, alors pourquoi ?

Deuxième compartiment, toujours ready ? Partez : Un échange ? Je te fais de l'audience, ca te rentre des sous. Moi je suis président, je ne veux rien entendre de tout cela, tu me rendras bien quelques services quand je serais de nouveau candidat. Candidat, ce n'est plus la même chose...T'inquiète François tu n'es pas le seul pour qui on se pose la question, Raymond-Mélody aussi a souvent réservé l'audience au privé, il paraîtrait qu'ils ont de meilleurs maquilleurs, et la limonade de plateau, plus douce, plus sucrée et tellement plus digeste.

XXIV
Le Cap Dramont

2014, Wednesday November, 12th
Le cap Dramont, 1984

Monaco Dimanche 3 juin 1984, la pluie a fait s'ouvrir des champs de parapluies, je ne vois que du rouge, la couleur de ceux de la «Scudéria». Depuis ce matin, dès la sortie des jetées des Marines de Cogolin au fond du golfe de Saint-Tropez, nous bouffons de la pluie. Le coup d'est qui sévit depuis cette nuit sur le rivage Azuréen est signe de très mauvais temps, mais la tempête n'a pas calmé l'ardeur des tifosi. Comme la mer que nous avons affrontée ce matin entre la cité du Bally de Suffren et le caillou princier, ces supporters italiens sont déchaînés. Agrippés au grillage comme les migrants Sub-sahariens accrochent leurs espoirs au barbelés espagnols de Melilla, ils n'ont qu'un seul but, passer de l'autre côté. Ce qui déclenche leurs cris pour attirer notre attention sur les liasses de billets trempés qu'ils nous proposent, ce sont les badges rouges eux aussi, qui affichent en lettres blanches un insolent Open Pass. Le grand prix de Monaco est le seul à se dérouler en ville, si son tracé sinueux est le moins rapide de la formule 1, il est le plus spectaculaire et aussi le plus dangereux. C'est peut être cette dernière caractéristique qui pousse ces fans à proposer des sommes démesurées pour venir voir leur écurie Ferrari dans ces jeux du stade automobile. Le badge que nous avons autour du cou, nous permet de circuler et d'entrer où bon nous semble autour du circuit. Ce sont des sésames qui n'ont pas de prix, à moins d'accepter les huit mille francs que me tend un bras dans la meute des tifosi. Deux smics, l'italien me propose deux smics pour ce bout de carton plastifié qui lui permettrait de vivre son rêve quelques heures. J'avoue avoir été tenté. J'aime le sport automobile, mais arrivé dans le sud de la France désargenté il y a quelques mois seulement, deux smics pouvaient représenter la solution à beaucoup de mes problèmes urgents. Mais sans le Pass, comment retourner quai Antoine I, au paddock où nous avons rendez-vous après la course ? Comment retourner aux bateaux que nous avons convoyés ce matin et qui sont amarrés juste derrière les stands, comment rejoindre aussi ce grand bateau blanc d'une trentaine de mètres, amarré tout proche des bolides et qui abrite notre quartier général ? Que dire aussi à Didier, qui ce matin nous a fait ce cadeau aussi royal qu'inattendu en nous offrant ces pass. Il était seulement convenu que nous convoyons quatre Offshore, les pass, c'était une surprise, un plaisir, comme savent en offrir les grands. Je conserverais mon Pass.

Didier Pironi venait de quitter la formule I deux ans auparavant suite à son terrible accident pendant les essais du grand prix d'Allemagne. Au volant de sa Ferrari, pendant les essais, gêné par le brouillard, il percutait la voiture qui le précédait, s'envolait et en retombant écrasait le nez de son bolide, broyait ses deux jambes et ses espoirs d'être sacré champion du monde. Sa force de persuasion lui permit de convaincre les médecins de ne pas l'amputer, son courage lui permit de marcher à nouveau. Didier avait conservé le goût de la vitesse et de la compétition et enclenchait une nouvelle carrière dans le motonautisme, d'abord comme marchand puis ensuite comme pilote. De ses exploits passés en formule I il avait gardé dans le monde de la course des amitiés. L'immense motor-home bleu nuit au liseré or dans lequel il se concentrait naguère avant les départs trouvait encore place parmi ceux des champions du jour. Sur le Paddock de Monaco, il était encore chez lui. Nous venions de quitter le vice champion du monde après un déjeuner dans le très select Yacht club de Monte-Carlo *«les gars, si le temps se lève, et la mer se calme, on a encore une heure pour balader quelques journalistes, l'avion ne part qu'à vingt heures».* Didier connaissait l'importance des relations presse. Associé à la famille Mimram qui venait de racheter Lamborghini pour la commercialisation des nouveaux bateaux offshore de la marque, il était en charge du lancement du nouveau bolide marin. Sa société «Leader» basée aux marines de Cogolin œuvrait déjà dans le gardiennage, la location la vente de «cigarettes» et des bateaux rapides de Tullio Abbate. Ce sont quatre de ces bateaux Abatte que nous avions convoyés le matin même. C'était en fait cinq navires qui étaient attendus dans les eaux monégasques mais le directeur du chantier à la manœuvre sur un Riva de quarante cinq pieds, dont la cabine confortable aurait accueilli les journalistes les moins sportifs, avait fait demi tour préférant faire le trajet en voiture plutôt que d'affronter les éléments. Le vent d'est lève toujours une forte houle en méditerranée, celle-ci s'amplifie encore par les effets du courant ligure qui nous vient de Gênes. D'énormes vagues sapent alors les côtes varoises et s'engouffrent dans le Golfe de Saint-Tropez. La route maritime qui mène des marines de Cogolin à Monaco se dirige vers l'est, notre navigation matinale avait ressemblé à un parcours de montagnes russes. Les vagues très hautes et assez serrées projetaient par les rouleaux de leurs crêtes, des paquets de mer sur nos frêles pare brises d'apparat. Ces bateaux ne sont pas fait pour une mer formée, encore moins les Abbate plutôt conçus pour les lacs. Cockpit et pilotes n'étaient en rien protégés. C'est trempés de la tête aux Sébagos que nous avions rejoint le «P'tit Louis» face à Monaco. Le P'tit louis, sous ses allures bonhomme et sa coque beige était un des Yachts les plus rapides de méditerranée. Son propriétaire Jean Claude Mimram l'avait mis à disposition la pour accueillir la presse. L'organisation pour la présentation en avant première du bateau Lamborghini avait été bien pensée et le programme avait séduit une cinquantaine d'invités émanant de tous horizons, presse spécialisée, people ou encore quotidienne. Partie de Paris le dimanche matin par avion spécial, arrivée à Nice la presse avait été héliportée à Monaco. S'en suivait l'accueil sur le P'tit Louis qui emmenait la compagnie pour une promenade en mer. Là, le «Lambo» arrivant en trombe devait faire le beau et inviter chacun à son bord pour leur faire connaître le grand frisson suivi des quatre Abbattes et du Riva ou les photographes auraient joué de leur talent. La flotte devait évoluer autour du P'tit louis qui conserverait une vitesse de croisière élevée pour ne pas perdre de vue trop vite la vedette du jour. Le «Lambo» avait été préparé avec des hélices de surface permettant la formation d'une gerbe d'eau, garantissent l'effet de vitesse sur les clichés. Chacun leur tour les journalistes auraient donc eu l'occasion de découvrir en live ce bateau de course et d'embarquer à son bord. Avec un ciel bleu et un paysage paradisiaque en toile de fond, tout cela ne pouvait être que réussi. Le Grand Prix occuperait l'après-midi soit dans les tribunes, soit regardant les écrans du yacht club, ou encore à bord du P'tit Louis où champagne canapés et petits fours étaient servis non stop. Après le grand prix dernière échappée en mer pour les plus mordus, puis retour à Nice ou l'avion affrété spécialement attendait pour décoller vers Paris. Tout ce programme se déroulerait en présence du champion Himself, Didier Pironi dont la gentillesse et la simplicité ne pouvait qu'apporter encore à cette journée. Didier avait bien fait les choses, et si avec une présentation comme celle-là, le Lambo ne faisait pas la une des magazines, il ne restait plus qu'à s'en plaindre au dieu Neptune. Nous avions bien rejoint le P'tit louis dans les eaux monégasques, elles étaient sombres au lieu d'être bleues. Le P'tit Louis tanguait plus qu'il ne croisait, Le Lambo était présent mais l'état de la mer l'empêchait de lâcher les chevaux. Les parisiens, malades boudaient champagne et petit fours, quelques rescapés du mal de mer ont réussi à monter à bord des 36'' Abbates mais n'ont jamais réussi leurs photos. La présentation tombait à l'eau. Le grand prix prenait le départ 45 minutes en retard, Les conditions météo s'aggravant, l'eau dévalait les rues de Monaco, la raison imposait d'arrêter la compétition à mi-course. Montaient sur le podium les trois pilotes de tête au moment de l'arrêt :

1er Alain Prost Mac Laren TAG
2ème Ayrton Senna Teleman Hart
3ème René Arnoux Ferrari.

Nous devions rentrer au port d'attache le soir même avec les quatre bateaux, c'est en voiture pour moi en motor-Home pour les autres que nous avons rejoint les marines de Cogolin. Le lendemain, seuls deux des cinq convoyeurs de la veille était disponibles, j'en faisais partie et rendez-vous avait été donné sur ce petit contrefort rocheux où se trouve la maison familiale des Pironi, qui surplombe le ruisseau de l'Avelan et plus loin la plaine de grimaud. José, demi frère de Didier nous y attendait. Sans avoir le talent et le palmarès de son frère, José Dolhem n'en était pas moins, lui aussi pilote chevronné. Les souvenirs de son volant Shell, de ses participations en formule trois et formule deux en ont marqués la Volkswagen golf de service qu'il avait empruntée pour parcourir les quelques kilomètres de cette petite route sinueuse de plaine qui devait nous mener à l'Héliport. Je n'ai jamais eu peur en hélicoptère, mais ce matin-là, j'avais eu très peur sur la banquette arrière de la Golf. Un magnifique appareil et son pilote nous attendaient, les six sièges de cuir rouge aussi. Le temps était passable, la pluie avait cessé, le vent molli, mais un nouveau coup de tabac était annoncé pour la fin d'après midi, il y avait quatre bateaux à ramener et pas de temps à perdre pour effectuer ces deux rotations. Vingt minutes de vol et nous étions à poste, le temps de faire les pleins et nous voilà partis en mer avec deux bateaux. Lors de cette première rotation matinale, José restait à Monaco, il m'attendrait quelques heures plus tard à la descente du second vol, pour ramener ensemble les deux bateaux restants. Lors de ce premier voyage, un bateau avait connu une avarie moteur, mais heureusement, prudents, nous naviguions bord à bord. J'avais donc amarré sur mon tribord le bateau inanimé et l'avais remorqué jusqu'à Port la Galère, juste après Théoule sur mer en navigant vers l'ouest. Nous abandonnions le bateau aux soins de mécaniciens qui allaient venir le lendemain et je ramenais à bon port le pilote. Marines, hélico, Monaco. Me voici à nouveau sur le port princier, à ma stupéfaction un seul bateau est prêt à partir, l'autre sous son taud s'apprête à passer la nuit dans les eaux de la principauté. «*Qu'est ce qui passe ? En panne lui aussi ?*». Non me répond José, «*Le CUV est arrivé, je dois le ramener aux Marines, on va le chercher à Bordighera*». Le CUV, c'était un monstre d'aluminium de 40" muni de deux moteurs Lamborghini V12 de 7973 cc qui s'amusaient à libérer chacun 720 chevaux si le pilote avait décidé de ne pas être regardant sur le carburant. C'était aussi, le bateau champion du monde en titre. J'hésitais, finalement, j'acceptais. Il n'y a que sept à huit nautiques pour rejoindre le port italien, en route pour Bordighera. Si la petite ville italienne n'offre que peu d'intérêt, son port de pêcheurs garni de caves à bateaux voûtées est un ravissement. Les pointus oscillent lentement animant la surface de l'eau de leurs reflets colorés, les pêcheurs assis à l'ombre des bâtiments qui forment les voûtes réparent et préparent leurs filets pour le lendemain. De l'autre coté, au bout de la jetée sur son ber attends le CUV. Il y a de la place en ce début de saison pluvieux, Je me docke à l'ombre du champion. Sur le quai, nous cherchons le chauffeur du convoi, ainsi que le grutier pour activer la flèche qui déposera le CUV dans les eaux italiennes. Le chauffeur voyant des individus s'activer autour du trésor dont il avait la charge, ne tarda pas. Libéré de ses sangles qui lui faisaient faire corps à la remorque, le CUV pouvait être gruté. La précipitation s'arrêta là quand José constata que les Hélices manquaient. Les embases des moteurs semblaient tristes en leur absence. Mécaniciens et chauffeurs avaient évidemment pris soin de les démonter et de les mettre en sûreté dans la cabine du tracteur. Le risque qu'elles se fassent la belle sur une aire d'autoroute ne pouvait être encouru. Il fallait une bonne heure pour mettre en place ces précieuses pâles. Le CUV était enfin mis à l'eau, le soleil faisait encore de brèves apparitions entre les nuages qui nous venaient à nouveau de l'est. Il restait alors à faire se bouger un peu les vingt quatre cylindres des moteurs, faire les pleins et rejoindre Saint-Tropez. C'était ignorer le côté capricieux des deux moteurs, ceux-ci ne voulaient rien entendre et ne laissaient non plus rien entendre, pas une parole, pas une explosion, les batteries commençaient à se laisser. Nous soulevions alors les énormes capots moteurs et prenions place le long des rangées de cylindres. Chacun de ces cylindres était surmonté d'un imposant cornet d'admission d'air, aucun filtre, aucune protection, ne devait entraver l'air qui devait s'engouffrer dans les chambres de combustion. José prit alors un bidon d'essence, et

---

muni d'un petit godet versa quelques décilitres de carburant dans chacun des cornets. L'essence allait arriver directement dans chacun des cylindres par les conduits habituellement réservés à l'air *je te garantis, ça va parler, reculez-vous, parfois il y a des retours*». Il n'a pas fallut chatouiller longtemps le bouton pressoir du démarreur pour qu'un coup de tonnerre rauque et agressif ne sorte de leur quiétude les pêcheurs paisiblement affairés de l'autre coté du port. Le CUV était dans son jus, dans sa version grand prix et rien ne venait amoindrir les hurlements de ses machines. Le CUV tournait, enfin ses moteurs. Mise en chauffe de rigueur et nous pourrions rejoindre le poste à essence et gaver de plus de mille litres les réservoirs de la bête. Que c'est long mille litres quand on regarde le ciel s'assombrir et la mer rapporter ces premiers moutons. Côte à côte nos deux bateaux sortaient enfin des jetées, je n'entendais pas mes moteurs pourtant déjà peu discrets tant ceux du CUV, était bruyants comme des italiens en goguette, faisant presque taire mes deux mercruisers de 5.7 litres chacun et leur petite écurie de six cent chevaux au total. Le CUV possédait 1440 purs sangs pour le propulser, je n'en avais pas la moitié et mes bêtes étaient de sang mêlé. Quelques centaines de mètres parcourus au ralenti et nous allions chacun lâcher notre cavalerie. Sur bâbord de José, je lui indiquais de la main la route du large que j'entendais suivre, je faisais un signe bien droit indiquant une ligne droite qui passerait au large des caps. De sa main droite il me faisait signe que non, son avant bras et sa main serpentaient me faisant comprendre qu'il suivrait les méandres du rivage. Sans autre explication, les bateaux prenaient de la vitesse, déjaugeaient et leurs écumes se séparaient. J'avais décidé de la route la plus droite pour gagner du temps et ne pas être l'otage de la météo, lui plus rapide avait décidé de parcourir près du double de miles mais de conserver un œil sur le rivage. Très vite il disparut, j'étais au vent, même le bruit des moteurs ne me parvenait plus. En même temps que le bateau disparaissait, disparaissaient aussi les côtes plombées dans le gris des nuages bas qui s'agglutinaient face au relief. Le Cap-ferrat se dessina assez vite derrière mon pare brise, à sa vue je prendrais quelques degrés sur bâbord pour m'éloigner un peu plus encore du rivage et foncer droit sur le cap d'Antibes. Je savais que passé Ferrât, tant la profondeur de la baie des anges est importante, je ne verrais plus rien de la terre. Fâché que le ce bateau destiné à la location ne possède pas de carte, je décidais de m'en fier à mon nez et au compas du bord. A chaque vague que la coque frappait, l'intérieur du compas, comme désaxé, tournait dans tous les sens. J'avais bien sûr, au sortir de Bordighera inscrit dans ma mémoire ma position et la direction supposée bonne. Mon épouse me dit que j'ai un NezPS. En fait, j'ai le soleil. Il se faisait tard, la première rotation du matin avait pris plus de temps que prévu. Les hélices comme le moteur du CUV avaient été chagrins, et nous avions perdu du temps sur la Météo, trop de temps. Les vagues venaient de mon trois quart arrière. Je les rattrapais. Chacune d'elle était une escalade, les douze mètres du bateau, laissant souvent la poupe et la moitié de la coque hors de l'eau. Il fallait alors envoyer la purée, faire travailler les chevaux pour prendre suffisamment de vitesse, sauter le creux et retomber sur la vague suivante. C'était épuisant, à chaque saut, il fallait anticiper la fermeture des gaz pour éviter qu'une fois les hélices hors de l'eau les moteurs ne s'emballent. Un surrégime provoqué de cette manière-là, et c'en était fini de ma cavalerie. J'aurais été en perdition. Le jeu des flaps et des trims était permanent pour décoller avec suffisamment d'inclinaison arrière pour que le bateau vienne frapper la vague suivante en épousant son angle, faute de quoi, mon étrave l'aurait transpercé et j'aurais joué au sous marin. Remettre les gaz demande du doigté, surtout si l'on veut aller vite. Il ne faut pas perdre de temps et laisser trop ralentir le bateau, mais il faut être progressif pour éviter que les hélices ne cavitent. La répétition sans cesse de ces manœuvres, associée à la pluie battante qui avait eu la mauvaise idée de nous rejoindre, me vidait de mes forces. Imprudent, je n'avais rien avalé depuis plusieurs heures. Ne pratiquant pas encore le vélo, j'ignorais comment être touché de la fringale pouvait réduire les capacités d'un homme. J'avais froid, j'avais faim, j'étais fatigué. Le cap d'Antibes était passé, j'en avais aperçu sa sombre silhouette sur mon tribord. J'imaginais la forme du rivage qui nous séparait encore de Saint-Tropez. J'abattais d'une dizaine de degrés sur tribord peut être un peu moins, quoi que je fasse ma route n'était pas régulière. Mes lunettes ne me servaient plus à rien pour lire mon instrumentation, tout se faisait à l'estime, au nez, à l'oreille pour les moteurs. Le cap d'Antibes derrière moi je savais les îles de Lérins sur ma droite, je ne devais pas en être loin, mais la pluie mêlée aux embruns que soulevait le vent me les cachait, je ne voyais rien. Je savais que la prochaine masse sombre qui se dessinerait, si elle se dessinait, serait le massif de l'Estérel. Je l'attendais avec impatience, j'hésitais un instant à tout abattre sur tribord et rentrer dans le golf de la Napoule, la mer serait plus calme et à Mandelieu je trouverais la place pour docker le bateau. Idiot, ayant perdu toute lucidité par la fatigue et la faim, j'abandonnais cette idée qui était prudente et logique, je continuais. A moins que ce ne soit l'orgueil, cette bête cachée, mère de toutes les imprudences, de toutes les conneries. Cet orgueil qui m'aurait poussé sans le savoir à prendre la route du large, plus courte, pour peut être faire la nique au CUV et ses 1420 chevaux. Le CUV avait ses franc bords au moins vingt centimètres plus haut que les miens, son nez beaucoup plus large, sa coque aussi. Le CUV était un bateau pour la course en mer, j'avais un bateau de pin-up destiné à la frime par mer calme devant Pampelonne. J'avais ce bateau et ce diable d'orgueil m'avait peut être poussé à la compétition avec José et sa bête de course. Au départ de Bordighera, c'est certain, j'étais las, je ne voulais pas traîner. Je savais aussi que la tempête était prévue pour la fin de journée vers dix neuf heures. Accompagné, avec responsabilité de vies à mon bord, c'est absolument certain, je ne serais pas parti. C'est souvent quand je suis seul que, je perds mes repères face aux dangers. Mes capteurs naturels face aux risques semblent déconnectés. Qu'importe j'étais en mer, je n'avais pas rencontré de bateau depuis mon départ, mais comme un con, je continuais. La mer se faisait plus serrée, comme s'il y avait eu un retour de la houle. J'apercevais l'Esterel. Les creux se faisaient un peu plus profonds et plus courts. Le petit jeu de saute vague que je pratiquais depuis presque deux heures devenait de plus en plus périlleux. Me remettant face à mon étrave, je m'emmêlais, dieu sait pourquoi, entre flaps et trim, pris de panique je remettais trop brutalement les gaz que je coupais immédiatement pour les remettre progressivement mais trop tard. Mon bateau repartait quand même mais son saut était trop court. Poussé par l'arrière, mon bateau partait comme un surf. Dieu sait toujours pourquoi, je remettais une couche d'erreur en abaissant mes flaps, mon bateau qui avait un peu décollé de l'avant retombait comme en piqué. Mon étrave remplissait son rôle et fendait l'eau, mais en mode sub-marine. L'ensemble du bateau rentrait dans la vague je m'accrochais à mon volant, la main sur les manettes de gaz, je les coupais mais trop tard. Mes moteurs s'étaient arrêtés. Du bras gauche, comme je pouvais, je me protégeais le visage. J'attendais quelques secondes sans avoir de notion du temps ni des dégâts. Je ne savais pas si j'étais sur l'eau, dans l'eau, ou sous l'eau. Mon bateau s'était arrêté, mes moteurs aussi, ne restait que le sifflement du vent et les bruits de la mer. Je regardais en face de moi, j'apercevais le cap Dramont. Il devait être à deux miles, deux miles et demi. J'étais trempé. Le dossier sur lequel je m'appuyais pour me stabiliser aux commandes du navire était arraché, tombé sur le sol, un écrou le retenait encore à la coque. Le maigre pare brise avait disparu, il restait pour preuve de son existence passée, face au commandes, un montant sur tribord. Les vagues me paraissaient plus hautes encore. Mais c'était mon bateau qui était plus bas.

J'avais de l'eau juste en dessous du genou. La cabine avant était un aquarium. La mer en avait ouvert les portes et s'était invitée. Mes petites lunettes rondes, par l'opération d'un esprit sain, étaient sur mon nez mais ne tenaient plus que par une seule branche, les deux cerclages formaient un huit replié sur lui-même, comme on le fait d'un élastique. Le titane de la monture s'était laissé aller à tester sa souplesse. La radio était elle aussi arrachée et pendait lamentablement derrière le volant. Elle était éteinte l'installation électrique dans son ensemble étant en court circuit. Je reprenais mon souffle, je n'étais plus inquiet, je commençais à avoir peur. J'observais ce Dramont. Si je l'avais passé, j'étais arrivé. Après ce cap vers l'ouest, par vent d'est, souvent la mer est plus calme. Oui mais mon con, tu ne l'as pas passé ce cap, et maintenant tu as les deux pieds dans l'eau, tu serais encore mieux s'ils étaient dans la merde. J'observais ce Dramont espérant qu'entre lui et moi se trouverait quelqu'un, un bateau qui m'aperçoive et me porte secours. Mais qui pourrait bien sortir d'un temps pareil ? Qui pourrait être aussi stupide que toi ? Et puis non tu n'es pas con pensais-je ensuite, par la côte tu ne serais pas encore là, c'est deux fois plus long en faisant du cabotage. Oui peut être mon Dufloo, mais par la côte, j'aurais vu un port, et j'aurais décidé de m'y abriter, d'y passer la nuit. Je serais reparti demain, après la tempête. Je pensais tout et n'importe quoi en regardant ce Dramont, j'avais de plus en plus froid. J'avais faim, soif aussi. Je pensais que cette affaire commençait vraiment à mal tourner. Je restais au milieu de mon cockpit, les pieds dans l'eau, me demandant ou pouvait bien être les fusées de secours. Chacun avait eu une dose d'inconscience, moi le premier à prendre la mer sans avoir checké les emplacements et l'état du matériel de détresse, fusées et miroir. Ben cherche idiot ! Ne reste pas les deux pieds dans la même baignoire, descends dans la cabine puisque tu sais si bien nager, cherche et tu trouveras. Je quittais alors le Dramont des yeux pour me retourner vers le large, comme en espérant voir venir une accalmie. Il y avait bien quinze minutes que je faisais l'ascenseur dans ce qui ressemblait maintenant à une braquasse plombée par quelques tonnes d'eau. Ce n'était pas une accalmie que j'apercevais à quelques centaines de mètres derrière moi, c'était une coque blanche, un bateau. Un mec, un fou, ou plusieurs fous se baladaient en mer en même temps que moi. Par le passe avant de bâbord je montais sur le long pont effilé de mon bateau. Le teck gras d'embruns sous sa pellicule d'eau était glissant à souhait. Plusieurs fois je manquais de tomber. Glisser sur ce pont bombé sans aucun garde fou, signifiait à coup sûr, tomber à l'eau.

Inconscient que j'étais encore, je n'avais pas mouillé l'échelle de coupée, comment dans ces conditions remonter à bord en cas chute. Arrête Dufloo, une génération plus tard tu en attrapes encore le frisson. Les jambes bien écartées pour conserver mon équilibre, je remuais mes bras, je m'agitais pour que quelqu'un m'aperçoive. Je redescendais dans le cockpit, je me penchais dans la cabine me souvenant y avoir vu dans un équipé à la descente des marches, une corne de brume en plastique rouge. Je la saisissais et restant à l'abri dans le cockpit je soufflais du plus fort que je pouvais dans mon instrument à une note. Je soufflais et soufflais encore, tenant la corne de la main droite et faisant des signes de la main gauche quand mon ascenseur de bateau était en haut de la vague. Quand il descendait, je reprenais mon souffle. Depuis que je l'avais aperçu, je voyais le bateau sur son bâbord, il faisait route inverse à la mienne. Il était maintenant sur une ligne imaginaire perpendiculaire à mon embarcation, bientôt je serais sur son arrière et mes chances d'être vu disparaîtraient comme lui-même disparaîtra dans le gris foncé de l'horizon. Le yacht blanc semblait tanguer davantage, et les gerbes que son étrave soulevait à chaque vague rencontrée semblaient maintenant glisser le long de la carène. Oui, il a ralenti. Il engage un virage sur bâbord, je crois être sauvé, il a dû me voir. Tout en continuant son demi tour il se dirige vers moi et montre maintenant son tribord, bientôt il sera à une cinquantaine de mètres de mon Abbate. Comme des yoyos, nous jouons à cache-cache, montant et descendant selon les volontés de la mer. Une femme sort du poste de pilotage, elle est munie d'un porte voix. Elle tente en vain de me faire entendre ses paroles. Le pavillon claquant au vent à l'arrière du navire m'indique que ce sont des britanniques. Il n'y a que des anglais pour sortir par ce temps. Sacrés anglais ! Le yacht blanc fait bien une vingtaine de mètres. C'est un beau bateau, pas tout neuf, mais un beau bateau. La dame de pont s'égosille toujours dans son cornet, je n'entends rien, je ne comprends rien. J'observe simplement qu'il est au vent, moteur stoppé, cela le portera naturellement vers moi qui dérive moins que lui. Entre deux eaux, mon bateau comme un radeau sans voile ne prend presque plus le vent. Seule la vague et le courant me poussent à la côte. Cette côte qui maintenant me semble plus qu'à un bon mille nautique. En mer, le danger, c'est la terre. Cette terre dont je me rapproche de plus en plus. A cet endroit il n'y a pas de plage, si je ne suis pas récupéré, seuls les rochers seront présents pour m'accueillir, je serais drossé sur leurs angles aigus, le bateau se fracassera, c'est la fin assurée. La femme de pont se trouve sur la partie arrière du yacht blanc qui maintenant m'a légèrement doublé, elle tient dans sa main droite une amarre parfaitement lovée. Mimant le geste du lancer plusieurs fois avant de l'exécuter elle se décide enfin. Dans les airs, le cordage déroule ses cercles dans ma direction. Plongeant la main dans l'eau du cockpit je récupère la gaffe clipsée le long des francs bords. Je suis paré, enfin je le crois. L'aussière est trop courte, plutôt trop lourde. La dame de pont, malgré tous ses efforts n'a pas réussi à lui donner la force suffisante pour que le chanvre se déroule jusqu'à moi. Il manque trois à quatre mètres. Je me rends compte soudainement qu'ils ne sont que deux à bord. L'épouse sait certainement manœuvrer le bateau comme dans tous les couples de marins, le capitaine plus fort pourrait lancer l'amarre jusqu'a moi. Mais les conditions sont telles qu'une collision pourrait être fatale aux deux navires. Visiblement plus aguerri à la manœuvre, prudent, il préfère rester à sa barre. Mon sauveur bat maintenant machine arrière pour s'écarter, puis un petit coup de machine avant pour se repositionner au plus près de moi. La dame de pont revient chargée d'une nouvelle amarre, peut être plus longue, j'espère plus légère. Un deux trois, le bout qui était lové dans sa main droite prend les airs, se déroule à la perfection et ses derniers mètres viennent frapper mon pont. Je me jette à l'emplacement du pare brise disparu, du premier coup de gaffe j'arrive à le saisir. De toutes les forces disponibles dans mon bras droit j'écrase la gaffe sur le pont. Tenant la gaffe serrée contre le pont je tente en rampant de passer à l'avant du bateau. Je glisse de tout mon corps, le poids de l'amarre fait filer les derniers centimètres de corde entre le pont et la gaffe, je m'étire au maximum de mon corps, jette mon bras gauche en avant pour saisir l'épissure qui termine cette ligne de vie. Trop tard, il m'a manqué une seconde, peut être une demie, je vois mes espoirs choir lentement dans l'écume qui entoure ma coque. La dame de pont, courageuse, sous la pluie blessante, autour de son avant bras prépare déjà un troisième lancé. Elle en fera cinq en tout, un seul aura touché son but, je n'ai pas réussi à le saisir. L'épouse du capitaine n'a pas fini de remonter le cordage se trouvant à l'eau que j'entends un bruit sourd venir troubler ceux de cet environnement hostile qui formaient déjà notre intimité Anglo-Française. Resté assis sur le pont je lève la tête, j'aperçois un hélicoptère gris se dirigeant vers nous. Je me lève et à la manière des meilleurs naufragés, j'agite vers le ciel mes deux bras. Très vite je continue mes gestes assis, tant la mer me rappelle qui fait la loi en ces lieux. Que tu peux être con de t'agiter comme cela, le yacht blanc, fort de ses vingt mètres est bien plus visible que toi, jamais tu ne réfléchis ? Le capitaine anglais avait certainement appelé les secours et donné sa position bien avant que sa courageuse épouse ne tente de battre ses records au lancé d'aussières. L'hélicoptère est maintenant presque à la verticale, chahuté par les vents violents, son pilote expérimenté arrive presque à lui imposer un vol stationnaire. Un coup d'œil sur le Dramont, d'habitude si rouge et aujourd'hui si gris, me rappelle que le temps est compté. Je n'ai aucune envie de tâter de ses rochers. Finalement, tu aurais pris la route de la côte, les vagues n'auraient pas été moindres. Le ressac plus fort aurait encore haché la mer davantage. La même mésaventure deux mille plus à terre, tu serais déjà mort mon gars. Et puis tu n'aurais pas eu la chance de voir une dernière fois des anglais. Le bateau blanc s'est éloigné mais s'est certainement mis sous le commandement des sauveteurs professionnels. Reculé d'une centaine de mètres, il semble rester à leur disposition. Le vol stationnaire de mes sauveteurs nous sépare d'une quinzaine de mètres, il se situe lui aussi au vent. Depuis longtemps je suis à genoux sur le pont prêt à me lever. Par la porte ouverte de l'hélico j'aperçois un militaire retenu par un harnais de sécurité. L'homme est presque entièrement sorti de l'appareil. De son bras gauche, il déploie une poutre métallique, une échelle de corde y est accrochée. L'hélicoptère semble être le jouet des vents, quel as ce pilote pour réussir à se stabiliser et de rester stationnaire dans ces rafales qui ne font qu'augmenter en puissance comme en fréquence. L'échelle est maintenant dépliée, elle ondule à tous vents, parfois ses derniers barreaux de bois accrochent l'écume, parois ils remontent à plusieurs mètres de la surface. Il va falloir monter là dessus ! Je me rappelle que j'ai du voir ça dans les films. Ca y est, Belmondo, il n'y a que Belmondo pour faire cela avec panache. Tu n'es pas Belmondo, mon gars, panache ou pas il faudra bien y monter et abandonner tes trente six pieds de plastique et ton écurie aux rochers. L'échelle passe une fois sur le pont, là aussi j'ai ma gaffe en main, il manque un bon mètre pour l'attraper. L'hélicoptère, latéralement remonte le vent, l'échelle revient mais cette fois-ci passe bien loin de mon étrave. L'hélicoptère se laisse à nouveaux déporter de quelques mètres, l'échelle revient vers moi. Je ne suis pas Belmondo. Et face à mes deux spectateurs anglais, je représente un peu la France…je me dois d'attraper cette échelle. Elle arrive vers moi, cela se présente bien, je l'aurais. Quelques mètres avant ma gaffe, l'hélico monte brutalement, l'échelle suit le mouvement, j'agite inutilement ma gaffe vers le ciel, encore loupé. Retour à la vague départ, position au vent, glisser lentement vers le bateau, l'échelle joue au cerf volant fou et bat comme claque le pavillon anglais du yacht. Je ne serais pas Belmondo ce soir, j'en suis tristement convaincu. Les manœuvres sont aussi épuisantes que prenantes moralement. Je n'ai plus le temps d'avoir peur, seul le stress de ne pas attraper ces deux cordes et ces bouts de bois occupe mon esprit. Le militaire tente en vain de me donner des instructions, comme avec l'anglaise, je n'entends rien. Tout se fait depuis près d'une heure, que ce soit avec le bateau blanc ou l'appareil militaire, par un jeu de devinettes. L'hélicoptère reprend de l'altitude et se déporte vers le large. Hé mon gars, ne m'abandonne pas comme ça ! Je me demande ce qu'il fait, ce qu'il prépare. Et si seulement cette putain de radio avait été encastrée, dans le tableau de bord, on pourrait communiquer. Tullio ! Tu construis n'importe comment tes rafiots pensais-je, cherchant déjà l'excuse de ne pas être Belmondo. Le Dramont se rapproche encore, il n'y a pas plus de huit cent mètres qui nous séparent. Il n'y a pas plus d'un mile entre cette vedette grise que j'aperçois là-bas, au nord ouest de mon embarcation.

La douane, ce doit être la vedette de la douane de Saint Raphaël. Je suis sauvé pensais-je une troisième fois. Je vois l'hélicoptère qui s'éloigne, c'est sympa d'être venu, mais vous auriez pu dire au revoir. L'euphorie me fait penser n'importe quoi. Mon esprit se libère, je retourne faire trempette dans mon cockpit. Il n'y a plus d'eau ! Ma pompe de cale par je ne sais quel miracle, s'est mise en marche. Le niveau d'eau à l'intérieur a baissé également, sacrée pompe de cale. Tu ne fais pas vraiment mon affaire, de la même manière que si j'étais passé plus à terre, celle-ci m'aurait happée, si j'ai moins d'eau à bord, je prendrais plus le vent, serais plus léger et le vent me poussera plus vite encore sur cette terre que je veux rejoindre mais pas de cette façon-là. Tu n'es jamais content mon Dufloo, tu veux aller à terre mais tu ne veux pas t'en rapprocher. La vedette est maintenant face à moi. Elle se déporte sur son tribord et comme dans la royale, se prépare à la manœuvre de sauvetage. Demi tour effectué, les douaniers se présentent à moins de dix mètres de mon bâbord. Trois marins en uniforme se tiennent droit le long de la cabine centrale, l'un deux a le porte voix, le second me montre une boule de la taille d'une balle de tennis et tient dans l'autre main ce qui me semble de loin n'être pas plus épais qu'une ficelle. Arrivé exactement à ma hauteur, le marin me lance la boule. Je ne fais aucun effort pour l'attraper, celle-ci tombe dans mes mains. La boule se continue d'un fin cordage. Je le saisis et instantanément, pour l'assurer, je le frappe à mon taquet arrière. Je reçois une seconde boule dans les mains, j'en saisis son fil et au plus vite le frappe lui aussi au taquet se trouvant aux deux tiers avant de ma coque. Une fois assurée, la vedette reprend tout doucement de la vitesse. Je brasse au plus vite le fin cordage avant et attrape la grosse aussière qui le continue. Je l'assure au taquet par dessus le petit cordage. Très vite je fais de même à l'arrière, pendant que la traction d'un winch de la vedette m'amène doucement à elle par mon aussière avant. Deux gros pare battages sont installés le long de la vedette sur sa moitié arrière. Je n'ai pas encore brassé et frappé mon aussière arrière que mon bateau colle à la vedette. Un marin m'agrippe le bras et me change de bord, je suis l'heureux invité des douanes. Un second marin monte à mon bord vérifie mon amarrage. Avant de renter dans la cabine et de descendre dans les entrailles de la vedette, je me retourne et regarde la Dramont s'éloigner. Au fil du rivage au niveau des trois cent mètres, j'aperçois entre les vagues montantes et descendantes une grande gerbe blanche. Je regarde passer le CUV.

Le bruit des diesels est aussi présent que leurs odeurs, je suis au chaud, tout proche des machines. Les marins m'ont aidé à ôter mes vêtements, la douane m'a mis en slip avant de m'enrouler dans une grande couverture de laine. Sans me poser de question, comme un exercice parfaitement rodé, on me donne des biscuits et on me fait avaler un verre de cognac. L'atmosphère se détend, je reprends des forces, un peu honteux je me perds en remerciements, je suis heureux. Arrivé à terre mon premier geste, après avoir remis mes vêtements que la chaleur des machines n'avait pas eu le temps de sécher tout à fait, sera de téléphoner à Didier pour le prévenir du sinistre. Il était déjà informé des dégâts matériels et sa première phrase fut pour s'inquiéter de ma santé *«tu es sûr, tu n'as rien ? C'est le principal, le reste on s'en fout. Ne bouge pas, je t'envoie une voiture, à demain»*.

Plaisanciers anglais, militaires et douaniers…merci à vous tous.

Le peintre que j'étais avait observé la météo et vu le risque. Malheureusement je suis un musicien médiocre, et souvent mon oreille me fait défaut. J'éprouve toujours beaucoup de difficultés à écouter les voies de la sagesse…

XXV
Première grève

2014, Friday November the 28
Maurice

«Ils ont dit la vérité à cause de vos lois, nous ne pouvons pas reprendre l'usine» a déclaré Maurice Taylor, patron de Titan, sur France Bleu Picardie. Près de 330 salariés étaient susceptibles d'être embauchés par Titan mais le patron américain explique que nos lois lui imposaient de reprendre plus de 600 employés : *«Nous ne pouvons pas reprendre plus de 330 salariés car plus c'est trop. S'ils sont si intelligents, ils n'ont qu'a racheter l'usine»*, a ironisé Grizzli, surnom attribué au sulfureux PDG américain. *«La France est décidément trop communiste. Quand vous tomberez aussi bas que la Russie, peut être que vous réagirez»* a lancé le patron provocateur.

Provocateur ou lucide ? Bien sûr l'ami Maurice ne fait pas dans la dentelle. Le cowboy a un langage un peu direct. Mais après tout il est le seul à vouloir risquer ses billes dans l'affaire. Il est bien informé le cowboy, il sait pertinemment que les deux usines Françaises Goodyear d'Amiens étaient un foyer de perte qui absorbait presque l'ensemble des résultats de Goodyear à travers le monde. Maurice avec son langage rudoyant appuie là où ça fait mal. La CGT préfère la mort d'une usine qui aurait pu renaître et peut être un jour employer autant de salariés que par le passé. En tout état de cause, ce jour, pour ne pas perdre un centre de pouvoir, la CGT fait trois cent trente chômeurs et préfère voir disparaître un outil de travail plutôt que de le voir vivre sans y exercer le pouvoir. Sur le fond, Maurice a raison, la CGT est riche, avec son trésor, elle pourrait parfaitement autofinancer la reprise sans que cela ne gêne les budgets de réfection des appartements de ses dirigeants. De plus la CGT serait touchée par le doigt de dieu sur le plan aides et subventions. Dans le cas présent, je ne jouerais pas à cache-cache derrière une question. J'ai une opinion, et c'est une opinion fondée puisque je connais le syndicat pour l'avoir pratiqué au péril de mes biens et de ma santé. C'est donc une certitude. Sans la dissolution de ce syndicat, la France ne retrouvera jamais le chemin de la compétitivité et de la croissance. Ce n'est pas la seule condition, mais elle est sine qua none

La grève Point Cadres et ses conséquences ont détruit mes nuits et ma vie, je n'en dors toujours pas. Derrière l'écran à la pomme, ma fenêtre donnant sur le golf semble s'ouvrir sur le néant. La nuit, le green n'est pas éclairé. Si ce ne sont les lumières des immeubles d'après golf qui me séparent de l'océan, je n'ai rien à regarder, rien qui puisse attirer mon attention et me faire penser à autre chose. Si mes nuits sont perdues, autant ne pas perdre le temps qui les construit, je vais donc consacrer ces heures sombres à t'en expliquer d'autres. T'inkiet, j'vais pas tomber dans le mélo à rallonge, enfin pas tout de suite. Pour éviter des amalgames qu'aucun politique n'affectionne, mon Raymond la grève s'orthographiera maintenant Raymond-g, ça fera plus intime en plus…

Comme tu le sais, je ne l'avais pas choisi, mais hérité. Dans sa catégorie, Raymond-g était champion et comme tout champion, avant une grande compétition, il avait besoin d'échauffement. Il lui fallait aussi connaître l'adversaire, le tester. Fraîchement arrivé au pouvoir suprême que représente la fonction de délégué syndical, mon Raymond-g avait besoin de se prouver à lui-même comme à ses électeurs sa capacité de nuisance. Raymond-g avait été élu par défaut puisque seul candidat à ce suffrage que nous avait imposé pouf-pouf par l'obligation de signature d'un accord avec les représentants du personnel. Raymond-g n'avait été élu que parce qu'un représentant du personnel était devenu obligatoire. Qu'importe la façon d'accéder au pouvoir, l'important est de l'obtenir. Si tu veux une leçon sur le sujet, demande aux socialo-communistes, comme Raymond-g, ce sont des champions. La promesse de réduction du temps de travail à trente cinq heures a permis au PS d'accéder au pouvoir, mais elle a aussi permis l'installation du communisme en France. Maurice, le fabricant de pneus, à raison quand il dit que La France est décidément trop communiste. Il sait que dans l'hexagone, la propriété des entreprises est partiellement devenue celle de l'état et des syndicats. L'aliénation des biens personnels au profit de l'état centralisateur est bien une définition assez précise du communisme. Je t'explique. Avant la loi Pouf-pouf, la grande majorité des petites boîtes ou des PME ne connaissaient pas le syndicalisme. Avec l'obligation d'avoir un représentant du personnel, l'Etat a fait s'infiltrer le syndicat dans toutes les propriétés privées génératrices de richesses, les entreprises. La propriété d'un bien implique le pouvoir d'utiliser celui-ci à sa convenance. Ce droit normalement inaliénable du propriétaire a été transféré partiellement aux syndicats. Si ceux-ci n'en ont pas la pleine propriété, les droits des tenants des titres ont été amputés. Les réels propriétaires ne possèdent plus qu'une propriété partielle ou indivise et les droits des nouveaux impétrants ont été accordés par une loi. Bien sûr, les titres de propriété appartiennent toujours aux tenants historiques mais ceux-ci n'en ont plus la totale jouissance, il y a donc spoliation partielle, les propriétaires conservant à leur charge les frais et débours en cas de revers d'exploitation. Les usurpateurs d'état, les syndicats n'étant jamais recherchés en responsabilité pour les dommages qu'ils ont causés. L'état socialo-communiste ne souhaite pas la pleine propriété, le pouvoir lui suffit. Les syndicats majoritaires en France étant les bras armés des partis de gauche, les dirigeants en place ont la main mise, au moins pour le volet exploitation, sur la quasi totalité de l'outil de travail Français. C'est certainement en partie dans ce but, que cette loi a été faite.

En cette mi-février de l'année deux mille, à Dunkerque, il faisait froid. Hormis de fréquentes pointes de chaleurs qui s'étendent souvent du quinze au seize août, le froid est fréquent en été à Dunkerque mais très rarement en hiver. Je te parle du vrai froid, le froid d'en dessous de zéro. Ce froid-là n'aime pas les rives flamandes et ne se manifeste que quelques jours par an, quand le vent passe à l'est et apporte la fraîcheur continentale. Il faisait froid et Raymond-g voulait s'échauffer, une petite grève, un petit ballon d'essai s'imposait. La température de l'atelier de production était comme la côte de popularité de Mois-je, au taquet. Elle ne pouvait plus descendre, mais par contre avait la garantie de remonter rapidement. Dix, onze degrés selon les endroits où l'on plaçait le thermomètre. L'ensemble du bâtiment possédait un chauffage infra rouge qui aurait été insuffisant en Sibérie, mais pouvait faire face à l'unique semaine réellement froide de l'année. L'excuse était donc toute trouvée et mon Raymond-g de déclarer «*les gars peuvent pas travailler dans ces conditions, arrêt de travail*» bien sûr sans aucun préavis, un Raymond-g ça aime bien s'échauffer sans prévenir. Une quinzaine de personnes suivaient Raymond-g dans sa foulée d'échauffement, une douzaine continuait à travailler. Les grévistes comme il se doit, sortaient des bâtiments, à l'extérieur il faisait cinq degrés, mais la logique à Raymond-g fait de cinq degrés une température plus élevée que dix ou onze. J'étais habitué aux turpitudes météorologiques, avec mon Raymond-g, j'avais déjà eu le droit pendant l'été, à de fortes baisse de productivité quand le mercure avait frôlé les vingt cinq degrés «*Trop chaud pour les gars, on peut pas tenir*» avait alors proclamé le flamand syndiqué. Je t'ai dit que j'allais faire court, je tiens ma promesse et te passe l'ensemble des détails des négociations. Le froid était arrivé un week-end et Raymond-g, dès le lundi avait dégainé son arme, le thermomètre. Le jeudi de la même semaine, ma blonde et moi devions nous envoler pour rencontrer un barbu à Cuba. Pas islamiste mais parfois tout aussi dangereux, le barbu Fidel avait bloqué son samedi pour recevoir une petite délégation menée par son ami Gérard. Gérard Bourgoin, encore roi du poulet en France mais aussi prospecteur en pétrole à cuba avait proposé à trois couples de sa connaissance de l'accompagner pour cette rencontre. Gérard devait nous emmener aux commandes de son jet privé dont il partageait la propriété avec un autre Gégé, acteur de son état. Rencontrer Fidel Castro, en petit comité, bénéficiant d'une intimité due à l'amitié qui liait les deux hommes était l'un des plus beaux cadeaux que je pouvais offrir à ma blonde. Non pas qu'elle trouvait Fidel sexy, mais quand t'as fait Sciences Po et que l'histoire contemporaine te passionne au point de l'étudier jusqu'à la maîtrise, serrer la paluche du barbu et prendre, avec lui, le temps de déguster un café cubain l'excitait au plus au point.

Pour que mon Raymond-g se calme et que je puisse quitter le navire à bonne température, il fallait que l'atelier renoue avec une ambiance douillette. Dès le lundi nous avons cherché partout les appareils transportables capables de réchauffer la nef de 1500 m2 dédiée à la production. Pour y arriver, il fallait du lourd, du costaud et aucun matériel n'était disponible chez les loueurs. Les vendeurs, quant à eux, ne pouvaient nous livrer avant le jeudi matin, date à laquelle eux mêmes recevraient leur matériel. Je savais que tant que j'étais présent, la production tournerait partiellement et que Raymond-g n'oserait bloquer les expéditions envers nos points de vente. Mais il ne faut jamais laisser les Raymonds seuls bien longtemps, sinon ils font des bêtises. Sachant Ludovic, gérant et directeur de l'usine, trop honnête intellectuellement pour deviner et déjouer les sales tours à venir de Raymond-g, je décidais de frustrer mon épouse dans ses désirs de rencontres. Nous ne volerions pas avec Gérard déguisé en commandant de bord et nous ne rencontrerions pas le barbu. Ma participation aux frais du voyage étant réglée par avance, j'appelais le secrétariat de monsieur Gérard Bourgouin et m'excusais de mon contretemps en proposant d'offrir nos deux places. Les quatre énormes soufflants au gaz sensés réchauffer les quenottes à Raymond-g ont mis quatre jours à nous parvenir et nous ont été livrés le jeudi. Le travail reprenait enfin. Le vendredi matin Raymond-g exprimait une sorte de dédain envers ces appareils dont la chaleur n'était pas à son goût, le vendredi après midi les quatre énormes soufflants étaient éteints. Seule la facture pouvait attester de leur présence. Le lundi suivant, la météo avait repris ces habitudes. Un vent de sud ouest chargé de nuages de l'atlantique avait repoussé l'air venu de l'est. Cette année là, Il n'a plus fait froid de l'hiver. Raymond-g s'était échauffé mais n'avait rien apporté aux salariés, ni à l'entreprise. Ayant toujours refusé de payer les jours de grève, une quinzaine de personnes perdaient la paye de quatre jours. L'entreprise subissait un fort manque à gagner mais aussi des dégâts considérables en terme d'image dans son réseau de distributeur. Les banques n'aimaient pas ça, et la notoriété locale allait s'en ressentir. Moi j'avais perdu sur tous les plans, professionnels et personnels. Raymond-g et sa cellule étaient ravis. Responsables mais pas coupables ni payeurs, ils pourraient continuer leur travail de nuisance.

La France possédait certainement l'un des plus énormes réservoirs de compétences de la planète. Par son intelligence et sa créativité en tous domaines, ce petit pays dépourvu de ressources naturelles était l'un des plus riche au monde. De cet héritage fait de richesses, de culture et de qualité de vie, de beaux restes subsistent mais quand les chemins du développement s'infléchiront et croiseront ceux montant du déclin, les événements négatifs se précipiteront et la chute sera rapide. Le cowboy Taylor a raison, la rudesse de ses propos doit certainement être adoucie et mijotée façon hexagone, mais les français possèdent capacité, courage et imagination suffisante pour entreprendre plus que n'importe quel pays. Cette énorme machine faite de compétences individuelles est freinée en permanence par l'État syndicat. Ces compétences, ces énergies, ces volontés je les ai cherchées, dénichées, je n'ai eu de cesse de les faire éclore, de les accompagner pour que franchisés et franchiseur en tirent un bénéfice commun.

Comme Benoît, vendeur en électronique qui âgé seulement de vingt six ans voulait tenter sa chance en indépendant et que j'aiderai de la recherche du tout premier et petit magasin de quartier jusqu'à sa troisième ouverture dans l'un des plus grands centres commerciaux régionaux. Benoît qui, en moins de cinq ans, avait constitué un patrimoine que beaucoup de cinquantenaires auraient pu envier. Ce jeune homme qui avait pour tout bagage son envie de réussir menait sa barque selon une route ajustée en permanence. Il était devenu le capitaine d'un équipage de neuf personnes.

Bruno cinquantenaire, responsable commercial mis au rebus par son employeur et qui voyait arriver la fin de ses droits sociaux à grandes enjambées et qui deux ans après possédait deux magasins et assurait la paye de quatre salariés.

Leur implication était totale. La mienne aussi, car de leur succès dépendait le mien. Chaque ouverture était pour moi comme une naissance familiale, je m'impliquais comme un père attentif. Recherche du local, négociations, travaux transformations, achat stock, matériel, embauche première vendeuse, formation comptable, produit, vente. Tous étaient demandeurs pour progresser, réussir. Souvent ils travaillaient beaucoup, moi, j'étais toujours de garde prêt à intervenir, puis plus tard faire intervenir mes équipes. Cent quarante cinq point de ventes générant chacun deux emplois et demi avaient créé 362 emplois ajoutés des 110 du franchiseur fabricant (hors emploi magasins), j'étais à l'origine de 472 fiches de paye. Ma vie se résumait en une succession d'implications, d'émotions, de travail pour chacun de mes partenaires. De tout cela le syndicat comme le politique français ne s'en soucie guère, seuls comptent pour eux la maîtrise et le pouvoir sans jamais s'impliquer, sans jamais porter aucune responsabilité. Entreprendre c'est se projeter, penser, s'émouvoir. Ils ont pensé, se sont projetés et ont travaillés avec cœur et émotions. Ces sentiments qui font avancer les hommes et leur faire trouver des solutions. Mais les syndicalistes et les politiques sont-ils des hommes pour agir comme ils le font ? Possèdent-ils ce qui fait que les hommes progressent et s'entendent sur des projets communs ? Pour qu'ils créent des richesses et s'entendent entre eux pour leur répartition ? La réponse est non, sans émotions, ils préfèrent tuer.

XXVI
L'anniversaire

2014, Sunday November the 30
Miami, Il fait dimanche et il fait très beau

Ce n'est pas un scoop, la météo est souvent merveilleuse en cette période sous les tropiques. L'été nous a enfin lâché et il arrive que le vent se mette au nord et débarrasse le ciel des entrées maritimes. Les cieux de Miami peuvent alors prétendre rivaliser de bleu avec ceux de la méditerranée. Ce bleu qui envahit le dessus du golf par l'arrière de mon écran ressemble tant à celui de cette photo à coté de mon bureau. Sous son cadre, l'émulsion est encore intacte, j'y regarde ma blonde, les deux enfants qu'elle m'a donnés et qui n'ont encore que quatre et sept ans, moi, j'en ai quarante cinq depuis quelques mois. C'était le jeudi 30 août, J'avais demandé à Jean-Jacques, photographe portraitiste de talent œuvrant chaque jour du côté de Tahiti plage, de nous shooter. Je connaissais Jean-Jacques depuis longtemps, depuis mon arrivée à Saint-Tropez. Lui jeune photographe à peine débarqué sur la presqu'île, moi jeune peintre échoué sur les même terres. Blonde, enfants et papa, nous étions tous les quatre de blanc vêtu, comme pour cacher un peu le gris de mon âme. Jean-Jacques qui savait, derrière son objectif, lire la conscience des visages le sentait. Les enfants, heureusement loin de la gravité qui m'envahissait, sont joyeux sous le soleil et sur ce ponton où nous allons prendre la pose. Ma blonde, mère attentionnée et comblée resplendit pour un instant. Par je ne sais quelle astuce, Jean-Jacques me fait sourire, Clic Clac au rythme de plusieurs images/seconde, c'est dans la boîte. Je peux ranger mon sourire, l'instant est figé, conservé comme un témoignage que le bonheur peut exister. Moi, je le sais, rien ne sera plus jamais comme avant. Ce bonheur innocent que j'ai voulu immortaliser, je ne le connaîtrai plus.

259

Nous sommes le jeudi trente Août, vivant les derniers jours tropéziens de notre été, nous nous apprêtons, après le shooting et un déjeuner chez nos amis de la plage tropézina, à préparer doucement les valises. Je ne sais ni comment ni pourquoi, mais je sens que des heures sombres et plus tard des journées, des mois et des années noires sont devant nous. Ce sentiment s'aiguise chaque jour un peu plus depuis quatre mois. Depuis ce 16 avril 2001 ou voulant célébrer anniversaire et réussite, j'avais rassemblé cent vingt six convives pour une journée de festivité. D'enfance, d'adolescence ou d'âge adulte, je les croyais tous mes amis. Pour des amis rien n'est trop beau, j'avais donc loué pour les recevoir, un grand bateau historique, dont les roues à aubes et sa cheminée de machine à vapeur n'était plus que décor. La duchesse Anne, amarrée face au royal bâtiment de la communauté urbaine de Dunkerque nous attendait pour une journée et une nuit de fête. Accueillis dès le matin par un orchestre de jazz, les invités étaient ensuite conviés à déjeuner. Cent vingt six personnes servies à table par l'un des meilleurs restaurateurs de la ville. Après le fromage, les merveilleux tours de magie de mon ami François, enchantaient les tables. La magie de François nous accompagnait vers la cale ou ma blonde avait aménagé un café théâtre. François annonçait alors le comique et ami de l'époque Albert Meslay. Le pataphysicien coqueluche de Stephan Bern et de Patrick Sebastien emmenait l'assistance de fou rire en fou rire. Entendre mes invités succomber à l'humour d'Albert m'enchantait, j'étais fier de pouvoir offrir ces moments de bonheur. Le temps d'envahir à nouveau le pont supérieur pour l'entracte ou tous oubliaient le dessert pour se nourrir à nouveau de la magie de François et la compagnie festoyante s'engouffrait à nouveau dans les entrailles du navire. François faisait alors apparaître Patrick Hadler, ancien élève de «La Classe» et chroniqueur dans l'émission «Rien à cirer» Patrick, plus encore qu'Albert, déclenchait l'hilarité, notamment par son sketch d'ouverture se voulant ma biographie. Rien n'est meilleur que de pouvoir rire de soi-même. Puis, remontée sur le pont, musique again, danses et de nouveau la table. J'avais, pour les agapes du soir fait venir le meilleur traiteur de Lille, qui avait pour mission de surprendre encore, après la qualité du repas servi le midi. A l'approche de vingt trois heures, j'arrachais ses fans à François et invitais tout mon petit monde à monter sur la passerelle supérieure. Il fallait que l'attraction suivante soit de taille pour faire détourner les yeux de ce magicien d'exception qui fut très vite propulsé par son talent à divertir en privé les grands de ce monde, milliardaires et chefs d'état. Après la magie, j'allais envoyer l'artillerie lourde. De l'autre côté du bassin, entre palais communautaire et duchesse Anne, les premières salves étaient tirées. Quelles soient bleues, rouges, blanches ou remplies d'or, elles étaient toutes éblouissantes et l'assistance s'esclaffait en chœur à chacun de leurs éclats. Les feux d'artifices qui bénéficient d'un plan d'eau comme miroir sont toujours enchanteurs, celui de mes quarante cinq ans se pliait à la règle. J'offrais quinze minutes pleines de pyrotechnie, mes invités étaient heureux, les éclats de joie et de rires éclairaient autant les cœurs que les artificiers le ciel, je commençais à comprendre que j'en faisais de trop. Mon âme, dunkerquoise d'origine, était devenue par dix ans passés là-bas, dans le sud, une âme tropézienne. C'est avec cette âme presque étrangère que j'offrais cette fête. Les récipiendaires des festivités, eux, étaient flamands. En Flandres comme en France, quand on a gagné un peu d'argent, on se doit de ne pas le montrer, de ne pas partager. A mi bouquet final, un convive plus benêt que méchant s'écria, «Thierry la mairie, Thierry la mairie». Plus de cent vingt gorges, poussées par le vin abondamment servi durant la journée, reprenaient, «Thierry, la mairie, Thierry la mairie». C'est alors qu'une voie plus forte et plus inconsciente que les autres lança «Thierry président, Thierry président». Je ne sais ou les gorges ont trouvé leurs forces pour crier plus fort encore, mais en chœur et à cent vingt, elles ont couvert de leurs « Thierry président, Thierry président» les explosions du bouquet final. A ce moment-là, je savais que je n'en avais pas fait trop, mais beaucoup trop, l'artillerie était trop lourde. Je courais de l'arrière à l'avant de la passerelle, prenant pour excuse la gîte causée par le poids de cent vingt corps sur le même bord, et leur demander de descendre. Je voulais disperser la foule, enrayer les élans, étouffer les acclamations. J'agissais comme un enfant coupable voulant dissimuler, mais trop tard, la bêtise qu'il venait de commettre.

Michel Delebarre alors maire et président de la communauté urbaine aimait le pouvoir sans partage. Tel un duc rebelle à son roi, il profitait de l'état mais c'est à peine s'il le respectait tant il faisait régner sa propre loi. Son duché devait être soumis, ses cerfs le servir, mourir ou partir. Comme Mitterrand dont il avait été élève et ministre, ses amitiés et connaissances étaient soigneusement classées par cercles. A bord de la Duchesse Anne, Hervé, faisait partie du premier cercle. Je savais que même sans Hervé, Le duc serait vite informé des écarts de mes invités. Je n'avais rien fait que d'essayer d'offrir du bonheur. Je n'avais rien demandé et n'avais aucune aspiration politique, mais j'étais grillé, plus jamais je n'aurai droit de cité.

Ma blonde qui en connaît un brin dans la science politique, m'avait expliqué depuis bien longtemps, à l'époque où j'avais encore les lubies du pinceau, que le duc Delebarre mettait en place une organisation municipale digne des plus rigides dirigeants soviétiques de la joyeuse époque du communisme. Maîtrise de toutes les associations et club sportifs, maîtrise des lieux de spectacles, culture officielle. Maîtrise de la presse locale, comité de quartiers. Il ne manquait plus que les comités d'escaliers puisque les loges, elles aussi étaient acquises. Le maître supposé des écoutes téléphoniques sous Mitterrand savait tout, maîtrisait tout. Ces méthodes avaient été mises en place très tôt et dès sa première campagne électorale dunkerquoise. Sur l'une des photos qui avait fuitée, un de mes amis avait eu l'honneur de se reconnaître entrant dans la permanence du candidat concurrent divers droite. Un photographe avait été placé sur le toit de l'immeuble faisant face au local, shootant et notifiant toutes les allés et venues, marquant à vie du sceau de canard noir chaque Dunkerquois qui avait eu l'impudence de se rendre, quelle qu'en soit la raison, en terres ennemies. Alors «Thierry la mairie, Thierry président» était crime à punir.

XXVII
Le journal d'une grève ordinaire (1)

Sur le ponton de tropézina, ce jeudi-là, mon esprit était dans le nord, dès le lundi suivant j'allais affronter la reprise dunkerquoise. Je savais qu'il y aurait lutte sans merci, je savais que je n'aurais aucun soutien. Je savais que je ne serais pas aidé, mais j'ignorais la puissance des attaques professionnelles et personnelles que j'allais subir et devoir surmonter. L'usine n'avait pas fermé au mois d'août, la logistique était restée ouverte et fournissait chaque jour les commandes. La production quant à elle, même amputée d'une vingtaine de personnes avait assuré le service minimum. Le lundi 27 août, jour de reprise pour tous les effectifs, Ludovic gérant et directeur du pôle industrie m'avait appelé pour partager ses inquiétudes. *«Monsieur Dufloo, Raymond-g est très excite, ses revendications sont des non-sens, je crois qu'il veut déclencher une grève»* quelques heures plus tard vers midi *«Monsieur Dufloo, ça y est, ils sont dehors, Raymond-g a persuadé un vingtaine de gars je n'ai rien pu faire»*. Cette fois les revendications portaient sur l'acquisition d'une dizaine de tabourets assis/debout. Je conseillais donc à Ludovic de les acheter afin de désamorcer Raymond-g. On perdrait en productivité, on serait les seuls au monde à travailler assis pour ce type de production, mais on aurait la paix. Les tabourets avaient déjà été commandés, et seraient livrés le lendemain. Mais Raymond-g était chaud, il exigeait une réunion de cellule.

Le lendemain, j'arrivais à Lille par l'avion de neuf heures, et constatais l'étendue des dégâts. Mardi 28, mercredi 29, discutions stériles, je ne comprends pas. L'usine est neuve, j'y ai englouti plus de quatre millions d'euros, aucun site de production de cadres au monde n'offre le confort, la sécurité, la technologie que je leur offre. Plus de la moitié des machines sont neuves et allègent considérablement la charge de travail. Par la qualité des équipements et de l'environnement, le pôle production est presque devenu le club Med, beaucoup d'ailleurs me reprochent d'en offrir trop. Les franchisés qui ont visité les nouvelles installations sont presque jaloux et le bruit court dans le réseau que pour faire cela «on gagne trop d'argent au siège». Je ne comprends pas, j'observe mes grévistes jouer aux boules sur les gazons qui entourent leur lieu de travail. Mais, qu'ont ils dans la tête ? Que veulent ils de plus ? L'immense paquebot que j'ai construit abrite toutes les sociétés du groupe à l'exception de «Bleu banane Editions» localisé en campagne à vingt kilomètres de là. Le moment choisi pour déclencher cette grève est stratégique. Noël approche, le mois de décembre va représenter 2,75 fois la moyenne mensuelle de vente dans le réseau. C'est ce pic d'activité qui chaque année assure notre résultat. Pour réussir au mieux cette campagne de Noël, mes informaticiens ont trituré tous les historiques de ventes de chaque magasin. Nous connaissons à l'unité près, référence par référence, magasin par magasin ce que chacun vend mensuellement dans le courant de l'année, nous connaissons aussi à moins de 1% de marge d'erreur ce que chacun va vendre au mois de décembre. Ce qui devra être produit et livré au mois de décembre est dispatché en deux parties distinctes appelées «réassort courant et campagne de noël». Le réassort courant représente ce que chacun vend chaque mois réparti sur nos 715 références, et «la campagne de Noël» chiffre ce que chacun va vendre en plus dans le courant du mois de décembre. Ces ventes supplémentaires sont analysées et prévues, modèle par modèle, format par format, couleur par couleur. Une estimation précise a été faite pour chaque point de vente et présentée à chaque franchisé ou directeur de mes propres magasins au printemps lors de notre grande convention nationale. Chaque point de vente a eu quinze jours pour apprécier et valider nos prévisions. Ceux qui suivent à la lettre notre prescription ont notre garantie sur leurs achats, tout se vendra et ils ne manqueront de rien. Nous ne prenons par là aucun risque, le passé a prouvé le bien fondé de nos estimations. Ceux des franchisés qui modifieront le proformat le feront à leurs risques. Tous les proformats de nos cent quarante magasins nous sont revenus signés et validés avant le 31 mai, ainsi, pour le mois de décembre, chaque point de vente a la garantie de recevoir ses réassorts chaque semaine, puis à partir du premier décembre, sur simple demande, l'expédition immédiate des surplus noël. Aucun magasin ne possède la capacité de stockage pour assurer une campagne de noël, nous nous sommes engagés à ce que tout «noël» soit produit pour le 30 novembre et à stocker chez nous la marchandise de chacun. Chaque surplus de noël sera palettisé, numéroté. Le contenu de chaque palette transmis à chaque magasin. Les franchisés au fur et à mesure de leurs besoins et fonction de leur capacité de stockage faxeront à l'administration des ventes leur numéro de palette, et nous expédierons. Pour les magasins les plus performants la campagne de Noël représente le volume d'un semi remorque complet, parfois plus. Au Total c'est presque 80 semi remorques qu'il va falloir produire, stocker, et expédier à première demande. Toute commande de réassort quitte généralement l'atelier sous 36 à 48 h tout au long de l'année. Pour la campagne de noël, à partir du 1er décembre nous apportons la garantie d'expédition dans la journée si la demande nous parvient avant onze heures. Il y a huit ans que j'ai ouvert mon premier Point Cadres, sept ans que j'ai ouvert mon premier franchisé, et depuis sept ans mon graal c'est de réussir la campagne de noël. C'est aussi pour cela que j'ai construit aussi grand, c'est pour me donner les moyens de stockage et de logistique intégrés. Auparavant chaque année, nous étions contraints de sous traiter une partie de ce travail à des entreprises logisticiennes. Dès le mois de juin, Ludovic a renforcé la production habituellement composée de vingt sept personnes par une équipe de huit employés en CDD. Ces huit personnes supplémentaires ont travaillé de juin à fin juillet, n'ayant plus assez d'encadrement disponible en août ils ont quitté leur poste trois semaines pour le reprendre ce lundi 27. Ces employés sont à pieds d'œuvre et remplissent leur mission aux côtés des quatre non grévistes, nous sommes donc quatre plus huit soit douze à produire en lieu et place de 35 personnes prévues. Les expéditions, logées dans le même bâtiment sont assurées par la société Anticyclone Développement, le franchiseur. Seul DS industrie, société productrice est en grève, la logistique est donc assurée. Lundi 3 septembre est prévue l'arrivée de quinze CDD supplémentaires pour une période de trois mois, jusqu'à fin novembre ou tout Noël devra être terminé. Le 3 septembre, il est également prévu que l'usine passe en deux huit, utilisant de la sorte l'outil de production seize heures par jour. Ludovic et Philippe le DRH se sont arrachés les couilles pendant deux mois au printemps pour faire accepter à Raymond-g les horaires de travail de l'automne. Seule une semaine, en novembre est prévue à 41h, deux autres semaines dépasseront les 35 heures mais ne dépasseront pas 39 h. Les autres semaines alterneront entre 35 et 37 heures de bagne. Toutes les contraintes imposées par la modulation du temps de travail sont respectées. S'ils en avaient eu encore, Ludovic et Philippe auraient pu se les arracher à nouveaux pendant les négociations Raymon-giennes sur les compensations et récupérations. La grève étant déclenchée le 27 Août, conformément à la loi sur la protection du travail des grévistes, les quinze CDD prévus pour passer en deux huit la semaine suivante, ne pourront intégrer l'entreprise. Dès maintenant, si les choses restent en l'état, je sais que je n'ai plus le droit à l'embauche pour des postes de production et ce quelles que soient mes commandes et les besoins de mes magasins. Parmi ces CDD nombreux sont ceux qui ont travaillé avec nous les années précédentes. Chaque année dans le cadre de nos augmentations d'effectifs, c'est dans ce vivier que nous embauchons. Je regarde mes grévistes jouer aux boules et pense aux couilles perdues de mes collaborateurs. En voyant les Raymond-giens jeter le cochonnet, je vois jeter au loin mes années d'efforts.

Ludovic Gérant de DSI, Antoine directeur financier du groupe, Philippe le DRH, ma cellule de crise est opérationnelle. Raymond-g et ses gars vont se fatiguer pensais-je en moi même, on a tous besoin d'argent, on ne perd pas sa paye pour des tabourets qui sont déjà livrés. Il n'y a pas d'autres revendications, je ne comprends pas, mais je sais que ce sera dur. *«L'expérience est une lanterne que l'on porte sur le dos et qui n'éclaire jamais que le chemin parcouru»* Confucius.
Je veux bien me retourner, analyser mes expériences pour comprendre et trouver les remèdes, rien dans mon passé ne m'éclaire. Je suis persuadé que les grévistes s'essouffleront, je connais la situation financière de chacun. Combien de fois n'ai-je pas fait des avances sur salaires et primes aux fins de sauver des huissiers le dernier téléviseur ou la nouvelle voiture. Remarque...pour ce que ça m'a ramené. Bref, Confucius ne me servait pas à grand chose. Moi qui pensais bêtement qu'ils reprendraient le travail. J'ignorais totalement que la CGT, la ville de DUNKERQUE, La communauté urbaine, et bien d'autres associations aussi nuisibles que subventionnées par ton pognon de non gréviste allaient leur apporter ensemble, bien plus que la paye mensuelle, sous forme de bons d'achat et de primes diverses. Dans ces conditions pourquoi ne pas continuer à jouer aux boules. Je n'avais pas encore compris, qu'à Dunkerque, je vivais dans une dictature communiste au service du soviet suprême Michel. Je n'avais pas compris que mes munitions ne pouvaient rien faire, ceux qui s'étaient déclarés ennemis de l'entreprise étaient protégés par la loi. Je ne savais pas pourquoi, mais je savais qu'il fallait économiser mes forces. Le mercredi soir, je laissais Raymond-g ranger boules et cochonnets. Ludovic qui habitait Lille me ramenait à l'aéroport, le vol de vingt heures arrivée prévue vingt et une trente à Nice me ramènerait dans un autre monde que je n'aurais jamais dû quitter. J'allais rapatrier d'urgence ma petite famille.

Jeudi 30 : photo, vendredi 31, sans conviction dernier tour de bateau. En contact téléphonique permanent j'apprends que Raymond-g a perdu aux boules contre son suppléant Reynald mais que dans sa grande mansuétude et comme ils sont de la même cellule, Raymond-g pardonnait. Ludovic ne sent pas bien la semaine à venir, les esprits s'échauffent, le week end se fait attendre. Samedi 1 repos et Tropézina-plage pour un merveilleux tartare poêlé. Lundi 3 septembre, on rentre dans le dur, Ludovic, Philippe et moi-même recevons Raymond-g qui nous rejoint avec deux de ses gars pour faire le nombre. Il fait un temps clément à Dunkerque, s'il y a un mois agréable en Flandres maritime, c'est le mois de septembre quand la région est touchée par une sorte d'été indien. Souvent cela console de ne pas avoir eu d'été tout court. Cette météo permet aux boulistes de continuer leurs exploits sur des terrains maintenant délimités par des fanions et drapeaux rouges où s'inscrivent en grandes lettres blanches CGT. Ces drapeaux ont été plantés dans le sol, comme pour marquer des territoires conquis après la victoire. Rien n'est gagné pour personne, moi je ne peux que perdre, eux ne peuvent rien obtenir de plus. Je paye déjà, à qualification égale entre quinze et vingt pour cent au dessus de la moyenne régionale. Personne n'est au smic chez moi ou uniquement pendant les mois d'essais. J'ai un principe con qui me coûte beaucoup d'argent, mais c'est mon principe, et chaque responsable de filiale l'applique. Si une recrue ne mérite pas plus que le smic, même pour un emploi sans aucune qualification, c'est qu'on ne pourra la faire progresser. Si la recrue ne peut progresser, ne serait-ce qu'un peu, nous n'en avons pas besoin, il devient urgent de s'en séparer. Si nous la conservons, la recrue est augmentée. Les quatre non grévistes font partie des recrues récentes et sont trop heureux de bosser dans une boîte qui leur promet une carrière évolutive. Les autres pour la majorité, comme Raymon-g, je les ai hérités et déjà surpayés. Et pour ce type d'individus, l'évolution est intrinsèquement malheureusement impossible. Bien que notre production ait plus que doublée depuis quatre ans, le nombre d'employés à cette tâche n'a que peu augmenté. Nous avons rationalisé, automatisé et sans demander aucun d'effort supplémentaires aux ouvriers, augmenté la productivité. Les cadres et les contremaîtres évidemment ne sont pas grévistes, mais DSI industrie n'en compte pas beaucoup. Heureusement, les cadres remplissant des fonctions réparties sur l'ensemble du groupe, sont salariés de l'usine, ceux-ci auront donc le droit de travailler. Raymond-g refusant tout dialogue, la situation est bloquée. Il nous faut compter les troupes, voir qui pourra venir travailler, à l'approvisionnement matières premières, à la coupe des baguettes, à l'agrafage, à l'assemblage, à l'emballage. La campagne de noël devrait battre son plein, et l'atelier de production ne compte que douze personnes au lieu des cinquante prévues avec l'adjonction des quinze cdd qui auraient du prendre leur poste aujourd'hui. J'organise, dans mon grand bureau blanc, ma cellule de crise. Premier objectif, se concentrer sur les priorités. Mais dans cette période qui devrait sans la grève porter notre outil au maximum de ses possibilités, tout est priorité.

1) Toujours rester dans le strict cadre de la loi. Philippe qui possède un magistère de droit du travail nous guide, mais de suite déclare que dans ce cas spécifique son expertise sera insuffisante. Je décide donc d'appeler à la rescousse un huissier de mes connaissances, spécialiste des interventions côté patronnât dans les conflits souvent tendus et brutaux que connaît la région industrielle Dunkerquoise. C'est lui qui est intervenu dans le conflit qui opposait Total à la CGT sur le site de la raffinerie des Flandres. Ce huissier s'appelle Thierry, dernièrement il est allé jusqu'à installer un lit de camp dans une raffinerie pour pouvoir constater night and day les effractions des casseurs. C'est un homme droit, sans concession ni d'un côté ni d'un autre, mais il n'aime pas les casseurs d'entreprises. J'avais fait sa connaissance dans la marina ou mon petit bateau moteur de six mètres dormait en attendant un hypothétique jour de beau temps. Son bateau voisin du mien, venait d'être saccagé avec démarrage d'incendie par la CGT de chez Total. La mer, ça crée des liens.
Thierry sera présent chaque jour plusieurs heures pour nous guider et rappeler leurs droits mais surtout leurs devoirs au grévistes. Thierry est bien utile, car si j'avais en face de moi vingt trois grévistes, dépendant de mon entreprise, j'avais aussi entre trente et quarante gaillards qui faisaient bataillon et tentaient de bloquer tourtes les issues de Point Cadres, et que je ne connaissais ni d'Eve ni d'Adam. T'es benêt ou quoi ? A quoi penses-tu que ça serve toutes ces journées de délégation syndicales offertes aux délégués de la SNCF, des PTT, des municipalités, des communautés Urbaines et de toutes ces grandes boîtes plus ou moins étatisées ? Et bien, ça sert à être solidaire. En français syndical : foutre le bordel dans des boîtes où ils ne travaillent pas. Thierry nous explique toutes les ficelles, nous prévient de tous les risques. Nous avions tous remarqué que Raymond-g s'était fait greffer une oreillette reliée au nouveau télé phone portable que la CGT lui avait offert pour l'occasion. Thierry nous informe qu'au bout du fil, se trouve Maître Philippe C.

Avocat spécialisé en droit du travail et des conflits, soumis à temps plein à la CGT. Je constate la disparité de moyens. Tu sais à combien ça bosse de l'heure un huissier ? Nous pouvions nous en offrir quelques heures par jour, mais pas le surcoût d'un avocat spécialisé à plein temps. De plus la CGT bénéficiera des services de l'inspection du travail, omniprésente pendant quatre semaines, et totalement acquise au syndicat. Je découvrirais par la suite que l'inspecteur du travail va régulièrement déjeuner avec Raymon-g et se rend le soir à la cellule de la CGT.

2) Tout mettre en œuvre pour que le maximum de personnes puisse avoir accès aux locaux de l'usine et travailler à cette campagne de noël. La logistique se situait déjà dans les locaux de DSI. Par arrangement interne au groupe, le franchiseur Point Cadres achetait dès la sortie des chaînes toutes les marchandises. Le stock appartient donc à Point Cadres mais se trouve dans les locaux de DSI. Je rédige instantanément un bail de location et Point Cadres (SA anticyclone développement) devient le locataire de DSI pour 4000 mètres carrés, aucune marchandise ne bouge, mais les grévistes de DSI n'ont plus accès à cette partie du grand bâtiment. Nous pouvons donc y travailler comme nous le souhaitons et avec qui nous le souhaitons. Je viens de reconquérir un territoire perdu.

3) Faire le point de tous les hommes vaillants du groupe Point Cadres, catégorie cadres et agents de maîtrise. J'affecte à la logistique, c'est-à-dire la préparation des palettes les commerciaux responsables de régions, Ceux basés à Lyon ou à Bordeaux sont rappelés et logeront à l'hôtel à Dunkerque. Les cadres du groupe comme le DRH ou le Directeur recevant leurs salaires de DSI peuvent travailler sur les chaînes. Le directeur informatique et deux de ses assistants font aussi parti de DSI, eux aussi prendront un poste sur les chaînes. Moi, PDG du groupe et actionnaire majoritaire, je peux, dieu merci, encore travailler où bon me semble. Moi aussi je prendrais un poste. Les matières premières, à savoir les baguettes, le verre, et le carton des dos sont entreposées contre le mur ouest du bâtiment, elles sont amenées aux machines, transformées, assemblées, les produit finis rejoignent la partie qui maintenant est louée à Point Cadres et terminent leur course sur le quai d'expéditions. Je n'aurais donc personne dans le dos. A ma gauche le quai approvisionnement, personne ne s'amusera à le bloquer en ma présence. De ce poste je pourrais observer la totalité du bâtiment, parmi les grévistes, seuls les délégués du personnel Raymond-g et Reynald y ont droit d'accès, j'aurai l'œil. J'ai quarante

cinq ans, la forme et la rage d'un lion privé de nourriture depuis quinze jours, à cette époque je vole quelques heures chaque semaine à Point cadres pour parcourir façon course des centaines de kilomètres sur mes vélos d'amour. Je fais des courses de 150 kilomètres, parfois en haute montagne. L'endurance je connais, le sprint aussi. Il faut deux gars aux appro me dit Antoine qui connaît l'usine comme on connaît son enfant. Parfait, je ferai le job seul. Mon Fils ainé Pierre, étudiant à HEC avait travaillé plusieurs étés à la production, Il connaissait toutes les machines. Pierre avait déjà goûté du Raymond-g durant ses stages. Prenant le job comme un jeu il avait pulvérisé tous les scores de coupe ou d'assemblage. Raymond-g, son supérieur de l'époque, trouvait qu'il travaillait trop vite et l'avait mis en quarantaine, puis à un poste ou son travail n'était pas quantifiable. C'est pas toujours con un Raymond-g. Pierre n'est pas salarié de la boîte, il reçoit un peu d'argent chaque mois de Point Cadres, car bonne plume, il assure les articles et enquêtes du journal d'entreprise «Bleu Nouvelles». Instantanément je trouve la parade, Pierre sera présenté à l'inspecteur du travail comme un étudiant HEC faisant un mémoire sur la gestion des conflits et la sortie de grève, à ce titre il doit tester tous les postes de production et doit rester jusqu'à à la fin du conflit. C'était tiré par les cheveux mais imparable, ça nous faisait un homme en plus et un jeune qui connaissait le matériel. Raymond-g et le petit inspecteur communiste seraient encore plus rouge en le voyant travailler. Jean le directeur de production ira lui aussi sur les chaînes. Les filles des bureaux salariées de DSI sont, sous couvert du volontariat, les bienvenues à l'assemblage et l'emballage. Occasion rêvée pour démasquer les tire-au-flanc. Comme un vrai dictateur, je décrète sans consultation aucune que je prendrai avec les cadres le poste du matin, de 5heures à 13heures. Chacun étant prié de faire huit heures de plus de 14h à 22h pour remplir sa mission première. C'est à prendre ou à partir. Je décrète aussi le travail du samedi matin pour les cadres, c'est week end on fera un petit 7H 12h, sont exemptés les deux animateurs régionaux, perm de deux jours leur est accordée. Bien menée une petite équipe décidée peut torcher mille à deux mille pièces dans la matinée, ce sera toujours cela de gagné sur la semaine suivante.

4) Organiser au plus tôt la sous traitance. En France, deux ou trois ateliers seulement auraient été en mesure de me dépanner. Mais aucun d'eux ne le pouvaient car chez eux aussi, on préparait Noël. S'ajoutait le problème des coûts. Même gravement malade d'un Raymond-g qui entachait à longueur d'année ma productivité, je

tenais le peloton de tête français en terme de coût de production. Je ne pouvais acheter plus cher que j'allais vendre. J'indiquais alors à ma cellule de crise que la solution s'appelait Marianne. Mes acheteurs de baguettes, Antoine et Ludovic connaissaient bien sûr cet agent commercial de nos fournisseurs italiens. Italiens, parce que sur le marché de la «corniche», la baguette, les italiens sont les maîtres mondiaux. Un petit chiffre pour te donner une idée de l'importance des italiens dans notre fonctionnement : l'année deux mille, Point Cadres a consommé 65.000 kilomètres de baguettes, oui t'as bien lu une fois et demi le tour de la terre. J'achetais mon bois principalement en Afrique, le faisais transporter chez les façonniers en Toscane à San Geminiano ou les italiens le transformaient en «corniche». Les baguettes terminées prenaient le chemin de la France ou j'en faisais des cadres vendus dans tout l'hexagone, parfois en Europe et dans les DOM-TOM. Pas d'intermédiaire sur le bois, pas d'intermédiaire sur la baguette. Le verre était chinois, les agrafes italiennes aussi. Ne rigole pas avec les agrafes, quand tu n'en as plus, ton usine est à l'arrêt. S'il te manque de la baguette bleue, tu peux couper de la verte ou de la noyer, quand t'as plus d'agrafes, c'est la panne d'essence. La Porsche est à l'arrêt. Des agrafes, je ne m'en souviens plus exactement le nombre de millions, mais cela se comptait en millions par mois. Marianne ! Je n'avais pas fini de prononcer son nom qu'Agnès me tendait le téléphone «Marianne Monsieur». Agnès était plus rapide que Lucky Luke et aussi chanceuse. Je ne sais pourquoi, si elle appelait un correspondant, celui-ci était toujours disponible. *«Allo Marianne ! Comment allez vous ?»* *«C'est à vous qu'il faut demander cela Monsieur Dufloo»*. Tout le métier connaissait Marianne et l'appelait par son prénom. A l'inverse Marianne appelait chacun par son nom de famille, sauf deux fabricants avec qui elle était intime. Je n'étais pas intime avec Marianne, nous nous connaissions pourtant de longue date. C'était au temps des affiches de Saint-Tropez et Marianne était alors l'agent commercial d'imprimeurs italiens. Nous nous étions rencontrés à Saint-Tropez plusieurs fois et j'avais été très gros client. De cette période il nous restait une estime et une confiance mutuelle. *«Vous êtes au courant ? Ils me foutent le bordel et ce n'est pas le moment. Connaissez-vous un fabricant capable de me dépanner ?»*. *«Il faut que je vois, que j'en parle à mon époux»*. Marianne avait pour époux un agent commercial qui fournissait lui aussi de la baguette pour encadrement. Monsieur Marianne ne vendait que de la baguette plastique recouverte d'un film décoratif ou imitant le bois. Dans les années deux mille ce produit était moins élaboré et moins en vogue qu'il ne l'est maintenant.

Monsieur Marianne connaissait donc tous les fabricants dont la production était destinée à la grande distribution ou les solderies. Le fait que ces fabricants soient capables de produire à bon prix pour ce type de distribution n'enlevait rien à leurs qualités, bien au contraire. *«Ecoutez Monsieur Dufloo, nous sommes lundi, demain je suis sur la route, mercredi aussi. Si vous pouvez vous libérer, venez à Marseille Jeudi, je vous invite à déjeuner, ca vous changera et d'ici là j'aurai trouvé quelqu'un.* De combien de pièces avait vous besoin»* ? Cela ne m'arrangeait pas de partir, mais Marianne avait raison, il faut, dans les batailles, prendre de brefs moments de recul. Je disais OK et raccrochais. J'informais mes cadres qu'une solution de sous traitance pouvait éventuellement être trouvée, je n'en disais pas plus. Seule Agnès qui allait prendre mon billet d'avion, connaissait ma destination. Mon bureau se vidait chacun allant, comme il le pouvait, commencer à produire en attendant son shift du lendemain. Je descendais à la production accompagné des inspecteurs des RG. Ces deux flics ne m'ont pas lâché les baskets de toute la grève. Le rôle des RG est de renseigner la préfecture sur l'état social du pays, je les recevais bien et mon discours était transparent. J'avais tort, ces deux inspecteurs au look de caricatures de flic en civil venaient surtout espérant que je ne m'en sorte pas et que je lâche, mais lâcher quoi au juste ? J'étais en face d'un mouvement social sans revendications. Les tabourets étaient livrés depuis bien longtemps, et quand on questionnait Raymond-g nous n'avions comme réponse qu'un discours inaudible *«ça va pas»* sans jamais préciser ce qui n'allait pas. *«Les gars sont pas d'accord»* sans jamais dire sur quoi, puis phrase ultime et qui te laisse sans voix à ton tour *«je dois voir avec la cellule».* Bein avec ça mon gars, si tu sais sortir de la grève, n'hésite pas file-moi la recette, ou plutôt donne-là à Montebourg, il veut créer sa boîte. Pour moi, aux USA cela ne me servira plus à rien, l'espèce à Raymond-g n'a jamais pris souche. Ca doit ressembler à ça le paradis !

Pendant que Raymond-g cherchait les raisons de sa grève, la presse locale s'emparait du conflit. La presse ! Grand mot pour définir «la Voix du Nord» dont le plus grand fait d'arme est d'avoir sérieusement fricoté avec ce que certains appelaient «les bôches» pendant les «heures les plus sombres de notre histoire». La presse, fricoteuse ou pas, ça aime les grèves, ça aime la dictature du prolétariat. Une des seules dictatures que les journaleux soutiennent systématiquement, sans discussion, sans analyse. Pour la presse, le gréviste au combat c'est encore du Zola. C'est bon, ça fait vendre du papier, ça fait des clics en plus sur la version web. Quand on est journaleux, on ne lâche pas une bonne grève, ce serait cracher dans la soupe. Une grève, c'est du social et le social monsieur, en France, ça se soutient, ça s'entretient ça se respecte. Durant les deux premières semaines du mouvement la presse n'avait d'yeux que pour mon couillon de Raymond-g. Il m'arrivait de découvrir dans le journal de nouvelles revendications, des revendications qui jamais n'étaient confirmées. Raymond-g était un couillon, mais un couillon puissant. Un couillon qui avait du pouvoir, pour peu qu'en cellule syndicale on lui ait expliqué comment, quand et avec qui se servir de ce pouvoir. Une fois cela bien défini par les camarades de la cellule locale, certainement approuvé par la mairie, validé par les camarades chefs de la cellule régionale, le plan bien rentré dans la tête à Raymond-g, il aurait le champ libre. A lui la rigolade, les honneurs de la presse, il allait être en première ligne, il allait passer dans le journal. Peut être même qu'il se foutrait un coup de peigne dans la poisse de ses cheveux pour faire propre le jour où il passerait à la télé. Bein quoi il a le droit à la télé aussi mon Raymond-g. La télé régionale d'accord, mais pour Raymond pas de différence, la télé, c'est la télé. Et ce jour-là il sortirait son peigne, le shampoing c'est pour plus tard, si par chance il choppait la nationale en prime time. Mais pas d'affolement, une chose à la fois. Faut pas affoler un Raymond pendant sa grève.

Une grève dans une petite boîte, ça laisse des traces, quoiqu'on fasse, ce sera des larmes, peut être du sang. Pas forcement le sang brutal, celui des caméras façon état islamique, mais celui que l'entreprise va perdre d'un seul coup au début du mouvement, puis de la lente hémorragie qui la videra petit à petit de ses forces. Ce sang va manquer pour la convalescence, pour reprendre vie, pour se remettre. Sans cette grève l'entreprise n'aurait jamais été affaiblie comme elle l'a été. Les banques et leurs valets n'auraient jamais pu agir comme ils ont agi par la suite. Raymond-g n'était certes pas la pierre angulaire de l'édifice. Non mon Raymond-g c'était le starter, l'allumage électronique, celui qui devait mettre l'étincelle et devenir gardien du feu jusqu'à l'ordre «stop» de la cellule. La cellule, elle, obéissait aux politiques. Il faut toujours un allumeur et pour une fois qu'il allait faire de étincelles, le Raymond-g, il allait jouer le rôle à plein temps. Il allait mettre le paquet, il n'aurait même plus de gastro, fini la pandémie d'arrêt de travail de trois jours qui s'additionnent aux journées de délégations. Non, pour mettre le feu il allait vraiment bosser, il se l'était promis le Raymond-g. Si mon allumeur a été tant soutenu dans sa grève sans fondement, c'est qu'il Il y avait une autre raison, un autre but de que poser les fesses de dix gugusses sur des tabourets. Et ce but, pour la CGT, était de prendre le pouvoir. Le pouvoir c'est leur raison de vivre, d'exister. Ils font le coup du pouvoir toujours et partout, c'est une vieille déformation qui leur reste d'un autre siècle, celui où l'on espérait encore en la dictature du prolétariat. L'autre motif ne venait pas de la CGT, mais des instances politiques locales. Depuis le fameux «Thierry la mairie, Thierry Président» il fallait me freiner dans la course à la réussite. Malheureusement chacun connaissait mes intentions, je n'avais pas suivi les conseils de Louis Thanneberger, le pape de l'introduction en bourse qui avait été chargé d'inscrire la Holding Point Cadres l'année précédente au marché libre de la bourse de Paris. Le vieux lion m'avait dit «stratégie dévoilée, stratégie avortée» et j'avais fait peindre sa maxime sur le plafond de mon bureau, en lettres noires majuscules sur fond immaculé comme pour mieux, au quotidien, accrocher mon esprit. Cette phrase surplombant ma table de salon autour de laquelle j'affectionnais recevoir les visiteurs, me servait parfois d'échappatoire aux questions trop pressantes. Je montrais alors du doigt le texte que mon visiteur avait au dessus de la tête, à sa lecture, celui-ci changeait alors de sujet, souvent la discussion était close. D'autres phrases, maximes ou citations avaient été peintes et parsemaient mon bureau, comme jetées par hasard entre mur et plafond. De faux hasards. Ayant appris l'art de la lettre peinte aux Arts appliqués, j'avais, avec le lettreur qui m'avait exécuté le travail, pesé visuellement, chaque angle, position, couleur, typo. Quand tout est vraiment torché, alors tout semble naturel. Comme ce MAB (Merde aux banquiers) qui soulignait par l'arrière gauche mes épaules quand je m'installais, toujours à la même place, à la table de réunion. Les vieux chinois ennemis Confucius/lao Tseu avaient aussi leurs places. Léo ferré n'était pas oublié, au dessus même de mon bureau à la verticale de l'arrondi de gauche ou j'entreposais mes dossiers, était inscrits dans le travers du plafond, en lettre rouge *«Ni dieu, Ni Maître»*. J'adorais mon entreprise et elle était devenu mon dieu, Raymond-g en devenait le Maître. Stratégie dévoilée, stratégie avortée, je n'avais pas respecté la consigne et mon plan quinquennal était malheureusement connu de tous. Inscrit à la bourse de Paris, je n'avais consacré qu'un très faible pourcentage de mes titres pour créer le flottant, il me restait d'importantes marges de dissolution pour lever des capitaux sans perdre ma majorité. Ce plan prévoyait dans le courant des deux années à venir, au moment opportun, de faire une opération d'augmentation de capital. Je prévoyais de m'alléger encore de vingt point, mais en possédant quatre vingt pourcent je ne descendrai qu'à soixante, et l'argent levé donnerait à Point Cadres les moyens d'un développement plus rapide encore. Le but serait alors d'activer trois curseurs, le premier serait, le développement organique. L'ouverture de nouveaux magasins franchisés n'était pas dévoreuse de trésorerie, mais au contraire, générateur, quand c'était un franchisé existant qui ouvrait un second ou un troisième point de vente. Le second curseur serait le développement externe par rachats de petites chaînes ou groupements de magasins existants. Le troisième curseur aurait financé la création d'un nouveau format de magasins, jusqu'à 1000m2 dont un des moteurs aurait été le cadre mais dont la principale activité aurait été l'équipement de la maison en général. Si j'avais construit 1800 M2 de bureau avec des aides vouées à l'industriel, je n'en avais pas moins fait les plans pour les transformer au plus tôt en commercial. J'aurais alors eu une merveilleuse surface de vente, très originale de conception ou j'aurais pu ouvrir mon nouveau concept qui ce situait entre Habitat, Maison du Monde, ou Pier Import. Sinon que veux-tu que je fasse de ce palais de verre qui jouxtait l'usine. Le développement prévu au Mexique devait nous faire couvrir rapidement les 40 gros centres commerciaux du pays et les mexicains nous attendaient à bras ouverts. L'horizon à cinq ans affichait 400 points de ventes et plus 100 millions de chiffre d'affaires réseau. Je ne prévoyais plus aucun développement industriel, arrivé à son maximum de production, je conserverais la logistique et organiserait la sous traitance pour les besoins supplémentaires. Et si, arrivé à ce stade, lassé des affaires, j'avais décidé de me lancer en politique ? Pour une campagne locale, je n'aurais eu besoin de personne, j'aurais pu fonctionner en autofinancement, un authentique électron libre sans dieu ni maître qui aurait eu, seul, les moyens de sa promotion ! Tu piges ? Mais si j'avais voulu suivre cette voix je n'aurais pas attendu cinq ans, j'en avais les moyens et jusqu'à cette putain de grève, j'étais le chouchou des médias locaux. Je n'aurais pas eu de mal à fédérer, peut être pas gagner, mais devenir rapidement un acteur avec qui il fallait jouer. Aucune des personnalités en place, tous dans la ouate du PS et des loges, ne pouvaient laisser se profiler un tel risque. Rien ne sert de laisser grandir un ennemi pour avoir à le combattre par la suite. Mieux vaut le tuer à sa naissance. Ma mort était programmée. Le reste, l'avenir de l'entreprise et de ses actifs, la spoliation de ses propriétaires (principalement mon épouse et moi-même) n'a que peu d'importance. Tout a été mis en œuvre pour stopper la croissance, empêcher que la boîte ne grandisse encore et ne donne d'autres idées à son bouillant électron libre de créateur. Je ne connaissais pas mon ennemi et en avait donc sous estimé la puissance. Je croyais encore à l'époque que ce qui m'arrivait, c'était la vie, le destin, et la couleur des choses.

Si l'entreprise a passé le cap de la grève, d'autres difficultés sont survenues, toujours télécommandées par le politique. Les banques, les tribunaux et leurs auxiliaires de justice se sont fait un plaisir, au pied levé, de reprendre le rôle à Raymond-g, les cheveux gras en moins et la robe en plus. A tout choisir, si l'on devait m'imposer comme peine incontournable de passer une journée, je n'ai pas dit finir mes jours, avec l'un de ces individus, sans hésiter, je choisirais mon Raymond-g. Allez, je m'égare, je deviens sentimental... Raymond-g pourrait, j'écris bien au conditionnel, Raymond-g pourrait avoir la bêtise en excuse partielle de sa méchanceté. Les autres n'ont aucune excuse. Leur méchanceté, leur jalousie et leur cruauté leur appartiennent, ils vivent de leurs défauts et s'ils n'en sont pas toujours fiers, ils en demeurent toujours satisfaits et repus.

Après trois semaines de grève, j'ai finalement rencontré le chef de la cellule locale CGT dunkerquoise. Puis, à ma demande expresse, le big boss CGT de Lille. A ma question précise *«Mais à la fin, que voulez-vous, que cherchez-vous ? Vous allez me ruiner et ruiner la boîte»* la réponse fut on ne peut plus claire *«ce qui vous arrive, on s'en fout, la boîte est solide et maintenant trop grande pour tomber, et on aura le pouvoir»*. Craché juré, je n'ai changé pas une lettre de cette phrase. Je l'entends encore plusieurs fois par semaine dans ma petite boîte crânienne qui n'arrive pas à la laisser s'échapper. Cette phrase et les actes qui l'ont confirmée ou une décapitation islamique, c'est le même chemin de pensée. Qu'importent les moyens, les dégâts causés, les pertes humaines et financières, tous les actes peuvent être justifiés si c'est pour accéder au pouvoir su-prême. La seule chose qui retient ces brutes épaisses, c'est l'oreillette, ce lien permanent avec l'avocat qui canalise les éner-gies, qui les retient, qui les remet dans le cadre de la loi. Sans cette oreillette, ils décapiteraient eux aussi. Combien de fois ai-je croisé, dans ce brûlot industriel CGT de la région dunkerquoise, ces re-gards de haine, ces regards qui tuent. Souvent leurs paroles et slo-gans en disent long. C'est durant cette troisième semaine de grève, que derrière leurs étendards rouge sang, aidés de quelques délé-gués d'autres entreprises, ils sont venus défiler devant la sortie de l'école où était scolarisé mon fils de 7 ans en scandant de leur gor-ges haineuses : *«Dufloo salaud, le peuple aura ta peau»*. Nous avons toujours essayé de protéger les enfants de tant de haine, mais pour mon fils, Arthur, encore aujourd'hui, il en reste quelque chose. Et oui mon gars, je n'invente rien, ces faits ont d'ailleurs été consignés dans un procès verbal d'huissier, conservé bien au chaud dans une étude de la région nord, j'en ai copie ici à Miami.

Ils ont eu le pouvoir un temps, enfin ils ont cru l'avoir, car ils obéissent bien au parti communiste, qui lui, pitance oblige, accepte les ordres du PS. On est toujours le couillon de quelqu'un. Les syndicats sont une caste à part que je qualifierais de mercenaires à la noix. Les chefs syndicalistes gagnent à tous les coups. Mais les lampistes, les Raymond-g, forment les tristes bataillons d'une lutte des classes obsolète.
Juges, politiques, et banques, c'est autre chose. Ces castes se soutiennent, se serrent les coudes, elles n'ont pas toujours les mêmes buts, les mêmes motivations, les mêmes convictions, mais en se serrant les coudes, en se protégeant mutuellement chacun peut mal-oeuver dans son coin, feignant d'ignorer l'autre pour s'assurer d'être à son tour ignoré. Ces castes qui ont ta vie entre leurs mains. Et pas que la tienne, couillon que tu es toi aussi, celles de tout un peuple, celle de la nation. Tu l'as pigé, tout cela est bien huilé, chaque partie sait les malveillances de l'autre, le peuple se doute des malveillances de tous sans que cela ne l'émeuve. Il ne faut surtout pas que cela change. C'est pour cela que l'union sacrée de l'UMPS et des partis du centre est indélogeable. C'est pour cela que tous ensemble ils crient, ils aboient, ils grognent, ils attaquent et mordent dès que d'autres partis, d'autres organisations ou d'autres façons de pensée se font jour. C'est rongée par cette gangrène que la France se traîne, il n'y a pas d'autre mot, se traîne. Les mêmes hommes politiques depuis bientôt quarante ans. Ils mangent, dorment et boivent tous dans la même étable, pour ne pas dire porcherie. Oh merde, encore un mot proscrit, excuse-moi mon Dieu. Quand de nouvelles têtes apparaissent, voient le jour, c'est qu'elles ont été choisies, cooptées. Les nouveaux doivent toujours être de la même espèce, de la même «race» des mêmes écoles. On formate les hommes, on construit des espèces, on fait du transgénique.

Tiens, j'allais l'oublier, celui-là. Le faucheur du Larzac ! J'ai croisé le José sur un vol Paris/Mexico. A l'époque où Point Cadres projetait d'ouvrir une quarantaine de magasins à sombreros. Tout était bouclé pour ce projet, la société générale était allée jusqu'à accorder une open line, il n'y avait plus qu'à définir les premiers emplacements, le financement était pré accordé. Je me rendais alors à Mexico avec Carole du Développement et Jean-Marc animateur de réseaux en charge du produit. L'une avait appris l'espagnol pour l'occasion, l'autre essayait. Nous voyagions toujours en classe éco, mais exceptionnellement, pour motiver mes troupes j'avais fait réunir l'ensemble des points grignotés sur Air France et j'offrais une tournée générale de classe affaires. L'ambiance dans la cabine «affaires» était très sympa et les passagers ainsi que les membres de l'équipage conversaient aimablement. Vers 22.30h le chef de cabine 1ère classe, écartant un peu le rideau sacré qui sépare les parvenus de la haute noblesse, nous demandait assez sèchement de faire moins de bruit. En clair, de la mettre en veilleuse. *Mesdames, Messieurs, pourriez-vous faire le silence, Madame Danièle Mitterrand et monsieur José Bové ne peuvent pas dormir».* Et oui, tel que. Danielle, et José se rendaient à Mexico pour un rassemblement altermondialiste. Chacun dans la cabine affaire s'est tu, observant l'autre avec le même regard surpris et interrogatif. Pas interrogatif sur le bruit que nous pouvions faire, cela restait très raisonnable. La stupéfaction qui se lisait dans les regards était la suivante 12 ou 13 mille balles... Oui, près de treize mille euros le siège. Mais qui payait ? Danièle était censée être ruinée suite aux déboires de son fils «papa-m'a-dit» et José, n'était encore qu'un pauvre paysan du Larzac, pas encore élu député européen. Mais alors, comment font ils ? Je me souviens encore des prix en vigueur puisque ayant dû rentrer prématurément en abandonnant mes collaborateurs chez les Mayas et autres Zapotèques, j'avais annulé mon billet retour en classe affaire et pris le premier classe éco qui se présentait. Encore ému de ma rencontre avec les altermondialistes d'opéra, je consultais les prix des premières. C'était bien de plus de douze mille euros qu'il s'agissait de débourser durant l'année 2000 pour effectuer ce vol. Pour ma part, je déboursais 640 euros taxes sur les moustiques et oiseaux migrateurs comprises. J'étais PDG d'une boutique florissante, j'assurais la paye et les charges sociales de plusieurs centaines de personnes, et ne me voyais pas brûler deux mille euros de plus sur un vol retour, encore moins pulvériser six mille euros supplémentaires pour dix heures d'avion en première.

Tout cela ne semblait pas émouvoir un moustachu faucheur de maïs. C'était pour une bonne cause, et on ne chipote pas avec la bonne cause. Qu'importe, la question du financement reste posée. Je comprends que José, pourtant pas très grand, n'ait pas envie de se coller les genoux à la moustache en classe éco. Je respecte l'âge et le statut de veuve de président qu'avait Danièle pour éviter de se coltiner les buveurs de bière en goguette derrière le sacro saint rideaux de la classe affaires. On a beau être socialo, cela reste le peuple. Mais plus de douze milles euros le vol, pour être

---

278

devant le deuxième rideau, en first classe, il faut, soit d'énormes revenus, ce que je peux concevoir, soit se foutre royalement du prix des choses. Pour ma part, je ne m'interroge pas à ce sujet, et reste persuadé que le prix, n'était pas la seule chose dont ils se foutaient.

Je les ai vu, les indiens du rassemblement, d'abord de mon hôtel place de l'indépendance, ils étaient un million m'a t'on dit. C'était très joli, très coloré, cela aurait pu être beau si ca n'avait représenté autant de misère. Je les ai vu le soir aussi, en live, dans les rues plus ou moins bien fréquentées où par nature j'aime à me balader. J'aime sentir le pays, voir les gens. C'était des paysans très pauvres, des gens à bout, fatigués, usés par la vie. Plus de douze mille euros ! La plupart d'entre eux ne les ont jamais gagné dans une vie de travail. Tu te rends compte, José, du décalage de tes actes. Tu crames en dix heures une vie de travail des gens que tu prétends défendre et soutenir.

Je n'ai revu ni Danièle, ni José à l'hôtel, c'est vrai que je ne logeais que dans un quatre étoiles...

XXVIII
Le journal d'une grève ordinaire (2)

Ma première semaine aux appros machine, qui en fait était la seconde semaine de grève se déroulait à peu près comme prévu. Levé à 3h30, vers 4h30 j'étais à l'usine, Raymond-g aussi. Raymond-g aimait planter des drapeaux. Et les drapeaux, ça se plante tôt. Une fois ses rouges trophées plantés, Raymond-g rentrait dans l'atelier, il en avait le droit. Hors démonstration, seul les yeux dans les yeux, Raymond-g pouvait parfois être humain. Un soupçon d'éclair de raison pouvait parfois briller dans son regard. Il arrivait que l'on puisse discuter quelques minutes. Cela ne servait à rien. Et quoiqu'il ait pu dire durant ces cours instants privilégiés, et dès que les propos devenaient officiels, il se faisait comme un déclic de fin sur sa réflexion. Je mettais à profit ce quart d'heure d'avance sur le démarrage des scies et agrafeuses pour préparer mon travail. Seul j'attrapais les colis de plus de quatre mètres de long qui me paraissaient peser comme un homme mort. Une fois chargé sur l'épaule je les jetais au sol, bien alignés, face aux scies qui allaient les dévorer. Selon le profil qu'il contenait, chaque colis représentait cent ou deux cent mètres de baguette. J'ouvrais alors chaque carton et chargeais avec soin les râteliers des mes coupeuses automatiques. J'aimais et j'étais fier des ces machines, chacune d'elle m'évitait un Raymond-g. Je leur en étais reconnaissant. Il suffisait que les râteliers soient bien chargés, les dimensions rentrées précisément dans les mémoires et elles débitaient inlassablement une longueur, une largeur, une longueur, une largeur... A la sortie des coupes, un assembleur agrafeur agrafait, les ceintures étaient terminées. Seul j'alimentais quatre lignes de coupe, deux automatiques, deux manuelles qui, elles demandaient l'intervention de deux hommes, un coupeur, un agrafeur pour assembler sans discontinuer les ceintures qui par la suite munies d'un verre et d'un fond, deviendraient un cadre. Tel un contremaître pointilleux du dix-neuvième siècle, Raymond-g regardait. Si j'avais été capable de préciser dans le détail ce que je voulais au fabricant de machine outil, j'étais incapable de me servir de ces machines dont j'étais si fier. Je n'étais d'ailleurs

---

pas capable de savoir où était leur interrupteur marche-arrêt. Je l'avoue, je produisais un million cinq cent mille cadres par an, si j'étais capable de les vendre, j'étais infoutu, seul, d'en fabriquer un. Raymond-g le savait, cela ne l'a pas empêché, durant cette semaine, appuyé par l'inspection du travail, de faire un recours au tribunal m'accusant d'avoir démonté les systèmes de sécurité et d'avoir modifié moi-même ces machines pour en augmenter la cadence. Cela peut paraître anodin, mais si un accident s'était produit avant que ne soit prouvé par expert que les machines étaient intactes et n'avait subi aucune modification, la case prison m'aurait été soigneusement imposée et aucune Christiane ne serait venue alléger ma peine.

Raymond-g regardait. Posée sur le gras de ses cheveux, sa casquette rouge aux lettres blanches CGT, était mon horizon. Je mesure un mètre soixante dix sept, Raymond-g était un peu plus grand que moi. Quand il me lâchait un peu, sa casquette me signalait ses mouvements dans l'atelier. S'il se rendait dans un espace qui lui était interdit, j'abandonnais mes lourds colis et bondissait accompagné de l'inspecteur du travail lui demandant de cantonner son action aux espaces permis. L'inspecteur du travail ne nous lâchait pas non plus, parfois il lui arrivait de passer les huit heures du shift à chercher l'erreur que nous aurions pu faire et mieux nous condamner. De cette première semaine je ne faisais que cinq jours. Le jeudi matin au départ de Paris j'attrapais une navette aérienne pour Marignane, arrivé à Marseille vers onze heure trente, Marianne et son époux m'attendaient à l'aéroport. Si les époux Marianne habitaient maintenant Toulouse, Marianne était native de Marseille. Les marseillais sont fiers de leur ville. Installée dans la confortable Volvo break, Marianne m'annonce de sa voix chantante vouloir me faire découvrir quelque chose. En m'assurant que je mangerai les meilleurs fruits de mer de toute ma vie. Ils m'emmenaient chez Fonfon, au vallon des Auffes. La voix chantante de Marianne me fait oublier mon manque de sommeil ainsi que les douleurs qui envahissent mes épaules. Si les appros machines ne sont pas des postes épuisants quand ils se pratiquent à deux, la manipulation seul des longs cartons de baguette a eut tôt fait de me rappeler la chirurgie récente qu'a subie ma clavicule droite. Marianne est gaie, elle sait qu'elle a la solution. La corniche Kennedy laisse apparaître la méditerranée et au loin le château d'if, le discours maintenant incessant de Marianne sur les déboires du port de Marseille avec les dockers CGT vient polluer cet instant d'évasion, mais après tout, c'est bien la CGT qui nous réunit aujourd'hui. *«Que vous avez du courage Monsieur Dufloo, je ne supporterais pas»*. Si Marianne devait bien avoir quelques défauts, elle était travailleuse et ne supportait pas que l'on puisse s'en prendre à l'outil de travail. Quand Marianne me disait je ne supporterais pas, il fallait entendre je ne supporterais plus. Marianne savait de quoi elle parlait, marié en première noce avec un italien du sud fabricant de chaussures, le couple avait tout perdu dans les années quatre vingt suite à un mouvement social animé par l'extrême gauche liée aux brigades rouges. Son époux avait été séquestré et heureusement s'en était sorti vivant. Quand elle évoquait ce passage de sa vie, la voix chantante de Marianne devenait tremblante. Son union n'avait pas survécu à ce drame et poussée par les besoins de la vie, Marianne s'était débrouillée et s'en était sortie seule. Je ne sais quelle voie tortueuse elle avait dû emprunter pour se retrouver agent commercial pour la diffusion de baguettes italiennes en France, mais elle avait réussi, elle était incontournable. A l'approche du quartier d'Endoume, le gros break emprunta le boulevard des Dardanelles, puis la rue des Auffes, nous étions arrivés à bon port. Pour qui veut sentir Marseille, c'est dans ce minuscule port de pèche qu'il faut se rendre. Marianne possédait là un anneau ce qui faisait d'elle une vraie marseillaise. En effet cette enclave d'eau salée dans la ville ne peut accueillir que quarante petits bateaux, les places ne sont jamais à vendre, elles se transmettent en famille. Ici pas besoin de rabbin pour attester de ton lignage, si tu as une place au port du vallon des Auffes, tu es un vrai marseillais. Le restaurant chez Fonfon offre sa vue sur la magie du petit port. Les quelques pêcheurs qui ont leur pointu amarré là en sont les principaux fournisseurs. Marianne avait attendu que fruits de mer et poisson soient commandés pour entrer dans le vif du sujet. «Si vous cherchez en France, personne ne vous servira assez vite ou d'autres ne vous serviront pas, trop heureux de vos problèmes». Un rapide tour d'horizon des quelques faiseurs dans le cadre donnait raison à Marianne. «Je connais quelqu'un en Tunisie, habituellement il fait de la série pour les solderies, c'est un ancien policier qui s'est reconverti, c'est quelqu'un de parole. Peut-être que vous aurez un peu de transport, mais ses prix sont très bas, ça compensera. Je le livre en baguette, mon mari aussi, nous n'avons jamais de problème». Les commandes en cours que nous avons bloquées au départ d'Italie en attendant de trouver un sous traitant, pourraient m'être livrées là-bas rapidement. Tout ce qui était prêt pouvait être à Livourne ou à Gênes le lendemain, de là, il y avait plusieurs liaisons par semaine. Dispo : Dix mille mètres de 01 et quinze mille mètres de déco 28 dans l'immédiat. Le reste des 10 000 mètres partirait la semaine suivante. Vingt cinq mille mètres me font vingt mille pièces en 24x30 cm. Ce sont des petites pièces dévoreuses de main d'œuvre dont j'ai besoin d'externer la production. Et la qualité ? Mêmes angles de protection pour l'emballage, et facings Point Cadres. Personne ne verrait la différence. Il me fallait absolument quelqu'un de sûr. Les franchisés avaient un contrat d'approvisionnement exclusif chez DSI, mais si un fabricant français de proximité les livrait en catimini, je ne l'aurais pas vu et défendre mon marché aurait été chose difficile. Je ne pouvais laisser entrer aucun loup dans la bergerie, c'était trop risqué. Avec l'investissement que je m'étais collé sur le dos, une chute d'activité à l'usine aurait été fatale. Marianne le savait, elle connaissait mes nouvelles installations et en savait les coûts. *«Appelons-le, vous verrez, Bernard est charmant et sérieux, il maîtrise le métier et surtout les transports pour la France, la Tunisie vous semble loin. Mais s'il charge un container sur un ferry, le lendemain il est à Marseille, les accords douaniers font que tout va très vite, vingt quatre heure encore et votre container sera à Dunkerque».* Nous avons appelé Bernard. A son accent, je devinais instantanément ses origines du Pas de Calais, ses racines nordiques nous rapprochaient. Je sentais que la collaboration allait être constructive. Celui-ci m'invitait en Tunisie visiter ses installations. Je tenais absolument, si la grève à Raymond-g perdurait, à être présent les premiers jours de la semaine, passés les premiers jours la tension se relâchait, c'était le moment idéal pour m'éclipser et revenir en force dès cinq heures le lendemain matin. Le jour idéal pour m'absenter était le jeudi, mais il me fallait jouer contre la montre, je réfléchissais. Les deux petits violets que j'avais dégustés avant mes huîtres m'avaient, comme c'est toujours le cas avec ces petites bêtes-là, donné une énergie nouvelle. Il faut dire qu'ils étaient particulièrement bons, les plongeurs les avaient ramenés quelques heures auparavant et leur fraîcheur m'avait revigoré l'organisme et l'esprit. C'était ok, j'irais en Tunisie mercredi de la semaine prochaine, si un accord était trouvé avec Bernard, je donnerais le feu vert pour les expéditions de baguettes le jour même. Marianne acquiesçait le plan. Ce qui importait à Marianne, c'était que je surmonte cette grève, qu'elle me livre ses baguettes, que je reste bon client, et bien sûr, que je ne me fasse pas séquestrer. Marianne avait réglé l'addition pendant mon appel tunisien, le deuxième café que je commandais était offert par la maison, son mari était parti chercher la voiture, nous étions prêts à quitter la magie des quarante petits bateaux. Marianne me déposait à l'aéroport, j'attrapais la navette de 16 heures pour Orly. Arrivé à paris à 17 heures les deux heures de bouchons ajoutés aux trois cent kilomètres qui séparent dunkerque de la capitale feraient que je ne passerai plus à l'usine ce soir-là. A vingt deux heures je retrouvais Corinne. Point Cadres n'avait toujours pas brûlé, sur la table du salon les derniers fax reçus m'annonçaient la production du jour. Le vendredi se passa comme les premiers jours de la semaine, dans l'atelier entre cartons et Raymond-g, entre flics des RG et fax urgents que m'apportait Agnès. Entre appels désespérés et inutiles de franchisés et inspecteur du travail, la grève continuait son œuvre destructrice. Raymond-g qui aimait jouer des coudes et de son physique me poussait régulièrement des épaules, instinctivement, comme pour faire le poids et mieux me défendre, j'avais pris quatre kilos dans la semaine, je n'ai jamais réussi à m'en séparer. Après un samedi matin productif, je fermais l'usine, il était quatorze heures, j'allais me reposer pour affronter la troisième semaine de grève. Lundi 9 septembre, tout est prêt pour mon départ du mercredi, seule Agnès en est informée, c'est elle qui a réservé le billet d'avion. 5 heures du matin, François a sorti le bon de production, les cadres affectés à la production sont à poste, mon stagiaire d'HEC aussi, prêt partez, démarrez les machines. L'administration des ventes me remonte chaque plainte ou remarque des franchisés concernant les ruptures. Informé de la grève, chaque magasin, désirant se couvrir a augmenté ses commandes de réassort, certains les ont doublé ou triplé. Toute notre belle organisation se déstabilise, les franchisés bien que surstockés continuent à commander. Tout cela est artificiel. Les ruptures apparaissant, les magasins commandent de plus belle les références manquantes, les ordres s'accumulent, les ruptures aussi, c'est une chaîne sans fin. C'est le syndrome du sucre, s'il se met à manquer, tout le monde en achète et il manque davantage. Le seul remède, fournir, fournir, fournir. Donner à manger et à boire jusqu'à plus faim, jusqu'à plus soif. Quelles que soient les réclamations du réseau, j'interdis aux animateurs régionaux de faire leur job. Inutile de perdre du temps sur la route et en visite pour rassurer le franchisé, celui ne croira que ce qu'il reçoit, et ne le croira que s'il réceptionne sa marchandise au complet et plusieurs fois de suite. La seule solution, produire et informer de notre production. Point Cadres possède son réseau intranet et chaque magasin est relié informatiquement au siège. Un tel système déjà opérationnel dès l'année deux mille nous plaçait parmi les PME novatrices. Chaque vente encaissée est transmise au siège en temps réel. Mes ordinateurs calculent alors les métrages de baguettes vendues, référence par référence et couleur par couleur. Toutes les données de délai de production et d'approvisionnement matières premières sont en mémoire, les seuils critiques de stock le sont aussi et les ordres fournisseurs sortent automatiquement corrigés des dernières tendances de vente réseau. A l'époque, je ne savais pas ouvrir un ordinateur, mais je connaissais exactement les informations dont j'avais besoin. Aidé de Ludovic et d'Antoine, nous avons fait bâtir par notre ingénieur maison les programmes spécifiques dont nous avions besoin. Nos deux programmateurs s'échinent à tenir tout cela à niveau au quotidien. Les données des magasins me remontent, mais je peux aussi descendre des informations, soit par informatique, soit par fax. J'abreuve donc plusieurs fois par jour mon réseau d'information sur notre production, je rédige des articles, je communique. Me croient ceux qui veulent me croire, la concurrence des autres fabricants français, région par région abreuve aussi mon réseau de rumeurs et de fausses informations. T'as déjà remarqué comme il était humain de croire davantage à une calomnie venue de l'extérieur qu'à une vérité émanant de l'intérieur. L'homme est ainsi fait, je ne peux le changer, pourtant je me bats au quotidien pour que le réseau conserve foi et moral, je me bats aussi avec mes banques qui croient n'importe quoi et surtout n'importe qui. Certaines d'entre elles que je reçois debout entre Raymond-g et machines m'informent de choses aussi fausses qu'inattendues. Je m'use entre mes cartons à leur démontrer le contraire, finalement, un banquier n'est qu'un homme et réagira comme les autres, croyant davantage la calomnie que la vérité. Mardi, j'ai fait préparer par Ludovic les besoins précis en petits formats dans les baguettes 01 et déco 28. Bien que Gérant de DSI, je l'avais tenu à l'écart de mes avancées sur la sous traitance. Obligé, je viens de l'informer d'un ordre imminent de vingt cinq mille pièces que je devrais confirmer demain. Aussitôt, il s'enquiert de la qualité, des composants de la source des baguettes, de tout ce que j'ai réglé par mon escapade au Vallons des Auffes et par les dizaines de fax que j'ai passés ou reçus au départ de mon domicile. J'ai peur des fuites, je ne veux pas que ma dernière chance capote. J'informe Ludovic du lieu de production, de mon voyage prévu pour le lendemain. J'ai le plus grand mal à concentrer l'attention de mes troupes sur notre problème et uniquement notre problème. Il en va de même pour mon esprit que par moment, j'ai du mal à maîtriser.

Nous sommes le Mardi 11 Septembre 2001. Quatre avions viennent d'être détournés, les tours s'effondrent sous nos yeux. Toutes les radios et télévisions répètent en boucle la même information, repassent les mêmes images horribles. Chacun est médusé et peine ou refuse instinctivement d'y croire. Raymond-g lui est imperturbable. Il a planté de nouveaux drapeaux, car ce matin arrivant avant lui, je lui avais fauché son matos syndical que depuis plusieurs jours il laissait la nuit autour de l'usine. Face à ce vol de lèse majesté, se souciant peu des attentats, la casquette collée à ses cheveux, il s'en était allé en cellule s'approvisionner de sa raison d'exister.

Les attentas ont eu lieu, demain sera certainement un des jours les plus sûrs de l'aviation civile face à ce type de risque. Un voleur ne revient pas le lendemain dans la banque qu'il a braquée la veille, j'ai mes informations, je sais ce que je dois commander. Persuadé que je ferais affaire, je donne l'ordre d'arrêter la production de petits formats et principalement les 24X30 cm O1 et déco 28. Quitte à être rupté, autant que ce soit sur ces produits à forte main d'œuvre et faible valeur ajoutée. Concentrons-nous sur les 20/80 de nos ventes en ignorant ces petits formats. De toute façon, ayant bloqué les appros en Italie, je sais que nous serons bientôt en manque de baguette. L'inspecteur du travail, comme Raymond-g ne semblait pas se soucier des twin towers, les deux flics des RG non plus. J'avais autour de moi tout mon petit monde habituel qui nous empêchait de travailler. Hormis la nouvelle déco CGT, c'était un jour de grève ordinaire. Seule la presse, s'emblait me lâcher un peu, je n'avais pas encore eu l'appel téléphonique journalier de la voix du nord pour s'enquérir des avancées des négociations. Raymond-g avait obtenu la veille en référé auprès du tribunal d'instance l'UES. *«L'unité économique et sociale (UES) est, en droit du travail français, une notion contraignant au regroupement de plusieurs entreprises juridiquement distinctes pour la mise en place d'un comité d'entreprise (CE) commun. Elle résulte d'une décision de justice ou d'un accord conventionnel...L'ensemble dégagé sert de base à la mise en place d'institutions représentatives du personnel (IRP) en s'affranchissant des statuts sociaux des entreprises».* Nous étions environ cent cinquante salariés dans le groupe Point Cadres dont une cinquantaine était logée dans la SA DSI, les autres étant dispatchés dans les autres structures. Un Raymond-g, avec l'appui d'un juge pouvaient donc décider pour les cent autres personnes sans que celles-ci ne soient consultées. Bel exemple de «démocratie communiste». Pire encore, par sa décision, le juge passe au dessus des statuts sociaux des autres entreprises. Celles-ci existeraient donc dans certains cas, charges, tva et autres confiseries, puis disparaîtraient quand il s'agit de faire plaisir à Raymond-g. Maurice a raison, la France est décidément trop communiste.

Fort de cet UES, Raymond-g espère mettre sous la coupe du conflit l'ensemble des entreprises du groupe. Il est bien évident que mon agence immobilière qui a ses bureaux dans l'immeuble Point Cadres fait le même job que la production. Que le franchiseur dont le métier est l'application d'un concept de vente fait le job de la production. Qu'importe, je n'aime pas cela, J'ai peur pour l'informatique, j'ai peur pour l'administration des ventes, si ces services venaient à être bloqués, ce serait la fin. Je donne instruction à Agnès et à AB consultant l'agence immobilière de chercher des bureaux dont l'emplacement resterait secret pour y transférer l'informatique, après, on verra. Mercredi 12, très tôt, je prends la route de Paris. Je ne me souviens plus si le vol partait d'Orly ou de Roissy. Ce dont je me souviens, c'est que dans cet avion qui devait pouvoir transporter cent cinquante passagers, nous étions cinq. Tout au long du trajet, les images effrayantes vues et revues la veille me faisaient presque oublier mon Raymond-g. Je ne savais pas encore que ces attentats allaient pour moi être la cause de tant d'ennuis pour mon usine du Périgord dont le siège social et le principal magasin se trouvait à Paris, rue Lepic.

Bernard m'a dépêché un homme dont la mission était de me transporter jusqu'aux environs de Sousse où nous avions notre rendez-vous. Pour ce faire, mon interlocuteur utilise une vielle deux cent cinq Peugeot qui avait dû avoir une première vie en Europe, visiblement elle était à la fin de sa seconde vie en Afrique du nord et s'apprêtait certainement à en vivre une troisième en Afrique noire. J'ai toujours aimé l'aventure et le fait que le véhicule, passé quatre vingt à l'heure, doive utiliser les deux voies de l'autoroute déserte m'amuse plus que cela ne m'inquiète. Tunis-Carthage est depuis longtemps derrière nous, sur ma droite un panneau m'indique Al-Qayrawan. Le temps m'est compté, j'aurais pourtant aimé visiter Kairouan. Essayer de déceler dans les parfums de la première ville sainte du Maghreb ce que l'Islam allait utiliser comme argument pour justifier ses actes. De façon subsidiaire je me serais peut être laissé séduire par son architecture et comprendre pourquoi, Kayrouan était déjà considérée comme capitale de la culture islamique. Il est un peu plus de douze heures, mon chauffeur s'arrête dans une de ces rues dont le qualificatif «maghrébine artisanale» sera suffisant pour que chacun s'en imagine les parfums, l'entretien, et l'animation. Un immeuble dont les quelques fenêtres sont protégées par des barreaux porte l'inscription «Tuniframe» je ne peux m'empêcher de faire la relation avec le film «la vérité si je mens» et son site industriel «tunitex». De l'autre côté de la rue, derrière un âne et à l'ombre du bâtiment qui me fait face, une grosse Mercedes 500 noire, d'une autre époque elle aussi. Instinctivement je pense, Bernard doit être là. Un gaillard châtain clair dont la corpulence fait oublier que nous sommes en plein ramadan apparaît sur le pas de la porte «bonjour Monsieur Dufloo, bon vol ?». Comme avec Marianne, Bernard y allait du monsieur Dufloo tandis que moi bien que le vouvoyant je l'appelais par son prénom. Le type me semble avoir une bonne gueule, je ne l'épouserai pas, mais on doit pouvoir bosser ensemble. Rapidement je découvre l'atelier, je m'interroge immédiatement sur la capacité de production. La où j'ai des scies automatiques qui m'ont coûté plus de trente cinq mille euros chacune, Bernard utilise de vielles guillotines que l'on actionne d'un coup de pédale sec. Avec cet humour qui n'appartient qu'aux expat de ces zones en développement Bernard me dit *«Lui, il, me fait environ sept cent coupes à l'heure, ça l'entraîne pour jouer au football le week end»*. Là où mes ceintures seraient soigneusement suspendues sur de grands râteliers à roulettes attendant le verre et leur fond, un grand tas d'environ un mètre cinquante de haut tel un feu de camp est le centre des postes de finition. Chacune des employées dont peu sont voilées y pioche par poignée les ceintures dont elles feront des cadres finis. D'un sourire Bernard commente, finition et tri automatique. Nous nous dirigeons vers la sortie produits finis. Une double porte ouverte laisse apparaître la lumière et la terre battue de la rue. A l'emplacement de ce qui aurait pu être un quai ou un trottoir, une vieille table métallique de jardin et un fauteuil de camping accueille un tunisien en uniforme, c'est un douanier. Bernard m'explique que son entreprise est sous le régime de la loi de 1955 modifiée en 1956 qui exonère totalement d'impôts et de toutes les taxes les entreprises de production dont les marchandises sont uniquement destinées à l'exportation. Le douanier semble avoir l'énergie d'un mexicain assoupi sous son sombrero. Il attend et surtout surveille qu'aucun client tunisien ne vienne se fournir ici. C'est lui qui mettra le tampon magique export sur les palettes et documents de douane qui accompagneront chaque marchandise quittant l'atelier. Ici pas de clark de fenwick ou de chariot élévateur, si un container se présente au chargement, les joueurs de football le chargeront entièrement à la main. De l'autre côté de la porte, une brouette semble attendre aussi patiemment que le douanier. *«C'est mon testeur emballage conditionnement»* voyant mon air interrogatif Bernard continue. *«Quand nous faisons une nouvelle référence, j'en mets un ou deux cartons en vrac dans la brouette, j'appelle un avant centre de l'équipe de foot et je l'envoie courir une heure dans désert en poussant la* brouette. *Au retour nous ouvrons les colis. Si rien n'est cassé, c'est que nos emballages sont bons, aucun transporteur européen ne les endommageront»*. Je reste stupéfait et dubitatif. Je viens d'investir plus de quatre millions d'euros pour une

---

288

usine ultra moderne dans laquelle personne ne veut travailler, et me voici rendu au moyen âge du cadre pour palier mes carences de production. Le visage de Bernard s'éclaire quand il me dit *«On passe chercher mon épouse et on va déjeuner»* Depuis très tôt ce matin je n'ai avalé que cinquante centilitres d'eau minérale, je suis ravi. A bord de la Mercedes noire qui effectivement finissait sa première vie nous rejoignons une marina à touristes toute proche. Devant l'enseigne d'un restaurant lui aussi à touristes, une blonde à l'allure soignée nous attend *voilà mon épouse»* me dit Bernard en appuyant sur la pédale de son frein de parking. Je présente mes hommages à madame et par l'escalier extérieur nous rejoignons l'étage de ce petit immeuble blanc tout propret qui abrite terrasse et salle à manger. Face aux bateaux qui attendent leurs propriétaires, nous nous installons à table dans la fraîcheur de la salle à manger. De là nous pouvons déjeuner et admirer les voiliers dont les pièces d'accastillage chromées nous envoient leurs éclats comme autant de SOS recherchant désespérément les marins qui pourraient donner une raison d'être à ces embarcations. D'un bras tendu assez peu élégant, Bernard me montre du doigt son bateau. C'est vrai que Bernard est un ancien flic, si je peux en attendre rigueur et sérieux, je devrais me passer de la finesse qui souvent caractérise les yachtmen. De toute évidence, l'équipe de football et ses supportrices de la finition n'entache que peu les comptes d'exploitation de Tuniframe. Si Bernard est incroyablement compétitif en prix, son entreprise semble très lucrative. Nous reprenons la conversation professionnelle étudiant de près les quantités et les références que Bernard peut sortir. Il est entendu que Marianne peut dès aujourd'hui envoyer de quoi produire, Bernard m'indique que n'ayant jamais travaillé la déco 28 (que j'avais dessinée et déposée) il n'en a pas en stock, par contre il a de la 01. Son stock ne vient pas de chez Marianne, la 01 est une baguette traditionnelle que tout le monde produit, si j'utilise son stock existant dont il me montre échantillon, j'aurais quelques différences de nuances dans les couleurs, par contre, son footballeur peut commencer à couper instantanément et ses coéquipiers sortir les premières palettes pour ce soir. Je prends le temps de la réflexion en dégustant mon tajine. Je sais que nous sommes en plein ramadan, je m'étonne quand même qu'il n'y ait que deux tables occupées dans un tel établissement. Bernard me montre alors un grand rideau pourpre qui tombe lourdement à quelques mètres de nous. Derrière ce rideau me dit-il, c'est plein. Il y a une seconde salle, cet espace possède un escalier qui donne dans l'épicerie bazar du rez-de-chaussée. Les clients rentrent dans l'épicerie et personne ne les voie se rendre au restaurant. Tout au long de l'année, cette salle est utilisée par les tunisiens qui ne veulent pas être vu buvant de l'alcool, pendant le ramadan, ceux qui mangent et boivent durant la journée le font tranquillement derrière ce rideau. «*On démarre aujourd'hui sur mon stock. J'appelle Marianne avant le café et demain matin mes baguettes embarqueront pour le sud au lieu de prendre un camion pour le nord. Elles arriveront au cours du week end, lundi à première heure je serais au port*» me confirmait Bernard puis il continuait, «*je connais les douaniers, je passerai un bon bakchich et pour midi tout sera livré à tuniframe*». Je ne sais si les douaniers ont un dieu spécifique, en tout cas, dans le monde entier ils sont unis derrière le bakchich. Tout jeune, à vingt ans, quand j'éditais mes premiers journaux qui étaient imprimés en Belgique, pour ne pas trop attendre le coup d'œil du douanier à l'arrière de mon camion, je distribuais des cartons. Les cartons s'achetaient au bistrot voisin du poste de douane. Comme des tickets de fête foraine, ces petits morceaux de papier cartonné portaient le tampon de l'émetteur «le palais de la bière». Chaque carton valait le prix d'une pils, j'achetais vingt cartons, trente cartons que je glissais dans la main du douanier quand je lui apportais mes documents, je n'attendais jamais bien longtemps. Ah si j'avais filé quelques cartons à Raymond-g ! Il aurait certainement fallu que je commence par là. Tout le monde aime les cartons.

«*Tout sera fini dans le container pour jeudi soir, vendredi je fais enlever, dimanche soir c'est à Marseille. Je livre une centrale d'achat de solderies à Lens, j'ai l'habitude. Je prendrais le même transporteur, mardi 24 au matin le container de vingt cinq mille pièces sera chez vous*». J'étais ravi, je pensais qu'il devait avoir une sacrée équipe de footballeurs, peut être un centre d'entraînement. Je proposais cinq mille euros d'acompte, ce qui déduction faite du prix de mes baguettes faisait environ 27% du prix. Je n'attendais pas sa réponse pour éditer le chèque qu'il accepta en guise d'accord. Dans la valise que j'avais laissée à l'atelier se trouvaient quelques milliers de facing Point Cadres et une disquette avec notre chartre graphique pour imprimer les suivants. Bernard, son épouse et moi-même nous nous levions. Si ce n'est pour exprimer son choix sur le menu, son épouse n'avait rien dit, pas une seule fois elle n'avait pris part à la conversation. Peut être l'air du pays commençait-il à faire son effet et elle emprunterait le chemin de la soumission ? Pourtant en Tunisie la loi de 1993 sur le statut des femmes avait aboli l'obligation d'obéissance de la femme envers son mari. Peut être alors simplement la timidité l'avait-elle rendue muette. Mon chauffeur du matin attendait en bas des marches à l'entrée du restaurant, il me fallait sans tarder prendre congé des propriétaires de Tuniframe pour ne pas manquer l'avion de 18h. Raymond-g devait m'attendre, je ne voulais pas le laisser trop longtemps seul. Sur la route du retour, celui qui m'indiquait avoir le titre de directeur général (Bernard m'avait expliqué qu'il ne donnait jamais ses ordres en direct, il n'embauchait pas, ne licenciait pas, tout se faisait en arabe par la voix d'un arabe) m'expliquait que la Tunisie se libérait des contraintes de l'islam. Il m'indiquait que le week end, sur la plage, les filles tunisiennes étaient de plus en plus nombreuses à porter le bikini. Que les jeunes couples se promenaient main dans la main, parfois même s'embrassaient en public. Le panneau Kairouan apparaissait sur la gauche, l'autoroute était déserte, la route qui la longeait comme une parallèle qui se refuse à s'éloigner était bondée. Le directeur général m'expliquait alors que c'était le prix qui rebutait. Toujours selon mon chauffeur Zine el-Abidine Ben Ali avait construit cette autoroute avec l'argent public, mais en avait donné l'usufruit à son épouse, la recette c'était pour les faux frais de madame. Le directeur général vénérait le président, il me disait qu'il en était de même pour la quasi totalité des tunisiens qui voyait en lui un homme ferme mais qui conduisait son pays sur la voie du développement. Tunis-Carthage, terminal, j'abandonnais le directeur général de tuniframe et cette fois-ci sans aucun bagage je me présentais à l'enregistrement. Le guichet était aussi désert que l'autoroute, quelques minutes après j'étais en salle d'embarquement. Là aussi j'étais seul face au sas qui rejoignait l'avion. Je me présentais au comptoir et étais surpris que l'hôtesse m'appelle par mon nom. Arrivé à bord, j'observais ce grand appareil totalement vide, le chef de cabine dans un français impeccable mais teinté de d'accent tunisien me dit *«Oui Monsieur Dufloo, l'avion est attendu à Paris donc le vol est maintenu, mais ce soir, vous êtes chez vous, installez-vous ou bon vous semble, vous êtes le seul passager»*. Les événements de la veille m'envahissaient à nouveau, et si c'était dangereux de voler aujourd'hui ? Les images des tours se bousculaient comme voulant accaparer l'écran de ma mémoire ? Je m'installais au troisième rang à côté du hublot et je me plongeais dans l'un de ces journaux économiques que l'on ne lit que dans l'avion. Le vol se passa le mieux du monde, à vingt heures trente j'étais à Paris, à minuit je rejoignais ma blonde dans son sommeil. Je n'avais pas de mal à m'endormir, à l'époque, je dormais encore. Avant de m'accorder 3 heures de sommeil je pensais une dernière fois à ma journée. J'avais un outil de travail merveilleux, un réseau de distribution sans égal et j'allais me perdre en Tunisie pour acheter ce que je savais fabriquer, la situation était folle, heureusement, maintenant je voyageais en jet privé.

Jeudi 19, la fin du monde semble s'abattre sur moi quand le premier réveil m'extirpe pêle-mêle, de la Tunisie, des twin towers et de ces hordes de grévistes, de drapeaux rouges à lettres blanches, de tribunaux. La voix inimitable de Brigitte bardot chantant la plage abandonnée qui est censée m'éveiller en douceur n'agit plus. Le second réveil, de sa sonnette traditionnelle aussi stridente que trop matinale n'arrange pas mon état. Posé sur un fauteuil à l'autre bout de la chambre ce satané réveil remplit sa mission de me sortir du lit pour lui couper le sifflet. Je n'ai jamais été matinal mais trois heures trente, ne me conviennent vraiment pas. La journée d'hier avec ses six cent kilomètres pour rejoindre et revenir de Paris, ces presque cinq heures d'avion, les aller et retour avec le directeur me laissent quelques séquelles que trois heures de sommeil seulement ne suffisent pas à cicatriser. Je suis plus que las de ces cons qui abusent de leurs droits pour des objectifs que je n'ai pas encore décelés. J'en ai ras le bol de ces pneus qui brûlent en permanence devant l'entrée de Point Cadres, j'en ai carrément plein les bottes d'appeler l'huissier plusieurs fois par jour pour libérer l'accès de ma boîte. Raymond-g et ses collègues à casquettes que je ne connais pas et avec qui j'ai failli me battre plusieurs fois me cassent sérieusement les couilles. La presse me hache menu ce qui en reste avec ses articles assassins. Je me recouche et me dis que j'irais au combat plus tard. A quoi cela peut-il servir de combattre encore, plus je m'épuise et plus je recule, plus je perds des points. Ma blonde, attentionnée m'apporte un expresso bien serré, pendant un instant, silencieux, je pense à l'Italie. Bologne où nous avions acheté ce petit percolateur avant de prendre la route du sud vers Sienne. Je ne sais si c'est le café ou ces quelques souvenirs heureux qui me donnent la force de me lever, mais je suis debout et sous la douche qui je l'espère achèvera de me réveiller. Aujourd'hui, c'est décidé, quoiqu'il arrive à dix sept heures je rejoindrais les copains au départ de vélo. Le jeudi soir l'entraînement est toujours sanglant, les coursiers des différents clubs de la région rejoignent notre groupe de fondus et profitent de cette sortie de soixante dix kilomètres qui ne prendra pas plus de deux heures, pour se tester réciproquement avant les épreuves de quartier qu'ils disputeront le dimanche. Pour ma part, je me suis inscrit à une «gentleman» pour le dimanche 30 septembre. Je ne suis pas monté sur un vélo depuis mon retour de Saint-Tropez, qu'importe le manque d'entraînement, ce soir, ça va saigner. Cinq heures, mise en route, vers sept heure trente j'abandonne mon poste, j'en ai raz-la-casquette à Raymond-g, je quitte l'atelier pour rejoindre mon palais de verre. Désabusé je rejoins mon bureau. Agnès toujours très matinale est déjà la. Si elle ne me voit pas elle m'entend arriver, quand je pousse la porte de mon refuge, un sourire et un café m'accueillent. Merci Agnès lui dis-je l'esprit ailleurs. Et puis merde, ce n'est pas mon job de faire tout cela. Mon job, enfin ce que je croyais être mon job, c'était de leur en donner un, de les payer. J'avais rempli ma mission, que voulaient ils de plus. *«Agnès, je ne sais pas pourquoi, je le sens pas aujourd'hui. Ou en est on avec les recherches pour un quartier retranché»* ? Agnès me répondait, *«Carole a visité trois locaux hier, j'étais avec elle et Fabrice, nous en avons sélectionné un Wormhout pour l'informatique. Fabrice a prévu de vous emmener visiter avec Jérôme vers dix heures ce matin. Ce sont deux algécos, il y a l'électricité et un groupe électrogène de secours. C'est pas trop cher, ils louent à la quinzaine. Pour vous ce sera trop petit. Avec Fabrice on a pensé que l'on pourrait aller à bleu banane, bien qu'ils en connaissent l'adresse et même s'ils vous savent là-bas, nous pensons qu'ils ne viendront pas. De toute façon il n'en ont pas le droit»* soulignait encore Agnès en m'apportant trois piles de signataires en retard. J'avais délégué la signature à Antoine et Ludovic pour tant de choses, mais quand tu es deux fois PDG et plusieurs fois gérant, tu succomberais assez vite à l'impression que les fonctionnaires sont payés au nombre de signatures qu'ils arrivent à te faire apposer sur leurs documents. Je me demande parfois s'ils ne créent pas leurs formulaires en triples exemplaires dans le seul but d'en récolter plus encore. J'avais beaucoup de gens à rappeler. En effet la liste comportait trois avocats, un contrôleur fiscal, le sous préfet, un bonne dizaine de franchisés qui voulaient parler au bon dieu, la direction de l'inspection du travail, le président de la chambre de commerce, deux ou trois banquiers. Les avocats me parlaient d'affaires d'avocats, le contrôleur fiscal de sottises qu'il aurait pu traiter avec Antoine. Le sous préfet s'inquiétait qu'on ne trouve pas de solution, moi aussi. Le bon dieu rappellerait les franchisés de la voiture au grès des déplacements. La direction de l'inspection du travail proposait ses services pour une réunion, j'avais un DRH qui lui n'était pas en grève et qui aurait parfaitement pu traiter ces problèmes d'agenda. Le président de la chambre de commerce, faux-cul de première me proposait ses services en tant que médiateur. Les deux ou trois banquiers me posaient quelques questions qu'ils auraient très bien pu poser à mon directeur financier. Excepté les avocats avec qui je traitais quelques dossiers personnellement, tous les autres me gonflaient presque autant que mes grévistes. Neuf heures trente, Fabrice les bras chargés des dossiers des franchisés que je devais rappeler m'invite à le suivre, nous partons visiter deux algécos. L'audi A8, outil de travail de Fabrice est interceptée à la sortie côté bureaux, instantanément Fabrice d'une marche arrière furieuse engage un demi tour et se dirige vers l'autre issue côté industriel. La seconde issue est bloquée aussi, non pas que les casquettes rouges veuillent nous empêcher de sortir, elles veulent surtout empêcher d'entrer les trois camions de livraison qui nous apportent les matières premières. Je n'ai pas le temps d'intervenir que Fabrice du téléphone fixe chauffeur est en contact avec la gendarmerie et presse sur le bouton mains libres *«nous n'intervenons pas dans les conflits du droit du travail»* Deux des quatre voies de l'avenue jean Monet étaient bloquées, les pneus brûlaient de chaque côté sur la voie publique, des individus qui n'étaient pas salariés du groupe bloquaient les entrées, mais c'était le droit du Travail. Descendu de la voiture, pendant que Fabrice appelait l'huissier à la rescousse, roulant des épaules, je rentrais dans le groupe compact qui bloquait l'issue. Je savais que ça allait saigner aujourd'hui, mais je pensais que la lutte serait purement cycliste. Bousculant les uns et les autres des épaules, en prenant soin de me protéger d'éventuelles répliques j'interpellais Raymond-g. Je suis incapable de me rappeler mes propos, mes yeux ont parlés pour moi, Raymond-g pourtant encore hésitant, donnait instruction de nous laisser sortir. La séquestration n'était pas encore pour aujourd'hui. Je décidais de laisser la fin de la partie à l'huissier, Ludovic en tant que gérant de DSI avait les pleins pouvoirs pour l'accompagner dans sa tâche d'officier libérateur. Les vingt kilomètres qui séparent Dunkerque de Wormhout où se trouvaient nos deux algécos m'ont permis d'appeler deux magasins, le bon dieu continuerait les appels plus tard. Les algécos étaient comme on les attendait, propres mais algéco. Ils convenaient à Jérôme, je sortais mon chéquier, Jérôme emménagerait avec les ordinateurs et son équipe dès le lendemain. Bleu banane se situait aussi à Wormhout et occupait une infime partie d'un bâtiment industriel de dix mille mètre carrés que j'avais acheté trois ans auparavant. Le temps d'un autre appel à un franchisé et nous voici à bleu banane. L'équipe de la maison d'édition se composait d'une secrétaire administration des ventes, une jeune femme qui gérait les contrats et bâtissait les collections un graphiste par ordinateur, un magasinier. J'avais fait rénover cette petite partie de l'immeuble un an plus tôt et quatre bureaux flambant neufs y étaient disponibles ajouté d'une belle salle de réunion. Bleu banane était le contraire psychologique de DSI, nous nous entendions très bien. L'image étant restée pour moi un dada, j'avais plaisir à travailler avec cette équipe, me retrouver au milieu de mes affiches et reproductions d'art était un pis-aller que j'acceptais volontiers. Un rapide tour du propriétaire futur occupant pour attribuer les bureaux et définir le matériel manquant à ramener, l'œil de Jérôme pour les connexions informatiques, le plan était établi. Bruno le magasinier possédait son permis poids lourd, il conduirait le camion de DSi pour rapporter le matériel. Tout serait chargé cette nuit entre dix heures et minuit après le départ de la seconde équipe et de Raymond-g ou de ses assistants. Le camion dormirait à bleu banane. A première heure, Ben et Nuts du surnom de mes deux hommes d'entretien salariés de ma petite holding immobilière viendraient décharger et disposer les bureaux. Ben et nuts étaient toujours partants pour toute sorte de mission, depuis trois semaines je les avais affectés à la logistique, côtoyant les grévistes, pourtant issu du milieu ouvrier, comme moi, ils ne comprenaient pas. Une fois déchargés les équipements destinés à bleu banane, Bruno emmènerait le camion et les équipements restant dans les deux algécos, Jérôme et son équipe réceptionneraient le matériel et pour midi tout serait connecté et l'informatique du groupe serait de nouveau opérationnel. Chacun avait ordre de taire l'existence et la localisation des algécos. Du bon fonctionnement des services de Jérôme dépendait aussi la survie du groupe. Vers treize heures Fabrice me déposait à mon domicile, je retournerais à l'usine avec ma smart de service. Je déjeunais chez moi avec mon épouse, c'est presque jour de fête. Mon plateau d'huîtres avalé, je dégustais un tagliatelle carbonara, ce soir c'est vélo, j'aurais besoin de sucres lents. Vers 14h Agnès en m'apportant la maquette de bleu nouvelle, me rappelait qu'il m'appartenait d'en écrire l'édito. J'en ai trop sur le cœur, m'expliquer un peu, me justifier me fera le plus grand bien, Je commence la dictée. Je reçois mes deux flic des RG, conviens d'un rendez-vous avec Jo, président de la chambre de commerce et faux-cul sus nommé, et surtout lèche botte inconditionnel de Michel qu'il connaît depuis l'âge des culottes courtes. Jo hormis sa carrière consulaire n'a rien réussi. Il était l'héritier d'une importante boîte de travaux publics. Alors que tous ses concurrents n'avaient fait que prospérer, lui avait régressé. Il en était réduit à vendre par appartements ses différentes activités pour éviter que tout ne disparaisse. Par l'opération du saint esprit socialiste, Jo était pourtant devenu l'icône de la presse en ce qui concerne l'entreprise. C'est Jo voyant en moi un peu de sang neuf qui m'avait coopté deux ans auparavant et sans autre travail de ma part que d'apposer ma signature sur un formulaire, m'avait fait élire délégué consulaire. Ce mandat fut le seul de ma vie. Je n'avais pas hésité lors de certaines réunions plénières à la chambre, à faire entendre parfois un point de vue différent que le prêt à penser imposé par Jo. Grand démocrate, il en avait déduit que j'étais un renégat et nos relations sans être

---

tendues ne reflétaient plus le grand amour. Je n'ai aucun espoir sur la médiation de Jo. Depuis quelques jours, la seule revendication qui subsiste côté Raymond-g est le paiement des jours de grève. Sont-ce les valeurs de mon éducation judéo chrétiennes qui resurgissent, mais le fait de payer des gens pour faire le mal et sans autre raison que pour faire le mal, semble être pour moi le sommet de l'inégalité sociale. J'avais prévenu des le premier jour «chez moi, on ne paye pas les jours de grève». Payer les jours de grève s'apparente à payer les rançons des terroristes. Cela ne peut qu'engager les malfaiteurs à recommencer. Rendez-vous est prix pour le lundi 17. C'est Agnès qui vint me rappeler qu'il était 16h15, que mon ami Jean Hervé, dentiste de son état voulant me sortir quelques heures de mon enfer avait appelé pour me rappeler le côté impératif de mon rendez-vous cycliste. J'obtempérais aux ordres d'Agnès et d'un trait de smart rejoignais mon domicile pour 16h30. J'enfilais ma tenue, choisissais dans ma cabane vélo du fond du jardin l'arme qui me conviendrait ce jour, à 17h précises j'étais quelques kilomètres plus loin, au pont du Steendam, lieu spécifique de rendez-vous du jeudi. Enfin, je respire.

XXIX
Le club des 5000

Je l'ai dit, le jeudi nous ne sommes pas là pour nous amuser, nous sommes là pour combattre. Mes amis du «club des 5000», surnom employé par certains du club cycliste pour désigner un petit groupe qui dans leur tête rabougrie par la doxa gagnerait plus de cinq mille euros par moi me couvre de «*ça va ? Tu vas t'en sortir ? T'as bien fait de venir…*». Comme à l'accoutumée je les délaisse pour tenter de serrer rapidement les trente ou quarante mains des combattants de ce soir. Je constate qu'une bonne dizaine d'entre ces guerriers me refusent leur main ou me tournent le dos. Ce ne sont pas ceux parmi les plus défavorisés qui agissent ainsi, mais plus générale-ment les planqués des services municipaux ou communautaires, ceux qui ne font rien ou pas grand chose, et ont la garantie d'être payé pour cela tout au long de leur vie. Pour ma part, aujourd'hui j'ai bien conscience de faire partie du club, mais bien au delà de cinq mille et non pas par mois mais par jour. C'est en effet bien plus de cinq mille euros par jour que je perds.

Nous sommes partis et comme chaque jeudi, «la chauffe» sera de courte durée. 15 kilomètres seulement, et la «côte de Bambecque» fera la première sélection. Deux ou trois cyclistes décrochent, de quelques mètres, hors de l'aspiration du peloton ils doivent mainte-nant affronter seul le vent de face. Bien sûr ils n'y parviendront pas et en quelques dizaines de mètres seulement perdront tout espoir de rejoindre le groupe. La descente de ce premier relief, une ving-taine de mètres tout au plus se fait tête dans le guidon et qu'importe si celle-ci nous conduit directement dans le village et ses intersec-tions. Le jeudi soir, personne ne ralentit nulle part, dans certains croisements, ce n'est plus du vélo mais de la roulette russe. Une seule obsession : tenir la roue qui est devant et ne pas exploser avant Cassel. Le Mont Cassel qui bien sûr sera escaladé par son côté le plus dur représente le but de la sortie. Celui qui atteindra son sommet sans être trop dans le rouge conserve quelques chances de rejoindre Dunkerque avec le groupe. Passé Bambecque, la vitesse ne descendra plus en dessous de quarante kilomètres/heure, et le vent de face n'arrivera pas à la réduire. Le peloton est emmené par quelques coursiers. Pascal, un grand gaillard champion de Flandres en titre l'anime. Il fait partie d'un autre club de la ville dédié à la course et que je sponsorise par une petite enveloppe annuelle et la mise à disposition permanente d'une voiture, un break Ford muni d'un grand râtelier à vélo sur son toit. Tous les jeudis, quelques coursiers de ce club nous rejoignent pour cette sortie test. En tant que bienfaiteur et soutien de leurs exploits, parfois ils m'accordent une attention particulière essayant de me protéger au mieux du vent. Par deux fois ce soir, l'un d'eux décrochera de l'éventail de tête pour descendre en queue de peloton et me remonter juste derrière l'éventail de tête. Loi du sport oblige, chacun défend sa place avec férocité. Pour remonter, il faut soit sortir du peloton et affronter le vent sans aucune protection ou jouer des coudes. Les coursiers savent le faire, moi beaucoup moins mais par obligation j'apprends vite. Quelques kilomètres après Bambecque, les quelques mètres de dénivelé que représente un pont d'autoroute seront avalés expressément en accélération par les coursiers de tête. Le peloton va s'étirer et l'éventail occupera les deux voies de la chaussée chacun s'accrochant à la roue qui est devant. De coutume, je gravis l'obstacle sans dépasser 172 pulsations, bien que protégé du vent par les attentions de Claude et de Jean Hervé, ce soir mon cardio affiche plus de 180. C'est bien trop pour mon vieux cœur, mais comme le dit le président de notre club de vélo, Claude, un cœur c'est fait pour battre. Au sommet du pont, comme beaucoup d'autres je me retourne, 3 cyclistes sont lâchés, pour eux aussi, ce soir c'est terminé. Quelques kilomètres encore et nous arrivons à Winnezeele, dans le village, effectuant un angle droit, le peloton basculera à droite. Le vent qui était alors trois quart face par la droite nous gênera maintenant par la gauche. A cet endroit, chaque jeudi le peloton se réorganise et ne repart pas brutalement. Devant nous, à moins de dix kilomètres, Cassel nous nargue. Pour le gravir il faudra d'abord vaincre les Récollets. Accolé à son grand frère, ce petit mont est encore séparé de nous par un long faux plat qui se termine par une petite bosse. Habituellement, j'aime à semer la pagaille à cet endroit en passant en tête et en relançant la course plus vite que de raison. J'ai toujours affectionné les longs faux plats contre le vent. Je déteste les côtes à fort pourcentage, ma morphologie ne se prêtant pas aux exploits dans ces configurations. Habituellement, j'apprécie cet effort solitaire ou personne ne viendra prendre le relai, chacun s'évertuant à reprendre au mieux son souffle et faire descendre son rythme cardiaque avant les deux ascensions qui se profilent droit devant nous. Quand je le peux, quand j'en ai les moyens, j'aime faire l'effort pour emmener les autres. Ce soir me sentant déjà trop seul face à l'adversité, je me cacherais dans les roues de mes amis. Ce soir je resterais deux ou trois ou quatre mètres en dernière position. Jean Hervé se laissera décrocher et généreusement se placera derrière moi. Sans déployer d'effort inutile, à l'abri du vent dans ma roue, il posera sa main gauche sur mon dos. Le plus fort, abrité par le plus faible poussera celui-ci jusqu'à rejoindre le groupe. Si le plus faible ne fait pas l'effort, le plus fort ne parviendra pas à le sauver. De l'organisation sociale d'un peloton j'ai souvent tiré beaucoup d'enseignements pour les affaires. La course de tête ne doit jamais être ralentie. Aux suiveurs de s'organiser entre eux pour mutualiser leurs efforts et rester dans l'aspiration. Si les suiveurs acceptent de s'organiser et de produire cet effort, ils arriveront avec les premiers.

Ca y est nous avons fait la jonction, Jean Hervé me laisse trois respirations et se désolidarise à nouveaux du peloton en se déportant sur la gauche. «Accroche-toi» par cette courte phrase je comprends qu'il veut, en plein vent, tout remonter et me repositionner derrière le quintette de tête. Je m'accroche et quand je rentre dans le groupe en sixième ou septième position mon cardio affiche 191 et nous n'avons pas encore attaqué les Récollets qui ne sont plus qu'à quelques centaines de mètres. Je relève la tête, Jean Hervé comprend. En quelques secondes seulement nous sommes déjà redescendus d'une petite dizaine de places. Exténué je lâche alors un «Amuse-toi» de déception. Jean Hervé me répond «à dimanche, si tu veux, je roule aussi samedi». On verra lui répondis-je. Jean Hervé se lève alors et se mettant en danseuse retrouve une place derrière les leaders. Je décroche alors brutalement, le rythme de mon cœur ne veut pas descendre «putain de café» greulais-je en moi-même, comme si le café était responsable. Le café bu en trop grande quantité dans la journée m'a certainement rajouté quelques pulsations au cardio, mais le café n'est pas le premier responsable si je suis hors jeu ce soir, le premier responsable c'est moi. Quelles qu'en soient les raisons, surmenage, manque de sommeil et d'entraînement, stress, qu'importe, le résultat s'affiche clairement quand je vois le peloton basculer dans la descente en haut des Récollets alors que je suis cloué en bas de la côte comme devant un mur d'escalade infranchissable.

En cyclisme, de façon logique, la prime de vainqueur va au premier, à lui de la partager avec ceux qui lui ont permis cette victoire. Des primes de sprint, de combativité seront accordées aux suivants. C'est ce système que j'ai mis en place à DSI. Chaque ouvrier touchait son salaire de base, à cela s'ajoutaient trois primes. La première calculée sur le résultat de l'entreprise. La seconde sur le résultât de l'équipe, la troisième sur la performance individuelle. La dernière lubie revendicative de Raymond-g est la réintégration de ces primes variables dans le salaire de base. La CGT fait toujours cela, faisant fi de l'effort individuel, elle n'a de cesse que de vouloir sanctuariser le salaire des moins performants prenant comme base celui des meilleurs, primes comprises. Une prime n'est pas un acquis social, elle dépend de différents facteurs. Dans la France industrielle, le salaire ne dépend que de la présence dans l'entreprise, rarement des résultats de chacun. Une fois qualifié de salaire, je ne pourrais plus jamais revenir en arrière quelle que soit la productivité ou le résultât de la boîte. Je ne peux accepter cette nouvelle revendication. Je m'imagine les négociations de lundi prochain comme ce mur des Récollets, infranchissables. Pour la CGT, si une équipe ne produit pas, ce sera aussi la faute du café, du surmenage, du stress, des leaders qui vont trop vite. Jamais la défaillance des composants humains de l'équipe ne sera mise en cause.

Pour un rebelle ou un terroriste islamique, une décapitation sera le fait de l'infidèle, jamais celui de sa propre barbarie. La CGT a le dieu solidarité en excuse, l'islam possède Allah et le prophète. Chacun évoque des notions abstraites pour justifier des actes concrets condamnables.

Je suis maintenant en haut des Récollets, deux des trois «lâchés» du pont m'ont rejoint. Ils sont en en meilleur état que moi. Ils ont eu la sagesse de lever le pied avant de se retrouver dans le rouge. Les deux lâchés du pont n'auront subi qu'un temps de récupération très court, ma surchauffe cardiaque m'en imposera un plus long. Le temps de récupération après un surrégime cardiaque trop élevé et trop long est une épreuve très désagréable. Si les pulsations sont redescendues, rien ne fonctionne dans l'organisme. Absence de force, tremblements, vertiges, bref, rien qui vaille sur une bicyclette. Les deux lâchés décident de réduire un peu l'allure pour m'accompagner sur le retour. Evidemment, nous décidons de zapper le monstre Cassel, de le contourner au plus court par le Nord, puis nous rejoindrons ce qui s'appelle la voie romaine, une route toute droite qui doit son tracé à un quelconque empereur et qui de ses vingt kilomètres relie Cassel à Bergues. Les pensées m'envahissent, que va t'il se passer à la boîte si j'explose, si par trop de dépense d'énergie je me retrouve lessivé, sans force. Qui prendra la place de Jean Hervé pour une poussette salvatrice qui me repositionnerait ? Qui va me récupérer sur la route et m'abriter un peu pour que je reprenne des forces ? Personne, je le sais, personne. La ville entière, n'ayant que les informations tronquées de la Voix du Nord commence à m'accuser de tous les maux. Des rumeurs idiotes courent sur un supposé train de vie de roi que je m'offrirais au détriment de mes salariés. Le mot n'était pas encore à la mode, mais dans les esprits j'étais devenu un patron voyou. Je n'étais plus le gars qui avait commencé dans la rue et s'était hissé au sommet à force de travail. Tout cela n'était que le fruit de la chance et d'une simple bonne idée dont je profitais au détriment des autres. Dans les esprits, les cent cinquante salariés de Point Cadres à Dunkerque et les soixante dix dont j'assurais la paye dans le Périgord représentaient deux cent vingt personnes à qui tout devait être accordé puisque je leur avais tout volé. Dans les esprits tout devait leur appartenir puisqu'ils y étaient employés. Qu'ils aient été payés et bien payés pour le travail qu'ils avaient effectué n'était pas une raison suffisante à leurs yeux. La présence dans l'entreprise depuis deux, quatre ou six ans pour les plus anciens justifiait qu'on leur donne, si ce n'est la pleine propriété au moins les pleins pouvoirs sur l'entreprise qui les employait. Et s'ils devaient aveuglément la détruire, c'était leur droit. Cette logique socialo communiste qui envahit la France depuis des décennies et qui veut que celui qui l'habite en devienne propriétaire, maître et roi sans avoir eu à la construire s'appliquait parfaitement au cas Point Cadres. Les derniers arrivants, même s'ils n'avaient rien fait, rien construit et pas encore prouvé leur productivité, s'ils détenaient un bulletin de paye de plus de trois mois comme on a un permis de séjour, devaient pouvoir gagner autant que ceux qui avaient bâti. Ce bulletin de paye, comme un permis de séjour ou une nationalité distribuée sans contrepartie les rendaient non licenciables comme certains sont non expulsables. Leur présence depuis quelques années, en déni de toutes les règles de propriété, leur donnait le droit d'imposer leur loi, et qu'importe le temps de la grève, le temps de la déstabilisation de l'entreprise. De la même manière, qu'importe aujourd'hui les dérégulations causées à la société par l'entrance de l'islam dans des terres historiquement catholiques et principalement athées ou laïques depuis un siècle. Il est de cette maladie française, appuyée par une Europe bien pensante mais non élue d'imposer la loi du dernier arrivant. Plus rien ne doit exister devant cette chance que représente des gens qui n'ont encore rien fait et qui ne feront quelque chose qu'en imposant leurs traditions, leurs lois, leur religion et leur Dieu.

Raymond-g était animé d'un souffle divin qui lui faisait courser deux objectifs, le pouvoir et l'argent. Pour atteindre les objectifs que sa religion CGT lui avait fixés, Raymond-g s'appuyait sur l'existant et en profitait grandement. Une entreprise le payait grassement chaque mois pour que sans titre il puisse en prendre le contrôle. Dans son action Raymond-g recevait le soutien des autorités qui utilisaient une partie de l'argent récolté par l'impôt que tous payaient pour que son idéologie parvienne à ses fins, oubliant que s'ils tuaient le père tout disparaîtrait. Oubliant aussi que ce père qu'était l'entreprise était le plus gros contribuable. Oubliant surtout l'obligation à ce que l'impôt serve le peuple, tout le peuple. En fait, tous agissaient contre la logique de propriété et de bien être commun. Michel et les élus soutenaient des voix et cherchaient à supprimer un éventuel possible concurrent. Dans leur action ils étaient prêts à s'associer ou à soutenir n'importe quel groupe si celui-ci présentait un potentiel électoral mais surtout s'il offrait le profil d'une minorité exploitée qu'ils s'enorgueilliraient de défendre. Qu'importe si cette minorité utilisait des armes redoutables que l'on pourrait qualifier pour l'entreprise de destruction massive. Qu'importe si pour exister les salariés en grève occupait illégalement le domaine public pour y faire incantation au dieu CGT sous l'épaisse fumée de leurs sacrifices, des pneus en fusion. Jamais non plus les écologistes dunkerquois ne se sont émus de cette épaisse fumée noire que dégageaient ces feux chaque jour. Je payais un lourd tribut écologique pour le retraitement de mes petites chutes de baguettes par le fait que certaines d'entre elles étaient recouvertes d'une fine couche de vernis. Il m'était interdit de brûler mes déchets et chaque jour brûlait à des fins destructrices des kilos de caoutchouc noir. Les forces de l'ordre refusaient de constater cette occupation illégale de l'espace public comme elles refusent aujourd'hui de voir l'occupation de l'espace républicain par les prières de rues. L'agent Jo que chacun savait avoir été de mes connaissances venait d'être détaché pour m'infléchir, me convertir ou me faire payer mon statut de dhimmis à la religion communiste en m'imposant de payer. Le parallèle entre le comportement de notre classe politique d'un côté gauchisante dans son ensemble et prête à se soumettre aux syndicats et son amour immodéré pour l'argent qui la fait se soumettre à la finance et au pouvoir des banques est encore plus d'actualité aujourd'hui.

Dans ces conditions, que pouvais-je espérer pour me sortir de cette situation. Je pédalais derrière mes deux lâchés du pont qui maintenant étaient mes maîtres. Sans eux, le retour à la terre promise serait plus dur encore. On a tous une terre promise quelque part. Pour moi, ce soir là, c'était ma maison de la vallée des roses, «le Rosendael». Le Dieu savait que ce que je voulais rejoindre c'était ma salle de bains puis un bon fauteuil devant un feu que j'aurais allumé avec mes chutes de baguettes, comme pour mieux emmerder les écologistes. Nous étions maintenant sur la voix romaine et en avions parcouru sept à huit kilomètres. Je suivais mes deux sauveurs qui devant moi roulaient côte à côte tout en conversant. Derrière, la tête penchée et les bras encore un peu tremblants, je reprenais vie. Pour mes deux lâchés come pour moi-même, les regards vers l'arrière étaient de plus en plus fréquents. Nous attendions tous trois de voir apparaître à l'horizon de ce ruban gris et rectiligne, l'ombre massive de notre groupe de guerriers. Au loin la tache apparaissait. Nous rouillions «à notre main» à environ vingt sept kilomètres heure. Des trois rescapés que nous étions, chacun savait que le peloton qui déboulait au loin flirtait avec les cinquante kilomètres heure. Des cyclistes, c'est con, ça ne peut supporter de ne pas s'accrocher à un peloton qui les dépasse. Nous en étions pourtant tous trois exclus par manque de performance mais nous avions dans les tripes, le besoin de ce raccro à la griserie que procure la vitesse à bicyclette. Un cycliste, c'est comme un français d'aujourd'hui, ca rêve de performance hors de portée et ça veut les atteindre sans les sacrifices de l'entraînement.

Le peloton se rapproche, il me semble bien organisé, les hommes de têtes tournent rapidement et les relais sont permanents, ça doit rouler très vite. Nous avons accroché le quarante et continuions d'accélérer pour réduire l'écart de vitesse et l'effort à faire quand cette légion va s'abattre sur nous. Ils ne sont plus très loin, pas très nombreux non plus, moins de quinze. Je pense en moi-même, Cassel a fait mal, à moins qu'ils aient «sauté» le long de la voie romaine. Le retour par la voix romaine se fait toujours vent dans le dos, trois-quarts arrière par la gauche. Tenir un groupe contre le vent est plus simple que vent dans le dos. Par vent arrière, le groupe protège et aspire moins que par vent de face. Ils ont dû exploser chacun leur tour sur la voie romaine. Il en manque bien une quinzaine.

Le groupe passe, je suis en danseuse bien sur ma droite, roulant dans le bas côté, presque dans l'herbe comme j'ai appris à le faire pour accrocher une dernière roue d'un éventail. «La roue» j'entends gueuler la voix grave de Claude. Mes deux compagnons du pont sont lâchés à nouveau, ils avaient certainement plus de jambes que moi, mais ils leur manquaient l'envie, la niaque. Je me suis accroché, le cœur est monté jusqu'à 178 pulsations le temps de m'arrimer au groupe, je suis maintenant le dernier. Planqué dans la roue de Marcel qui a décidé de ne pas tourner, de laisser faire l'effort par les autres. Pour que Marcel ne tourne pas, c'est qu'il récupère, s'il récupère, c'est que ça a roulé très vite, plus vite que ca ne roule maintenant et nous sommes pourtant à quarante six kilomètres à heures. Marcel avait passé cinquante cinq ans, c'était une force de la nature. Cela faisait plus de trente ans que Marcel travaillait en trois huit et il n'était jamais fatigué, ne se plaignait jamais. Je m'accroche, mes pulsations dansent en permanence au dessus de 180, je sais que je ne tiendrais pas longtemps. Qu'importe, je pédale, je m'épuise par habitude plus que par conviction. Déjà je rentre dans cet espèce d'état qui m'habite depuis presque quinze ans, si je ne suis pas toujours malheureux, je ne suis plus jamais heureux.

La bosse de Socx approche, c'est la dernière difficulté avant Bergues où les affrontements cesseront pour parcourir «au train» les dix derniers kilomètres, mouliner le plus possible pour se produire les effets d'un massage et éviter les crampes du lendemain. Dans chaque sortie, j'aime à me montrer à Socx, sortir du peloton et presque en apnée monter cette bosse comme un sprint. N'ayant pas «fait» Cassel, il serait mal venu d'aller faire le malin devant ceux qui ont produit plus d'effort que moi. N'ayant pas pris mes relais les kilomètres précédents, personne ne me laisserait sortir et ils auraient raison. J'aime à concourir dans les règles, ce manque de respect des efforts d'autrui que je reproche tant à Raymond-g, je ne vais pas en jouer à mon tour, de toute façon je n'en ai pas la force. Le rythme s'accélère, Pascal tient la tête seul, sans relai il visse et visse encore. Je suis le premier à exploser, je m'effondre, je n'avance plus, au sommet, un curé à vélo m'aurait dépassé. La bosse est passée, le hameau traversé, je ne vois déjà plus le peloton qui pourtant j'en suis sûr a ralenti. La nuit tombe un immense vague à l'âme aussi. J'ai froid, il me reste onze kilomètres à me traîner seul jusqu'à mon «Rosendael». De nouveaux j'ai l'impression que c'est ce qui va m'arriver dans ma vie professionnelle. Je vais exploser et tout continuera sans moi. Je ne le savais pas encore mais ces pensées étaient prémonitoires, ce qui allait m'arriver moins de deux ans plus tard quand les banques remplaceraient Raymond-g.

XXX
L'inspecteur du travail

Vendredi 14, journée de grève ordinaire si ce n'est la révélation d'une des motivations de la CGT. D'un seul coup la lumière m'aveugle. Dunkerque vient d'accueillir le congrès national du parti communiste. Robert Hue est encore secrétaire général. Je n'apprécie guère son surnom de «Nain de jardin», un nain de jardin inspire la sympathie, le sourire. Un communiste qui par sa doctrine a sur les mains des millions de morts n'a jamais éveillé chez moi de la sympathie. On commémore la Shoa en disant plus jamais cela, mais jamais les massacres des dictateurs communistes. C'est vrai que le terme «plus jamais ça» serait mal venu, puisque le sieur Robert est engraissé depuis maintenant plus de dix ans par la République, en tant que sénateur. Le peuple paye mais ne décide pas puisque les élections sénatoriales ne lui sont pas ouvertes. C'est donc par copinage et entregent politique que le nain de jardin contribuant aux dépenses outrancières de cette chambre qui n'a plus de raison d'être si ce n'est d'offrir des retraites dorées, continue de couler la France. Belle représentation démocratique ce sénat qui offre 19 sièges sur 348 à un parti qui ne représente plus rien en France. Si le nain ne s'est pas déplacé en personne à Point Cadres, d'autres huiles sont venues se montrer solidaires ou se sont exprimées par voie de presse. Comment n'y avais-je pas pensé plus tôt. La GGT, bras laborieux du parti communiste (il faut bien planter les drapeaux) se devait d'offrir un foyer de grève à son boss. Comment être solidaire de rien, les communistes ne sont pas des Bayrou, il leur faut du concret, du palpable. Sans grève on ne peut être solidaire. Excuse-moi Raymond-g, depuis trois semaines que tu fais le pitre entre jeu de boules et feux de camp, je n'avais pas saisi l'ensemble de tes motivations. *«Tout est plus simple qu'on ne peut l'imaginer et en même temps plus enchevêtré qu'on ne saurait le concevoir». (Johann Wolfgang Von Goethe).* Samedi je ne roulerais pas avec Jean Hervé, je ferais rouler sur le sol les paquets de baguettes pour mieux les ouvrir et nourrir les râteliers de mes scies.

Lundi 16, comme je le prévoyais, la tentative de médiation avec l'agent Jo n'a rien donné. En fait de médiation, comme je m'en doutais, il aurait fallu pour aboutir que j'accorde maintenant une augmentation de salaire en réintégrant les primes de productivité dans les salaires de base. La semaine s'écoule entre travail du matin sur les machines et travail d'après midi dans notre camp retranché de Wormhout. La production si elle semble à tous notre premier métier est en fait le dernier. Tout aurait pu être organisé comme je l'avais prévu au lancement de Point Cadres sur de la sous traitance, par contre nos métiers de distributeurs, de franchiseur, eux étaient notre réel savoir faire et ne pouvait être sous traité. Il me faut animer mon réseau, il me faut organiser ma communication financière. Rien de pire pour une société fraîchement inscrite en bourse que de vivre des turbulences comme nous vivions et de ne pas communiquer. Le titre est brutalement descendu pour vivre maintenant une descente lente mais sûre. Le fixing de quinze heures est tristement toujours le même. Des actionnaires sont à la vente, mais personne n'achète. Jean alors vice président du conseil général avait pris 20.000 euros de titres au jour de l'introduction. Il me rend visite à Bleu banane et m'explique qu'il souhaiterait se dégager mais ne veut pas perdre. Dans la vie normale, celle des citoyens si l'on joue à la bourse on en accepte les risques. Ce schéma ne rentre pas dans la tête des élus français, encore moins des socialistes. Pour eux, on ne peut que gagner. Jean me fait comprendre que je devrais arranger cela, que de par sa position il peut m'attirer des ennuis. *«On peut avoir été ami mais devenir ennemi»*. Je comprends vite, je sais que demain matin je peux recevoir un avis de contrôle fiscal, des inspections de la concurrence et des prix dans tous mes magasins du Nord, enfin toutes ces petites choses sympathiques que certains élus peuvent déclencher par simple coup de téléphone. Occupant la conversation quelques minutes par un autre sujet je réfléchis et très vite je demande à Agnès le chéquier de ma petite société financière avec laquelle j'achète ou parfois revends de mes propres titres pour en animer le cours. Ces opérations sont tout à fait légales, la place de Paris regorge de d'officine d'animation des titres. Mon flottant est trop mince pour supporter les coûts d'externalisation de ce travail, je l'accomplis donc moi même par le biais de ma financière. Agnès m'apporte le chéquier et je rachète quarante pour cent au dessus du cours du jour mes propres titres. C'est vrai que je fais parti du club des cinq mille, alors pourquoi se priver, tournée générale. Je salue Jean et le voyant quitter les locaux je me dis que je vois s'éloigner avec lui nombre de turpitudes.

La semaine se passe comme les précédentes le moral en moins. Je ne me montre plus en ville, je n'en ai pas le temps et partout où je vais, le silence se fait, les regards se détournent, l'ambiance est à chier. Mercredi 19 deux appels consécutifs me somment presque de reprendre les négociations, l'agent Jo et le secrétariat du sous préfet. On me demande d'accepter un nouveau rendez-vous de sortie de crise avec le team Raymond-g et l'inspection du travail. La réunion se passera dans les locaux de la direction de l'inspection du travail à Dunkerque. Rendez-vous est pris, ou plutôt imposé le vendredi matin. L'inspecteur du travail qui suit DSI est un petit mec trotskiste ou marxiste, enfin un rouge. C'est un petit gars incapable de regarder son interlocuteur dans les yeux mais parfaitement doué pour lui planter un couteau dans le dos. Je le sais gay, il fait tout pour le cacher, même cela il ne l'assume pas. Je connais les homos et le milieu gay de longue date. Mon premier employeur et ami, Gilbert qui était propriétaire du journal d'annonces dans lequel j'ai travaillé vivait avec un garçon, Dominique. Combien de virée dans les boîtes gay de Belgique avons-nous faites ensemble, à combien de spectacles de travestis ai-je prêté mon crayon pour en faire les affiches. Combien de bars gay ai-je fréquenté à Saint-Tropez, combien de fois ai-je accepté leurs invitations pour organiser des expositions. Et même si j'avais décliné le voyage à Venise avec La perruque de la place de l'ormeau, je connaissais le milieu et l'appréciais. Le petit inspecteur, lui, était différent, c'était un refoulé, homo non par amour des hommes mais par rejet des femmes. Je n'avais pas besoin de preuve, je le savais, c'était une petite frappe. J'acceptais le rendez-vous tout en sachant que je n'irais pas. Je communiquais chaque jour avec la Tunisie, je savais mon container bientôt prêt. Bernard tenait ses délais. Je sais que si issue il y avait, elle viendrait par l'autre côté de la méditerranée. Rentré à mon domicile, j'annonce à Corinne qu'en tant qu'administrateur et comme moi-même actionnaire principal elle a rendez-vous le vendredi matin avec le team Raymond-g. Le jeudi, de mon refuge bananier, je briffe Ludovic et Antoine, ils savent pouvoir offrir quelques bricoles mais ne lâcheront rien sur les sujets qui fâchent, réintégration des primes et paiement des jours de grève. Je n'évoque pas la raison de ma décision, mais leur indique que mon épouse me représentera. Sous la dictée d'Antoine, Agnès rédige un vaste pouvoir donnant à Corinne, si elle le souhaitait, le droit d'embrasser Raymond-g sur la bouche. Vendredi matin Corinne, Ludovic, Antoine se retrouvent assis du même côté d'une large table que l'on appelle celle des négociations. En face d'eux Raymond-g s'est déplacé avec ses gars, ils sont huit. Les deux parties attendent l'inspecteur. Une nouvelle tête féminine change le rapport de force Home/homme qui s'était instauré. Corinne naturellement gentille en rajoute un peu demandant à Raymond-g des nouvelles de son épouse, Reynald plus fermé ou plus timide n'ose pas lui parler, d'autres lui sourient en échangeant quelques mots. Antoine comme Ludovic ont un grand respect pour Corinne, tous deux l'ont vu travailler tant en conventions franchisés, qu'en magasins, pour eux autant que moi Corinne est fondateur de Point Cadres. Raymond-g lui aussi respecte celle qu'il appelle gentiment «madame Corinne». Avant d'être enrôlé à la CGT, Raymond-g aussi était un être humain. La porte s'ouvre, vêtu de noir et sac à dos sur l'épaule, le petit inspecteur rentre dans la salle. Sans salut ni amabilité de rigueur, le petit bonhomme noir s'adresse à Antoine et Ludovic «Monsieur Dufloo n'est pas là» ? Mon épouse ne laisse à personne le soin de répondre et lui dit «*Je suis madame Dufloo Administratrice et actionnaire à égalité avec mon mari, voici son pouvoir nous sommes tous là, la réunion peut se tenir*» Raymond-g de rajouter «*oui nous connaissons bien madame Corinne*» L'inspecteur aussi dédaigneux que rouge de colère, sans regarder mon épouse lança un «*certainement pas*» puis d'un petit pas pète sec encore une fois sans saluer personne, prit la porte qu'il claqua violemment sans entendre l'exclamation étonnée de Raymond-g «Non, pas avec madame Corinne !». C'est pas une petite frappe ça ? C'est pas un petit salaud de misogyne, c'est pas du racisme, c'est pas de la ségrégation, c'est pas l'expression du plus total mépris des autres ? C'est pas de l'abus de pouvoir caractérisé en fonction du sexe de son interlocuteur ? Je pourrais t'en écrire dix pages et tu pourrais encore en rajouter. Excuse-moi, dans certains cas j'aime faire court : c'était une petite frappe. A l'exception de mon épouse qui s'attendait à cette réaction, l'ensemble des intervenants était interloqué, on prenait congés. Corinne dès son retour m'expliquait que les rapports s'annonçaient bons. Qu'il y avait, d'après elle, matière à trouver une solution honorable. Corinne savait pourquoi je lui avais demandé d'accepter de me représenter. Elle était d'accord avec la stratégie de maintenant jouer la montre et d'attendre le container. Ni elle ni moi ne pensions que ce jour-là, les gars étaient lassés de ce mouvement social qui ne trouvait pas d'issue. Peut-être avaient-il aussi reçu ordre de la cellule de trouver une sortie honorable à cette grève ? Je ne le saurais jamais. Je n'ai plus jamais discuté en direct avec cette catégorie de salarié. J'étais au bout de ce que je pouvais donner, ils avaient cassé ce lien un peu paternaliste qui fait que tout petit patron aime ses gars. J'avais jaugé le petit inspecteur et parfaitement prévu sa réaction, au point où j'en étais, je m'étais habitué à perdre un peu plus chaque jour. Peu m'importait d'attendre encore une semaine. Je savais que dans mon container tunisien je trouverais la solution. Samedi l'usine semblait comme orpheline, Raymond-g avait ôté ses jolies décorations rouges à lettres blanches qui égayaient depuis quatre semaines les alentours. Lundi 23 Pierre nous a quitté, les rapports de stage sur les sorties de crise c'est bien mais les études c'est mieux, il s'en est retourné à Jouy en Josas suivre ses cours d'HEC. Antoine ne me dit que ce que je savais déjà, la situation financière était une catastrophe. Nous avons acheté et payé des quantités de matières premières pour la campagne de noël. Ne pouvant les transformer, nous ne pouvons facturer de produits finis, l'argent sort, mais ne rentre pas. L'usine semble comme immobile, Raymond-g n'y vient presque plus, sa casquette rouge nous manque. Nous avons tous l'impression maintenant de lutter contre des fantômes. Le travail d'atelier et d'expédition a sapé le moral de mes cadres. Jean Marc, mon meilleur élément dans l'animation de réseau, les épaules tombantes me donne sa démission. Ludovic, quant à lui s'estimant coupable, dans un geste d'une noblesse qui n'a plus lieu, m'avait déjà donné la sienne la semaine précédente. Chacun est las. Ces quatre semaines aux allures de sprint mais qui était une course de fond ont cassé quelque chose à jamais. Les feux de pneus avaient disparu, les camions pouvaient rentrer et sortir comme avant. Les menaces de séquestration avaient disparu. Raymond-g se trouvait bien seul sans les renforts. Deux gars avaient quitté le mouvement dès le lundi et avaient réintégré l'atelier. Le mardi matin un troisième reprenait son poste. Vers midi, alors que je transportais des cartons, une semi remorque se présente au quai réception matières premières. Je m'entretiens avec le chauffeur et lui demande de faire le tour du bâtiment. Ce que nous recevons, ce jour doit rejoindre les produits finis et être stocké de l'autre côté. Je n'ai cette fois-ci pas besoin de communiquer, l'information a circulé très vite. Raymond-g n'avait pas normalement le droit d'entrer dans la zone produits finis louée par Point Cadres. Je suis trop heureux de l'inviter. Je monterais volontiers sur le Clarke pour décharger moi-même les palettes. Je m'en abstiens Raymond-g m'ayant déjà fait remarquer les semaines précédentes que je n'avais pas ma licence de cariste. Pour ne pas gêner l'ordre des expéditions, nous alignons les treize palettes chargées «raz la gueule le long du mur près des bureaux techniques. Raymond-g et moi sommes côte à côte, il ne me bouscule plus. *«Vous voyez Raymond-g, il y a la vingt cinq mille 24X30 en 01 et Deco 28, mardi prochain nous en recevrons vingt-cinq mille de plus, pour ces références et formats, la campagne de noël est terminée»* Raymond-g de s'inquiéter *«ça vient d'où ?»* de Tunisie lui répondis-je. *«Je les achète moins chers que ce que vous me coû-*

tez pour les produire» Puis je rentrais dans le bluff : « *Avec Ludovic et Antoine nous avons tout calculé, sur deux ans nous basculerons la totalité de la production sur des sous traitants tunisiens ou marocains, ou ailleurs. C'est tellement simple de recevoir un container par jour».* «*Et nous alors?*» lançait Raymond-g cette fois-ci vraiment inquiet. «*Vous ! La croissance fera que nous aurons besoin d'espace et de gars à la logistique, au fur et à mesure que nous vendrons les machines, on vous trouvera bien une place aux expé. La mise en palette ne requiert aucune qualification. Vous aurez toujours un poste, puisque vous êtes protégé».* La dernière palette était déchargée, la discussion se terminait sans autre explication. Le syndicat n'avait aucun recours. L'UES nous avait rapproché socialement mais DSI et le Franchiseur Point Cadres étaient deux sociétés distinctes. Pour les revendre en tant que grossiste, Point Cadres avait toute liberté d'acheter ses cadres où bon lui semble. Je pouvais faire livrer mes baguettes n'importe où dans le monde et commander du travail à façon à n'importe qui. La Chine était trop loin et pas assez souple, mais la Tunisie, c'était la porte à côté. Raymond-g s'il n'avait pas cru mon histoire de délocalisation complète de la production n'en avait pas moins vu décharger un container de cadres venu de l'extérieur. Il savait que ses revendications, ne me gênaient plus. Le mercredi matin par la voix d'Agnès Raymond-g me faisait savoir qu'il voulait négocier à nouveau, que l'on avait besoin de personne qui fut étranger au groupe, cela pouvait se faire entre quat-zyeux. Je faisais savoir à Raymond-g que ce n'était plus mon problème que j'étais occupé avec mes commandes en Tunisie. Que s'il avait besoin de quelqu'un pour discuter, il pouvait le faire avec Ludovic ou Antoine. J'indiquais pourtant à Agnès qu'il fallait qu'Antoine et Ludovic laissent à Raymond-g la possibilité de sortir tête haute. En aucun cas il ne fallait l'humilier plus qu'il ne l'avait été la veille par la réception du container. Jeudi 27 avant tout accord de reprise du travail, quatre ou cinq gars revenaient encore. Le même jour en soirée, un pseudo accord dont je ne me souviens plus les termes était signé, nous n'avions lâché ni le paiement des journées de travail, ni la réintégration des primes. Philippe le DRH avait bien dû donner quelque chose, mais suffisamment insignifiant pour que je ne m'en souvienne pas. Vendredi 28 septembre, après cinq semaines moins un jour d'arrêt de travail, tous les grévistes avaient réintégré l'usine, le lundi 1er octobre quinze temporaires allaient permettre de passer en deux huit. Tout le réseau serait livré de toutes ses commandes avant noël. L'entreprise avait été saignée à blanc, plus rien ne serait plus jamais comme avant. Affaiblis nous ne retrouverions jamais notre taux de croissance. Si l'entreprise restait rentable, la trésorerie ne s'en remettrait pas rapidement. L'énergie dépensée pour survivre fut bien celle d'une année de travail, et une année d'un franchiseur, c'était trente magasins nouveaux. A l'exception des mois d'août et de décembre, nous ouvrions un magasin tous les neufs jours. Les dégâts causés par une grève importante sont comme les dégâts d'une guerre. En France, depuis plus d'un siècle, ce sont toujours les socialos communistes qui déclarent la guerre. J'affirme qu'il y a quelque chose de belliqueux et d'autodestructeur dans le socialisme. Comme en islam, rien n'est négociable, tout est écrit, une seule voie doit exister. Raymond-g, les syndicalistes extérieurs à l'entreprise, les suiveurs, m'avaient volé mon temps, une partie de l'entreprise et mon avenir. *«La plus insupportable engeance de voleurs, ce sont les sots. Ils nous volent à la fois notre temps et notre bonne humeur» (Johann Wolfgang Von Goethe)*. Raymond-g était un sot mais qui tirait quelques gloires de sa sottise. Les suiveurs étaient des sots qui m'avaient volé sans tirer aucun profit de leur action.

XXXI
The story of MAHOMET

2015, Sunday January 4th

Cinq semaines moins un jour !
Il m'a fallut cinq semaines moins un jour, la durée du conflit lui même pour coucher dans ce testament les faits de guerre de la CGT.
Durant cette période je suis allé parfois à la galerie, c'était toujours
comme en apnée, retenant un souffle qui ne pouvait reprendre
qu'au récit de cet attentat à l'entreprise. Ces dernières nuits, comme
pour éviter de déconnecter du présent, avant de plonger mon écran
dans l'obscurité, je laissais ma souris vagabonder à la quête de
l'information. Tu le sais je suis témoin, et que serait un témoin sans
actualité ? Souvent je la suis par le détail, là où le diable aime se
cacher. Les petites phrases, les faits anodins qui sombrent vite
dans l'oubli excitent mes cortex autant que les grand titres. Loin
d'être un Bayrou, je suis certainement un bi, ou peut être un multi.
Bi polaire, multi professionnel et multi aussi par mes différentes
vies. J'ai parfois l'impression d'avoir différentes âmes. Ce doit être
ces différentes âmes, tantôt logique tantôt baigné d'imaginaire, qui
témoignent de la transformation de notre société. J'ai le souvenir
d'un univers occidental dit développé, d'une société qui, il y a encore quelques décennies promettait d'apporter un monde de progrès,
et de raison. Celui-ci semble maintenant régresser, donner souvent
la priorité à la religion, au surnaturel et semble vouloir ignorer la raison. Le vieux Lao me l'a appris, tout est corrélatif. Je ne vais pas
contredire le chinois, mais en ce qui concerne mes observations,
j'affectionne à les relier à la notion de tempo. J'aime bien ce mot de
tempo, ça me donne envie de danser. Plus j'avance en âge, et plus
je danse.

Le 8 décembre, Andrew White, pasteur britannique me coupait mon
envie de salsa. Etabli à Bagdad, ce témoin privilégié vivant dans ce
secteur de la planète qui renoue avec la barbarie, nous informe de
la décapitation de jeunes chrétiens. Le casier judiciaire local, indiquait que ces gamins qui n'avaient pas quinze ans refusaient de se

convertir à l'islam. Certainement trop jeunes ou trop désargentés pour s'acquitter du tribut de Dhimmis, ces malheureux chrétiens ne pouvaient qu'être exécutés. Non pas pour un Dieu, puisque c'est le même, mais pour une histoire de prophète et de ses lois. *«Avant d'entreprendre la guerre contre les infidèles, il faut les convier à l'islam, s'il refusent on les invite à payer un tribut, s'ils refusent finalement, on recourt aux armes».* Cheikh al Djarairi, «la voix de l'islam» en vente en France dans toutes les bonnes librairies (y compris la Fnac) sans que cela n'émeuve les autorités. Dans ce monde barbare que l'état islamique veut construire, cette méthode radicale employée avec les infidèles présente deux intérêts : primo, cela évite de créer des structures sociales coûteuses pour expliquer les religions, la laïcité, et la liberté d'expression. Secundo : ça allège les chiffres du chômage et donne un coup de karcher dans les banlieues irakiennes, où parfois traînent des chrétiens qui n'ont rien à y faire. C'est horrible ce que j'écris à ce sujet, mais peut-on citer ou décrire ces actes sans verser dans l'horrible ? A t'on le droit de les ignorer ? A t'on le droit de les minimiser ? Ces rois de la machette ont visiblement bien étudié le coran et la vie de Mahomet. Ce sont des fidèles parmi les fidèles et retiennent de leur prophète la méthode et l'organisation qui a fait sa puissance et celle de l'islam. Je ne sais si je vais te faire partager mon analyse sur la vie de Mahomet mais je vais en tenter l'expérience. T'inquiète, je ne vais pas te bassiner avec la Sunna, ou les hadits, comme tous le font dans ces cas-là. Je ne vais pas non plus te bercer de fadaises comme quoi le Coran est une musique dont on ne perçoit les subtilités qu'en maîtrisant la langue arabe. Au fait les machettes parlent-elles arabe ?

Le Dieu lui même ne parlait pas la langue de Mahomet, c'est pour cela qu'il avait fait, de son chef des ventes, l'Archange Gabriel, l'ambassadeur plénipotentiaire sur ce secteur sud méditerranéen si riche en vocations pour le développement des religions. Gaby possédait un arabe courant mais uniquement oral, l'archange n'avait jamais été bon à l'écrit et ce dans aucune matière. Ses ailes le gênaient pour écrire et il concevait mal l'usage des plumes autrement que pour voler ou se tenir au chaud. Le dieu avait créé les plumes pour cela se disait-il, s'en servir pour écrire est une déviance de l'homme. Ces hommes qu'il allait devoir fréquenter pour trouver la perle rare, celui qui serait capable de lancer une troisième religion pour son maître. Gaby ne savait pas encore qui il allait sélectionner ni comment il allait le sélectionner. Il ignorait encore tout de ce Mahomet qui deviendrait son porte parole. Par manque de documents historiques fiables relatant la vie du prophète et par le fait que les rares écrits rassemblés à ce sujet ne l'ont été que deux cent ans après sa mort, je me soumets à l'unanimité des historiens qui soutiennent que tout récit de la vie de Mahomet ne peut relever que du roman. S'ensuit donc la vie de Mahomet selon le tout nouveau testament. Il n'engage que moi, et comme m'a toujours dit mon épouse, surtout aux moments les plus durs de notre vie : «il nous reste l'humour...»

Le petit Mahomet, serait né à la Mecque aux environs de l'an 570 après JC. Orphelin de père, l'enfant n'aurait donc connu que le sourire de sa maman, pas encore caché derrière un voile intégral. Ce visage féminin ne l'a pas accompagné longtemps puisque maman mourut quand le bambin avait à peine six ans. Grand-papa prit la relève, assurant gîte, couvert, et éducation à son petit fils. La famille de Mahomet qui était issue d'une tribu honorable mais passablement désargentée, imposa très tôt le travail à son protégé. Ce n'était pas plus mal que de traîner sur les remparts de la cité ou de dealer à la Kasbah. C'est en tant qu'accompagnateur de caravanes que l'adolescent commença sa carrière. Je dois l'avouer, cela ne devait pas être follement récréatif. Le désert brûle le jour, et la nuit glace les sangs, de plus les chameaux ça pue. Tu me diras, le jeune homme était chanceux de ne pas être noir, peut être aurait-il eu le job, mais sans la paye et sans espoir de promotion ou de démission. Fatigué des voyages et de traîner la babouche dans la poussière, Mahomet chercha un emploi en ville. C'est Khadija, riche marchande et veuve qui lui donna sa chance. Le jeune caravanier se sédentarise alors sans jamais oublier le parfum des caravanes. Les richesses et les itinéraires de celles-ci resteront gravés dans sa mémoire. Très vite, ce jeune homme apportait à Khadija la preuve de ses grandes qualités d'organisation et de management, constatant ses qualités, celle-ci lui confia rapidement la gestion de toutes ses affaires. Fier de ses nouvelles fonctions, le jeune homme prenait des épaules et de l'assurance. Il aimait aussi paraître, faire le beau. Les juifs du quartier étaient ses amis et le jeune homme appréciait ces commerçants qui lui taillaient des tenues valorisant son physique de jeune premier plein d'avenir. Etre bien sapé, ça aide à séduire les filles. Son entourage ne comptait déjà plus ses conquêtes et devinait que l'homme n'était pas enclin à la monogamie. A l'âge ou l'on abandonne son physique d'adolescent pour rentrer dans la peau d'un homme, il s'était fait tailler chez son ami Michael, une merveilleuse djellaba sur mesure. Tu sais, quelque chose de beau, avec un tissu qui tombe bien et fait une jolie silhouette. Bien épaulée, le bas qui frôle les babouches sans les recouvrir. Coupée par le travers dans un bel imprimé cette Djellaba lui donnait fière allure. Elle était d'un joli ton sur ton assez lumineux juste relevé d'une petite ganse de cuir plus foncé autour de la capuche et d'une encolure brodée au fil d'or. Enfin si tu ne devais avoir qu'une djellaba dans ta garde robe, ce serait celle-là. C'était vêtu de ces apparats qui caractérisent l'homme dont on sent qu'il a réussi, que celui-ci se rendait maintenant à son travail. C'est ainsi qu'il séduit Khadija qui lui conseilla aussi de se laisser pousser la barbe. La veuve lui dit alors «*Veux-tu m'épouser ? Je te sais jeune et voulant dévorer la vie, jamais je ne me plaindrai d'autres courtisanes ou maîtresses et puis, à ma mort, tu hériteras de ma fortune*». Le jeune homme acquiesça à l'amoureuse demande de la dame qui était de vingt ans son aînée et les noces furent célébrées rapidement. La veuve aimait le jeune homme d'un amour fou et voyait en lui si ce n'est un dieu, un homme hors du commun. Puis se passe vingt années sans événement particulier quand en 610, dans la force de sa quarantaine Mahomet se rend dans la grotte d'Hira. A son retour il confie à sa vielle épouse qu'il vient d'avoir une apparition et qu'il a rencontré l'archange Gabriel en live. Khadija d'abord n'en croit rien et lui demande de ne pas la prendre pour une biquette, qu'il serait plus simple d'avouer la vérité, l'existence d'une maîtresse. Mais Mahomet est très persuasif et Khadija se laisse finalement convaincre. La riche veuve a toujours cru en son époux, aveuglée d'amour, elle le voyait comme un dieu. Alors que la suprématie commerciale et l'organisation communautaire des juifs et des chrétiens commençaient à se faire sentir et que les affaires de la veuve devenaient plus dures, tout deux pensaient à se convertir espérant ainsi relancer leurs affaires. Comme les apparitions de l'archange Gaby se faisaient plus nombreuses et son discours plus précis, ils abandonnèrent le projet de conversion et c'est alors qu'aurait germé l'idée d'une troisième religion monothéiste s'appuyant en partie sur l'ancien et le nouveau testament en se servant de leurs récits et en reprenant les prophètes jusqu'à Jésus Christ.

La communauté juive qui ne favorisait pas les conversions, si elle était soudée et active était toujours en sous nombre chronique, et de fait, avait du mal à s'imposer et à conserver ses territoires. L'exemple du judaïsme trop fermé ne serait pas suivi et la nouvelle religion se devrait, à l'instar du christianisme, de proposer une conversion facile et rapide au plus grand nombre. Porte parole de Mahomet, Khadija arrivait à convertir quelques personnes à la Mecque dont un oncle assez influent qui allaient former le socle des adeptes. Les alentours de la ville, peuplés de tribus sans réelle religion devinrent alors leur cœur de cible pour les conversions suivantes. La religion était lancée et Noé devenait *Nüh*, Abraham *Ibrâhim*, Isaac *Isahâq* Jacob *Ya'quûb*, job *Ayyûb*, Salomon *Sulaymân* et l'ami Gabriel جبراىيل (Jibrïl) ou Gaby pour les intimes, car en religion, Gabriel est de tous les coups. Messager de dieu chez les juifs depuis des millénaires, c'est lui aussi qui d'après le nouveau testament annonça à la Vierge Marie qu'elle attendait un enfant et que c'était un garçon. Ce n'était pas un manchot ce Gaby, ses deux bras comme ses deux ailes étaient constamment occupés pendant que Dieu se la coulait douce dans les nuages. Gaby, maintenant détaché des deux autres cultes était super dispo et allait reprendre du service. Les rencontres avec Mahomet à la grotte d'Hira se produisaient plusieurs fois la semaine et à chaque retour de sa caverne Mahomet dictait de nouveaux Hâdiths. Ce dernier ne sachant ni lire n'y écrire faisait venir deux écrivains publics et deux témoins lettrés pour s'assurer de la bonne transcription de ses paroles. Les révélations étaient alors soigneusement gravées pour l'éternité sur des épaules de chameaux ou des morceaux de cuir. Ce sont ces éléments réunis bien après la mort de Mahomet qui forment le coran. Les convertis commençaient à se faire nombre mais l'aristocratie et les marchands observaient cela d'un mauvais œil. En effet la Mecque devait sa prospérité aux nombreuses foires et pèlerinages qui s'y tenaient, et marchands comme aristocrates craignaient que cette nouvelle religion ne s'intègre pas dans les traditions et ne fasse fuir les pèlerins traditionnels. Ces pèlerinages étaient principalement motivés par la présence à la Mecque de la Kaaba, un lieu sacré sans toit, juste un enclos de pierre, où les arabes venant des quatre coins du désert y effectuaient des circumambulations. Chacun y adorait ce en quoi il croyait, c'était l'époque dorée du paganisme. Si les pèlerins ne tournaient pas sept fois leurs langues dans leurs bouches, chacun effectuait sept tours à l'intérieur de l'enclos. Tradition que l'on retrouve en judaïsme et qui se réfère aux murailles de Jéricho qui se seraient effondrées par la volonté de dieu après que les hébreux aient fait sept fois, et pendant sept jours, le tour de la ville. La circumambulation c'est donc un vieux truc qui remonte à près de mille ans avant JC, mais à la Mecque, c'était toujours d'actualité. En christianisme aussi, les évêques font sept fois le tour de l'hôtel pour le sacrer.

La Kaaba faisait de la Mecque une destination religieuse et nombre de populations qui trouvaient leur spiritualité dans le poly déisme ou le poly démonisme s'y rendaient régulièrement. C'était dans cet immense réservoir de pèlerins que Mahomet faisait du prosélytisme.

Les conversions n'étaient pas toujours spontanées et parfois le sabre aidait un peu les septiques. Cette religion ne portait pas encore de nom officiel et cela chagrinait Gaby qui profita d'une apparition pour en toucher un mot à son nouveau prophète : *«Ce que tu veux, c'est que chacun s'en remette à ta religion, s'abandonne au boss à travers toi. Or, en arabe, Aslama signifie s'abandonner, s'en remettre»* L'arabe n'était pas la langue maternelle de Gaby et ce dernier demandait confirmation à son prophète. *«Oui c'est bien cela et Islam veut dire soumission, répondre à la volonté ou à la loi de dieu».* Un nom fort, redoutablement efficace était trouvé. Dès la soumission à un dieu acceptée, il serait simple de soumettre la population aux règles politiques, économiques et sociétales. *«Je tiens le bon truc»* pensait alors Mahomet en lui même.

Les tensions montaient à la Mecque, et si personne n'osait s'en prendre directement au prophète, certains de ses disciples plus faibles, étaient contraints à la fuite. Ceux-ci trouvaient refuge chez le voisin Négus, dans les montagnes d'Abyssinie peuplées de chrétiens. Toujours protégé par son Oncle, Mahomet avait encore droit de cité à la Mecque, mais cet état de grâce n'allait pas durer, sa nouvelle religion et le pouvoir qu'il en retirait dérangeaient trop. En 619 à la mort de son oncle protecteur, un autre oncle, moins favorable aux idées novatrices de Mahomet prenait le relai et nombre de tensions et de désaccord apparurent. Puis ce fut le décès de Khadija et les importantes sommes d'argent reçues en héritage allaient renforcer la position du prophète. C'est alors qu'il se serait décidé que plus jamais un homme ne devra être dépendant de son épouse. En 621, les nouveaux convertis, trop nombreux, dérangeaient de plus en plus à la Mecque et ils se mirent en quête d'une solution. Regardant autour et au-delà de la Mecque, c'est la ville de Yathrib (Médine) où Mahomet était connu pour avoir résolu en tant que médiateur un conflit qui opposait deux tribus qui fut choisie. Mahomet s'installera donc à Médine le 24 septembre de l'an 622, date qui marquera le début du calendrier musulman. De ce nouveau quartier général les actions religieuses et politiques sont lancées. Guerres et pillages se succèdent toujours accompagnées de massacres des infidèles. C'est ce principe né il y a quatorze siècles qui perdure et perdurera. Massacrer au nom de Dieu a toujours présenté l'avantage de pouvoir payer ses armées ou ses mercenaires en monnaie d'espoir. C'était de la vierge en «stock option libérables à terme». Les spécialistes contemporains du management et de la gestion de matière humaine me font doucement sourire avec leurs outils de motivation. Le sexe mon vieux, l'outil de motivation le plus performant, c'est le sexe. Chez les chrétiens, toutes les pécheresses vont en enfer et le paradis ne promet pas de nanas jeunes et jolies prêtes à satisfaire les appétits des guerriers. Comment motiver des troupes pour un combat à mort avec un paradis qui ne promet que des saintes ! Mais dispenser les pécheresses de l'enfer pour animer un peu le paradis n'aurait rien arrangé car la luxure aurait progressé sur terre et cela aurait éloigné les hommes des joies de la guerre. Restait à Mahomet la promesse des vierges. Sur coup là, bien vu.

Dès son installation à Médine, Mahomet édicta une nouvelle constitution par laquelle il associait les juifs. C'était une sorte de programme commun religieux axé principalement sur les règles de la guerre. La «succès story» de Mahomet se répand alors dans le désert comme une traînée de sable et beaucoup de petit chefs alentours suivent ce nouveau modèle en se convertissant à cette nouvelle religion et en adoptant ses principes. Le système de conversion était assez simple, il suffisait d'attraper un gars dans le désert et de lui demander s'il était Chrétien, Juif ou incroyant, puis lui proposer de se convertir. En cas de refus, les chrétiens et les juifs devenaient des Dhimmis, sorte de citoyens au rabais ne jouissant que de droits réduits mais subissant une forte surimposition. Les incroyants, infidèles ou autres paganistes étaient eux décapités. La conversion était très simple, il suffisait de réciter les deux phrases suivantes : «*J'atteste qu'il n'y a pas de divinité à l'exception de Dieu*»

«*J'atteste que Mahomet est le messager de dieu*». Et hop tu avais soit un soldat de dieu en plus, soit des revenus supplémentaires payés par les dhimmis, ou mieux encore, un décapité qui à lui seul et sans son consentement ferait se convertir nombre d'incrédules. Aux femmes on ne demandait rien puisque leur état de femelle voulait qu'elles fussent soumises aux volontés de l'homme. A Médine, après la mort de sa première épouse, la vie amoureuse de Mahomet est une rivière qui lui apporte un flot de nouvelles compagnes, entre onze et treize selon les sources, mais je ne suis pas là pour chipoter à deux épouses près. L'histoire nous apprend que la plus jeune d'entre elles n'aurait été âgée que de neuf ans seulement. L'histoire ne dit pas où Mahomet rencontrait Gaby à Médine, il y a carence à ce sujet, néanmoins nous avons la certitude que les deux compères se rencontraient sans cesse car durant cette période Mahomet ne tarissait pas de nouveaux hadiths. Le seul témoin Abou Hourayra, en un peu moins de quatre années de compagnonnage avec le prophète en rapporta plus de 3500, ce qui fait plus de deux par jour. Tu comprendras pourquoi Mahomet avait simplifié la constitution et dès leur dictée, les hadiths avaient force de loi. L'un de ces Hâdith bétonnait le tout et simplifiait le maintient de l'ordre : *«Celui qui m'a obéi a obéi à dieu, celui qui m'a désobéi a désobéi à dieu»* Al-boukari volume 9 livre 89 numéro 251. Méthode simple mais efficace pour s'octroyer un pouvoir incontestable et sans limite. Cela reste d'actualité car j'ai relevé cette douce et démocratique citation sur le très officiel site Islamfrance.free.fr.

Les mecquois ennemis de Mahomet alliés aux bédouins qui eux se lassaient d'être sans cesse rançonnés essayèrent alors de reprendre Médine. Toutes leurs tentatives furent vaines, jamais ils ne réussirent à franchir le profond fossé que Mahomet avait fait creuser autour de sa ville. En l'an 8 de l'hégire, en janvier 630 Mahomet prit sa revanche sur la Mecque en organisant une petite marche pacifique appuyée de 10.000 hommes. Effrayée par cette armée aux portes de la ville, la population de la Mecque envoya un négociateur en la personne d'Abou Sofyan, mais seul Dieu sait pourquoi, celui-ci au lieu de négocier se convertit instantanément à l'islam. Peut être la vue du sabre ? Mahomet annonce alors que la Mecque ne risque rien si elle se laisse envahir. L'ancienne ville du prophète maintenant soumise religieusement lui remettait les pleins pouvoirs. La Mecque devenait ville sainte et c'était maintenant vers cette nouvelle cité sacrée et non plus vers Jérusalem que devraient se prosterner les musulmans pendant leur prière. A Médine, les juifs qui se plaignaient sans cesse du non respect du programme commun commençaient à escagasser le prophète. Fort de sa nouvelle ville sainte, Mahomet n'avait maintenant que faire de ces juifs et cherchait à les évincer du pouvoir. Alors qu'un simple massacre aurait clarifié la situation politique, Mahomet fit preuve de mansuétude en se contentant de les chasser de la ville. Le nombre mon vieux, toujours le nombre. C'est cet événement qui est appelé Fatah al-adhim (la grande victoire). Vivant à Médine, Mahomet aimait retourner à la Mecque, c'était un peu sa roche de Solutré. C'est en l'an 632 qu'il décida d'y accomplir un grand pèlerinage que chaque musulman devrait par la suite imiter en se rendant dans la ville sainte une fois au moins dans sa vie. C'est «Hadjetou el wada» le pèlerinage de l'adieu. Puis Mahomet prit de l'âge et les voyages commencèrent à le fatiguer. Lors d'un retour de la ville sainte, il tomba malade et une forte fièvre eut raison de son corps, ce fut la mort du prophète. Tout étant réglé pour que les populations conquises payent, meurent ou se convertissent l'Islam pouvait alors régner en maître absolu sur son empire naissant.

La religion n'avait pas non plus oublié d'asservir les femmes pour que leurs ventres fournissent des combattants. Emporté trop vite par la mort, Mahomet n'avait pas eu le temps de rédiger son testament. Cet oubli déclencha les foudres de Dieu envers Gaby qui prit un sacré sermon. Dieu lui reprochait vertement cet oubli en ces termes : *«C'est bien simple, je me demande pourquoi je te paye si je dois tout surveiller moi-même. Tu fais des milliers d'apparitions et tu oublies le testament ! »* Disait Dieu en engueulant son archange. Gaby n'en menait pas large et se cachait derrière ses deux petites ailes blanches qu'il avait repliées devant lui, comme pour mieux se protéger des postillons de dieu. De cette inconsistance de l'archange, de cette manie de Mahomet à conserver envers lui tous les pouvoirs, de l'absence d'organigramme, de volontés testamentaires, l'Islam connut dès la disparition du prophète de sanglantes guerres de succession. Chaque tribu, chaque chef se réclamait du prophète, et considérait sa lecture personnelle du Coran comme l'unique chemin de dieu. Bref, le souk.

Dieu fâché de cette situation prononça encore ces mots envers Gaby : *«Tu verras qu'un jour, sans structure de commandement, ce sera la zizanie dans cette religion et partout sur terre. A quoi bon gagner des croyants par l'Islam si par ses massacres je dois en perdre plusieurs chez les chrétiens ou chez les juifs. Au final je n'aurai pas plus de fidèles».* Gaby tremblait de peur, ses plumes frissonnaient et se hérissaient sur ses avant ailes, son front laissait perler la sueur acide de l'angoisse car Gaby savait que lorsque Dieu se fâche il est capable du pire. Lui-même n'avait dû sa survie qu'à ses ailes lors du dernier génocide divin, quand dieu exaspéré de la méchanceté des hommes déclencha le déluge pour éliminer l'humanité. Seuls Noé, ses trois fils Sem, Cham et Japhet et leurs épouses furent épargnés. Dieu n'avait voulu que huit survivants. Et s'il recommençait pensait Gaby, dans la précipitation de la colère qui épargnerait-il ? Un représentant de chaque religion ? Des représentants d'une seule religion ? Le pire serait des athées ou des agnostiques soupirait Gaby, car tout serait à recommencer.

XXXII

Articles 60 et 313-12

Thursday January 6th
Talire, Taloure, la femme à pichelour.

C'est la bande de la citadelle
On va rentrer complètement plein
De chez Zizine à chez Borel
On va chanter ce gai refrain
Avant de fermer les paupières
Viens donc boire une dernière bière
Si tu passes par la citadelle
Le jour où la bande bat son plein
Tu iras d'bistrots en chapelles
Tu n'rentreras qu'au p'tit matin…
(Chanson du carnaval dunkerquois)

Lundi 17 février 2002, c'est la bande de la citadelle, petit moment dans le calendrier du carnaval Dunkerquois mais un moment souvent épique pour le petit monde carnavaleux portuaire Dunkerquois qui forme la plupart des rangs de cette bande. Le carnaval à Dunkerque est un moment d'ouverture où tous les mondes et les milieux se côtoient. La citadelle n'échappe pas à cette règle et tous les survivants de la bande de Dunkerque qui se déroule la veille y sont les bienvenus. Le lendemain, ce sera mardi gras et sa bande de «Rosendaël» (Dunkerque 03) en attendant le dimanche suivant et la reine des bandes, celles de Malo les Bains (Dunkerque 02). Les dunkerquois sont inépuisables en carnaval et chaque week end de cette période présente un bal du samedi, une bande le dimanche, un bal du dimanche soir. Les bandes envahissent la ville de 14h à 19h puis se poursuivent dans les bistrots. Ceux qui ne participeront pas à ces après bandes très arrosées se rendront au bal pour y chanter, danser, chahuter et s'abreuver de rivières de bière et de fleuves de champagne. La citadelle reste un moment intimiste dans cette semaine sacrée de cœur de carnaval. La période du carnaval s'étend sur six semaines. Ce n'est pas la fin des sept jours gras et l'annoncement des 40 jours de carême que fêtent les dunkerquois. La tradition du carnaval et des bandes remonte aux campagnes de pêche à la morue en Islande. Les marins pêcheurs faisaient à cette période de grandes bordées avant de s'embarquer pour six durs et longs mois. Il y a bien longtemps que ces campagnes n'existent plus au départ de dunkerque et que ces «Islandais» ont disparu, mais la tradition et les fêtes perdure et s'amplifie.

Lors de l'assemblée de début d'année Jo président de la chambre de commerce située en citadelle a insisté sur le fait qu'il «faisait chapelle» et a invité chacun des délégués consulaires à venir se désaltérer aux pompes à bière de la chambre, pièces maîtresses du bar éphémère qui sera installé sous l'immense porche de l'institution. Quatre petits mois seulement me séparent des affres de la grève, ma réputation locale en a beaucoup souffert, si par le passé j'ai été un fervent carnavaleux, si je l'ai si souvent peint ou dessiné avec beaucoup de succès, depuis quelques années je ne porte plus d'intérêt à ces réjouissances. Je suis même le seul à ma connaissance, à avoir inséré une «clause de carnaval» dans mon contrat de mariage : Il ne pourrait m'être reproché de rentrées tardives pendant toute la durée du Carnaval. Mais le cœur n'y est plus. Pourtant, j'irais. A Dunkerque un type qui fait carnaval ne peut être un mauvais gars, un sale type. Alcool chants et humeur paillarde aidant, beaucoup de malentendus peuvent se dissiper. Les politiques l'ont bien compris et Michel le premier. Il n'a eu de cesse que de le promouvoir et tenter de s'y faire remarquer. Bien que la démarche carnavalesque relationnelle me rebute, j'irais donc me montrer à la citadelle. Se montrer à la citadelle impose trois stops minimum. Chez Zizine au sud-est du quartier face au bassin du commerce, chez Borel, siège des francs-maçons portuaires à l'autre extrémité du quartier et «la chambre» qui se situe entre ces deux lieux saints de la bière. Quittant mon bureau plus tôt qu'à l'accoutumée je rejoins mon domicile où Corinne a sorti de nos malles à trésors dunkerquois, une robe à fleur taille homme, un soutien gorge taille 110 bonnets D, des bas et les indispensables chaussures femmes taille 43, quelques bracelets et colliers ostentatoires, un petit sac à main une perruque bouclée blonde et surtout mon inénarrable chapeau à voilette garni de fleurs synthétiques ajoutées bouquet par bouquet au fil des bandes passées. Un plumeau fera la touche finale, car sans plumeau ou parapluie aussi fleuri que le chapeau, à quoi bon se déguiser. Les faux cils, les paillettes, le maquillage seront bien sûr outranciers, car sans outrance, à quoi bon se grimer. Ce soir, je serais classe, j'éviterais la dent noire qui habituellement embellit mon sourire. Je connais par avance les têtes de «masquelours» que je vais croiser. Je sais que je chanterai parfois à tue-tête, je lancerai des blagues épaisses avec un accent dunkerquois proche de la caricature. De mes lèvres d'un rouge offensant je donnerais des «Z'otch» (baisers) appuyés, et qu'importe si mon rouge s'estompe, entre deux bistrots, je me referais une beauté.

Le bistrot des frères Borel sera mon premier stop. Fifres tambours et trompettes s'entendent de loin et le trottoir sent déjà la bière. Les musiciens jouent comme ils peuvent mais fort, les masques chantent, rient en buvant de la bière. Certains tentent de converser avant de se jeter dans cette mêlée de bonne humeur. Pressés les uns contre les autres, les masques sont portés par un mouvement de houle lente. Parfois cette houle s'agite, tressaute quand la musique appelle à un «tiens bon d'sus» (un chahut). Comme les objets que l'on retrouve échoués sur le rivage, il me faudra me laisser porter par plusieurs vagues avant d'atteindre le bar. Ventre contre ventre, « te'tch contre te'tcht », je tente de retenir la poussée humaine pour ne pas trop embrasser Patrick qui, dos au bar, bière à la main, rire dans les yeux, sourire au rose à lèvres me lance «Ben k'esçadi» «ben jé vu du monde, j'suis rentré voir squi spassé» lui répondis-je en évitant ses lèvres lors d'un ressac, «Une tite pynte ?»... Patrick fut un temps mon médecin, ce soir, par nos déguisements, à quelques kilos près, nous étions sœurs jumelles. Je connais Patrick depuis vingt ans et Patrick connaît bien mon parcours. Le temps d'attraper une «mousse» et Patrick s'attarde à quelques phrases réputées sérieuses en de telles circonstances, les affaires, la grève, le boulot puis alors que nous étions une fois de plus collés l'un à l'autre me dit *«Maintenant, ce que tu dois faire, c'est vendre et t'en aller»* et après une gorgée de continuer *«tu vends, t'en as assez et tu rentres chez toi»*. J'en avais le rouge de la lèvre inférieure collée à mon bock et la bouche bée au dessus de ma bière. Je bus un coup de cette mousse comme pour imiter mes voisins et utilisais un subterfuge d'humour carnavalesque pour sortir de cette conversation me raccrochant ensuite aux chants et aux voisins pour prendre congé de ma sœur jumelle. Mon ex médecin et moi nous nous apprécions mutuellement, c'était un mouvement d'amitié qui lui faisait me prodiguer ce conseil. Je ne l'ai pas compris instantanément et quittant cette première étape pour me rendre à la chapelle de la

---

chambre je pensais «*De quoi se mêle t'il ? De quoi s'occupe t'il*» je ne comprenais pas, j'oubliais sa phrase tout en conservant le goût amer du «*tu rentres chez toi*». Face aux pompes à bière de la chambre de commerce je faisais bonne «figure de masquelour» employant accent et phrases de circonstance. Je quittais la chapelle en oubliant l'étape Zizine et rentrais chez moi. Patrick était de tous les clubs et associations qui comptaient dans la ville, il savait ce qu'il me disait et pourquoi il me le disait. Je retenais que pourtant Dunkerquois et gros entrepreneur de la ville, j'avais un temps quitté ce port du nord pour Saint-Tropez et c'était maintenant ce village du sud qui aux yeux du substrat dunkerquois était le «chez moi». Je ne comprenais pas encore que ce substrat allait me ruiner et me chasser.

Nous sommes en février 2002, au printemps 2001 en plein déménagement industriel, j'avais subi sept vérifications fiscales concomitantes touchant des sociétés du groupe Point Cadres ainsi que certaines de mes SCI et ma petite holding immobilière. Les deux plus gros contrôles concernaient le Franchiseur (Anticyclone développement) et l'usine DSI. Ca avait un côté sympa ces contrôles, cela nous apportait un peu d'animation quand nous n'avions pas grand chose à faire... Les deux petits jeunes que l'administration nous avait envoyés nous facilitaient la tâche. Le bâtiment n'était pas entièrement terminé et seule la partie industrielle avait été livrée. Cette partie ne comportait que peu de bureaux, l'immeuble de façade qui leur était destiné allait être livré deux mois plus tard. Nous leur proposions deux tables et deux armoires aux côtés d'Antoine, directeur financier. Cela ne pouvait convenir. Mes deux stars voulaient chacune une loge séparée et fermant à clef. Comme à l'école, peut être avaient-elle peur que le voisin ne triche par dessus l'épaule. C'est Antoine qui trouva la solution en faisant livrer et installer deux structures modulaires au sein de l'usine. Il est vrai que nos écritures allaient certainement se sauver si ces deux starlettes nous avaient octroyé un report de deux mois permettant de les accueillir sereinement et plus économiquement dans nos nouvelles installations. DSI fut contrôlé sur trois années, soit l'épluchure et la découpe en fine lamelle de près de 23 millions d'euros de mouvements, le résultat «*La vérification ne donne lieu à aucun redressement*». Le franchiseur obtenait aussi un blanc sein sur ses écritures, seuls des apports d'action intergroupe dans le but de constituer la holding et un ensemble cohérent furent remis en question. Résultat 1million d'euros de redressement ouvrant droit à la coquette somme de 423.163 euros d'impôt. L'ensemble de ces transactions internes avait été réalisé sous l'œil attentif de notre expert comptable et avec l'aval de nos deux commissaires aux comptes. Un commissaire aux apports était intervenu pour valider les estimations, mais notre starlette soutenait que comme nous savions que cela allait être valorisé à la hausse après opération de regroupement et inscription à la bourse, nous aurions dû estimer par avance la valeur que cela allait atteindre. Et pourquoi pas aussi deviner aussi l'âge du capitaine ! Et pourquoi l'aurions-nous fait si cela ne devait pas se valoriser ? Des foutaises certes, mais qui plombaient fortement nos comptes. Après discussions infructueuses nous nous dirigions vers le tribunal administratif. Les banques n'appréciaient guère ce redressement mais le fait que nos écritures comptables sur les deux sociétés piliers du groupe ne soulèvent aucunes anomalies leur faisait conserver la confiance. Nos lignes de concours court terme, découverts, campagne de noël et escompte franchisés étaient signées et reconduites pour l'année 2002 par l'ensemble du pool bancaire, ajoutée d'une «open line» de 400.000 euros accordée par la Société Générale pour notre développement au Mexique. Fin 2003, après que je fus spolié de l'entreprise, le fisc annulera purement et simplement sa vérification…

En fin d'année 2002, très las de tant d'adversité et face une situation détériorée par ces éléments exceptionnels je cherchais à céder tout ou partie du capital de mon entreprise, j'étais déjà épuisé, déjà presque au bout de mes forces. L'option augmentation de capital via le marché boursier ne pouvait être envisagée à court terme, la mariée n'était momentanément plus assez séduisante pour être présentée à l'épargne publique avec succès. Des contacts étaient pris et quelques investisseurs ou repreneurs témoignaient leur intérêt. Les visites et présentations de l'entreprise étaient autant de journées éprouvantes qui s'ajoutaient à ma charge de travail journalière. Début 2003, comme chaque année, nous étions capables à l'image des grands, de clore la totalité de nos comptes fin Janvier et de sortir l'ensemble des bilans du groupe et les écritures consolidées et certifiées dans les premiers jours de février. Etre côté sur un marché impose à l'entreprise rigueur et rapidité. A la fin de février, nos banques renouvelaient leur confiance et chacune d'entre elles s'engageait par écrit sur les montants et modalités des concours qui seraient apportés pour les douze mois à venir. Comme à l'accoutumée, découvert, campagne de noël et escompte tiré sur nos franchisés. Chaque année, cette dernière ligne était accordée en surabondance. A elle seule, la SG accordait près de 2 millions d'euros sur cet escompte. Ce montant était bien sûr trop élevé et notre volume d'activité ne nécessitait pas autant de place pour escompter notre papier. Jamais nous n'escomptions plus de sept cent ou huit cent mille euros. Antoine avait depuis longtemps mis en place et obtenu l'escompte électronique. Dès les années 1997 nous étions parmi les rares PME à posséder un système informatique interne qui comprenait la transmission de commande, suivi des préparations, facturation automatique, puis si nous le souhaitions, au jour de l'expédition, transmission électronique et escompte. Notre «papier» était de grande qualité et nous n'avions que très rarement d'incidents de prorogation. Quels que soient les besoins de trésorerie, j'avais exigé que ne soit jamais transgressée la règle qui était d'attendre l'expédition avant télétransmission. Nous étions maître de notre escompte et ne devions plus obtenir l'aval et la signature de nos clients franchisés pour éditer et escompter les traites. La télétransmission sans aval client est un signe de partenariat de confiance entre banque et entreprise et cette confiance nous était renouvelée chaque année. En début d'année 2003, je demandais audience au nouveau président du tribunal de commerce de Dunkerque. Lors de notre entrevue, pièces et explications à l'appui, je lui expliquais que nous étions systématiquement condamnés, souvent pour n'importe quoi mais toujours pour des montants exorbitants. Je lui expliquais que l'ensemble de mes avocats, tous de renommée nationale, me conseillaient depuis plusieurs années de déménager mon siège social et de faire enregistrer mes entreprises dans une juridiction moins partisane. Je ne cherchais pas un traitement de faveur, je voulais éviter la mise à mort systématique. Le président prenait note, m'indiquait sa fierté de voir une entreprise qui fabriquait dans sa ville et exportait vers d'autres régions plus de 99% de sa production. C'était à ses yeux un apport de richesse pour la ville. Il exprimait son souhait de visiter nos installations. Je lui répondais en l'invitant à heure et date à sa convenance. J'espérais par ce biais mieux expliquer notre fonctionnement et les réels services que nous rendions au réseau. Je pensais encore que ce tribunal pouvait avoir un sursaut d'honnêteté et de compétence. Fin mars, le directeur de la Société Général de Dunkerque, homme cultivé et de talent était muté à Paris pour prendre la direction de l'agence SG Palais Royal rue de Rivoli. Notre conseiller «entreprise» habituel nous demande alors un rendez-vous dans nos locaux pour les présentations d'usage avec le nouveau directeur. Première semaine d'avril, se présentent à la porte de mon bureau trois hommes aux mines aussi sombres que leurs costumes. Notre attaché de clientèle, le responsable des engagements entreprise, le nouveau directeur. J'installe autour de la table ce commando bancaire, les présentations se font entre banquiers, mon directeur financier et moi-même. Agnès assure le service des cafés. Quelques Phrases anodines sont échangées, puis me regardant dans les yeux, le directeur annonce d'un ton sec *«plus un sous»*. Sans développer davantage celui-ci se lève et suivi de ses hommes de main prend congé. A peine un au revoir, aucune autre explication. Comme lorsque j'entendais la phrase de Patrick à la citadelle, mes lèvres restèrent collées à la tasse de café. Je suis surpris, je ne comprends pas toute la portée de la phrase, mon directeur financier me regarde aussi muet qu'une carpe, les trois hommes sont déjà sortis. Lundi 7 Avril, chaque société du groupe cliente de la Société Générale reçoit la même lettre adressée en recommandé avec accusé de réception.

« Cher Monsieur
Après avoir pris connaissance des informations communiquées par notre agence de Dunkerque, nous vous informons que nous souhaitons réexaminer le principe même de notre relation. C'est la raison pour laquelle nous vous prions de bien vouloir considérer la présente comme valant dénonciation de nos engagements y compris du compte N* XXXXX avec un préavis de 60 jours expirant le 10 juin 2003, date à laquelle ils seront clôturés. A cette échéance, vous voudrez bien prendre toutes vos dispositions pour nous rembourser toutes les sommes en principal et intérêts devenus exigibles. Nous vous prions d'agréer, chère Monsieur, l'expression de nos sentiments distingués».
Noël Di Costenzo, Directeur de la Prévention Commerciale

Le «Noël» signataire des lettres était le grand chef du contentieux, tout en haut de la tour Société Générale à Paris la Défense. La décision avait été prise à Paris. Je n'avais plus d'interlocuteur à Dunkerque, l'ensemble de mes dossiers était délocalisé au service contentieux du siège, à Paris. Je n'avais jamais eu le moindre incident bancaire, mes sociétés possédaient la meilleure note Banque de France possible, toutes étaient notées trois AAA. Seules des années supplémentaires d'activité auraient pu encore améliorer la note auxiliaire qui ne porte que sur l'ancienneté. Aucun élément nouveau ou exceptionnel n'était survenu depuis la signature des concours bancaires pour douze mois, nos chiffres n'étaient pas extraordinaires mais en parfaite concordance avec nos prévisions. Rien, aucun argument, aucune raison n'était évoquée pour ce déni de signature. Je devais être con mais ne percevais rien dans le domaine de la raison qui puisse justifier une telle action.

Mardi 8 Avril dans une belle coordination je recevais les courriers du BCMN (Banque crédit mutuel) et de la BPN (banques populaires du nord) qui reniaient eux aussi leur signatures et stoppaient l'ensemble des crédits accordés. Dans ces courriers la société générale réclamait le remboursement des crédits et fermait les comptes des sociétés :

Sarl DSI, la fabrication
SA Anticyclone développement, le franchiseur
Sarl AB consultant, agence immobilière,
SA Holding Point cadres

Les Banques Populaires du nord et la Banque Crédit Mutuel faisaient de même pour les sociétés :
SA JLF (les magasins)
Sarl AD cadres (édition bleu banane)
SA Anticyclone développement (le franchiseur)

Certains courriers évoquent l'article 60 de la loi bancaire qui concerne les ruptures de concours, d'autres l'article 313-12 du code monétaire qui concerne aussi la rupture de concours et qui en résumé disent à peu près ce qui suit : La banque fait ce qu'elle veut et n'a nul besoin de se justifier, d'ailleurs elle ne se justifie pas. Quant à sa signature, elle s'en tape complètement comme du reste aussi d'ailleurs. Circulez il n'y a plus rien à voir.

Il me restait un compte pour le franchiseur à la BPN et un autre pour DS industrie au BCMN. Ces derniers ne présentaient que peu d'intérêt puisqu'ils n'accordaient de trop faibles lignes pour notre fonctionnement. Le vendredi 23 Mai, dans un bel ensemble Le BCMN et la BPN plantaient les dernières banderilles

«A SA anticyclone développement... *Conformément au délai de préavis appliqué en pareille circonstance par notre établissement, les autorisations de crédit dont vous pouviez bénéficier prendront fin à l'expiration d'un délai*
- *De 30 jours pour l'escompte commercial et les autres crédits de mobilisation de créances*
- *De 60 jours pour les autres concours*
Délai courant à compter de la date d'envoi de la présente notification. En conséquence, vous voudrez bien prendre toutes dispositions pour rembourser à l'expiration du délai précité, les sommes dont vous pourriez être redevables à l'égard de notre Etablissement». Alain ROBERT, Directeur BP Nord

A l'inverse de la société Générale, le directeur prenait ses responsabilités locales. Il était de sa délégation d'accorder les crédits comme de les couper. Le directeur de la Société Générale n'avait pas eu à prendre cette responsabilité, l'ordre était venu d'en haut, de Paris et signé par Paris. L'accord de crédit relevait pourtant d'une décision locale qui avait aussi le pouvoir inverse. Si ce directeur n'a pas utilisé sa délégation de pouvoir c'est que l'ensemble du plan était élaboré par le siège. C'est au siège de la société Générale que le futur repreneur était connu, puisqu'il était client.

«Monsieur, nous vous informons que nous n'avons plus convenance à maintenir la facilité de caisse de 45.000 euros mise à disposition sur votre Compte 200058 45, et dénonçons par la présente ce concours bancaire.
Afin de vous permettre de prendre les mesures nécessaires et conformément aux dispositions de l'article 313-12 du code monétaire et financier, nous vous avisons que la facilité de caisse devra être intégralement remboursée le 31 juillet 2003........Nous vous prions d'agréer, monsieur, l'expression de nos salutations distinguées».
Regis Fromont, Directeur de centre d'affaire, BCMN.

La Banque Crédit Mutuel du nord était une banque régionale. L'agence locale n'était pas structurée et n'avait pas de délégation suffisante pour suivre des comptes commerciaux conséquents et l'agence ne nous servait que de guichet. Il était donc normal que la lettre soit signée de Lille où étaient suivis nos mouvements. La signature émanant du siège de la banque était donc justifiée, pas l'action. Tu le sais, je l'ai expliqué lors de l'épisode de la grève, notre activité subissait une variation saisonnière importante avec la campagne de noël. La production et le financement de cette campagne s'étendaient de Juillet à Novembre, l'ensemble de mes comptes serait donc fermé dans la période de l'année où le besoin de financement serait le plus important. Il est vrai qu'il serait stupide de porter des coups sans être sûr qu'il ne blessent ou tuent. Tu l'as compris, toutes les actions étaient concertées et n'avaient qu'un seul but mener l'entreprise au dépôt de bilan. Quel intérêt pour la banque me diras-tu ? Tout je te répondrais c'est que dans le cas de Point Cadres les banques ne couraient aucun risque avec un dépôt de bilan. Sinon elles ne l'auraient pas provoqué sans prévenance et sans réduire progressivement leur encours. C'est le cas avec toute entreprise saine maîtrisant son marché et son activité et possédant plus d'actifs que de passifs. Ces actions de mise à mort ont été concertées et décidées par quatre banques, car la Banque de France succursale de Dunkerque se joignait à mes partenaires financiers en donnant son aval lors d'une réunion qui s'était tenue dans ses locaux. Et c'est avec l'aval du directeur de la Banque de France qu'elles ont été lancées. L'Etat n'était pas simple complice mais acteur du crime. Toutes agissaient dans le même but, me spolier de tous mes biens professionnels au profit de leur poulain repreneur et extraire de leurs méfaits le maximum de profit. La SG agissait pour le compte de Jean Claude Bourrelier et de son holding personnel Maison du XIIIème que celui-ci détenait à 100%. Laquelle holding détenait 35% de Bricorama. Point cadres réalisait 24 millions d'euros de CA réseau, Bricorama 545 millions. Je pense que la comparaison entre ces deux chiffres t'aidera à comprendre. J'avais un patrimoine personnel inexistant en comparaison de mes activités. Depuis huit ans, date de la création de Point Cadres avec cinquante mille francs (huit mille euros) j'avais systématiquement réinvesti les résultats de mon travail dans l'entreprise, très souvent en minorant mes salaires qui durant de nombreuses années était bien inférieur à ceux de mes cadres. Mon objectif était la capitalisation dans l'outil de travail et sa revente quand l'âge serait venu. Je possédais personnellement moins d'un million d'euro (rien huit années auparavant). Ce qui semblait bien light face aux 137 millions nets de dette que JC bourrelier aimait à annoncer.

La BPN et son directeur Alain Robert roulaient eux pour leurs copains Jean-Jacques et Régis mes deux actionnaires minoritaires qui possédaient respectivement 4.40% et 10.40% du capital de la holding Point cadres. Le premier avait fait fortune dans la transformation du poisson en plat surgelé, le second dans la fabrication de saucisses avec une charcuterie industrielle. C'était un tandem inséparable qui avait exprimé le souhait de devenir partenaire de Point Cadres en 1998 après ma victoire des autodidactes me désignant meilleur self made man de l'année pour la région Nord-Pas-de Calais-Picardie. C'est par cette nomination honoris causa que la vénérable université d'Harvard m'avait félicité en me comptant désormais parmi les siens. Je souhaitais à l'époque de l'entrée au capital de ces deux princes de l'alimentaire local renforcer mes fonds propres pour financer ma croissance. Les deux compères étaient rentrés au capital moyennant la somme de 5millions de francs soit 763.000 euros. L'enseigne comptait alors un peu plus de cinquante points de vente dont très peu en succursales. Le poissonnier ainsi que le charcutier avaient eu la chance de vendre très cher leurs entreprises respectives. Chacun possédait un certain cash, plus de

trente millions pour le charcutier, beaucoup moins pour le poissonnier qui était en attente du paiement de son entreprise. La BPN
avait été leur banque historique sous la conduite d'Alain Robert. Je
n'avais quant à moi jamais rencontré cette personne puisque le directeur en question avait été muté hors de Dunkerque peu de
temps avant la création de Point Cadres. La malchance ou le diable
voulait que ce celui-ci revienne à Dunkerque pour sa dernière année d'activité avant la retraite. C'était l'année du crime.

Le Crédit Mutuel, lui, n'avait pas de poulain, suivant l'exemple de
Raymond-g, il était solidaire. Mais une banque n'agit jamais gratuitement, seul dieu pourrait nous éclairer sur la nature des arrange-
ments qu'ils avaient scellés. Quand un client qui pèse 545 millions
d'euros annuel de mouvements et plus de 137 millions de patrimoine demande un petit service à sa banque, celle-ci s'exécute. Idem
avec seulement 30 millions contre moins de 1million. Ce sont les
valeurs corrélatives. Par ces actes les banques pérennisaient leurs
relations avec les gros comptes qu'elles chérissaient et rendaient de
surcroît service aux politiques en place qui eux aussi, par le tru-
chement des comptes des collectivités locales représentent pour
elles des sources de revenus conséquentes. Tout allait donc pour le
mieux dans le meilleur des mondes surtout quand on sait que dans
certains cas, les banques gagnent plus sur le dos d'une entreprise
en redressement judiciaire qu'en restant partenaire d'une entreprise
saine. Je t'explique : nos découverts et notre escompte étaient traités à euribor plus 2%, c'est-à-dire le cours auquel la banque achetait l'argent plus 2% pour son travail. De mémoire en 2003 le cour
interbancaire se promenait entre 2 .5% et 2.75%. Le coût de nos
concours bancaires court terme se situait donc entre 4.50% et
4.75%. Lorsqu'une entreprise est placée en redressement
l'ensemble des dettes bancaire est gelé et leur taux passe à
13.75% (année 2003). Je sais que tu fais des bonds à la lecture du
taux, mais c'était la loi. Personne n'emprunte à 13.75%, encore
moins quand il s'agit de sommes importantes. Les banques plaçaient donc de l'argent qu'elles achetaient entre 2.5% et 2.75% à
13.75%. Soit 11% an uniquement pour leur commission. J'étais de
moins en moins con, je commençais à comprendre.

Le redressement judicaire allait être prononcé le 30 juillet 2003, la
cession d'actifs se produire en fin de période d'observation en décembre de la même année, une fois dépecées de leurs actifs, fonds
de commerce, stock et immobiliers, les sociétés allaient être liqui-
dées et l'activité continuer avec la société nouvelle Point Cadres.

L'immeuble du Pont Loby allait en toute impunité être acheté séparément par une SCI détenue par Maison du XIIIème. Ne me demande pas pourquoi je n'ai pas cherché d'autres partenaires bancaires avant la mise en redressement. Sachant qu'une nouvelle banque serait impossible à trouver...Je n'ai pourtant fait que cela. Jour et nuit, comme pour m'assurer que j'épuisais, en plus de mes forces, toutes les chances de me sortir de cette ornière. La mission était impossible pour deux raisons. La première est qu'un organisme bancaire ne va jamais accepter de nouveaux clients dans une période de trésorerie tendue ou celui-ci est demandeur de lignes court terme. La seconde, c'est qu'au jour de l'envoi des premières lettres, les faits était inscrits en communication interbancaire et que les loups ne se mangent pas entre eux. A la réception des premiers courriers annonçant ma mise à mort, je prenais bouche avec le président du tribunal de commerce de Dunkerque lui demandant de nouveau audience qui me fut accordée sous vingt quatre heures. Après l'exposé d'une situation qui ne le surprenait pas puisqu'il devait en être informé officieusement, je demandais la nomination d'un administrateur «ad hoc» pour m'aider à négocier avec les banques et trouver une solution de reprise avant la déclaration de cessation de paiement. La loi accorde un délai de quinze jours au chef d'entreprise qui voit se dessiner la cessation de paiement, faute de quoi sa responsabilité est engagée. Et bien sûr, si le chef d'entreprise est jugé responsable, ses biens personnels y seront engloutis, puisque les assurances qui auront à verser les salaires se retourneront contre lui personnellement et pas contre l'entreprise dont les comptes sont gelés. Les sommes peuvent alors atteindre des montants vertigineux car l'ensemble des prestations sociales versées par les organismes d'état peuvent aussi lui être réclamées. Si le créateur d'entreprise prenait conscience du risque possible pour lui, il n'y aurait plus un seul employeur indépendant en France.

La nomination d'un mandataire «ad hoc» par un président de tribunal de commerce suspend ce délai. Cette procédure spécifique est réputée secrète et personne d'autre que le chef d'entreprise, son directeur financier, ses comptables et commissaires aux comptes, les repreneurs potentiels et les banques n'en sont informés. Aux fins de ne pas effrayer les fournisseurs et assurer la bonne marche de l'entreprise tout doit rester secret sous peines de poursuites pénales. Le président du tribunal de commerce me donne son accord pour une nomination, il m'informe également de son souci de confidentialité il décide de délocaliser cette mission vers un administrateur Lillois. Je quitte le bureau du président quand celui-ci m'interpelle «*Monsieur Dufloo, vous étiez un bon peintre, j'aimais bien votre travail, savez-vous que j'ai chez moi une de vos lithographie, un vendangeur. Vous reprendrez votre ancien métier*». Quinze moi plus tôt, j'avais déjà entendu Patrick me conseiller de tout vendre et de quitter la ville. Avant toute action et jugement, j'entendais un président de tribunal de commerce m'informer d'une décision qui si elle avait à être prononcée, n'aurait pu l'être que six mois plus tard…

Sous vingt quatre heures, JL mandataire judiciaire à Lille recevait mandat «Ad hoc» d'assister les dirigeants de Point Cadres dans les missions suivantes.
- l'analyse de la gestion du groupe
- La recherche de solutions aux problèmes actuellement rencontrées par celui-ci
- La mise en place ou la modification de concours à court terme
- Les négociations de recapitalisation déjà entamées.

Depuis l'envoi de leurs lettres d'amour, je ne voyais plus mes banquiers, la SG avait externé le problème Point Cadres à Paris et les deux autres organismes bancaires avait clos portes et téléphones. La loi impose aux banquiers de se rendre aux convocations ou aux rendez-vous d'un administrateur «Ad hoc», c'est tout ce qu'elle impose mais cela permet à minima de tenter un dialogue. Je suis resté interrogatif sur le fait que la Banque de France grand coordinateur n'ait pas à se joindre aux réjouissances. J'allais pour un court instant, revoir mes anciens banquiers. Le charcutier n'était pas encore officiellement dans la course. Tel une hyène, il préférait rester en planque et attendre le cadavre. Sur la ligne de départ JC Bourrelier (Bricorama) qui avait dans sa roue le poissonnier. Ce dernier, sans l'appui du charcutier n'avait pas les moyens et tentait, tel un wagon, de s'accrocher à la locomotive Bricorama. Son premier but était d'obtenir mon éviction et par là même, la direction du groupe. Rendez-vous était pris, les banquiers étaient présents, Noël Diconstenzo chef du contentieux de la SG ne se déplace pas, le directeur de la caisse locale plus-un-sous aussi connu sous le nom de P. Haddad le représente. Les directeurs de la BPN et du BCMN sont présents. Rarement je n'ai ressenti autant de haine, les six yeux des banquiers, s'ils avaient su pleurer, aurait versé des larmes d'arsenic. Je dérangeais ces honorables banquiers dans leurs petits crimes entre amis. Si ces hommes n'avaient aucune obligation d'action, cette réunion leur imposait de me revoir. Mon visage leur renvoyait la bassesse, la lâcheté, la vénalité de leurs actes et de leur personne. Ma seule présence leur rappelait ce qu'ils étaient, la conscience de leur être les indisposait.

En contrepartie d'une cession de ma part de 51% du groupe (j'en conserverais 29%) JC Bourrelier s'engageait à un apport immédiat en compte courant, puis pratiquait une augmentation de capital qui lui serait réservée. La société générale acceptait sans rechigner le report de son ultimatum, cela prouvait qu'elle défendait son poulain. La BPN, comme le BCMM étaient déçus. Ils espéraient ma dépouille, et se faisaient tirer l'oreille par l'administrateur pour accepter un report. Ils accordaient difficilement deux semaines pour que soit signé entre JC Bourrelier et moi-même le protocole d'accord. Dans mes opérations capitalistiques précédentes j'avais pris soin de conserver une majorité confortable (avec mon épouse), de fait aucune minorité de blocage ne pouvait venir gêner le projet. Maître Francis, mon avocat de toujours sis à Lille et Valenciennes était nommé pour rédiger le protocole d'accord. Le poissonnier était furieux. Moi, je savais que ma carrière se terminait. Je perdrais la présidence et hériterais d'une direction générale de façade limitée aux basses besognes. Après l'ensemble des opérations je conserverais entre 26 et 27% de l'entreprise, et la stratégie resterait inchangée. Tels étaient les termes du procès verbal de réunion. Au sortir des entretiens, JL mandataire me confiera avoir été totalement bluffé par le fait que je lui ramène une solution si rapidement. Gratifié par ses félicitations, je pensais à tort que j'avais encore un peu de temps avant de me remettre à la peinture. Je ne savais pas non plus que cette réunion-là allait me coûter quinze mille euros en honoraires. Vu la nature des documents que JL avait communiqués et qui n'étaient que des copier-coller de ce que nous lui avions fourni, le travail du mandataire ad hoc dans ce cas précis (comme dans d'autres) peut s'estimer à 3 000 euros de l'heure, et c'est un minimum. La justice semble choyer ses auxiliaires. Nous étions le Lundi 23 juin et toutes les opérations devaient être bouclées pour la première quinzaine de juillet. Dans ce type de situation, les engagements oraux sont formels et confirmés par lettre confidentielle à l'administrateur «Ad hoc», mais l'ensemble de ces engagements et des écrits est par nature secret, et aucun document ne peut être divulgué même devant un tribunal. De fait et jusqu'à bonne fin, chacun peut revenir sur ce qu'il a dit ou écrit sans jamais être inquiété. Le poissonnier, pour des raisons d'ego plus que financiers, n'avait d'autre ambition que la direction générale du groupe harcela de ses appels téléphoniques le patron de Bricorama. Je ne connais pas la nature exacte de ses propos mais le vendredi 11 Juillet au soir,

Jean Claude Bourrelier m'appelait et m'indiquait que suite aux nombreux appels du sieur Jean-Jacques, il se retirait. JC Bourrelier voyait dans cet actionnaire minoritaire un empêcheur potentiel, la reprise à la barre du tribunal l'en débarrasserait. D'autant que rafler l'affaire dans ces conditions lui permettrait une énorme économie. Il me restait quinze jours maximum pour déclarer la cessation de paiements.

Ces deux semaines furent pure folie, je rencontrais sans cesse, des investisseurs, des repreneurs venus de nulle part, des fonds d'investissements fantômes représentés par des avocats marrons se pressaient au portail Point Cadres. Je ne sais comment les requins perçoivent l'odeur du sang, mais dans ce genre de situation j'ai l'impression que le dieu prévient les squales les plus véreux de la planète. L'ambiance au bureau était devenue si lourde et si difficilement supportable que lorsque je ne coursais pas l'investisseur, je me repliais à mon domicile pour préparer mes dossiers confidentiels. Mon épouse m'ayant fait remarquer que les ordinateurs de la direction de Point Cadres étaient devenus des passoires et les fuites trop nombreuses pour être honnêtes. Dès lors, tout ce qui devait rester confidentiel dans cette période trouble serait maintenant dicté et édité au départ de mon salon transformé pour l'occasion en quartier général. Je ne sais à qui Jérôme mon ingénieur informaticien transmettait mes courriers, mais il avait en sa possession l'ensemble des travaux effectués sur l'ordinateur d'Agnès. Les trahisons commençaient à toucher nos plus anciens éléments. Au delà de l'espionnage informatique les «clics» qui étaient encore caractéristiques des écoutes téléphoniques se faisaient entendre sur toutes mes lignes fixes, professionnelles comme personnelles. Le Dieu mit alors sur ma route une personne qui m'a beaucoup aidé, le professeur Soinne. Le vieux professeur que chaque homme de droit connaît pour ses écrits était encore Mandataire judiciaire à Lille. Son épouse était greffière au tribunal de commerce de la même ville. La faculté de droit accordait volontiers au professeur Soinne la calotte de «pape» de la procédure collective. Entendons par là, dépôt de bilan, redressement, reprise, liquidation. A la ville sa réputation de tueur le précédait. Mais le Dieu devait être d'humeur joyeuse quand nous nous sommes rencontrés et le vieux professeur avait pris sous son aile protectrice le couple Dufloo. Il connaissait et appréciait mon épouse qui dans cette période dramatique me soutenait de toutes les forces qui lui restaient encore. En région Nord pas de Calais, tout ce qui porte robe, avocats, juges, mandataires judiciaires, huissiers ont appris les règles des procédures collectives par la voie du professeur. A chacun il avait laissé le souvenir d'un homme aussi glacial que compétent. Sa seule présence terrifiait mon épouse, moi j'étais sous l'emprise de son savoir et de son intelligence. C'est le professeur ainsi que Francis mon avocat qui décidèrent de la date pour déclarer la cessation des paiements.

Par jugement du 31 juillet 2003, la Sarl DSI industrie, la SA Holding Point Cadres, la SA anticyclone développement, la SA JLF, la Sarl AD cadres étaient mises en redressement judiciaire avec période d'observation jusqu'au 31 décembre.

Ce jour-là, je sais, que tout s'est terminé pour moi.   On allait m'échanger mes biens contre de la torture morale. Dès l'abandon du projet de reprise sous mandat «ad hoc» par Monsieur JC Bourrelier, je recevais à mon domicile, siège de ma petite holding immobilière et de mes SCI, les mêmes déclarations d'affection de la part des banques que celles qu'elles avaient susurrées dans l'oreille de Point Cadres. La BPN où étaient logés tous les comptes de mes affaires immobilières m'annonçait qu'elle reniait ses engagements courts termes et que s'ensuivrait la fermeture de mes comptes. Mes SCI étaient alors toutes rentables et les faibles liens qu'elles avaient avec Point Cadres ne les rendaient pas dépendantes. Les contrôles fiscaux concomitants à ceux que Point Cadres venaient d'affronter étaient restés infructueux et n'avaient donnés lieu à aucun redressement. Ils n'avaient enfanté que le stress d'être constamment mis en cause et traités comme des délinquants. Notre situation fiscale était au dessus de tout soupçon et les comptes bancaires ne présentaient aucun dysfonctionnement. Sauf à vouloir achever un homme à terre, la banque et son directeur, n'avaient en aucun cas à se commettre de telle façon. Mais il est vrai qu'un blessé peut se relever et contre attaquer, pas un mort. Par cette rupture de concours abusive les Banques Populaires du nord et son directeur ne poursuivaient qu'un objectif, nuire. La BPN qui avait financé une partie conséquente de mes opérations immobilières privées en connaissait la rentabilité exceptionnelle...

Je n'exposerais qu'un exemple, ce sera amplement suffisant pour démontrer l'absence de risque pour la banque, et prouver ses funèbres volontés. Fin Janvier 1998 au grand regret de mon épouse nous abrégeons notre semaine de vacances de neige d'une journée pour rejoindre Dunkerque le samedi plutôt que le dimanche comme cela était prévu. Je me suis promis une bonne saison cycliste et ne veux en aucun cas me priver de deux entraînements consécutifs. Le bilan se résumera par une violente chute et mon grand trochanter n'y résistera pas. Ce sera mon premier col du fémur cassé sur chute de vélo. L'attente de la reconstitution de cet os me vaudra cinq semaines alitées sans aucun mouvement. J'investissais le grand salon de la maison où un lit médicalisé était installé en même temps que le bureau de ma secrétaire. C'est la seule fois ou j'ai vu mon épouse me faire la tête, il est vrai que l'année précédente j'avais été immobilisé par une triple disjonction de la clavicule qui m'avait valu quelques métaux dans l'épaule droite, une perte de mobilité et beaucoup de douleurs. Je dois être con, mais je faisais encore du vélo. Trois semaines s'écoulent, j'étouffe. Seul apaisement, le vert de l'immense jardin de l'arrière de cette grande maison de bois que je viens d'acquérir. Cet imposant marronnier bicentenaire qui domine la pelouse semble me transmettre ses forces. Le projet de construction qui regroupera la fabrication de cadres et les bureaux du franchiseur où je sais maintenant que j'y perdrais ma vie, n'est pas encore d'actualité. M'adonnant assidûment à la lecture de la presse locale je déniche un manoir à vendre à la campagne, une ancienne demeure d'évêque. Rêvant de quitter mes bureaux du centre ville, je décide de me rendre sur place pour une visite. A mes frais j'appelle une ambulance et les brancardiers me chargent à son bord. Papa mon épouse et les deux ambulanciers sont de la visite. Trop petit, trop de travaux, nous rentrons. Le trajet du retour nous fera emprunter une route que même mon vélo ignorait. A la sortie du village, une zone artisanale et industrielle se dessine derrière les vitres de l'ambulance. A l'entrée de la cette zone un bâtiment industriel de très bonne facture est orné d'un panneaux à vendre affichant en lettres rouges les coordonnées du notaire chargé de la transaction. Nul besoin de noter le numéro, j'active la mémoire de mon cellulaire, il s'agit de mon notaire. *«Allo Bertrand, c'est Thierry, je passe à Wormhout et je vois que c'est toi qui vend les anciens bâtiments des fleurs séchées, combien ? Cela conviendrait peut être pour loger ma fabrication»*. J'étais aller visiter une demeure d'évêque pour y installer mes bureaux et le Dieu voulait me faire acheter une usine. *«Six Millions de francs, la société propriétaire a été liquidée, c'est maintenant la banque Natexis qui détient le bâtiment, on peut discuter»*. J'indiquais au notaire mon intérêt pour l'affaire pendant que son secrétariat faxait à mon domicile le dossier. Je faisais une offre à 2 millions 400 mille. Deux jours se passent et le vendredi l'offre me revient refusée. Le week-end s'écoule regardant ma pelouse. Le lundi, comme chaque jour, papa me rend visite. Mes affaires le passionnent et il aime cette grande maison de bois qu'il m'a un peu poussé à acheter et beaucoup aidé à restaurer. Papa et Corinne sont formels et en cœur me disent *«Ils ne veulent pas de deux millions quatre, fais une nouvelle offre à deux million »*. Des fous ! « *Ils sont à Paris et toi, ici dans ton lit. En plus, donnes-leur une date limite d'acceptation, ça va les réveiller un peu».* J'appelais Bertrand, et lui faisais une nouvelle offre à 2 millions tout ronds. C'était alors au notaire de s'écrier *«Tu es fou ! Ils vont me tuer»* Très fier je lui rétorquais *«Ils ne vont rien te faire du tout, tu es ici, eux là-bas, à Paris. Ils n'ont jamais vu le bâtiment, pour eux c'est une ligne comptable parmi d'autres lignes».* Le notaire me demandait une offre écrite que je dictais immédiatement à ma secrétaire. Mon offre insistait sur mon besoin pressant de locaux (faux) et sur un choix qui devait se faire avant le mercredi minuit (faux également). Cette proposition s'entendait payable cash sans aucune condition suspensive de crédit. Quand une offre d'achat sans condition est acceptée, la vente est réputée définitive. La mission du notaire se cantonne alors à l'enregistrement. Mes liquidités se limitaient à quatre cent mille francs, cela représentait les frais de notaire et d'enregistrement qui s'élevaient encore à 19% sur les locaux industriels. Bien qu'il me manquait deux millions pour le projet, je ne jouais pas une impasse car j'avais des lignes de découvert inutilisées suffisantes pour assurer le règlement en attendant un financement long terme. Mercredi soir 22 heures *«Allo Thierry, c'est Bertrand, tu es propriétaire. La Natexis vient de m'appeler, vu le faible montant de ton offre un conseil d'administration était indispensable pour l'accepter. Ils se sont réunis d'urgence et tardivement ce soir exprès pour cela, c'est O ».* Si mon offre ne les avait pas réveillé, elle avait occupé leur soirée. Le lendemain j'appelais de nouveau une ambulance, et c'est en civière à roulettes que je visitais mon nouveau bien. J'ai toujours aimé les choses qui roulent. De visu, les locaux m'apparaissait plus difficile à exploiter que sur les médiocres et très petits plans que l'étude m'avait fournis. Je décidais que cela ne convenait pas à Point Cadres. Dans l'ambulance qui me ramenait, j'en informais ma secrétaire. *«J'ai visité, c'est trop petit, pourriez-vous contacter les entreprises occupant la zone et leur proposer à la location sept boxes de chacun 1000 m2 environ».* Ce serait bien un coup du diable si personne n'avait besoin de locaux, ne serait-ce que pour du stockage pensais-je. En continuant ma conversation : *«Faîtes également paraître des insertions dans la presse pour ce prochain dimanche ainsi que dans les journaux gratuits merci».* Le vendredi, avant que les annonces presse ne paraissent, je recevais en retour de mes propositions de voisinage, une demande pour la location de trois box, c'était urgent. Chaque box était offert à la location pour un montant de 200.000 francs annuels, je venais de dénicher un locataire qui me réglerait 600.000 francs par an. Dans le même temps je voyais à mon domicile Jean loup, conseiller entreprise de la Banque Populaire pour lui soumettre ma

---

demande de financement. Je sollicitais 2 millions de crédit pour l'immeuble et apporterais 440.000 francs pour couvrir les frais et droits de mutation. La semaine suivante JL qui appréciait mon café était de nouveau à mon domicile *«Monsieur Dufloo, votre crédit est accepté mais à hauteur de deux millions cinq cent mille francs »*. Je n'avais demandé que deux millions, et les frais n'étaient habituellement pas finançables ! *«Oui mais la banque souhaite vous financer la totalité voir un peu plus, avec le reste vous achèterez des cigarettes»*. Trois semaines plus tard, Bertrand me faisait signer l'acte d'achat de l'immeuble plus trois baux de location. Je percevais mes loyers qui étaient payables au trimestre et d'avance. Chaque contrat exigeait un dépôt de garantie de trois mois que je percevais également. J'étais propriétaire et quittais Bertrand sans avoir bourse déliée. J'avais en poche 300.000 francs (45.800 euros) plus un chèque pour les cigarettes d'un montant de cinquante quatre mille francs (8.200 euros). Du bon boulot. Mes mensualités étaient d'environ 27.000 francs (4.100 euros) Cet immeuble rapportera par la suite jusqu'à 1.200.000 Francs (183.000€) annuels. Ces revenus n'étaient amputés pour les remboursements que de 320.000 Francs par an (27.900 €) Les baux commerciaux portant la charge du foncier sur le locataire, je n'avais d'autres débours que l'assurance propriétaire non occupant. Pour esquiver toute forfanterie je ne fais pas l'opération indiquant le résultat annuel. Cet immeuble avait eu quinze années plus tôt un coût de construction de dix huit millions de francs (2,7 M€). Rapportée au prix du neuf, la rentabilité était insuffisante, rapportée à mon prix d'achat, elle était inespérée. Ajouté à d'autres actifs solides dont ceux de Saint-Tropez, cet immeuble était toujours présent dans mon patrimoine, lorsque les banques Populaires ont appliqué l'article 313-12 à mes comptes immobiliers privés. L'ensemble de ces activités était parfaitement sain. Ce dernier coup bas était censé totalement me ruiner. Mais l'affaire Point Cadres avait déjà considérablement affaiblit mes réserves financières personnelles car si les frais d'avocats sont à charge de l'entreprise quand ceux-ci défendent ses intérêts, les nombreuses consultations que m'imposait la situation avaient pour but la défense de l'actionnaire. Il m'appartenait donc d'en supporter les coûts personnellement. Plusieurs années après être défaits de mes affaires ces dépenses courraient encore. Face aux attaques en meute comme je les ai connues, la qualité de la défense comme son prix ne se discute pas. Certains conseils en abusent, d'autres restent très loyaux. Merci Maître Francis, Merci maître Jacques, Merci Maître Pierre. Envoyer des «billets de cinq mille» ou des «billets de dix mille euros» chaque mois ne dure qu'un temps. Bien évidemment ces frais ont englouti la quasi totalité de mes biens personnels. Si je n'avais pu assurer ce budget défense, je serais aujourd'hui sans toit et sans abri. La mort par épuisement ou par suicide m'aurait certainement et depuis bien longtemps emporté. Comme tout un chacun, le quotidien ne m'oubliait pas et mon épouse et moi-même n'avions d'autre solution que de l'assurer en se posant chaque soir la même question, qu'en sera t'il demain?

Bien que la rentabilité de Point Cadres soit prouvée au moment du rachat des activités, bien qu'aucun grief n'était retenu à l'encontre de ma gestion, bien que je sois spolié de mon outil de travail et remercié de mon emploi, bien que sur ma hargne et sur mon sang j'avais créé des centaines d'emplois, au lendemain du jugement du 16 décembre 2003 je me retrouvais totalement démuni. Sans emploi, sans revenus, sans aucune indemnité, sans couverture sociale. Chacun serait en droit légitime d'espérer situation plus confortable. L'Etat français que j'avais grassement nourri m'ignorait, me rejetait et m'accordait moins, beaucoup moins que ce qu'il accorde à n'importe quel étranger. Via mon entreprise j'avais cotisé des millions d'euros de charges patronales, j'avais collecté la TVA par dizaines de millions d'euros, plus de cent employés avaient conservé les emplois que j'avais créés. Les Franchisés continuaient à produire des richesses et à assurer des revenus à l'Etat en exploitant mon concept. Moi, sans ressource et sans cesse poursuivi j'étais devenu une bête immonde dont beaucoup espéraient qu'elle crèverait très vite. Si d'aventure je ne crevais pas rapidement, je devais me tenir à la disposition des tribunaux et des administrateurs judiciaires chargés de la liquidation des anciennes sociétés maintenant pillées de leurs actifs. Je n'avais plus rien, ne maîtrisais plus rien, même plus mon temps. Ma vie était volée, mon avenir détruit par avance. Dans le dunkerquois, mon nom à lui seul était devenu un gros mot. Il n'existe pas en France de cas social similaire à celui du chef d'entreprise déchu. Même un prisonnier de droit commun conserve un accès aux soins.

Comment la justice, l'état et les banques en arrivent ils à commettre de tels actes ? Je m'accorde encore quelques pages pour te parler d'un personnage haut en couleur et t'expliquerais comment s'est passée la période d'observation qui n'était que la préparation du dépeçage de l'entreprise, la spoliation de mes actifs professionnels et les tentatives de confiscation de mes biens. Dès la réception des courriers de la Société générale signés Noel DI COSTENZO chef du contentieux à Paris, ma réaction fut de lui demander audience.

Je voulais voir le visage de mon bourreau, tenter de m'expliquer avec lui, essayer de comprendre. Chef du contentieux n'était certainement pas le titre approprié pour cette fonction. Noël, je te conseille de changer tes cartes de visites et d'utiliser le terme «Créateur de contentieux» ca fait plus dans le coup, ça te donnerait un petit côté artiste plus flatteur. Après avoir franchi les innombrables portiques de sécurité protégeant les bandits des honnêtes gens, un agent de sécurité m'emmenait au firmament de la banque, tout là-haut près du diable en personne. Car en banque les bandits sont dans les nuages et les employés honnêtes au guichet. Noël avait une réputation de tueur dont n'avaient pas manqués de m'informer mes avocats. Ce créateur de contentieux donnait des frissons jusque dans les robes des tribunaux de commerce de Paris et Nanterre, aucun dossier, même les plus douloureux socialement n'apaisait sa haine et son addiction au profit. Pour t'assurer que je ne suis pas atteint de paranoïa, je te livre ici quelques lignes relevées dans un courrier signé Jacques BIDALOU magistrat honoraire. Ces lignes datées du 9 Juin 2010 étaient adressées aux avocats de l'affaire Kerviel ainsi qu'au procureur de la république auprès du TGI de Paris. *«Le tribunal correctionnel de Paris tranchera mais je crois utile de porter à votre connaissance et à votre réflexion les faits suivants qui mettent en cause un salarié de la Société Générale, Noël DI COSTENZO dont il s'agit désormais de savoir s'il agit en électron mafieux ou en obéissance à son employeur».* Electron mafieux ! Personnellement je n'avais pas encore osé, visiblement la réputation de Noël n'est pas usurpée. Tu vois que j'en ai rencontré du beau monde dans les banques...La société générale compte 148.000 salariés et finalement fonctionne comme une petite boîte où un seul mec, là-haut, suivant ses diaboliques intérêts, fait la pluie et le beau temps sur une partie du monde économique français. Prudent je redoublais de politesse. Noël était un grand gaillard au type méditerranéen dont on sentait immédiatement l'intransigeance. Le créateur de contentieux me faisait asseoir à une grande table ou l'avait rejoint une secrétaire les bras chargés de dossiers inutiles. En quelques minutes il m'énonçait non pas les défauts de mon entreprise ou de ma gestion, mais les miens. Il semblait qu'il y ait eu un problème d'origine personnelle alors que nous ne nous étions jamais rencontrés. Jusqu'à réception de ses mots doux, j'ignorais jusqu'à l'existence même de ce diable. Poli, je mimais l'acquiescement à ses propos. Puis Noël se leva et m'invita à le suivre laissant seule la secrétaire dans la salle de réunion. A cette époque je n'utilisais avec mes interlocuteurs que le vouvoiement conservant le tutoiement à mes très proches ou mes rencontres cyclistes. Dans cette petite pièce ou nous venions de nous isoler, assis chacun sur le coin d'un étroit bureau, l'homme me regarda droit dans les yeux et me dit : *«Entre ta boîte, ta maison de Rosendaël avec le grand jardin ou celle de Saint-Tropez avec les rideaux jaunes et bleus, tu vas nous en donner deux. Si tu te débrouilles bien et vite tu pourras choisir ce qui va te rester, sinon on choisira pour toi».* Noël se levait et m'invitait à sortir, la conversation était terminée. A la porte du bureau m'attendait un agent de sécurité dont je sentais qu'il fallait le suivre. Le chef du contentieux me tournait le dos et disparaissait dans une autre pièce. L'agent de sécurité me ramenait au rez-de-chaussée, récupérait le badge qui m'avait ouvert les portes de l'enfer, j'étais dehors, je rentrais à Dunkerque. Je n'avais loué mon bien de Saint-Tropez qu'à un couple de retraités suisses, seulement quelques très proches m'avaient rendu visite dans la petite maison aux rideaux jaunes et bleus. Alors ? Comment cet homme pouvait-il avoir connaissance de détails concernant mon intérieur tropézien, je m'interroge encore. Ce que je sais, c'est qu'avant toute mise à mort, les banderilles et les coups à porter sont comptés, programmés. Les actifs professionnels et privés sont inventoriés, les contacts sont pris avec toutes les instances locales pour une issue programmée, rien ne sera improvisé. Je n'ai eu aucun choix, peut-être trop entraîné à la bicyclette et pas assez aux sports de combat, je n'ai réussi à sauver qu'une partie des rideaux. Noël quant à lui savait que je ne conserverais pas mon entreprise, avec d'autres, et pour cause, puisqu'il l'avait déjà vendue.

Journal « Les Echos du jeudi 31 juillet :
« Après une expansion spectaculaire depuis sa création en 1993 par Thierry Dufloo, un artiste peintre, Point Cadres connaît les affres du redressement judiciaire. Six sociétés du groupe viennent d'être placées en redressement par le tribunal de commerce de Dunkerque, assorti d'une période d'observation de six mois. Seul le magasin historique de Dunkerque est exclu du périmètre de la procédure collective.
L'enseigne devenue en dix ans leader des magasins d'encadrement dans l'Hexagone, introduite au marché libre en 2000, a été confrontée à une conjugaison de difficultés. Elle a d'abord subi un recul du marché de quelques 7 %, après avoir déjà vu son chiffre d'affaires se tasser de 1,5 % l'exercice précédent. L'entreprise a ainsi réalisé un chiffre d'affaires de 12,5 millions d'euros cette année (25 millions d'euros pour l'ensemble du réseau). Point Cadres a également été pénalisé par un redressement fiscal de 425.000 euros et par le paiement d'une caution fournisseurs de plus de 200.000 euros.

Aussi la société, qui avait toujours dégagé des résultats nets positifs, a-t-elle pour la première fois affiché des pertes, sur la base de ces éléments exceptionnels. En revanche, le résultat d'exploitation est resté positif. Mais les trois banques de l'entreprise ont supprimé simultanément les lignes de découvert et d'escompte, entraînant la déclaration de cessation de paiements la semaine dernière. Le groupe dispose toutefois d'actifs importants et de perspectives réelles de relance. Après avoir racheté en 1997 une usine de cadres et créé sa propre maison d'édition, il a investi plus de 4 millions d'euros dans la création d'un nouveau siège et d'un site de production de baguettes à Dunkerque, ouvert en 2001 sur la zone de Pont-Loby, soit un ensemble de 8.700 mètres carrés. Ces renforcements de capacités avaient été rendus nécessaires par l'essor du réseau de vente : Point Cadres compte aujourd'hui 141 magasins portant sa griffe, dont 14 en propre. Le groupe emploie 134 salariés en direct et 500 personnes en incluant le réseau franchisé. Plusieurs points de vente sont situés à l'étranger (Belgique et Espagne notamment) et outre-mer ». **Olivier Ducuing, Les Echos.**

XXXIII

Funeste et Ponce Pilate

Funeste et la mise à mort.

Jeudi 31 juillet. Le redressement judiciaire à été prononcé la veille, Funeste, le mandataire judiciaire chargé de cette mission est dans les starting-blocks. C'est une image, il y a bien longtemps que l'animal ne court plus, sauf après l'argent ou pour se cacher quand parfois il a honte. Maîtresse Funeste aussi est dans les starting-blocks, c'est toujours une image car elle est aussi large que funeste est gras. Ce devait être dans ces réserves que tous deux puisaient l'énergie pour accomplir leurs méfaits. Loin de moi l'idée de juger ou de me moquer des personnes sur leur physique, mais le respect de soi-même et de sa propre apparence est le premier pas vers le respect d'autrui. Et le couple funeste n'était pas là pour respecter qui que ce soit, sauf hypocritement le tribunal qui était son pourvoyeur d'affaires et le repreneur déjà choisi qui allait encore les engraisser davantage. Et l'affaire était bonne. Funeste, pour une période de six mois se l'appropriait et s'octroyait les pleins pouvoirs. Le président du tribunal avait conservé personnellement le suivi du dossier Point Cadres. Par son jugement, le président qui connaissait bien les particularités de l'entreprise et sa difficulté de pilotage avait eu la sagesse de préciser «mission d'assistance» et en aucun cas évoqué le transfert des pleins pouvoirs, et encore moins sa destruction.

Tu as bien lu que le journal les Echos (réputé sérieux) parle de période d'observation et de redressement. En langage Funeste cela se traduit par : l'organisation immédiate de la mise en vente, la destruction pour éviter la continuation, la mise en quarantaine du chef d'entreprise, et la spoliation des actionnaires. Pourquoi ? Pour de simples raisons vénales, le pognon, toujours le pognon.
Quelques six mois d'honoraires pour une mission d'assistance auraient été négligeables en comparaisons du gros lot que représentait la session d'actifs. Dans le cas de Point Cadres où à la fin de la

période d'observation la trésorerie du groupe était excédentaire de 1 million quarante cinq mille euros l'entreprise n'était exposée à aucun péril immédiat ou à court terme et était en capacité de faire face avec une parfaite certitude et visibilité aux six mois voire à l'année à venir. Il n'existait par conséquent aucune urgence à arrêter la procédure collective pour procéder à la cession d'actifs. La continuation était évidente ainsi que la sortie rapide des griffes de l'administrateur. Dès la première lecture de nos comptes, Funeste l'avait compris. Même en se nourrissant grassement chaque mois des dizaines de milliers d'euros que l'entreprise lui versait pour ses services, Point Cadres gagnait de l'argent. Le journal les échos t'apprend également que malgré un recul du marché de 7% nous n'accusions que 1.5% de perte de chiffre d'affaire. La grève nous avait pourtant coûté huit magasins franchisés qui forts de l'excuse de mauvaises livraisons avaient rompus unilatéralement leur contrats. Devant n'importe qu'elle juridiction ces dossiers auraient été plaidés et gagnés sans inquiétudes pour Point Cadres. Mais nous étions à Dunkerque, et le tribunal de commerce nous étant défavorable, nous avions la certitude d'être déboutés. J'avais donc accepté ces départs et renoncé à faire valoir mes droits. La perte de huit magasins représentaient une réduction de 6% de notre périmètre de distribution, malgré cela nous ne chutions que de 1.5%. En clair, nous n'étions pas leader par hasard. Ce redressement de l'entreprise qui permettait à l'entreprise d'afficher rapidement une trésorerie excédentaire ne pouvait convenir à Funeste. Privé de cession il aurait vu s'échapper un jackpot de plusieurs centaines de milliers d'euros. Chaque jour j'étais à la tâche pour relever mon bébé. Raymond-g face à l'adversité avait abandonné son poste, et un nouveau représentant du personnel avait été élu. Les employés de la production prenaient conscience qu'il leur fallait maintenant renouer avec les efforts et nos ratios de production s'en étaient fortement améliorés. Dès la mise sous observation JC bourrelier avait rappelé à Funeste sa présence et son intérêt pour l'affaire, c'était son job de sérial repreneur. Funeste se voyait alors doté dans la même semaine d'un stock à vendre (l'entreprise et sa marque) ainsi que d'un client pour l'acquérir. Ne restait qu'à conclure l'affaire pour encaisser les commissions. Pour cela, il lui fallait tout entreprendre pour que l'entreprise ne se redresse pas d'elle-même et que la présence même du créateur ne devienne un frein. Lundi 3 août, la majorité des cadres ont quitté le navire pour congés annuels. Les époux Funeste ont le champ libre pour mettre sous leur joug le personnel administratif de faction. A leur retour, les cadres et chefs de service du siège trouveront leurs équipes aux ordres et aux méthodes de l'administrateur. L'administratif, le social, le financier étaient maintenant sous funeste contrôle. Déchus de leur pouvoir les cadres rentreront dans le rang et se mettront eux aussi aux ordres de Maîtresse Funeste omniprésente dans l'entreprise, et qui pourtant n'avait rien à y faire, n'étant ni mandatée, ni qualifiée pour la fonction qu'elle s'attribuait. Si les congés des cadres étaient organisées par rotation, le mois d'août restait néanmoins propice aux funestes époux pour prendre le pouvoir et c'était maintenant chose faite. Pour ma part, je me retrouvais en quarantaine bénéficiant de semi liberté pour faire tourner la production. Funeste n'avait fait que de très brèves apparitions dans l'atelier, généralement en mon absence pour embrigader les salariés contre leur employeur. L'isolement administratif était organisé, le courrier ne me parvenait plus et seuls ceux qui avaient connaissance de mes numéros directs arrivaient à me joindre, mais personne ne cherchait plus à me parler. Dès septembre, afin qu'elles se tiennent hors de ma présence, des réunions secrètes et nocturnes étaient organisées avec l'ensemble de l'encadrement. Je le découvris quand un soir, le hasard ou le dieu me poussa au bureau vers 22H.

Un client n'est jamais sûr tant qu'il n'a pas signé. Pour s'assurer de trouver repreneur en cas de défaillance de maison du 13ème, funeste avait répertorié tous les groupes de distribution Nord Pas de Calais. Par courrier il les contactait et dès le mois d'août, en pleine méconnaissance de nos capacités à nous redresser il leur offrait l'entreprise à la vente. Dans le même temps il faisait paraître dans la gazette et les échos (22, 28, 29, et 30 août) les appels d'offre pour la reprise de Point Cadres. Avec l'habileté et la diplomatie qui le caractérisait, Funeste questionnait par lettre circulaire les franchisés leur demandant s'ils souhaitaient que je sois maintenu à la tête du groupe ou si au contraire ils souhaitaient mon départ. Sans aucune concertation autre que quelques ragots de couloirs, Funeste éditait en urgence un bilan économique et social de l'entreprise. Ce rapport était une succession d'incohérences, le relire m'inspire un parallèle avec le déni de réalité que pratiquent nos dirigeants politiques en France depuis l'élection de Moi-je.

Qu'importe si ses rares actions et son faible programme sont eux aussi successions d'incohérences car tout ce qui dysfonctionne serait fautes et conséquences des anciens dirigeants quand ce n'est pas des français eux mêmes. Omettant volontairement de prendre en considération les aspirations profondes du pays comme les immenses forces et qualités de la France et des français. Seul le dogme doit régner. Le pays sera vendu sans procès à l'Europe et à la finance internationale. La première arme pour ce combat sera la destruction du tissu économique représenté par les PME au profit de l'omniprésence de l'Etat et des collectivités locales et d'immenses groupes. La seconde sera l'immigration massive qui favorisera l'islamisation mère de la perte de notre identité historique. La France et les français seront spoliés de leur âme, de leur culture, de leurs biens. Ceux qui se rebelleront seront des fascistes à ré-éduquer. Les outils pour ramener au dogme le plus grand nombre et masquer ce programme sont les médias. A l'instar du flot continu d'informations qui tente à culpabiliser les français sur leur prétendu comportement identitaire, nationaliste et pourquoi pas raciste, ce bilan économique et social n'était qu'une successions de charges contre moi.

A moi tout seul, j'étais un peu la peste et le cholera réunis. Tous et principalement le tribunal devaient faire front pour éviter que je ne reprenne les commandes de ce qui m'appartenait et jouisse de mon travail comme de mes biens. Il fallait que les franchisés votent uti-les, c'est-à-dire contre moi. Quoi de mieux pour ce faire que d'organiser le scrutin sans m'en informer et en me privant de toute communication. Il fallait que je devienne un chef maudit, père de tous les maux. Pour ce faire Funeste recherchait les abus de biens sociaux, et faute de les trouver il les suggérait, quand c'était insuffi-sant il les inventait. Vite fait sans encombrer ce testament de détails inutiles, voici quelques exemples :
Mon épouse qui autant que moi avait sacrifié des années à créer cette entreprise, et en avait été un temps le PDG, devenait emploi fictif. Funeste and Co parvenaient à faire signer attestation en ce sens par une dizaine de salariés. Il est vrai que les deux mille euros mensuels qu'elle percevait pour diriger la ligne éditoriale de Bleu Banane, notre maison d'édition, devaient être infondés. Les 15 peintres que nous avions alors en écurie, et qui faisaient l'originalité de notre offre produit étaient tous de Saint-Tropez et ne connais-saient de Point Cadres que mon épouse et moi-même. Ils ont d'ailleurs refusé de poursuivre toute collaboration après notre évic-tion. Un artiste ça fonctionne à la confiance, à la compréhension mutuelle, ils nous faisaient confiance et issu de leur milieu, nous nous comprenions. Des valeurs difficiles à comprendre pour funes-te. Les deux hommes d'entretien en bâtiment, Ben et Nuts, que j'employais au sein d'une de mes sociétés personnelles et qui inter-venaient occasionnellement à Point Cadres étaient évidemment dûment facturés. Les travaux qu'ils avaient effectués étaient oc-cultés et les factures devenaient suspectes. A en lire Funeste, les

magasins de Dunkerque, Lille, Calais, Boulogne ou valenciennes devaient faire effectuer leurs travaux de peintures et de décoration par des fantômes. Idem avec la maintenance de l'usine, de l'électricité à la plomberie en passant par entretien de nos espaces verts en façade des bureaux ou le nettoyage des parkings, tout cela se réalisait seul et les factures inhérentes devenaient des faux.

Quant à moi, responsable du fonctionnement de plus de 140 magasins répartis sur le territoire français, j'aurais dû comme par le passé conduire dès quatre heures du matin, puis travailler dix heures avec les franchisés dans différentes villes, et de vingt heures à minuit reprendre le volant en mode pilote automatique pour suivre les dossiers de la journée. La mission de Fabrice mon chauffeur mais aussi chauffeur de l'entreprise était elle aussi remise en question. Funeste *«s'interrogeait légitimement sur l'opportunité pour l'entreprise d'avoir à supporter ce type de charge»* tout en proposant que soit remis à ma charge personnelle les trois dernières années de ses salaires assortis de leurs charges sociales. Pendant qu'il bandait à cette idée, Funeste demandait aussi au tribunal que me soient imputés personnellement tous les frais de déplacement. Triste Funeste... Par contre, l'emploi de mon Raymond-g n'a jamais fait l'objet d'aucune interrogation.

J'arrête, je n'en peux plus, il est 1heure trente du matin et je viens de lire ce bilan économique et social durant deux heures. Ce torchon a douze ans d'âge et me donne encore la nausée. Le malaise ne vient pas des accusations personnelles qu'il contient mais de la façon dont Funeste a agi contre l'intérêt de l'entreprise et de l'ensemble de ses salariés. La manière dont il se présente en analyste du marché et en spécialiste de la franchise est un grand moment cruellement baigné de déni comme de sottises. Les causes de l'effondrement de Point Cadres ne sont même pas évoquées : rien surtout rien sur la grève, et rien non plus sur les actions conjointes des banques. Moi-je dans ses meilleurs épisodes comiques et discours de lutte contre le chômage n'est qu'un apprenti en mauvaise foi face à l'auteur de mon bilan économique et social. Funeste devenait aussi expert de l'image et de l'encadrement. J'ai rencontré funeste trois fois pendant toute la période d'observation. Jamais il ne m'a posé une seule question sur notre métier ou sur l'entreprise, tout ce qui a été rapporté et écrit dans ce BES n'est en rien digne d'un auxiliaire de justice. Par ces écrits, la robe que ses pairs lui ont permis de porter est tachée du mensonge et de la traîtrise.

Ce que tu reprochais ou conseillais mon funeste c'est ce qui a amené l'enseigne Point Cadres à ne compter en 2014 que 36 magasins pour 141 au jour de la reprise. Tu aurais pu comprendre mon gras Funeste. Tu avais une mission d'assistance, nous avions le droit et le devoir de parler, de communiquer. Fort de tes certitudes tu as préféré œuvrer dans l'ombre et construire un dossier à charge au lieu d'apporter tes connaissances et ton aide pour le bien de tous. Dans ta mission tu n'as pas servi l'entreprise comme te l'avait ordonné le président, tu as juste cherché à fournir suffisamment d'éléments pour me faire condamner, me faire jeter en prison ou me crucifier.

Te souviens-tu, Funeste, de cette réunion très tard le soir dans tes bureaux ? Ne fais pas celui qui ne se souvient pas, tu n'es pas intelligent je le sais, mais tu as de la mémoire. Outre deux entrevues dans le bureau du président du TC qui m'ont permis d'entendre le son de ta voix, c'est la seule fois ou je t'ai rencontré, où j'ai pu te parler, ne serait-ce que quelques minutes. Après m'avoir refusé audience pendant de nombreuses semaines, subitement à la demande du professeur Soinne tu acceptais un rendez-vous. Il devait être 22h quand mon avocat Me Francis et le vieux professeur, qui s'étaient déplacés spécialement de Lille, nous nous retrouvions dans ton cabinet. Mon épouse Corinne, emploi fictif, était aussi présente, je ne suis d'ailleurs pas sûr d'ailleurs, que ce soit syndical de faire travailler des emplois fictifs la nuit ! Tu vois que tu as de la mémoire mon grand. Soinne ! ça te dit quelque chose maintenant. Te souviens-tu que tu avais les yeux tellement bas qu'on aurait cru qu'ils étaient en dessous de la table, c'était début novembre, sept semaines avant que tu me piques tous mes biens professionnels. Tu le sais, quand le professeur parle il fait mentir Audiard. Toi qui serais plutôt un type de 130 kilos, spontanément et sans broncher tu écoutais quelqu'un qui en faisait la moitié. C'est la force de l'intelligence sur la matière. C'est vrai qu'il te tutoyait et que toi aussi faux-cul que peureux et déjà honteux, tu l'appelais respectueusement Professeur. Soinne avait parcouru et commenté rapidement le bilan économique et social que je viens d'évoquer, Me Francis écoutait, toi tu suais. Après un léger temps d'arrêt le professeur haussa légèrement le ton, cherchant tes yeux qu'il ne parvenait à trouver : *«Ponce Pilate, tu ne vas quand même pas spolier les Dufloo de tous leurs biens, ils ont besoin de travailler ces gens».* Je savais bien que «Ponce Pilate» raviverait ta mémoire, moi je n'ai jamais oublié. Tes yeux n'étaient plus en dessous de la table mais en dessous de la moquette quand d'une voix hésitante tu promettais *«Non professeur, non professeur».* Dans de telles circonstances et de la façon dont le professeur l'avait prononcé

«Ponce Pilate» devenait une dénomination aussi dégradante qu'affligeante. L'injure suprême à l'encontre d'un homme. Pourtant vous étiez confrères, et entre auxiliaires du barreau, le respect est de mise. Mais le professeur, comme toujours voyait juste, parlait peu, avait le sens des mots et savait quand et envers qui les utiliser. Ponce Pilate. Toi qui es de culture catholique ça te rappelle des choses. Tu as dit oui mais comme dans tout ce que tu fais, tout ce que tu dis, tu as menti. Oh, tu n'as pas ordonné toi-même, tu es trop peureux et trop lâche pour cela, tu as fait ordonner. «Ponce Pilate» est pesant à porter mais insuffisant pout te qualifier. Car quelques semaines plus tard tu t'appelais aussi Judas car tu mentais de plus belle, tu trahissais jusqu'à la parole que tu avais donnée devant nous au professeur. Oui par toi, Ponce Pilate j'ai été exécuté et crucifié. Sur les croix voisines ce n'étaient pas des voleurs ou des bandits, c'était mon épouse et mes enfants.

Oui Judas tu as trahi. Pour de l'argent tu as oublié la parole donnée à ton maître, à celui qui t'avait tout appris de ton métier et qui s'était déplacé spécialement vers son élève pour lui donner une dernière leçon particulière. Lui, le professeur glacial, lui le tueur venait te dire que tu allais trop loin dans l'inhumain, qu'il y avait d'autres chemins à suivre dans l'exercice de ton métier. Le professeur t'aimait bien pourtant, avant ta nomination il m'avait confié que tu avais été malade, que tu avais fait un malaise au tribunal. Cela l'avait marqué et il m'avait dit vouloir te ménager. C'était d'ailleurs pour cette raison qu'il ne s'était pas opposé à ce que tu obtiennes le dossier Point Cadres. Toi en remerciement, tu trahis et exécutes. Mais tu as bien failli n'avoir pas besoin de croix pour me faire souffrir. Chez moi ce n'était pas le gras qui gênait mon cœur, mais la pression anormale que tes silences lui faisaient subir quand tu ne répondais pas à mes lettres, quand durant des mois tu refusais tout entretien avec le chef d'entreprise que le tribunal t'avait ordonné d'assister, quand je savais que ton silence cachait la préparation de ma mise à mort, quand l'angoisse, par tes actes volontairement manqués devenait trop forte. Par deux fois en ce mois de Novembre le calendrier de la mort a voulu raccourcir l'échéance et m'éviter la crucifixion. Par deux fois, à bout de souffle et en trop plein de désespoir, la garce est venue tenter de m'asphyxier, voulant me réduire à l'état de poussière. Par deux fois mon cœur ne s'est pas laissé faire. Ce fut d'abord le mardi onze novembre au matin où mes forces m'ayant quitté je ne parvenais pas à me lever. Dans le brancard que les ambulanciers descendaient du premier étage, j'avais l'impression d'être mon père le jour où je l'avais accompagné vers la mort, mon cœur n'en tenait plus, je perdais connaissance. L'hôpital se trouvant très proche de la maison, j'accédais très vite aux soins. Le président du club de vélo, reconnu aussi excellent médecin avait raison quand parfois, inquiet du rythme de mes pulsations cardiaques il me rassurait en me disant «t'inkiet, un cœur c'est fait pour battre». Ce mardi-là le mien avait désobéi, puis il avait repris un rythme, puis enfin son rythme. Je me suis alors relevé comme poussé par cet orgueil qui t'aide à te redresser après une chute idiote. Le lendemain, j'étais à Point Cadres. «Un cœur c'est fait pour battre» quand le président me disait cela, c'était en réponse à une question purement mécanique liée à l'effort sportif , ce jeudi 13, de nouveau mon cœur refusait d'obéir aux injonctions du président qui avait omis le côté émotion de sa fonction. Debout au milieu des bureaux de l'administration des ventes, je faisais le point avec les employées. L'une d'entre elle devinait en m'écoutant que le mon cœur n'en pouvait plus, n'en voulait plus. Précipitamment elle se levait et me tendait une chaise, pendant que les autres me regardaient avec désinvolture. Ce geste prévenant m'évitait de m'effondrer sur le sol. C'est allongé sur la civière de l'ambulance que je reprenais vaguement connaissance. Les pompiers m'avaient extrait de l'usine ou je perdais mes toutes dernières forces pour m'emmener à nouveaux à l'hôpital. Laissant mon emploi fictif diriger une énième réunion avec les délégués syndicaux de l'entreprise. Le président avait raison «un cœur c'est fait pour battre». Affaibli, groggy, sans forces et doté d'une mobilité incertaine je passais néanmoins le week-end à la maison. Deux fois dans la même semaine c'est peut être suffisant. Alors pour Funeste et la mort, basta maintenant, c'est assez joué au con, on va s'arrêter-là. La mort, ce n'est pas un jeu, on passe à autre chose.

Le professeur Soinne avait bien pris conscience du risque que représentait le Bilan économique et social écrit par funeste. Moi aussi. Le BES étant jeté en pâture aux salariés, il ne m'avait pas échappé que tout ce qui y était écrit devenait vérité, même ce qui n'était que suggéré avec la plus grande précaution pour éviter les poursuites en diffamation. Je faisais les frais de ce que Funeste avait, à mes frais, bavé sur le papier. Le Professeur déclenchait une cellule de crise. Convocation était donnée à Me Francis, Me Pierre mon épouse et moi-même de se rendre en son étude. *«Il faut un plan de redressement par voie de continuation des sociétés»*. C'était ce qu'annonçait en préambule le professeur. A Me Francis qui faisait mine de ne pas être totalement d'accord Soinne répondait *«Ne discute pas, sans plan de redressement, les Dufloo seront accusés de ne pas croire en leur entreprise et seront condamnés».* Toi, t'es une bonne plume, tu le rédigeras dit Soinne en regardant Me Pierre. Toi, Francis tu le soutiendras au tribunal. Francis aussi avait été Professeur de droit, c'est peut-être pour cela que le vieux Soinne retenait son prénom. «Le plus vite possible» disait Soinne en guise de conclusion. L'analyse du professeur était évidente, un plan de redressement prouverait ma totale implication pour l'avenir. On ne s'engage pas pour des années si l'on a commis des malversations précédemment. Ne pas s'engager c'eut été valider les arguments du BES et Funeste en avait développé et inventé suffisamment pour embastiller trois générations de Dufloo. *«Il n'y a que les coupables qui refusent de prouver leur innocence»* (Richelieu) Le plan de continuation apporterait preuve de mon innocence. S'il est validé par expert comptable et qu'au sortir de la période d'observation la trésorerie de l'entreprise est excédentaire, le plan de continuation du créateur est prioritaire sur les plans de reprise. Heureusement la loi protège un tout petit peu la propriété et les biens du créateur et propriétaire de l'entreprise. Si tant est que celui-ci puisse le déposer ou le maintenir. Bien évidemment je savais ce qui était à faire pour sortir Point Cadres de l'ornière, c'était mon enfant qui était embourbé, la solution de sauvetage était en moi. J'avais construit chaque pièce du puzzle et je les avais assemblées, mon savoir et mon expérience faisaient que cela fonctionnait. J'étais le seul en France et au monde à avoir créé une chaîne de magasins succursales et franchisés en maîtrisant tous les métiers du cadre. Baguettes, production, édition, distribution en gros, franchise, distribution de détail. J'avais plus de 140 magasins sous enseigne quand le meilleur des suiveurs n'en n'avait pas vingt. Je suis le seul au monde à l'avoir réussi et le marché étant maintenant atomisé, personne ne pourrait jamais y parvenir à nouveaux. La première solution était de vendre quelques unes de mes succursales. J'en avais alors 14, me séparer de la moitié seulement était suffisant pour sortir de la procédure collective. C'était une solution simpliste mais tellement efficace. De plus les succursales auraient pu être vendues sous enseigne ce qui aurait limité l'incidence sur les métiers d'amont du groupe. Cette solution aurait d'ailleurs dû être appliquée partiellement dès le premier août. Mais Funeste était impossible à rencontrer et comme toute vente devait être présentée au tribunal par ses soins, il se complaisait dans son costume d'homme invisible. Quelques mois après mon éviction de Point Cadres, je rencontrais Ralph, une connaissance de toujours qui était un peu fabricant, un peu distributeur de baguettes comme Marianne, un peu détaillant avec quelques magasins dans le sud de la France. Ralph me confiait alors avoir fait une offre d'achat sur mon magasin de Puget sur Argent (Saint Raphaël). Il avait cherché à me joindre en téléphonant à Point Cadres mais s'était vu imposé le block out total. Ralph avait alors envoyé une offre écrite à Point Cadres comme à Funeste. Bien évidemment aucun courrier ne m'était parvenu et Funeste n'avait pas répondu. Pourtant mon Funeste, ce magasin dans ton bilan tu le valorisais à 90.000 euros et Ralph t'en a proposé 150.000 cash. Non seulement tu trompais volontairement le tribunal sur les estimations d'actifs, mais en plus tu faisais obstruction au redressement de l'entreprise. Tu sais que même vêtu d'une robe d'auxiliaire de justice c'est la taule qui punit ce genre de faute. Tu n'as aucune excuse. Que tu veuilles me tuer est une chose, que tu refuses les plus values pour l'entreprise quand celle-ci en a besoin en est une autre. Que volontairement tu trompes le tribunal est inadmissible.

La seconde solution était de reprendre le développement, que j'étais seul capable de faire. Et cela, l'histoire l'a prouvé, puisque le repreneur, pourtant fort de ses millions, a échoué. Sur le volet comptable, je rencontrais des freins puissants à l'élaboration des prévisionnels. Dominique, qui avait succédé à Antoine à la direction financière traînait le stylo et la calculette C'est un coup de téléphone du professeur qui le mit partiellement à la tâche. Trouver un expert comptable pour valider nos prévisions ne fut pas chose facile. Dunkerque en compte des dizaines, tous avaient été contactés, tous avaient refusé. Me Pierre a trouvé la perle rare, à Lille, et a rédigé notre plan de redressement, l'expert comptable l'a validé. Nous sommes le jeudi 20 novembre à 14 heures, Corinne et moi rentrons de Lille. 16 heures était l'heure limite de dépôt des candidatures à la reprise aux greffes du Tc de Dunkerque. Depuis 20 minutes, nous sommes garés devant les bureaux du TC. Mon souffle est difficile, ma vision embuée, je suis proche d'un troisième incident cardiaque. 15h45 nous gravissons difficilement l'escalier qui mène au premier étage où se trouvent les bureaux du greffe. Le Professeur nous a bien expliqué ce qu'il faut obtenir comme récépissé de dépôt, il a aussi insisté sur l'obligation pour le greffe de recevoir notre candidature. Je ne sais plus bouger mes membres, en plus de me soutenir en station debout, Corinne guide mon bras pour que ma main arrive à signer les documents de dépôt. 15h55, le plan de redressement est déposé et enregistré, nous rejoignons la voiture, je m'effondre et je pleure.

Jeudi 27 Novembre heure du déjeuner, mon cellulaire fait entendre sa sonnerie, je décroche, c'est Jo. *«Thierry ! C'est quoi cette affaire de plan de continuation ? Tu ne peux pas faire ça, il faut que je te vois».* Mon emploi fictif était présent et à deux, nous proposions de le rencontrer vers 15H. *«Il faut que nous nous voyions à l'abri des regards, je ne peux pas te recevoir à la chambre»* Jo aimait le secret et les affaires occultes. *«Pas de problème Jo, viens à la maison. Ne passe pas par la rue des pêcheurs, en façade tu peux être vu, tu sais que mes faits et gestes sont surveillés».* Je continuais en lui indiquant inutilement l'entrée par le fond du jardin que celui-ci connaissait. Dans un des salons de la maison était disposée une grande table, les plafonds sculptés, les planchers anciens sentant la cire, la cheminée de marbre surmontée d'une grande glace au tain fatigué qui supportait un trumeau sculpté il y a plus d'un siècle donnait à ce lieu une atmosphère de bureau d'ancien notaire ou d'avocat bien établi. Corinne est assise à ma gauche, Jo nous fait face. *«Thierry c'est l'ami qui vient te voir, je viens t'apporter un conseil d'ancien»* et Jo de continuer sur sa fausse amitié, cinq minutes de plus et il aurait fallu que je lui dise merci de prendre soin de moi. *«Le procureur est furieux que tu aies déposé ce plan»* Mais c'est la loi, c'est mon droit le plus élémentaire que de vouloir continuer avec mon entreprise, c'est le droit du dirigeant doublé du droit de l'actionnaire majoritaire, triplé de celui du créateur. *«J'ai rencontré Bourrelier il y a quelques semaines à un salon professionnel à Paris, c'était un rendez-vous secret dans un salon privé. Visiblement, c'est lui qui tient la corde, et le tribunal penche pour lui»* *«Très bien Jo, pour moi c'est une offre de reprise comme une autre, face à mon plan cela ne tient pas la route, c'est insuffisant financièrement, il y a des risques pour les créanciers. Il rachète le bâtiment en propre, en le séparant des actifs de la société, ce qui est illégal. Moi j'assume tout, très vite tout sera payé et je n'aurais pas besoin des banques».* *«Si tu maintiens ton plan, tu t'attires les foudres du proc. Son bureau est rempli de lettres sur ton compte, cela pourrait te faire très mal»* et Jo de poursuivre en me disant qu'il y avait dans ces lettres un courrier qui affirmait que parmi les inscriptions peintes sur les murs de mon bureau l'une d'entre elles spécifiait *«A mort les juifs».* Là, on touchait définitivement le fond. Quand on veut vraiment tuer quelqu'un et que l'on est à court d'argument on l'accuse d'antisémitisme primaire ou de nazisme. Corinne et moi nous nous tenions serrés l'un près de l'autre, nous avions besoin d'être soudés pour ne pas suffoquer à cette nouvelle invention, comme Funeste face au professeur nous commencions à transpirer, pas de honte, mais de peur. Les menaces ne tarissaient pas et ses propos n'avaient certainement pas le sens amical qu'il avait annoncé. *«Je veux t'éviter des ennuis, le mieux pour toi c'est de retirer ton plan de continuation, tu vends ta maison et tu quittes la ville sinon ce sera la taule».* Les choses étaient claires, dans cette ville si on déplaisait au pouvoir en place, on t'envoyait en taule sans autre forme de procès. Dans ma vie Dunkerquoise j'avais vu Francis, Roger et Jean-Claude se retrouver incarcérés. Pour l'un ce ne fut que pour un mois, pour les deux autres six mois. Tous trois étaient hommes d'affaires ou commerçant indépendant, tous trois sont sortis de prison totalement innocentés. Deux avaient été spoliés de la totalité de leurs biens, le troisième en avait sauvé quelques uns. Les trois n'étaient plus que l'ombre d'eux mêmes. Jamais je n'ai reconnu en ces trois personnes les hommes que j'avais connus précédemment. Ils étaient cassés, brisés, leurs visages exprimaient une tristesse et un désespoir profond. Ce sentiment que l'on ne ressent que chez les hommes victimes d'une injustice organisée. L'un d'entre eux, Francis écrivit en prison un livre relatant les errements du TC de Dunkerque, l'ouvrage fut interdit et saisi le jour de sa parution. Me Francis savait de quoi il parlait en évoquant les «particularités» du TC de Dunkerque.

Tiens revoilà Sophocle: *«Rien n'est blessant comme un reproche injuste»*

En résumé, je vivais et travaillais dans une ville socialiste modèle. Je savais le substitut du procureur malade, de cette maladie terrible et sournoise qu'est l'alcoolisme. Le Proc avait depuis bien longtemps perdu le contrôle de sa vie passant chaque semaine quelques jours en cure à l'hôpital et quelques jours au tribunal. Pourquoi la chancellerie le laissait 'il en poste ? Mystère. Les méfaits de la chimie de substitution associée au poison de l'alcool rendaient ce personnage aussi imprévisible qu'incompétent. Après cette dernière phrase de Jo, mon épouse et moi même étions aussi effarés que terrorisés. J'appelais Maître Francis sur son portable. J'exposais rapidement la situation à mon avocat puis tendait mon téléphone à Jo qui lui répéta ses arguments. Maître Francis écoutait. Je reprenais mon appareil téléphonique pour entendre les conseils de mon avocat. *«C'est terrible, je pense qu'ils y arriveront. Dunkerque est imprévisible en droit, c'est une juridiction très particulière. Je vous connais, vous ne supporterez pas la prison, votre épouse ne pourra se défendre seule. Votre couple explosera, quand vous sortirez vous serez totalement ruiné et aurez perdu jusqu'à votre famille».* Mon cœur m'avait fait des farces les jours précédents, j'avais aussi peur des propos que j'entendais que d'une nouvelle et fatale défaillance cardiaque. C'est à Corinne que je prêtais maintenant mon cellulaire. En la voyant pâlir, je savais que Francis lui tenait les mêmes propos que ceux que je venais d'entendre. Je remerciais mon avocat pour sa lucidité et sa clairvoyance et raccrochais. Corinne et moi vivions ensemble depuis plus de vingt ans. Nous avions tout fait ensemble, connu tellement de galères mais aussi tant de succès que nous n'avions besoin que de nos yeux pour nous comprendre. *«D'accord, je retire mon plan de continuation, je vends ma maison et quitte la ville. En contrepartie je ne veux aucun ennui, je ne veux plus jamais entendre parler de vous».* Jo n'attendit pas une seconde pour apporter sa réponse, Il avait atteint son objectif. *«C'est d'accord, tu as ma parole, tu n'auras pas d'ennuis supplémentaires, si tu retires ton plan au plus vite. Pour quitter la ville, tu as le temps…je pense que 15 jours te suffiront…»* Au fond du jardin, derrière la sagesse de mon marronnier je voyais Jo monter et disparaître derrière les vitres teintées de sa voiture. J'actionnais l'ouverture automatique du portail, mon «ami» disparaissait. *«N'ayez pas peur de mourir mais plutôt de mal vivre »* B.Brecht. Lundi 1er je dépose en mains propres aux greffes du TC, un courrier indiquant le retrait de mon plan de redressement par voie de continuation. Corinne et moi recevons le négociateur du notaire Bertrand, pour la vente de la maison. Le beau père du notaire est l'un des hommes qui compte le plus dans la mafia Dunkerquoise. Son influence est suffisamment importante pour que durant les vingt quatre années de son mandat de maire, Michel qui fut aussi cinq fois député et sept fois ministre de Mitterrand visite chaque dimanche soir pour un «rapport» celui que toutes les institutions appelaient «le président». La mise en vente de ma maison par l'intermédiaire de ce notaire m'évitait toute communication et justification. Par les liens familiaux, tout ceux qui exigeaient mon départ de la ville recevaient la preuve de mes intentions. Les quinze jours qui me séparent encore de l'audience prévue le jeudi 16 novembre sont comme les précédents, insupportables. Mon épouse se précipite chaque matin à la boîte aux lettres pour soustraire de la vue des enfants la Voix du Nord qui se délecte de ma chute. Je sais déjà que je suis ruiné et sans emploi. Sur instruction du président du TC mon salaire avait été depuis longtemps diminué de façon importante alors que la trésorerie était excédentaire et que parmi tous les cadres de l'entreprise qui conservaient leurs avantages, j'étais le seul à rester productif. Evidemment ma voiture de fonction a été très rapidement vendue quand les autres cadres conservaient la leur. Mais en France un chef d'entreprise n'est pas un homme comme les autres, c'est un Dhimmi, un infidèle à la cause socialiste, il paye un impôt supplémentaire pour des droits restreints. A Point Cadres, plus un chef de service n'est opérationnel, j'assure seul la fin de la campagne de Noel. Dominique le directeur financier a rejoint l'un des repreneurs potentiels, Ph Santet ancien directeur général de saint Maclou, Philippe directeur marketing l'a suivi. Ces salariés avec l'aval de Funeste continuaient à recevoir des traitements de la part de Point Cadres mais ne lui rendaient plus aucun service. Ces personnes auraient dû être licenciées sur le champ. Au lieu de cela ils allaient percevoir de lourdes indemnités de licenciement. Ils avaient si bien servi Funeste de leurs fausses attestations, que celui-ci avec un argent qui ne lui appartenait pas les remerciait, d'autant qu'il avait la certitude que leur offre n'aboutirait pas.

Nous le voyons ici, un chef d'entreprise engage son argent et souvent sa vie. Quand on engage sa vie, la logique voudrait que l'on soit en possession des manettes de commandes. Il y a bien longtemps que ce n'est plus le cas en France.

Jeudi 16 Novembre, audience. Les trois candidats à la reprise sont naturellement présents, le tribunal a déclaré le huis clos ! La salle grouille de robes noires qui agitent leurs manches comme pour se préparer aux meilleurs effets, je compte dix neuf robes pour les avocats, à laquelle s'ajoute celle de Funeste pour faire vingt. Visiblement dans cette petite sous préfecture c'est le procès du siècle. Du fait du huis clos et que seuls les cocontractants soient admis les «civils» sont peu nombreux. Me Pierre, mon épouse, moi-même, Me Francis prenons place sur le premier banc à gauche sous la chaire du procureur. Derrière nous, par soutien d'amitié, Christophe notre commissaire aux comptes, il est accompagné de l'expert comptable qui a validé mon plan de continuation. Il ne devrait pas en être question ce jour mais sa présence me rassure au cas ou une question pernicieuse me serait posée. Merci. Sur la partie droite de la salle, les repreneurs, leurs avocats, quelques robes noires qui ne sont là que par voyeurisme, quelques cocontractants. La cour drapée d'apparat fait son apparition, s'installe. Les portes se ferment, les jeux du cirque peuvent commencer, le spectacle sera court et décevant, le gladiateur ne cherchera pas à se défendre ce n'est pas l'objet de sa présence, il est déjà mort. Funeste est dans un grand jour, c'est son grand jour. Il expose la situation ou plus exactement la déforme pour l'exposer comme elle se doit de l'être selon la boule de Crystal de Jo. Un par un les repreneurs et leurs avocats soumettent leur projets espérant chacun l'approbation des juges. Le président m'interpellera deux fois. Chacune de ses questions se terminera par «*Monsieur Dufloo, répondez par oui ou par non*» par deux fois je répondrais soit «oui» soit «non» ma mémoire ne veut se souvenir des questions posées qui n'avaient que peu d'importance pour moi. Ce qui avait de l'importance, c'était la privation de parole. Mes avocats aussi sont muselés, par habileté professionnelle ils l'acceptent pour ne pas indisposer les juges. Il est important que tout se déroule comme ils le souhaitent et comme prévu avec le procureur dont personne ne peut prévoir les sursauts de caractère. Les exposés sont terminés, le procureur se lève et se lance dans une successions d'inepties, allant de sa surprise quand on l'avait dérangé en pleine retransmission d'un match de rugby pour lui annoncer le dépôt de mon plan de continuation jusqu'à l'évocation pure et simple de la liquidation si les repreneurs ne s'étaient pas présentés. C'eut été effectivement ses désirs ou ses rêves, mais mon gars, que ferais-tu du million de trésorerie accumulé en seulement six mois et sans création d'aucune dette nouvelle ? Je sais que derrière cette balance dunkerquoise aux trois points nous avons déjà vu beaucoup de choses, mais on ne liquide pas une entreprise qui présente une trésorerie excédentaire et de surcroît capable d'apurer l'ensemble de son passif. Dans une envolée théâtrale, mais ne sommes-nous pas au spectacle, il souligne que c'était une belle entreprise et que tout ce que l'on pouvait finalement me reprocher était de l'avoir géré comme un «bébé».

J'ai toujours conservé une âme d'enfant. C'est certainement cette âme rêveuse qui m'avait aidée durant neuf années à passer de vendeur d'affiches sur les quais de Saint-Tropez à la présidence d'un groupe industriel et commercial côté en bourse. Je devais avoir obtenu mon visa de la commission des opérations de bourse (COB) en partageant mes rêves de bébé aux observateurs financiers de la vénérable institution du palais Brongniart. Mais passons...Nous étions soulagés, il n'y avait d'autre réquisition. Visiblement la communication entre Jo et le parquet avait fonctionné et le but atteint, ni les juges, ni le procureur ne me chargeraient davantage. Me Francis se lève alors et arrive à s'octroyer la parole avant la clôture de l'audience. Ce n'était pas une plaidoirie, il n'y avait plus rien à défendre. C'était plutôt un court discours très beau et prononcé avec force qui rappelait que j'étais à l'origine de tout ce qui faisait Point Cadres que je l'avais créé de toutes pièces et que cela on ne pourrait jamais me l'enlever. Il terminait par ces mots «Point Cadres c'est Thierry Dufloo»

XXXIV
Point Cadres, suite et fin

Douze années ont passé et écrire ces lignes sont encore autant de torture que de l'avoir vécu. Point Cadres était mon enfant et on me l'a injustement enlevé pour des intérêts financiers ou politiques comme partout dans le monde au nom d'un prophète ou d'une religion on enlève aujourd'hui injustement des vies.

Les préjudices ont été énormes sur le fait, mais ils l'ont été plus encore par la suite. Bien que n'ayant jamais eu d'incident bancaire et ne portant aucune responsabilité personnelle sur le dépôt de bilan, la simple ouverture d'un compte bancaire devenait quasi impossible. La machine infernale de la fiscalité mise en action par les politiques ne s'est pas arrêtée. La chasse aux sorcières continue encore aujourd'hui, le fisc me réclamant les plus values sur la vente des actions Point Cadres lors de l'introduction en bourse. Ces plus values de quelques centaines de milliers d'euros étaient reportables cinq années et ayant perdu des millions d'euros à la spoliation de mes biens trois années plus tard celles-ci en sont déductibles. Le fisc ne veut rien n'entendre, ne répond pas aux courriers, ne transmet aucune pièce mais comme les fantômes d'un «merchant service» saisit comptes bancaires et tout ce que je pourrais posséder. Les politiques peuvent lancer une chasse fiscale éhontée mais ne peuvent ou ne veulent l'arrêter. Les services fiscaux se rendent coupables d'abus de pouvoir caractérisé et sans transmission de pièce de leur part il nous est impossible d'organiser notre défense. Privé de mes droits les plus élémentaires que représente le droit à la défense, je ne peux que subir. La Société Générale était maître d'œuvre de cette mise à mort sur ordonnance bancaire. Cinq années après le jugement, alors que je voulais procéder pour réclamer préjudice je demandais à l'administrateur judiciaire l'accès aux archives de Point cadres qui se devaient d'être conservées dix ans, le temps d'un possible recours. Je m'entendais dire alors *«Nous avions confié les archives à une société spécialisée en stockage, celle-ci fut rachetée sans que nous n'en soyons informés, puis la société qui avait racheté déposé son bilan sans que nous en soyons avertis, tout à disparu».* L'expérience m'a appris que tout contractant, client, fournisseur d'une entreprise en procédure collective est prévenue par lettre circulaire émanant de l'administrateur en charge du dossier. Personne ne peut imaginer que l'administrateur qui avait la responsabilité de feu les sociétés Point cadres n'ait pas été prévenu. Personne ne peut imaginer que l'administrateur chargé de la liquidation de la société de stockage ait détruit des biens appartenant à autrui. Il s'agit là soit d'un mensonge délibéré, soit d'une faute grave. Quoiqu'il en soit, j'en subis les conséquences et suis privé du droit élémentaire d'accès à ma propre défense.

Les ruptures de concours et le déni de signature des banques n'ayant jamais été motivé, la justice se serait trouvée devant un choix simple : soit le soutient abusif et les banques en auraient porté la responsabilité. Soit la rupture abusive qui aurait pu être augmenté de la volonté de nuire. Pour avoir le droit de se défendre, il faut prouver que l'on a subi un préjudice et le délai de prescription d'action coure à dater de ce préjudice. Dans mon cas, le préjudice est encore subi chaque jour et le sera plus encore au moment de la retraite, puisque du jour au lendemain j'ai été privé du droit de cotiser à ma caisse retraite. Un salarié ne perd pas ses droits sociaux en cas de panne de carrière, un employeur se trouve soudainement privé de tout. C'est donc au moment de faire valoir mes droits à la retraite que le préjudice sera chiffrable mais sans avoir fait juger la cause précédemment, comment faire valoir ce préjudice ? La liste est longue et je ne veux confondre lamentations et testament. Mais qu'ai-je bien pu faire au bon Dieu pour être aussi privé de couverture sociale ? *«Les hommes naissent libre et égaux, mais certains sont plus égaux que d'autres»,* nous disait Coluche. Cette phrase si souvent vérifiée pourrait aussi se décliner de la façon suivante. Les hommes naissent libres et égaux mais en France, les employeurs sont moins égaux que d'autres. Mais comment parler d'égalité dans un pays qui crée volontairement les différences, qui refuse obstinément de les voir parce que celles-ci favorisent un certain électorat protégé par des syndicats qui ne représentent plus rien mais qui ont les pleins pouvoirs.

Ne crois pas que je sois aigri envers la justice ou les mandataires judiciaires. Fin 1999 je reprenais pour diverses raisons une entreprise d'encadrement moribonde qui comptait deux joyaux. Le premier était constitué d'un magasin Rue Lepic à Paris à la réputation internationale et d'un atelier de production situé dans le Périgord.

Mais la plus grande richesse de cette vielle dame âgée de soixante dix ans résidait dans ses salariés. Des gens extraordinaires qui en plus de maîtriser des métiers d'art comme la sculpture, la dorure à la feuille d'or, la fabrication de moulures exceptionnelles portaient un amour véritable à l'entreprise et à ce qu'ils produisaient. J'avais évité à ces soixante dix personnes ce que l'on m'imposerait plus tard avec Point Cadres «m'arracher mon métier». J'étais intervenu pour reprendre et relancer ce qu'ils avaient de plus cher après leur famille et je l'avais fait juste avant la cessation des payements. Jamais je n'ai rencontré ni à Paris ni en Dordogne le moindre mouvement social, la moindre revendication qui ne soit pas justifiée. L'entente avec les représentants du personnel était parfaite comme avec chaque salarié. Cette institution du cadre d'art était fournisseur et restaurateur entre autre musées de celui du Louvre, ainsi que du château de Versailles. L'hôtel Drouot était aussi de nos clients. Je me souviens avoir remplacé à Versailles le côté d'un immense cadre sculpté de huit mètres de long, et aucun observateur aussi averti soit-il ne pouvait s'en apercevoir. Je reprenais donc cette affaire qui affichait cinq cent mille francs de pertes annuelles, je ne procédais à aucun licenciement et dix huit mois plus tard les comptes présentaient un million de francs de résultat. L'entreprise avait renoué avec les bénéfices, il suffisait de poursuivre l'effort pour la pérenniser. Comme je l'avais fait pendant les premières années de la franchise Point Cadres, où ne vivant que des seuls revenus du premier magasin, je réinvestissais l'ensemble des revenus du franchiseur pour consolider croissance et fonds propres. Je faisais de même avec «la baguette de bois». Il fallait avant tout que l'entreprise soit pérenne. La recette de ce redressement était due après refonte de notre catalogue à l'embauche de commerciaux pour développer les métiers B to B, à savoir nos revendeurs galeristes ou antiquaires dans toute la France mais aussi et principalement ceux de la place de Paris. Nos voisins de la butte Montmartre étaient eux, particulièrement choyés. Grace à ces revendeurs nous touchions une clientèle de touristes Américains très friande de «vrais faux anciens» comme savent les vendre les antiquaires. L'étape suivante devait donc tout naturellement être le marché haut de gamme US où nous comptions déjà des clients et où l'antiquité Made in France était très prisée.

Les défenseurs du prophète et de son Dieu en ont alors décidé autrement et c'est en son nom que le 11 septembre ils arrachaient à la vie des milliers d'innocents. Si le drame humain était insoutenable, les dégâts collatéraux allaient se ressentir dans le monde entier.

Les compagnies aériennes en furent les premiers touchées, s'en suivirent les voyagistes, puis plus loin au bout de la chaîne, les destinations touristiques tirant leur ressource des visiteurs américains. En ce qui concernait Paris, la butte, ses hôtels et ses restaurants en faisaient les premiers frais. Notre réseau de revendeurs constitués de galeristes de la butte mais aussi de Saint Germain était effrayé, tout était arrêté. Notre chiffre d'affaires sur ce secteur d'activité qui était source de notre renaissance s'effondrait. C'était le retour à la case perte d'exploitation. Je remettais encore cent cinquante mille euros d'argent personnel dans l'entreprise espérant que ce ne soit que passager. La peur côté américain perdurait et le marasme s'installait côté français. Je décidais alors de remettre mes écritures au tribunal de commerce de Paris, un administrateur était nommé avec mission d'assistance. Les autres activités de cette entreprise avaient quelque peu progressé mais pas suffisamment encore pour supporter ce manque à gagner causé par les attentats. L'absence de touristes était telle que nombre d'hôtels partaient eux aussi en dépôt de bilan. Je ne pouvais me permettre d'investir davantage, l'ancienneté du personnel et la rigueur des lois françaises rendaient tout licenciement impossible tant leur coût aurait été élevé. J'avais investi beaucoup d'argent, les salariés eux s'étaient investis par la qualité de leur travail. Un élément exceptionnel avait contrarié l'ensemble de nos efforts et l'effort de l'ensemble. Chacun était conscient du travail que l'autre avait effectué mais nous ne pouvions qu'accepter ensemble l'adversité. La période d'observation suivi de la liquidation, si elle fut très dure en tout domaine m'a fait rencontrer et travailler avec des juges, leur présidente, un administrateur et un représentant des fournisseurs honnêtes, impliqués et humains. Seul un petit Proc a bien tenté de me mettre la tête sous l'eau et de me noyer, heureusement sans succès. La présidente comme les juges conscients de mon engagement ont rejeté en bloc ses réquisitions. Le représentant des créanciers lui même prenait ma défense. Nous étions tous face à une situation que nous ne pouvions changer et qu'il fallait résoudre au mieux dans le respect du droit et de chacun. A Paris comme dans le Périgord les salariés se comportaient dignement, mais il est vrai que la CGT n'était pas représentée. Le député local, pourtant communiste de la première heure décidait ne pas bouffer du patron et s'impliquait de son mieux pour apporter son aide. Avant mon arrivée, l'entreprise était condamnée. Avec de l'argent, l'aide des salariés et un courage commun nous l'avions ressuscitée et elle aurait pu vivre encore longtemps. Les fous de Dieu et du prophète en avaient décidé autrement, nous ne pouvions que constater leurs dégâts.

XXXV
Je ne suis plus Charlie

2014, Sunday February 8th

Je ne suis plus Charlie.
Les événements étaient trop émouvants de cruauté et mon esprit trop occupé par de funestes paragraphes pour testamenter sans le recul qu'impose la gravité du sujet. Je ne suis plus Charlie, ces dessinateurs qui étaient parmi nos modèles en cours de graphisme ou de bandes dessinées sont morts sous ce cri fou «Allahu akbar». Que ces deux mots aient été prononcés ou pas, que ce soit dans ce drame ou dans un autre ils sont toujours le sens de ces actes criminels. Mes parents sont décédés de longue date mais depuis un mois je suis de nouveau orphelin. Ils ont tué ceux qu'avec d'autres dessinateurs, de Pilote ou de Charlie, nous attendions chaque mercredi et jeudi. C'était alors Gotlib, Alexis, Mandrika, Cabu, Siné, Wolinski, muets mais tellement présents par la puissance d'un trait qui ne connaissait que l'essentiel, qui volaient la vedette à notre professeur «Jacquou».

«Allahu akbar» vient de voler des vies et tout à fait accessoirement mon adolescence. Si je suis maintenant orphelin de mes modèles, je le suis aussi de liberté d'expression car je sais que du discours de nos dirigeants pour la défendre ne restera que le mensonge et que la liberté de toute expression s'évaporera. Je suis orphelin de vérité car les instances politiques comme les média dissimuleront plus encore qu'ils ne le faisaient jusqu'à présent les raisons et les circonstances des attentats et tueries à venir. Ils feront toujours le choix de masquer le problème fondamental que pose l'islam. La déstabilisation de la Lybie, conséquence dramatique des actions du couple Raymond-mélody / BHL aidé par un Juppé ministre des affaires étrangères inconscient qui arracha à l'Onu la résolution 1973 (1) qui a permis d'ouvrir les hostilités, fait que notre pays et le reste de la planète sont entrés dans le troisième conflit mondial. Il ne peut y avoir de liberté d'expression en temps de guerre mondiale quand l'attaquant n'a pour but que de la supprimer. Les approvisionnements gaziers et pétroliers de l'Europe sont maintenant en partie sous contrôle des alliées islamistes du Qatar. Daesh rassemble autour de lui tout ce qui porte barbe de prophète et sème partout la terreur au nord de la Lybie tandis que Boko Haram s'occupe de tuer et massacrer dans le sud et aux frontières des pays limitrophes. Les côtes européennes sont submergées par des dizaines de milliers de migrants parmi lesquelles se cachent des terroristes qui, une fois infiltrés dans l'espace Schengen répondront présents à premier appel au meurtre.

Plus rien ne sera jamais plus comme avant en terme de liberté d'expression. Ce ne sont pas les événements du 7 Janvier qui sont déclencheurs, ce sont simplement des marqueurs plus voyants que d'autres. Quand la maladie a fini de couver, elle se développe, envahit et tue. Les discours volontairement mensongers ou non de nos dirigeants sur l'Islam de France, l'islam, modéré, l'islam religion de paix s'envoleront. Allahu Akbar détruira jusqu'au moment ou il régnera. Il n'y aura pas de négociation possible, l'Islam est une religion sans hiérarchie, sans clergé, sans chef suprême, dans ce cas avec qui négocier ? Le répit ne viendra pas non plus d'une réforme de l'islam puisque sans hiérarchie celui-ci ne peut se réformer.

Gaby avait pourtant prévenu Mahomet : «*les chrétiens s'organisent, maintenant ils ont un pape, ça a de la gueule un pape*». Gaby ne blaguait pas quand il montrait en exemple les chrétiens et leur pape. Un pape, ça suppose qu'il y ait des évêques et en cascade toute la hiérarchie catholique jusqu'au curé de campagne. Tout ce petit monde s'amuse parfois à organiser des Synodes diocésains, puis des conciles régionaux, et nationaux jusqu'au conciles œcuméniques. Une hiérarchie tout simplement, avec une communication montante et descendante. Un truc super utile pour faire fonctionner une entreprise de la taille d'une religion planétaire. Ce système de concile a commencé en l'an 49 à Jérusalem. Cette assemblée déclarait que les chrétiens venus du paganisme ne seraient plus soumis à la circoncision ou au code alimentaire des juifs. Mon copain Ytsi appelle cela la Kashrout. La première fois que j'ai entendu prononcer «Kashrout» dans sa bouche j'ai éclaté de rire pensant que c'était un terme inventé. J'étais obligé de reconnaître mon erreur envers Ytsi quand il m'expliqua simplement que cela venait de Kosher. Ne crois pas que le pape paye toute sa clique d'évêques à ne rien faire, ils se réunissent grignotent quelques hosties en guise de petits fours accompagnés d'un bon verre de vin de messe puis réfléchissent à l'évolution des règles de la foi et à ses règles. C'est long je suis d'accord, les évêques c'est pas des sprinters, mais si t'as le temps d'attendre deux mille ans tu verras que ça bouge et que beaucoup des préceptes des différentes églises chrétiennes sont aujourd'hui en adéquation avec nos sociétés.

Sans hiérarchie, sans unification, l'islam ne peut organiser de conciles, même en remplaçant les hosties par des loukoums ou le vin de messe par du thé. En Islam, ceux qui sont les chefs religieux, ne sont souvent que des chefs d'états ou chefs de guerre qui s'imposent en référence théologique. Les états islamiques se rapportant en droit à la charia, ces chefs deviennent des Mahomets en puissance, tenant en leurs mains, sous leur sabre ou leurs avions de chasse tous les pouvoirs. Ce sont ces chefs qui financent une partie importante des imams de France. Ceux-ci leur doivent évidemment obéissance puisque que ce sont de leurs mains que chaque mois ils reçoivent leurs salaires. Chaque chef peut avoir sa lecture du Coran, et imposer aux croyants (ou non croyants) son interprétation dans les règles de vie qui régissent le pays. Aucune évolution, aucune réforme n'est possible car il n'y a ni homme, ni structure reconnue pour la conduire. L'islam est ancré à jamais au septième siècle et à ses pratiques. Les politiciens l'ont pourtant bien compris, puisque, d'un projet initié par jean Pierre Chevènement en 1999, Raymond-Mélody, alias Nicolas Sarkozy, ministre de l'intérieur a fait aboutir la création d'un Conseil Français du Culte Musulman en 2003. C'est maintenant Manu, qui cherche en vain, à l'aide de cette structure un interlocuteur national pour l'Islam. Mais l'association, présidée, par Dalil Boubakeur ne fait pas l'unanimité chez les imams, et sa voix n'a que peu de portée. Même s'il n'est pas dans l'attribution d'une république laïque de se mêler de cultes, il paraîtrait louable, face à une situation explosive, de tenter que cette religion se structure.

Les différentes lectures de l'islam se doivent d'être qualifiées de totales ou partielles mais jamais de modérées. Certains musulmans qui décident de leur chef de n'appliquer qu'une partie de leur religion ne sont en rien modérés. Ils appliquent une partie de leur religion et en délaisse une autre, ce n'est pas une modération, c'est une partition. Puisqu'il est impossible d'apporter modification ou modération aux textes, rien ne pourra jamais concilier ses lectures. Si un chef état/religieux fort d'une lecture à 100% de l'islam se livre à des atrocités telles que du temps de Mahomet, aucune hiérarchie religieuse ne pourra lui rappeler que l'époque n'est plus au massacre. Et de quel droit le ferait-elle puisque ce chef religieux est souvent aussi chef d'état ! Ce serait ingérence dans les affaires intérieures d'une autre nation. L'islam n'est donc ni réformable, ni modérable. Les musulmans qui ne se comportent pas suivant une lecture à 100% du Coran peuvent se voir reprocher leur conduite par ceux que nos institutions appellent rigoristes ou radicaux. Deux appellations totalement erronées. Celle de bon musulman serait mieux adaptée. Un simple fidèle ne peut s'arroger le droit à une lecture partielle du Coran plus en adéquation à nos mondes occidentaux. Un imam réputé «modéré» c'est-à-dire faisant sa soupe lui-même avec l'interprétation des écrits et l'application des règles sociétales n'a aucun droit pour ce faire. Son voisin, imam lecteur à 100% du Coran le déclarera mauvais musulman et comme ce sont souvent ceux-là qui ont une machette, l'imam dit modéré se rangera à son avis et fera appliquer le Coran dans sa plus pure tradition. Evidemment nombre de musulmans en France aspirent à une lecture et une application partielle des règles du prophète, mais ceux-ci n'ayant pas de représentation et maniant moins bien la machette, ou la kalache, ne peuvent se faire entendre. La représentation d'un islam dit modéré ne pourra être qu'un leurre dans le temps car cette partition de l'islam disparaîtra sous la pression des plus rigoristes.

Quand les musulmans dit première génération sont arrivés en France et en Europe ils n'étaient que peu nombreux et par force des choses, leur lecture du Coran et les règles de leur foi se faisaient discrètes, voire se dissipaient. L'union faisant la force et le nombre permettant l'union, ce sera avec plus de force chaque jour, au fur et à mesure des naissances ou des arrivées, que l'islam s'imposera en Europe. Les imams tirant leurs pouvoirs des règles religieuses se rapprocheront chaque jour plus près de ce que Mahomet a dicté et la charia s'imposera. Par l'obtention du respect à leurs convictions et de leur règles religieuses, les musulmans obtiendront une partie du pouvoir sans qu'ils aient besoins d'être élus pour cela. Cela commencera par la maîtrise des règles sociétales et chacun sait comment elles sont restrictives. Plus ce pouvoir s'imposera, plus les femmes musulmanes seront fécondes car le prophète le leur a ordonné. Dieu les a mise sur terre pour enfanter et servir les hommes. C'est ce qui s'appelle la guère des ventres et cette guerre est gagnée d'avance puisque l'islam utilise cette arme avec excellence.

Les juifs dans leur observance la plus stricte utilisent aussi le ventre des femmes pour assurer la présence et la continuité du judaïsme, il me suffit de rendre à la 41ème rue pour le constater. Mais les juifs se considérant le peuple élu n'ont pas à vaincre ni à convaincre. En minorité depuis des millénaires par l'obligation de filiation et les freins mis aux conversions ils n'ont jamais cherché la domination par le nombre. De plus ceux d'entre eux qui sont rigoristes ne le sont que pour eux mêmes et n'imposent pas aux juifs réformés ou non observant de suivre les textes avec la rigueur qu'ils s'imposent à eux mêmes. En dehors du conflit palestinien ils ne sont plus guerriers. La non observance par un juif des règles strictes du judaïsme n'en fait pas pour autant un infidèle à châtier comme cela devient de plus en plus fréquent chez les musulmans. Les catholiques quant à eux ont depuis très très longtemps abandonné toute violence au seul profit d'un message d'amour et de paix, ce qui en fait souvent maintenant des martyrs dans certains pays. Ces mêmes catholiques ont aussi tenté par tous moyens de racheter leur violence passée par nombre d'actions de repentance (humanitaires, éducatives ou médicales) à travers le monde. Ils ont ouvert des dispensaires et des hôpitaux, et pour certains religieux au péril de leurs vies. Je n'ai pas encore rencontré de sœur Theresa, d'abbé Pierre ou de petits frères des pauvres musulmans, ni juifs d'ailleurs. La branche réformée du christianisme représentée par les églises du protestantisme sont elles plus encore tolérantes. Mais toujours est-il qu'aujourd'hui, les catholiques sont impuissants à défendre leur civilisation.

Avec un dieu unique, des prophètes identiques depuis Abraham servis par les mêmes archanges porte-parole, les trois religions monothéistes ont un socle commun, mais seul l'islam représente un risque guerrier à l'échelle de la planète. Les nations libres semblent refuser l'évidence alors qu'une organisation mondiale pour se prémunir d'une catastrophe civilisationnelle serait l'urgence. Soutenir, ou avoir comme alliées, des nations sous le joug de chefs religieux, n'est qu'une vue à très court terme. La différence entre homme politique et chef d'état se place souvent dans la capacité de projection à long terme. Ce sont de réels chefs d'état, dont la France comme l'Europe ont besoin aujourd'hui. L'Europe de Bruxelles n'étant constitué que du rebus politique des pays adhérents comment pourrait-elle se trouver un chef d'état ? Et chef de quoi ? Puisque ni fédération, ni confédération l'Europe n'est qu'un vide incapable de contrôler son périmètre mais dans lequel sont tombées les souverainetés de ses membres. Il y a donc tout à craindre pour les nations qui la constituent. L'ennemi extérieur des pays Européens ce serait peut être L'Europe elle même.

Je ne suis plus Charlie par le nombre d'années passées sans le lire. Je ne suis plus Charlie et je ne l'aurai pas été ce dimanche 11 janvier pour marcher dans le sillage d'une récupération politique au chevet d'une liberté d'expression variable selon que l'on soit polémiste ou comique.

Je n'aurai pas été Charlie du tout pour suivre certains des chefs d'état étrangers que notre président avait conviés.

Je suis Charlie quand je pense à l'art du croquis, à l'expression saisie en un trait, une tache, une ombre, un blanc de papier.

Je suis Charlie quand je repense aux projets de bandes dessinées, quand il fallait imaginer le scénario, inventer et retenir les personnages, découper tout cela en scènes précises, expressives, planifier les actions, organiser la mise en page, exécuter le dessin, l'encrer, le colorier, le calligraphier.

Je suis Charlie et les autres quand je m'approche de tout métier artistique et d'expression, quand je me souviens de tant d'heures passées à s'entraîner pour ensuite savoir placer en quelques secondes la bonne expression sur un personnage car c'est certainement aux arts appliqués que j'ai appris à devenir lucide et honnête envers mes professeurs. A écouter leurs appréciations, leurs conseils. A accepter la critique et à prendre conscience des efforts à faire, et à les faire. C'était entre le dessin et moi-même qu'il fallait construire une relation honnête. C'était une affaire entre mes yeux, ma conscience et une feuille de papier. Si une courbe devait s'inverser à un endroit précis, il fallait qu'elle le fasse comme prévu, si elle ne le faisait pas, tout perdait de son sens, tout ce que tu voulais faire capotait, tout était vain. C'était Inutile d'aller soutenir que tu inverserais la courbe l'année suivante... Si tu consommais le double de glaise que prévu pour réaliser une sculpture, non seulement celle-ci venait à manquer, mais le double d'armature devenait nécessaire pour la soutenir et il fallait prévoir le double de plâtre pour les moules. La aussi, c'était inutile d'annoncer économiser ces matières l'année suivante. Si ta bande dessinée ne se contenait pas dans la pagination prévue, si les cases venaient à manquer, le projet avortait. Tu ne pouvais accuser un personnage trop grand ou des aventures trop longues, c'est toi qui avais validé les proportions du héro et le scénario dans lequel il devait s'impliquer.

Etre président de la république impose la capacité à prévoir un scénario sur cinq ans, calculer étape par étape les tâches à accomplir et se tenir à son programme. Sans méthode, sans rigueur le plan quinquennal ne pourra être suivi, le projet aboutir et le désordre investira l'histoire dès les premières pages. Ou alors, comme pour François Moi-je, sachant ne pas être capable de jouer le chef d orchestre, de lire en même temps les sept clefs, conscient de cette incompétence mais ne pouvant l'avouer il ne restera qu'une succession de mensonges, de déclarations ou de discours tous prononcés haut et fort pour mieux étouffer les fausses notes. Tu en es conscient François et tu mens chaque jour d'avantage. Tu ne sais plus comment t'en sortir. Tu as beau avoir changé ton héro qui n'avait pas les épaules pour tenir le rôle, tu as beau changer de cases quelques personnages, tu ne dessineras pas une belle histoire. Année après année tu t'empêtres dans ton scenario, tu n'as plus de plan tu ne sais plus ou tu vas, tu ne sais plus que faire. Mais ne l'as-tu jamais su ? Ce ne sont pas les premières planches que tu as tenté de publier qui vont faire patienter les lecteurs. D'autres n'attendent pas, dans d'autres pays, certains écrivent vite de plus belles histoires. Des histoires plausibles, avec un début, une action, une fin. Le spectateur, le lecteur, l'électeur a été clément envers toi en essayant de s'accrocher à la lecture de tes premières planches. Aux images de ton histoire à sketches. Nous avons tous essayé de comprendre, ce que tu voulais nous dire, mais en vain. Pour ta sculpture, pour l'œuvre palpable, concrète, que tu voulais réaliser et offrir en cadeau à l'histoire, tu t'es trompé aussi. Tu t'es équipé d'une petite boîte à outils d'apprenti pour réaliser une sculpture monumentale. Tu as mal estimé le job François, pour réaliser du monumental il te fallait des engins, des pelleteuses, des plans lisibles. D'abord faire un travail en profondeur, bâtir un socle solide et œuvrer ensuite avec les bonnes mesures. Il te fallait un chef de chantier qui regarde en face les problèmes, les analyse, puis s'organise en conséquence avec les moyens et les équipes appropriées. Pas un mec en camping car qui semble n'être à ce poste que parce qu'il n'a pas su terminer un aéroport. Pourtant un aéroport c'est simple, tu aplatis, tu nivelles et tu mets du bitume. Même ça, il n'avait pas su le faire, et toi tu le choisis comme architecte en chef pour ton œuvre. Pour bâtir du monumental à la hauteur de ta fonction Il te fallait en premier lieu une structure solide pour supporter l'ensemble, ça non plus tu n'y as pas pensé. Tu croyais qu'un peu de glaise par-ci par-là sur une structure de récupération allait suffire. Mais au contraire il te fallait bâtir du neuf et des ingénieurs pour tout calculer, prévoir, organiser, réaliser. Là aussi tu as pris des incapables, d'accord ce sont des pros, mais des pros du boniment, tu les as embauchés sur des paroles, pas fonction d'actes ou de réussites passées. C'était plutôt des commerciaux, ils auraient pu être utiles pour te vendre l'œuvre une fois finie, pas pour la construire. Tu sais, entre parler et construire, il y a un monde, ce n'est pas le même métier.

Tu vois, François, comme ingénieur principal c'est un mec comme Eiffel qu'il t'aurait fallu nommer. Un gars qui invente, qui innove, mais aussi un gars qui calcule. Quelqu'un qui sache faire de grandes choses tout simplement parce que sa méthode est bonne. Surtout un gars qui fait des projets et qui les mène à terme respectant le budget et les délais. Un gars qui va vite parce que ce qu'il réalise à été bien pensé, bien structuré. La force d'Eiffel, dans ses nombreux ponts comme dans sa tour c'était avant tout la qualité de ses fondations. S'appuyant sur des bases solides, ses constructions se déroulaient sans encombre. Comme dans un jeu de mécano, tout s'emboîte, se relie, s'assemble. Chaque pièce renforce l'autre et rigidifie l'ensemble. C'est ça une société unifiée François. Toi, tu nous fait l'inverse, tu prends la force des plus grandes pièces, des plus fortes, pour la redistribuer aux pièces les plus faibles, parfois aux pièces qui ne servent à rien dans l'édifice . Mais ces pièces réceptrices ne sont en rien impliquées dans la construction, elles ne renforcent rien. Elles n'apportent pas le soutien commun qui permettrait aux pièces maîtresses de supporter davantage et mécaniquement d'élever l'ensemble. Le système est pourtant simple, pas de pièces ni de structures inutiles, tout sert et tout doit être impliqué avec autrui.

Gustave Effel a réalisé des ouvrages qui ont fait avancer le pays, des ponts, des viaducs qui ont facilité la vie des gens et qui ont grandement participé au développement économique de la nation, mais Gustave était un franc-maçon qui savait se servir de ses outils. Toi on ne te demande plus de la sortir ta boîte à outils c'est pas ton truc la sculpture ou la construction. Mais tu pourrais prendre exemple sur Eiffel. Il s'entourait de gens brillants, extrêmement compétents, sans lesquels il n'aurait pas réalisé son œuvre. Il doit y avoir matière dans le «génie civil» c'est une sacré pépinière de compétences. Tu n'es pas obligé de recruter dans le réservoir politique, tu l'as déjà fait, tu n'as rien trouvé. Oublie aussi le réservoir de l'ENA, si c'était la solution ça se saurait depuis longtemps. Abandonne la promotion voltaire, vu que tu es président tu es censé être le meilleur et regarde ce que ça donne... Oui je sais tu es obligé de prendre un peu ce que tu trouves parmi les hommes politiques de ton parti, mais tu es président de tous les français et ton parti ne représente plus grand chose. Si tu avais un problème de base, de structure, c'est là qu'il fallait agir dès le départ. Recruter de vraies équipes. Tu n'as plus beaucoup de solutions maintenant pour éviter la pole position dans l'histoire des plus mauvais présidents de la cinquième république. Sauf à avoir le courage de faire vraiment du neuf et comme Eiffel l'a fait en asséchant des marais pour construire sa tour, assécher le marigot des incapables qui t'entourent. Pour le projet, t'embête pas, Eiffel n'était pas à l'origine du brevet de sa tour, il l'avait racheté. Fais pareil, mais ne sois pas dépensier, inutile d'appeler encore Attali, ça va encore nous coûter un bras pour quedal. Fais comme les peintres, regarde, observe. Prends le meilleur de ce que tu vois et fais ton chef d œuvre. Choisis tes éléments de paysage ou tu veux, qu'importe le pays du moment qu'il soit libéral et que les éléments fonctionnent bien. Fais sobre, ne rajoute pas de fioritures inutiles comme le palais du Luxembourg. Vas à l'essentiel dans la simplicité, comme Picasso qui d'un seul trait, dessinait une colombe. Si certaines pièces te manquent, imagine les, mais retiens que les meilleures recettes sont souvent des évolutions de celles d'antan. Quand ce sera terminé, place deux ou trois enfants avec une maman et un papa, c'est naturel et ca ne démode pas.

Dis François, Au sujet de la tour Eiffel je fais un constat. Comme tout le monde tu en es fier, c'est un vieux truc des hommes politiques que d'être fier de ce qu'ils n'ont pas fait. As-tu regardé l'angle d'appui de ses jambes entre ground zéro et le premier étage ? As tu observé la courbe formée entre les pieds et le second étage ? Tu as constaté comment cette courbe se tend par la suite jusqu'au sommet. Tu l'as vu ça ? Même si tu n'as pas l'œil du peintre ou celui du sculpteur, ça se remarque bien. Imagine François, si Gustave, comme toi s'était planté dans ses calculs ! Si la courbe de la tour avait continué à s'accentuer comme ta courbe du chômage ? La tour Eiffel aurait fait un looping. T'aurais été fier, toi, avec une tour Eiffel loupée ? Imagine la tête des français devant une construction qui n'amène son sommet qu'à la moitié de hauteur prévue. Une tour dont la plate forme d'observation du niveau censé être le plus haut se trouverait au dessous des fourneaux du Jules Vernes. La France avait annoncée qu'elle construirait la tour la plus haute du monde. Si au lieu de cela on avait présenté une construction difforme dont on cherche le sens, des ascenseurs qui descendent en montée, un troisième étage entre le premier et le second, on aurait eu l'air malin ! Crois-tu qu'il y aurait eu du monde pour admirer un machin pareil ? On aurait carrément eu honte d'être français. Certains, tête basse, profil bas se seraient enfuis pour ne pas vivre cela. Durant tout ce siècle, la tour n'aurait encaissé aucune recette, n'aurait ramené aucune devise. Les investisseurs auraient fui. Qui aurait cru dans un pays dont la seule prouesse aurait été de faire des tours en looping ?

C'est pourtant ce que tu nous fais, avec tes courbes qui s'inversent sans s'inverser, tes bricolages, tes changements de cap. Pourtant tu es un inventeur mon François, tu nous as inventé le looping perpétuel d'Etat. Ca coûté cher à construire. Les ascenseurs qui descendent en montant sont impossibles à entretenir, ça n'attire aucun client. Personne ne veut cautionner un truc qui n'a aucun avenir. Parce que tu sais François, toi tu inventes des choses impossibles, tu rêves, tu y crois, mais le responsable devant l'avenir, c'est nous. Moi je ne veux pas cautionner tes dettes. Je ne veux plus être responsable de tes erreurs. Le peuple t'a donné un mandat en fonction d'un programme, si tu ne le réalises pas, si tu fais autre chose, tu

trahis. Si tu trahis, si tu veux jouer solo, faut payer solo. Tout le monde te le répète, enfin toute l'Europe et plus quatre vingt cinq pour cent de ton peuple. Ce que tu fais ne fonctionne pas. Comme tu n'en tiens pas compte, un jour il ne restera que la force pour lutter contre toi et tes actions. «A vouloir rendre impossibles les révolutions pacifiques on rend inévitables les révolutions violentes ».JF Kennedy. La guerre civile est à ta porte François et tu en es responsable, ressaisis toi, si ce n'est pour le peuple que tu méprises tant, au moins pour l'histoire ou ton histoire.

XXXVI
La naissance de Venus

2015, Thuesday, February 26th

L'ambiance est monacale dans les trois pièces de rez-de-chaussée de notre maison. Personne ne regarde le Golf, ses arbres majestueux où la foule de volatiles migrateurs qui a envahi le green. Les grands froids qui se sont abattus sur les USA ont fait descendre plus encore qu'à l'accoutumée ces magnifiques et souvent très gros oiseaux.

Notre teen Jenny sur motivée par une récompense fédérale pour l'un de ses courts métrages s'est lancée dans le tournage d'un épisode vécu par l'un de ses professeurs durant la guerre du Viêtnam. Si ma blonde et moi-même nous nous efforçons de lui transmettre un peu de l'histoire de son pays natal, c'est celle de son pays d'adoption qui occupe son temps et son esprit. La jeune adolescente discrète, ne parlant pas un mot d'anglais en arrivant ici, et qu'un de ses professeurs français avait osé qualifier «d'irrécupérable» sait qu'elle obtiendra cette année sa graduation avec mention. Les excellentes notes déjà accumulées le lui garantissent. Si le BAC américain ouvre les portes des collèges et facultés, les capacités et performances personnelles sont elles aussi prises en considération. Par ses productions para scolaires Jenny espère intégrer l'une des meilleures écoles de cinéma que compte les cinquante états. L'appel de la Californie et les rêves d'Hollywood lui tenaillent les tripes. Sans un mot, sans musique les yeux accrochés à son écran, chaque après-midi et aussi tard le soir, elle triture ses images pour monter son film de l'année. Celui qu'elle présentera à ceux dont elle espère devenir l'élève. Mon épouse, moins créatrice, mais aussi silencieuse face à son écran elle aussi, aligne les chiffres. Elle réalise la comptabilité de notre affaire. Un troisième écran s'accapare mon attention, je testamente et quand je testamente, le Dieu veut que moi aussi je me taise.

Au fil des deux derniers mois mes insomnies ont disparues. Dieu sait si pourtant elles prenaient soin de mes nuits depuis que Raymond-g avait pris soin de brûler des pneus devant Point Cadres et que Funeste s'était engagé dans ses macabres actions. Entre Raymond-g et Funeste, c'était souvent une lutte où chacun d'eux tentait de me voler le plus d'heures de sommeil. Les deux se sont fait maintenant plus discrets, ils semblent moins affectionner de sortir la nuit et n'apparaissent plus qu'épisodiquement sur mon visage voilant mes yeux d'un nuage de nostalgie. Alors l'étincelle rieuse de mon regard s'évapore et celui-ci s'assombrit d'une expression de «no futur». Peu m'importe d'être encore parfois triste, si enfin je peux dormir.

Mon fils Arthur avec son associé français d'origine tunisienne, et de confession musulmane concentre ses efforts sur sa boutique de vêtements dédiée aux jeunes, et achetés chez un grossiste palestinien. Il y manage un vendeur, Keith black américain de Boston et de culture catholique. Il vient de m'appeler pour que je lui rédige un court contrat permettant à cet imposant Ukrainien à la barbe envahissante d'exercer sa profession d'«artist tatoo» dans son magasin. Notre galerie gift shop est mitoyenne de sa boutique et les deux communiquent. En notre absence il manage aussi notre force de vente constituée de Denise, Black américaine d'origine jamaïcaine, de confession catholique native de Miami et John lui aussi black américain gay de New York, fraîchement converti au judaïsme. En fin d'après midi après m'être rendu chez les russes catholiques orthodoxes qui ont construit notre web site pour leur demander quelques modifications je prendrais quelques heures mon poste dans mon affaire. J'y recevrais un Turc à la lecture de l'islam très partielle qui doit me soumettre un devis pour une enseigne. Entre deux clients je m'éclipserais pour me rendre chez Kiko, mon voisin, juif israélien qui tient commerce de vente de scooter, et à qui je dois commander une selle. J'ai aussi une petite liste de courses que ma blonde m'a demandé de ramener de chez l'hindou qui un bloc plus au sud tient un bazar épicerie, je m'accorderais un instant aromatique avant de reprendre mon poste en m'arrêtant chez Ali m'acheter quelques cigares roulés à la main dans les manufactures latinos de Miami. Ali est un de ses musulmans dont l'épouse porte un voile aussi léger et minimaliste qu'il peine à couvrir son buste jusqu'à son mini short. De retour à la galerie, je me promettrais que cette année j'apprendrais l'espagnol pour mieux satisfaire notre clientèle sud américaine majoritaire à Miami. J'espère que les italiens nombreux en cette saison laisseront autant d'argent à la galerie qu'ils m'en proposaient pour s'octroyer mon Open-Pass au grand prix de Monaco.

J'aime cette réelle mixité multiraciale libre et consentie qui au-delà des communautés rassemble une nation autour de son drapeau. Mais comment un drapeau qui symbolise la liberté pourrait-il engendrer autre chose que respect et rassemblement ? Ce drapeau qui ne vient pas s'ingérer dans la vie de tous les jours mais que chaque jour les américains vénèrent et respectent. J'ai payé cher et paye encore par la maigre performance de mes activités le droit de vivre sous ces étoiles, mais comme l'écrivait un autre maçon célèbre, Rudyard Kipling, *«on ne paie jamais trop cher le privilège d'être son maître»*. Je n'ai plus rien à léguer à mes enfants, je ne peux que transmettre ce que mon père m'a confié, Liberté et Tolérance. Chacun construit sa spiritualité selon ses aspirations, tous savent que le mot LIBERTE s'écrit comme REVES et qu'ils possèdent le droit inaliénable de les réaliser.

Ma galerie comme la boutique de mon fils sont ouvertes de 10 heures le matin à 22 heures sept jours par semaine. Personne ici ne pourrait imaginer imposer une fermeture dominicale. La quasi totalité des juifs quelque soit leur niveau d'observance arrêtent toutes activités pour shabbat, à savoir du vendredi fin d'après midi avant que le soleil ne se couche jusqu'au samedi après le coucher du soleil. Certains catholiques ou protestants ne souhaitent pas travailler le dimanche quand d'autres juifs ou musulmans le réclament, il en va de même pour les différents jours fériés des différentes religions.

Mon fils aime aller rendre visite quand bon lui semble aux moines bouddhistes installés au sud de Miami. Dans les jardins de leur temple il partage des fruits, discute, échange intellectuellement avec les religieux qui sont devenus ses amis. Il en revient toujours apaisé et serein. Le dimanche matin, Jenny aime assister à un office de l'église réformée luthérienne. Et bien que possédant sa «driving License», ce jour-là, souvent elle abandonne la voiture pour s'y rendre à vélo. Pour rejoindre la maison du Christ elle traversera le quartier juif de la 41ème, laissera l'immense temple des témoins de Jehova sur sa droite puis abandonnera sa bicyclette à la surveillance divine avant de participer à la célébration de l'office.

Ma blonde et moi, quand nous nous accordons un peu de temps libre, aimons à nous rendre tôt à la plage naturiste, là, complètement nus sur cette plage encore peu fréquentée nous communions avec les éléments la terre, l'eau et le ciel, et s'il m'arrive de penser à Brigitte qui affectionnait tant la plage et le soleil, je me concentre plutôt sur l'amélioration de mon crawl. Ma sirène un livre à la main, entre deux baignades, prend quelques couleurs. Rudyard n'écrivait-il pas aussi *«Si vous avez la simple beauté et rien d'autre, vous avez à peu près ce que dieu a fait de mieux».* Tous deux nous évitons de floater au bord du rivage nous pourrions y subir les discours de grands argentins et nous retrouver le soir invités à acquiescer à d'autres sornettes. Je conserve ce que mes oreilles peuvent encore entendre de sottises à écouter les déclarations de nos femmes et hommes politiques français. Quitte à entendre des incongruités, autant qu'elles soient nationales : «Le travail du dimanche est un régression sociale» (Martine Aubry au sujet de la loi Macron). Il est vrai que lorsque l'on est mère des trente cinq heures, une sotte déclaration de plus n'a que peu d'importance. Faut-il être sûre de sa vérité pour imposer à la population quel doit être le jour de son repos. Qu'en est-il du respect des musulmans qu'elle chérie tant et dont le jour de repos est le samedi ? Où se trouve le respect envers le judaïsme ? Quelle pensée étriquée quand on prône la diversité. Comment des politiques peuvent ils encore se permettre d'interdire le travail ? Au nom de quoi ? Au non de qui ? Les Usa avec tous leurs défauts, ont affiché en 2014 un taux de croissance de cinq pour cent quand la France floate à un niveau proche de zéro. Dans un pays libre, l'Etat doit se concentrer sur les fonctions régaliennes et laisser au peuple le soin d'organiser sa vie selon ses aspirations et dans le respect de chacun.

De la plage j'entends mais ne vois pas encore un puissant bateau offshore, il longera le rivage pendant quelques miles puis mettra tout à l'est pour couper le Gulf Stream au plus court et atteindre les Bahamas, j'aperçois maintenant la gerbe blanche d'écume que soulèvent ses hélices de surface, le bateau passe, je pense au cap Dramont.

2015, Friday February, 28th
Ce n'est pas encore Shabbat, encore moins dimanche. Un très léger régime de nord si rare à Miami a purifié le ciel de tout nuage, et ce bleu sans repère ni fin nous invite dès le lever à une matinée de repos, et que le Dieu soit content ou non, nous travaillerons ce soir et tout le week-end. Ce matin une fois encore nous rendrons hommage aux éléments, nous irons à la plage. Funeste m'a oublié cette

nuit, mon sommeil est maintenant chaque jour plus serein. Les quelques clics informatifs que je me suis permis en buvant un énième café me font constater que la mascarade continue en France. Manu, premier ministre, oublie ses devoirs envers la totalité du peuple et rentre en campagne électorale pour soutenir son parti aux élections régionales. Funeste s'il est dispo serait bien avisé de rechercher les abus de biens républicains. Mais pour que cela aboutisse faudrait-il encore que les juges le suivent. Aux Etats Unis les juges sont élus par le peuple, c'est envers lui et uniquement lui qu'ils ont des comptes à rendre sur l'application de la loi.

Ma blonde m'appelle, elle est prête à partir. Le bruit sourd du gros twin de 1300 cc qui propulse ma vielle Honda est le signal que nous partons. Je conserve souvent la moto comme moyen de locomotion pour nos petits «breaks» rouler doucement cheveux aux vents en longeant le rivage ajoute au plaisir du repos. Pendant le trajet mon esprit divague, j'ai toujours éprouvé des difficultés à rester dans le moment présent. J'imagine une constitution qui permettrait de se débarrasser d'un président qui ne tient pas ses promesses, ses engagements. Un truc comme un mandat de six ou sept ans avec un examen au bout de deux ans dont le jury serait le peuple, un référendum très simple, avec deux bulletins stipulant «stop» ou «encore». Les images de la soirée électorales défilent devant mes yeux. Dans un décor digne des jeux télévisés les plus colorés apparaissent deux immenses graphiques, l'un surmonté d'un Moi-je sensé afficher un sourire de plus en plus large au fur et à mesure que le «encore» monterait, l'autre le représentant la mine de plus en plus déconfite à la montée du «stop». Sous la végétation tropicale du parking, je stoppe ma machine, et ma blonde de son back-seat entend mes éclats de rire. Devant son étonnement je lui réponds «*Non rien, juste la tête à François-président, trop compliqué à expliquer*». Le jeu continue dans mon esprit, les images désopilantes d'un visage qui a déjà fait rire le monde entier alimentent mes derniers rires.

Sur la plage, les premiers naturistes de la journée sont debout, face à la mer. Dans leur plus simple appareil ils observent cet hélicoptère et cette barge de l'armée en plein exercice. De son vol stationnaire le gros transporteur de troupe a déployé une échelle de corde. Sur la barge, debout en file indienne, attendent les soldats qui d'une sorte de petit plongeoir devront l'attraper, y monter et s'abriter dans le ventre de leur sauveur. Exercice réussi pour le premier, les spectateurs de la plage, même s'ils ne peuvent être entendus félicitent et applaudissent. Puis un second réussit l'exercice, nouvelle slave d'applaudissements, puis un troisième déclenche plus encore de claquements de mains tant sa montée est burlesque. Le quatrième s'élance, il a agrippé les échelons mais trop court pour prendre appui des pieds, ses jambes s'agitent dans le vide pendant que l'hélicoptère, prenant quelques mètres de haut, se déporte de la barge. Le soldat tente en vain de se hisser d'un échelon, ses jambes font mine de courir dans le vide, des rires s'entendent sur la plage. L'échelle tourne sur elle même, notre soldat devient un pantin désarticulé, ses jambes s'agitent encore mais ne servent à rien, ses forces s'épuisent. Il lâche prise, ses bras s'agitent dans tous les sens, une rumeur monte de la barge comme de la plage, la chute est spectaculaire le splash aussi. Les rires explosent de la plage la rendant aussi joyeuse que la barge, les applaudissements de joie parviennent de partout. Moi aussi, je ris.

«Il y a trois choses vraies : Dieu, la sottise humaine et le rire. Puisque les deux premières dépassent notre entendement, nous devons nous arranger au mieux avec la troisième » (John Fitzgerald Kennedy)
L'exercice des militaires se termine, tous ont rejoint l'hélicoptère qui s'élève et disparaît, la barge maintenant déserte semble attendre les cascadeurs du lendemain. Les plagistes ont rejoint leurs places et s'étendent au soleil. La plage retrouve son silence matinal. Je m'avance au bord de l'eau et m'assieds jambes repliées contre mon buste. De fins rouleaux d'écume semblent vouloir m'attraper les pieds. Bras croisés sur les genoux mon regard se perd sur l'océan. Assis sur les rives du nouveau monde, à qui Edouard Lefebvre de Laboulaye, au nom du peuple Français, voulut offrir une statue «La liberté éclairant le monde» je rêve. Bartholdi et Eiffel, deux francs-maçons l'un protestant, l'autre catholique, voulant symboliser l'apport des lumières ont finalement fait se cristalliser autour de leur œuvre l'idée de liberté et d'émancipation vis-à-vis de l'oppression. Edouard qui était juriste et parlementaire était quant à lui admiratif de la constitution américaine et de sa simplicité.

Au bout de mes rêves, de l'autre côté de cet atlantique qui m'apparaît si calme, l'Afrique et l'Europe. Au sud Les décapitations et les tortures, plus au nord les attentats. L'économie européenne est déjà offerte aux banques, sa civilisation le sera à l'islam. Les trois religions monothéistes, à l'échelle de leur représentativité, ont été guerrières et souvent barbares comme le voulait leur époque. Celle qui dominera sera malheureusement celle qui n'a pas baissé les armes face au dialogue. Les yeux maintenant totalement perdus sur le trait blanchâtre de l'horizon mes songes m'emportent. J'imagine qu'en quelques décennies l'islam baissera les armes. Muni du pouvoir dû au nombre, elles ne seront plus utiles qu'au respect de la loi, la charia. L'image des dernières destructions des trésors culturels du musée de Ninive (Mossoul) traverse mon esprit sans arrêter le cauchemar. J'imagine les destructions totales et à venir de tout le patrimoine du bassin méditerranéen. La disparition de l'histoire antique et de ses merveilles. Tout ce qui était préexistant à la naissance de l'islam, anéanti. Cette méditerranée, mère de tant de civilisations, privée de son histoire. Je pense maintenant à ces livres à qui les moines donnaient parfois, le temps d'une vie pour les calligraphier et qui seront brûlés. Mes voyages me reviennent en mémoire, je ne compte plus le nombre de fois ou je suis allé en Italie ressentir le pays et admirer ces chefs-d'œuvre laissés par l'histoire catholique, la seule de trois religions abrahamiques à accepter la représentation humaine de la divinité et de ses personnages. De cette permissivité sont nés les plus grands chefs d'œuvre artistiques de l'humanité. J'imagine des mosaïques bleues et dorées comme celle de la piscine orientaliste de mon enfance recouvrir la scène de «Dieu donnant la vie à Adam» de Michael Ange. Je me vois dans la Galerie des Offices à Florence, assis sur un banc, comme je le faisais toujours pour admirer, souffle coupé, Sandro Botticelli. Je reste perplexe devant la vie de ses personnages, Ils ont plus de cinq cent ans et chacun d'entre eux semble attendre qu'on le regarde pour s'animer.

J'ai l'impression qu'ils me font de l'œil... Je m'assieds plus longuement encore devant la Naissance de Venus. Alors que ses mécènes étaient catholiques, Botticelli peignait cette allégorie mythologique qui deviendra le tableau majeur de son œuvre. Et pourtant, Botticelli vit lui aussi brûler quelques-uns de ses nus féminins quand en 1594 Savonarole transforma Florence en théocratie, n'admettant pas la représentation de la nudité féminine. J'admire cette femme dont le modèle était considéré comme la plus belle femme de son époque, je suis emporté par la douceur de sa peau et la légèreté des drapés des personnages qui l'entourent. Les yeux me piquent, me brûlent comme attaqués d'aiguilles incandescentes, la coquille qui supporte vénus s'enflamme, soudainement je cris «Non, pas celui là»...

Brutalement sorti de mon cauchemar par ma propre voix, je jette mes mains sur mon visage pour me protéger de cette vision. L'ombre de mes paumes apaise mes yeux, je baisse la tête pour mieux les protéger encore et tente d'essuyer mes larmes sur mes joues. Mes yeux pleurent et pleurent encore, doucement et lourds de la tristesse de mes songes, je reviens à la réalité...

Ce n'était que le soleil.

ISBN : 978-2-9552-7231-2
Contact : miami.thierry@gmail.com

www.ingramcontent.com/pod-product-compliance
Lightning Source LLC
Chambersburg PA
CBHW070307040726
47501CB00018B/382